À la rencontre du cinéma français

À la rencontre du cinéma français

analyse, genre, histoire

R.-J. Berg
Bowling Green State University

Yale UNIVERSITY PRESS
New Haven and London

Yale University Press books may be purchased in quantity for educational, business, or promotional use. For information, please e-mail sales.press@yale.edu (U.S. office) or sales@yaleup.co.uk (U.K. office).

Publisher: Mary Jane Peluso

Editorial Assistant: Elise Panza

Project Editor: Timothy Shea

Manuscript Editor: Karen Gangel

Production Editor: Ann-Marie Imbornoni

Production Controller: Karen Stickler

Designed by James J. Johnson and set by Integrated Publishing Solutions.

Printed in the United States of America.

Library of Congress Cataloging-in-Publication Data

Berg, Robert J., 1949–

   À la rencontre du cinéma français : analyse, genre, histoire / R.-J. Berg.

    p. cm.

   Includes bibliographical references and index.

   ISBN 978-0-300-15871-7 (pbk. : alk. paper) 1. French language—Readers. 2. French language—Textbooks for foreign speakers—English. 3. Motion pictures—France—History. I. Title.

   PC2127.M68B47   2010

   448.6′421—dc22   2009050262

A catalogue record for this book is available from the British Library.

This paper meets the requirements of ANSI/NISO Z39.48-1992 (Permanence of Paper).

10 9 8 7 6 5 4 3 2 1

Table des matières

Avant-propos

C'est toujours un honneur que d'être sollicité pour préfacer un livre et une agréable obligation de l'accepter. Mais lorsque le livre possède des qualités aussi exceptionnelles que celui-ci, l'honneur et l'agrément se métamorphosent en joie. Je connais peu d'ouvrages sur le cinéma qui m'aient causé une telle impression de compétence et de sagacité.

Le cinéma en 2009 n'a dépassé que de très peu l'espérance de vie d'un humain, ce qui explique beaucoup d'inconséquences, d'incohérences, voire d'incompréhension dans les jugements particuliers comme dans les idées générales que l'on émet à son propos. La patine des siècles ni les lents ajustements de la postérité n'ont encore produit leur effet. Ainsi, certains commentaires laissent apercevoir une complète absence de préoccupation concernant la nature — ou l'essence — de ce moyen d'expression, et son objet, par ladite essence impliqué. Même si l'on dispute parfois de la relation du spectateur avec le spectacle, Aristote contre Brecht par exemple, tout le monde, y compris le metteur en scène « réaliste » André Antoine, est d'accord depuis deux millénaires sur le caractère conventionnel et métaphorique du théâtre. Après une petite centaine d'années d'existence, devons-nous être surpris qu'il se trouve au contraire des personnes un peu hésitantes, tentées parfois de rattacher l'« image mécanique » au train des arts traditionnels codés, illusionnistes, irréalistes, au lieu d'admettre sans détour ni retour la bouleversante, la radicale rupture que cette invention a provoquée dans nos habitudes mentales de consommateurs de beauté?

Quoiqu'il se tienne dans les limites obligées de l'objectivité universitaire, Robert Berg montre on ne peut plus clairement par son ouvrage à quel point il est pénétré de l'évidence de cette rupture. Ses lumineux aperçus de la grammaire filmique le prouvent, ainsi qu'une attirance, malaisée à dissimuler, pour l'« esthétique de la *transparence* », mot dont il m'attribue dans ce sens la paternité, ce que je ne saurais ni confirmer, ni infirmer. Au service de sa connaissance parfaite, que plus d'un de nos critiques spécialisés pourrait envier, des techniques du récit et du film d'une part, de l'histoire du cinéma d'autre part, ce professeur américain de littérature française (il s'est révélé aussi, en d'autres occasions, écrivain de grand mérite) apporte une rare finesse d'analyse qui de son texte fait le prix autant que la saveur. Cette analyse en effet repose sur les deux piliers qui devraient en principe soutenir toute analyse: une logique imperturbable et la lucidité du bon sens. J'invite en particulier le lecteur à se reporter au chapitre traitant d'*À bout de souffle,* où une équité critique irréprochable laisse néanmoins transparaître par instant les préférences, ou plus exactement les *prémisses intellectuelles et sensibles* des propositions de l'auteur. Et c'est bien ainsi qu'il faut concevoir l'analyse critique, à défaut de quoi elle se noie dans l'eau tiède de l'éclectisme vomi par Baudelaire. La pertinence exige des choix et de la rigueur: cette rigueur, ces choix, ne sauraient suinter de notre décor culturel imposé; ils remontent librement du profond de soi.

J'ai été frappé notamment par l'exposé (et le discret démontage) de certaines allégations, toujours de mise chez les gourmands de sémiologie, d'intertextualité et de métalangages, telles que celle-ci: tout film est nécessairement politique puisque, en gros, une démarche narrative à thèse qui met en cause la société est, bien sûr, politique par définition, mais ni plus ni moins qu'une démarche qui ne la met pas en cause et par là même cautionne l'ordre en vigueur. Cela nous remet en mémoire le fameux aphorisme de Sartre: toute technique renvoie à une métaphysique. Quelque chose d'encore plus assuré peut être dit: tout renvoie à tout; c'est le propre du déterminisme interactif universel. Mais une fois qu'on a établi cela, qu'y a-t-il à en tirer sur le plan de la connaissance et du plaisir des œuvres? Rien ou à peu près. Voilà où, par ce détail, je voulais en venir: sans en avoir l'air, Robert Berg crève au passage quelques baudruches qui ont rendu inconsistant, creux et caduc tout un pan de la critique contemporaine, lequel restera pour la postérité ce que demeure pour nous la verbosité sorbonnarde pointée du doigt par Rabelais.

C'est la raison pour quoi, sans doute, il m'a demandé de graver quelques réflexions au fronton de son monument. Son ouvrage n'est pas seulement un indispensable manuel d'initiation aux métiers de la caméra. Ce pourrait être un bréviaire pour les jeunes gens que démange l'envie d'écrire sur le « Septième Art ». C'est aussi la preuve, une fois encore, comme je l'ai répété à maintes reprises, et récemment encore dans la réédition de *Sur un art ignoré,* que l'authentique cinéphilie a émigré. À quelques notables exceptions près, elle a quitté Paris, elle a quitté la

France, pour les États-Unis, le Brésil et d'autres contrées plus lointaines. D'ailleurs, Bertrand Tavernier, cinéphile historique, ne vient-il pas de réaliser son dernier film outre-Atlantique? Voilà un signe qui ne trompe pas, non plus que l'amour de Robert Berg pour notre cinéma et pour cette vieille maîtresse que nos élites, aujourd'hui, répudient sous de multiples prétextes: leur propre langue.

On connaissait le « Petit Robert », le « Grand Robert », dictionnaires éminents de cette langue malmenée. Voici le « Robert Berg » du cinéma français.

Michel Mourlet
avril 2009

Preface

À la rencontre du cinéma français: analyse, genre, histoire (RCF) is intended
to serve as the core textbook in a wide variety of upper-level undergradu-
ate and graduate French cinema courses. Sufficient proficiency in French
is the sole prerequisite: no previous background in film studies is assumed, nor is any prior acquaintance with French cinema. It will help, of
course, to like movies, and to have seen quite a few...

Types of courses

RCF can be used as the core textbook, to be supplemented with readings
as needed, in the following types of courses on French cinema:

- Content-, theme- or issue-based courses, in which *RCF* will provide
  needed balance (see below Film as film).
- Courses focusing on a particular genre, auteur or movement. CHAPITRE
  2 introduces genre theory and auteur theory, while CHAPITRE 3 provides historical context.
- Historical survey courses, which might be organized around the films
  highlighted in CHAPITRE 3. In a fifteen-week semester, screening at the
  rate of one film per week will allow four weeks to first cover the basics
  in CHAPITRE 1.
- Courses that study works of narrative fiction and their cinematic adaptations. CHAPITRE 5 maps the territory and provides suggestions for
  further exploration.
- Courses that include a class filmmaking project. Guidelines are provided in APPENDICE B.
- Courses, typically graduate, that stress theory. Here the INTERMÈDE will
  be a useful point of entry.
- Courses that stress close analysis of a reduced sample of stylistically
  divergent films.

Organization

The ENTRÉE EN MATIÈRE asks the question: What are we doing when we talk about film? Four types of filmic discourse are distinguished: *descriptive, analytical, critical (evaluative)* and *theoretical.*

CHAPITRE 1: ÉLÉMENTS provides the basic terminological and conceptual tools of film analysis. A frustrating flaw in books on film is that concepts are often explained with reference to films that students have not seen and, in many cases, could never see. Explanations in this chapter are illustrated with reference primarily to one film: *Amélie* (in France, *Le Fabuleux Destin d'Amélie Poulin*). Students can locate examples using the coordinates provided (format: 1:06:34) and study them in context. The choice of *Amélie* was dictated by the following considerations:

- The film is a compendium of techniques and is thus ideal for illustrative purposes.
- Exemplifying much of what is typically labeled "postmodern," *Amélie* is a likely candidate for French cinema courses. In many ways the film bridges the gap between "popular" and "high" art. It was, of course, a huge hit in France, in the U.S. and world-wide. It is also a quality film, as its twelve critics' awards, its four Césars (including Best Film) and its European Film of the Year Award would seem to indicate.
- The controversy to which the film gave rise—a tempest in a teapot, really—can introduce the notion of ideological agendas. (For this reason, among others, *Amélie* returns in CHAPITRE 4 as one of the DEUX FILMS À L'ÉPREUVE.)
- Last but not least, the film is widely available, at a modest price and in region-1 coding. An unexpected bonus is that several of the extras in the 2-disk set have pedagogical value.

Whatever the stress or slant of the course, the material in CHAPITRE 1 should be mastered first. Subsequent chapters can be studied in any order.

An INTERMÈDE SOUS FORME DE DIALOGUE precedes CHAPITRE 2. This section is primarily theoretical and can be stressed or skipped depending on the level and needs of the course. There is no Grand Theory here, no Big Theory of Everything, just user-friendly theoretical concepts that are introduced as needed and clearly defined. The central theme of *transparence*—the concept of style as narrative's servant, working its magic without drawing attention to itself, self-effacing to the point of invisibility—will have already been encountered, though under another guise, in CHAPITRE 1 (where it would have been difficult, and indeed a bit odd, to discuss editing at any length without invoking the concept, if only tangentially, in connection with Bazin's *montage interdit* and *montage invisible*). Here the idea is explored in some detail, as is its Brechtian antithesis. My purpose in adopting a Q & A format is to encourage active engagement with these and other concepts: *réflexivité, quatrième mur, mise à nu des procédés...* My assumption: that students who have studied the first chapter will be asking themselves the same questions.

CHAPITRE 2: FILMS DE GENRE, FILMS D'AUTEUR discusses the dichotomy in terms of which the French tend to conceptualize and evaluate film. I examine the two key notions, *genre* and *auteur*—both of which appear unproblematic until we start to ask questions—and explore the various ways in which they might relate to each other.

CHAPITRE 3: POINTS DE REPÈRE HISTORIQUES: LE PREMIER SIÈCLE is an overview of French film history through 1995. In cinematic terms this chapter is a fast-motion forward-tracking shot intercut with close-ups (the eleven GROS PLANS). The "narrative" is essentially an exercise in contextualization, while the GROS PLANS, which highlight ten individual films (or in the case of Louis Lumière, a corpus), are primarily analytical. The films were chosen according to three criteria: Is the film historically important? Does it illustrate a major movement or tendency? Does it have intrinsic interest or value? For each of the films the answer is yes to at least two of these three questions. A fourth consideration was in fact a necessary condition: availability in DVD (region-1). An eleventh GROS PLAN focuses on a movement (*la Nouvelle Vague: les mots et la chose*) rather than a single film, since the quintessentially New Wave *À bout de souffle* is examined in depth in CHAPITRE 4.

CHAPITRE 4: DEUX FILMS À L'ÉPREUVE puts it all together in two analyses that apply the concepts of CHAPITRE 1 to Godard's *À bout de souffle* (1960), available in a superb 2007 two-disk release in The Criterion Collection, and to *Amélie*, with which students will already be familiar from CHAPITRE 1.

CHAPITRE 5: PROBLÉMATIQUE DE L'ADAPTATION provides a summary introduction to some of the issues involved with adaptations from page to screen. Filming fiction is discussed primarily with reference to Flaubert's *Madame Bovary* and two of its film "versions" (Minnelli's and Chabrol's). Our conclusions sketch the outlines of a theory of adaptation.

APPENDICE A on LES MÉTIERS DU CINÉMA is intended primarily as a reference tool. APPENDICE B provides guidelines for LA RÉALISATION D'UN FILM EN COURS DE CINÉMA.

Activities

The ENTRÉE EN MATIÈRE and each of the five chapters include a section entitled MATIÈRE À RÉFLEXION. These questions are intended to serve as food for thought, grist for class discussion and topics for presentations or papers. In addition, CHAPITRES 1 and 2 contain questions grouped under the heading CONTRÔLE DES CONNAISSANCES and based rather straight-forwardly on the material in the chapters. They can be used as written assignments, on tests or in class as topics for group-based peer question-ing. If the course includes a class filmmaking project, APPENDICE B will guide students from development through production.

Flexibility

Particular care has been taken to maximize the flexibility of *RCF* through a "tiered" approach to the presentation of material. Interspersed through-out CHAPITRES 1, 2 and 4 are shaded boxes identified by the symbol ▶. Some of these sections, particularly in CHAPITRE 1, introduce or clarify key concepts: "Un mot et ses dérivés: *diégèse...* Une notion clé: le *plan-séquence...* Décryptage: la *profondeur de champ.*" In CHAPITRE 2 the focus is on genres and the terms used to talk about them: "De la *romantic com-edy* à la « comédie romantique »: histoire d'un calque... Le film noir: un « genre » américain *made in France.*" Elsewhere analysis predominates, as in CHAPITRE 4: "Parenthèse méthodologique: À quoi servent les sautes d'image [jump cuts] dans *À bout de souffle?*" Often the material presented here is in one way or another supplementary and can be assigned or skipped depending on the level and goals of the course.

Yet another tier is presented in the MATIÈRE À RÉFLEXION at the end of each chapter. Many of these sections pursue in greater depth discus-sions begun earlier in connection with other films. The MATIÈRE À RÉ-FLEXION in CHAPITRE 1, for example, examines real-time narration in Varda's *Cléo de 5 à 7* and Jacquot's *La Fille seule.* Elsewhere new topics are introduced and explored, as in CHAPITRE 4, where the concept of *inter-textualité — références, citations, allusions, hommages, remakes,* etc. — is related to *À bout de souffle.* This end-of-chapter material, like the shaded boxes, can be covered as needs dictate and as time allows.

A final tier can be found in the endnotes identified by the symbol ▶▶. Some of these provide additional information on the topic under discussion. In the INTERMÈDE, for example, in connection with Brecht a note glosses the French neologism *distanciation*. In CHAPITRE 3, where mention is made of *Kirche, Küche und Kinder* ("church, kitchen and kids") in occupied France, a note briefly explains Vichy's *politique nataliste* as it pertains to our interpretation of Clouzot's *Le Corbeau*. Other notes are more integrative, as in the *Intermède*, where Brecht's *fourth wall* is discussed in relation to Diderot and Mel Brooks, or in CHAPITRE 4, where the hand-held camera in *À bout de souffle* is linked to the "queasy-cam" as used in recent films such as *The Bourne Ultimatum*. Yet other notes are micro-essays on theoretical issues. In CHAPITRE 1, for example, in connection with the risks of importing literary models into film studies, a note explores a hot-button topic in recent theory: Is there anything in film comparable to the "implied author" or narrator posited as the source of narrative fiction? These longer notes will be of interest in theoretically oriented courses, particularly at the graduate level.

The Web site

The companion Web site at www.yalebooks.com/berg provides the following resources:

- A password-protected section containing sample tests and quizzes.
- Web-based research projects of varying scope and difficulty.
- An FAQ (*foire aux questions*) where the author answers questions sent by students and instructors.
- Of interest in courses that include a filmmaking project, class-produced *très courts métrages* (four minutes or less) in streaming video, with a forum devoted to discussion and critique. Each fall and spring semester the best film among those submittted, as judged by an independent panel, will receive the *Janus du meilleur film* (named after the god of doorways and beginnings). Unlike the Oscar and César statuettes made of gold-plated pewter alloy, the Janus is 100 percent pixel, but it comes with a monetary award of two hundred dollars.

Film as film

Film courses are offered with increasing frequency at North American universities, and many, perhaps most, are what might be broadly characterized as content-, theme- or issue-based. Whatever the merits of such courses, they typically share a drawback of which instructors and students are painfully aware: they do not deal with film *as film*. The danger of the "approche contenutiste"—cacophonously so dubbed by Aumont and Marie—is, in their words, "l'évacuation de toute problématique proprement filmologique." Let's call it the *Dossiers de l'écran* approach. On that TV show (Antenne 2), as more recently on *Le Film et on en parle* (TPS Star), a screening was followed by a debate on the issues raised by the film—issues that might just as well have been culled from the pages of a novel or "ripped from today's headlines."

There is, of course, no reason why films should not be used as springboards for discussion of timely and controversial issues—unless, that is, the object is to learn about film. In that case it would seem preferable to focus on the cinematically specific, on the warp and fabric of *the film itself*, the stuff of which it is made: close-ups and long shots, straight cuts and lap dissolves, flashbacks and forward tracks, swish pans and fourth walls, low-key lighting and high-angle shots, depths of field and points of view, zooms and wipes and eyeline matches—and, of course, the functions they serve. To paraphrase a point made often and cogently by David Bordwell, if movies take us in and stir us up, if they convey meanings and messages, if they serve agendas avowed or repressed, it is only by mobilizing form, both narrative and stylistic, that these ends are achieved. In a very real sense *the form is the film* and we, as students of film, need to study it. The conclusion seems all the more obvious if we remember that content and conveyance go hand in hand, that means and "message" are of a piece. The *Dossiers'* talking heads ignored that fact; we should not. The practice of seeing parts in light of the whole and technique in terms of its function has a long tradition in literary studies, where it is known as *close reading*. *RCF* was conceived first and foremost as a guide to *close viewing*.

Acknowledgments

I am grateful to my wife, Laurence, for her patience and support throughout this project, and to Michel Mourlet, whose foreword honors the book. Thanks as well to the unfailingly competent team at Yale University Press: Tim Shea, project editor, Ann-Marie Imbornoni, production editor, Karen Gangel, manuscript editor. Dan Valahu of Baylor University and Michèle Magill of North Carolina State University reviewed the manuscript; their comments were helpful and appreciated.

Entrée en matière

En février 1892 un certain Léon Bouly fit breveter sous le nom de *ciné-matographe* une caméra-projecteur de son invention. Le néologisme avait été formé des mots grecs *kinêmatos* (mouvement) et *graphein* (écrire). Si Bouly est relégué aujourd'hui aux oubliettes de l'histoire, c'est que son appareil « ne pouvait pas marcher et ne marcha jamais ». La citation est de Louis Lumière[1], inventeur en 1894 d'une nouvelle caméra-projecteur qui réussit effectivement à *écrire le mouvement.* Chose curieuse: pour baptiser son appareil Lumière reprit le nom de *cinématographe,* marque déposée dont Bouly était propriétaire. Comment Lumière put-il éviter un procès en contrefaçon? Le mystère reste entier, mais une chose est certaine: son invention était promise au plus bel avenir.

Il n'en fut pas ainsi du mot, qualifié à l'époque d'« interminable » et de « rébarbatif ». L'usage commença donc à l'abréger par la fin: *cinémato,* essayé vers 1902, eut moins de succès que *cinéma* qui semble s'être généralisé dès 1910, avec son synonyme familier *ciné*[2].

Le mot *cinématographe* ne devait pourtant pas disparaître complètement: longtemps il resta le terme « officiel » employé dans les documents administratifs et techniques. En 1925 parut une *Histoire du cinématographe,* mais à partir de 1935, quand la Bibliothèque Nationale adopta *cinéma* dans son catalogue, la forme longue passait pour archaïsante. Curieusement, l'adjectif *cinématographique,* comportant une syllabe de plus que le substantif, put prendre racine et s'emploie couramment aujourd'hui.

Le sens des mots devait évoluer en même temps que leur forme. En 1895 *cinématographe* désigne l'appareil inventé par Lumière, mais le terme et ses dérivés deviendront vite polysémiques, désignant d'abord la salle de projection (« un cinéma du boulevard Saint-Michel ») ou le spectacle qui s'y présente (« On va au cinéma ce soir? »), ensuite la profession et ceux qui l'exercent (« Le cinéma est un monde à part »), enfin l'art cinématographique en général (« comprendre et apprécier le cinéma comme moyen d'expression »).

Cette dernière extension de sens témoigne d'un statut et d'un public nouveaux. Pour le critique Ricciotto Canudo en 1911, le cinéma marque « la naissance d'un sixième art », après la peinture, l'architecture, la sculpture, la musique et la danse. Quelques années plus tard, se souvenant de la poésie, il publie son *Manifeste des sept arts,* le cinéma étant maintenant le septième, celui qui « concilie » tous les autres. La périphrase *Septième Art* — initiales majuscules presque de rigueur — s'emploie, non sans emphase, encore de nos jours.

Au fil des ans le champ lexical du cinéma devait s'avérer fertile en néologismes. La plupart, éphémères, présentent un intérêt purement historique ou anecdotique: *cinématurgie* et *cinégénie* (par analogie avec *dramaturgie* et *photogénie*), *cinégraphique* (synonyme de *cinématographique*), *cinégraphe* (réalisateur), *cinématographier, ciné-roman, cinémanie*...

D'autres — très peu — sont restés dans la langue: *cinématographie* (ensemble des techniques et des procédés relevant du cinéma[3]), *cinéphile* (personne passionnée de cinéma et qui s'y connaît), *cinéaste* (synonyme de *réalisateur* [anglais: *director*]), *cinémathèque* (par analogie avec *bibliothèque*), *cinéparc* (au Québec, traduction officielle de *drive-in*), *ciné-club* et quelques autres.

Et l'*œuvre cinématographique* elle-même? Dans les premiers temps une pléthore de termes s'en disputaient la désignation. On disait couramment *vue* (« les dernières vues des Lumière »), mais aussi *pièce, scène* ou *tableau,* par allusion au théâtre, auquel on avait tendance à assimiler le cinéma. Ou bien on désignait l'œuvre par métonymie[4] du nom de son support physique, la bande souple et transparente sur laquelle s'enregistraient les images. Plusieurs termes se trouvaient ici en concurrence: *bande, rouleau, ruban,* mais surtout *pellicule* et son synonyme *film* (ce dernier ayant été importé des États-Unis vers la fin du XIXe siècle). On disait « voir une pellicule » comme on disait « projeter un film ». C'est *film* qui devait l'emporter sur tous ses rivaux, devenant à partir de 1915 le terme usuel pour désigner l'œuvre cinématographique.

Le substantif donnera le verbe *filmer* et l'adjectif *filmique. Filmer* est quasi-synonyme de *tourner*[5] — comme *filmage* (peu usité) l'est de *tournage* — mais ne prend pas les mêmes compléments d'objet direct: on *filme* un événement, une personne, un objet, alors qu'on *tourne* un film, une scène, un plan. Et *tourner* se prête plus volontiers à l'emploi absolu (sans complément d'objet direct): « Silence, on tourne! »

Ce lien étymologique entre film-*support* et film-*œuvre* explique la classification traditionnelle des films selon leur *métrage,* c'est-à-dire la longueur (en mètres) du rouleau de pellicule. Un métrage égal ou supérieur à 1 600 mètres, projeté à la cadence standard de vingt-quatre images par seconde, correspond à une durée d'au moins une heure. Il s'agit dans ce cas d'un (film de) *long métrage* [anglais: *feature, feature(-length) film*]. Un *court métrage* [anglais: *short subject, short film, short*] dure moins d'une heure, et un *très court métrage,* moins de quatre minutes.

Une autre classification range les films en quatre grandes catégories: 1° les films de fiction, 2° les films documentaires, 3° les films d'animation et 4° les films expérimentaux. Sitôt présentée, la typologie pose de nombreux problèmes, et d'abord celui de l'hétérogénéité des critères. Le film de fiction et le documentaire se définissent par le mode d'existence, imaginaire ou réelle, de leur référent; le film d'animation, par les techniques de sa fabrication; le film expérimental, par les intentions du réalisateur[6]. De là, bien entendu, le chevauchement des catégories. Le film d'animation, par exemple, n'est-il pas fictionnel? Un film de fiction ou d'animation, un documentaire ne peuvent-ils pas expérimenter? Où faut-il classer les *docu-fictions* [anglais: *docudramas*] tels qu'*Ils voulaient tuer de Gaulle* de J.-P. Filippe (France, 2005) ou *Bobby* d'Emilio Estevez (États-Unis, 2006), qui reconstituent des faits historiques avec scénario et acteurs? Et que dire du *documenteur* [anglais: *mockumentary*[7]], fiction qui se présente comme un documentaire, dont *Opération Lune* de William Karel (France, 2002) et *Borat* de Larry Charles (États-Unis, 2006) sont deux exemples récents? Qu'à cela ne tienne, ces catégories sont conventionnelles, convenues et, pour ce qui est des trois premières, « officielles » (utilisées par le Centre national de la cinématographie pour publier ses statistiques). Tenons-les donc pour ce qu'elles sont: une première approche de la diversité des films, une tentative pré-analytique d'y voir clair, rien de plus.

Nota bene: Il ne faut pas confondre ces *catégories* avec les *genres* dont il sera question au CHAPITRE 2. Chaque catégorie comprend plusieurs genres, et certains genres — ceux notamment, très nombreux, du film de fiction — comprennent plusieurs *sous-genres.*

Il y a plusieurs manières de « parler cinéma »; on peut tenir sur le film divers types de discours. Distinguons les discours descriptif, analytique, critique et théorique.

1° Le *discours descriptif* nous informe sur le film en répondant aux questions du type: « Que raconte-t-il? De quoi "parle"-t-il? » La description relève souvent de la paraphrase pure et simple (résumé de l'histoire), et jamais elle ne s'en éloigne de beaucoup (inventaire des thèmes, relevé des procédés stylistiques). Dans les deux cas, elle constate et rapporte des faits filmiques observables au niveau du contenu ou de la forme.

2° Le *discours analytique* nous aide à comprendre et à définir le tout qu'est un film en répondant aux questions telles que: «De quoi est-il "fait"? Quels en sont les éléments constituants et quels sont leurs rapports? Y a-t-il concordance des parties, convergence des effets?» Ici le terme d'*analytique* s'emploie dans son acception courante et large: il s'agit non seulement d'*analyse* au sens étymologique (décomposition), mais aussi et surtout de *synthèse,* l'objet étant d'expliquer un *système de parties liées.*

3° Le *discours critique* a pour objet de porter un jugement de valeur. Il répond aux questions telles que: «Que vaut le film? Est-il supérieur à d'autres du même réalisateur? Quelles en sont les qualités? A-t-il des dé-fauts?» Sous sa forme la plus rudimentaire — on pourrait dire: caricatu-rale — il présente une alternative: 👍 ou 👎 (comme au Colisée), ou bien «Hot or Not» (pour la rime, sans doute). Moins binaire mais toujours expéditif est le barème à cinq binettes d'un hebdomadaire français: 😣 😐 🙂 😊 😄 . Quel que soit le jugement, et si schématique, si nuancé non bof pas mal bien bravo soit-il, le critique ne manquera pas de le *motiver.*

4° Le *discours théorique* s'inspire d'un système d'idées ou de principes susceptibles d'éclairer certains phénomènes. Les théories du cinéma dif-fèrent considérablement entre elles selon leur provenance et leur champ d'application. Certaines se réclament d'une discipline extérieure au ci-néma (linguistique, psychanalyse, sociologie, etc.); d'autres restent ou se veulent internes. Une théorie peut s'appliquer à l'ensemble du domaine cinématographique ou se limiter à un sous-ensemble de faits filmiques. Il s'agit dans tous les cas, selon l'expression consacrée, de *penser le particulier sous le général.* Parmi les questions auxquelles les théoriciens ont tenté de répondre, citons les suivantes: «À quel(s) besoin(s) répond le cinéma? Où se situe-t-il par rapport aux autres arts? En quoi consiste son essence, sa spécificité? Si le cinéma est un langage, quelle en est la grammaire? En quoi tel film ou tel genre est-il le reflet d'un *zeitgeist,* le lieu d'un conflit, l'instrument d'une idéologie? En quoi consiste l'expérience du specta-teur? Dans quel(s) sens peut-on dire qu'il "s'identifie" aux personnages?»

Il n'est pas question, une fois définies ces diverses activités, d'imaginer entre elles des frontières étanches. Un discours peut en cacher un autre; aucun n'est pur. L'analyste ne saurait se passer d'une description de son objet, ni le critique, d'une théorie. Pour nous en convaincre il suffira d'un exemple quelconque, tiré au hasard de la presse généraliste. Voici l'avis d'Olivier De Bruyn sur *Jacquou le croquant* (France, 2007).

> Les aventures du valeureux Jacquou, aux prises avec le vilain comte de Nansac, cause de tous ses malheurs familiaux... Laurent Boutonnat, maître d'œuvre, entre autres, des clips de Mylène Farmer, se risque au film d'époque et exhume les figures du patrimoine télévisuel, les aventures de Jacquou, nul ne l'ignore, ayant servi de prétexte à un feuilleton télé kitsch il y a quelques décennies. Résultat? Échec total. Durant deux heures trente de bout en bout interminables, Boutonnat multiplie les scènes d'action boursouflées, les saynètes intimistes maladroites et sombre dans tous les pièges académiques et pompiers[8] qui lui tendaient les bras. Navrant...[9]

De Bruyn caractérise d'abord l'intrigue du film, indique le genre (film d'époque, d'aventures), évoque au passage quelques-uns des thèmes (la lutte du bien et du mal, la famille): de la description, donc, teintée déjà de raillerie. Son rappel d'une première version «kitsch» de 1969 n'est certainement pas innocent; ne l'est pas non plus la mention de Mylène Farmer, dont les clips figurent au CV du réalisateur. Le jugement, sévère («échec total ... navrant»), s'appuie sur des raisons dont chacune présuppose un critère, un idéal, une *théorie*. En dehors d'une certaine esthétique (de l'originalité, du réalisme, du naturel), comment reprocher au film ses clichés et son emphase, ses scènes d'action enflées et creuses? Les défauts relevés par De Bruyn seraient sans rapport avec son verdict s'il ne les mesurait à un modèle. Celui qui se mêle de juger un film se fait déjà une certaine idée du cinéma; tout critique est théoricien, qu'il le sache ou non.

Il s'agira, en parts très inégales, de tous ces discours dans les pages qui suivent. Aux quatre que nous avons présentés, ajoutons-en un cinquième, ou plutôt un *méta*-discours, d'ordre terminologique, qui prédominera au chapitre suivant. Notre objectif prioritaire sera d'acquérir les outils de base nécessaires à toute description comme à toute analyse pertinentes.

Mais assez discouru, la séance va commencer! Passons sans plus tarder dans la salle obscure...

Matière à réflexion

Dans les citations reproduites ci-dessous, se rapportant tous au film *300* de Zack Snyder (États-Unis, 2007), identifiez le(s) type(s) de discours dont il s'agit: *descriptif, analytique, critique* ou *théorique. Nota bene:* Notre énumération n'est pas exhaustive: d'autres discours peuvent se tenir sur le cinéma ou sur un film. Si vous en trouvez ci-dessous, complétez notre liste. Il arrive aussi que, tout en ayant l'air de parler d'un film, on parle en réalité d'autre chose. Est-ce le cas dans quelques-uns de ces exemples?

1. Site officiel du film (wwws.warnerbros.fr/300): «Adapté du roman graphique de Frank Miller, *300* est un récit épique de la bataille des Thermopyles, qui opposa le roi Léonidas et 300 soldats spartiates à Xerxès et l'immense armée perse. Face à un invincible ennemi, les 300 déployèrent jusqu'à leur dernier souffle un courage surhumain; leur vaillance et leur héroïque sacrifice inspirèrent toute la Grèce à se dresser contre la Perse, posant ainsi les premières pierres de la démocratie.»

2. Dialogue entre Pauline, qui vient de voir *300,* et Susanne, qui le lui avait fortement recommandé.

> Susanne: Alors, tu l'as vu enfin. N'avais-je pas raison?
>
> Pauline: Tu me dois le prix du billet. Oh là là! quel nanar[10]! Pour un film qui se veut historique...
>
> Susanne: Halte là. Le film se proposait et se devait de rester fidèle, non pas à l'Histoire, mais à *son* histoire — et au monde, quasi mythique, où elle se déroule. Ce monde est moins celui du Ve siècle avant J.-C. que celui de la BD de Miller, dont certaines cases sont reproduites presque à l'identique dans le film. Nous sommes ici aux portes de la légende, où s'affrontent le Bien et le Mal...
>
> Pauline: Mais c'est justement ça qui m'a chiffonnée, ce côté «nous contre eux»: nous, les bons, les beaux; eux qui sont tous méchants, pervertis et moches. Tout est outré, caricatural, manichéen. Aucune impartialité dans le point de vue...
>
> Susanne: Mais tu n'as rien compris! L'histoire est racontée du point de vue des Spartiates pour la bonne raison que c'est un Spartiate qui la raconte. Le narrateur Dilios, seul à survivre au massacre, a été chargé par son roi d'immortaliser leur exploit. Comment donc veux-tu qu'il s'y prenne? En pesant le pour et le contre, comme un historien, avec des notes en bas de la page? Sa tâche était de chanter les louanges des Trois Cents, et c'est ce chant que le film transcrit à l'écran.
>
> Pauline: C'est que je ne goûte pas outre mesure cette «musique»-là, bien trop wagnérienne.
>
> Susanne: Oui, c'est vrai, t'es plutôt Yves Duteil, toi. Alors je te conseille d'aller voir *Happy Feet*...
>
> Pauline: Ah, plus de conseils, je t'en prie!

3. Alain Spira (*Paris Match* du 22.03.2007): « Ce film extraordinaire nous précipite, d'une manière inédite au cinéma, au cœur de cette bataille hystérique à 300 contre des centaines de milliers. Quel choc! S'appropriant l'univers graphique de la BD de Frank Miller (*Sin City*), Zack Snyder réussit une œuvre d'une beauté visuelle à couper le souffle, mais d'une violence inouïe. À côté, les combats du *Seigneur des anneaux* ou de *Troie* sont des jeux de maternelle. Gerard Butler, qui interprète d'une façon magistrale le roi Léonidas, résume parfaitement cette œuvre dantesque: "C'est un peu comme si quelqu'un avait assisté à cette bataille, puis l'avait revécue en rêve." *300* nous entraîne dans une nouvelle dimension: le réalisme mythologique. En propulsant le péplum[11] dans le IIIe millénaire, ce film, à coup sûr culte, entre lui-même dans la légende. »

4. Emmanuèle Frois (*Le Figaro* du 21.03.2007): « Adapter à l'écran le roman graphique du génial Frank Miller représentait un défi sacrément spartiate que Zack Snyder relève avec intelligence et brio. Non seulement il en a fidèlement restitué l'esprit, mais également l'esthétique propre. Plus encore, le cinéaste a ajouté des éléments au récit qui enrichissent l'œuvre sans jamais la trahir. Ainsi, en accord avec Miller [...], il a développé le personnage de la reine Gorgo et donné plus d'épaisseur aux relations entre les hommes de la garde rapprochée du roi Léonidas. Zack Snyder a utilisé la technique de la 3D pour les décors et a filmé en prises de vues réelles les corps à corps spectaculaires chorégraphiés avec art. Quant aux acteurs, ils ont un jeu irréprochable et une vraie ressemblance avec les héros de Miller. Au final, un péplum rock éblouissant de sang et de fureur qui nous fait entrer au cœur de la bataille et de la mythologie créées par Frank Miller, où l'héroïsme, l'honneur, le courage et le sens du sacrifice sont souverainement spartiates. »

5. Thomas Sotinel (*Le Monde* du 21.03.2007): « Ces héros gonflés (de partout) mettent à mort les nouveau-nés difformes. Ils sont blancs, ce qui les distingue des méchants noirs, ou jaunes, déguisés en ninjas ou en fedayins. Ceux-ci sont emmenés par un fourbe chef, maquillé et couvert de bijoux, qui a tout l'air de ne pas être hétérosexuel. La bêtise de ce mélange d'anabolisants et de clichés nazifiants ne garantit pas son innocuité. »

6. Alexis Bernier et Bruno Icher (*Libération* du 21.03.2007), article intitulé « This is merdaaaa! » (par allusion à « This is Spartaaaa! », phrase prononcée par Léonidas vers le début du film): « Allons à l'essentiel: *300* est un atroce film de propagande dont l'idéologie de droite extrême donne envie de vomir. [...] *300* fait sans le moindre recul l'apologie d'une vision des plus puériles de l'héroïsme, de l'eugénisme et de la

nécessaire brutalité militaire, le tout suintant le racisme primaire. Il faut vraiment le faire exprès pour ne pas voir ici une justification de la politique belliqueuse de l'administration Bush et de l'intervention en Irak — ou de la future invasion de l'Iran. [...] Heureusement, la médiocrité de la réalisation, l'indigence des dialogues, le ridicule des accessoires, le jeu lamentable des acteurs (la palme à Gerard Butler, qui surjoue comme aux plus belles heures du muet) et le sérieux professoral avec lequel Zack Snyder traite cette affaire, décrédibilise *[sic]* totalement la tentative de démonstration idéologique méprisable. [...] Par ailleurs, aucune des prouesses visuelles promises n'est vraiment bluffante. Il faut, deux heures durant, se contenter d'abondantes éclaboussures de sang numérique sur l'écran et d'une utilisation irraisonnée du ralenti. En tout état de cause, *300* vient sérieusement démentir la vision angélique d'un Hollywood majoritairement démocrate. »

7. Jean-Philippe Tessé (*Chronic'art*, à www.chronicart.com): « Les guerriers spartiates, saisis de profils façon camées ou en contre-plongées riefenstahliennes[12], sont des bodybuilders huilés, à la fois Aryens grands crus, machos purs et icônes gay. [...] Bref, avec son ambiance *Triomphe de la volonté* très premier degré, très assumée, très malsaine, *300* ressemble à une sorte de *Starship Troopers* dont on aurait ôté toute l'ironie et la subversion. *300* est un film gros bœuf, aux incroyables relents fachos, voilà qui est dit. Mais c'est trop énorme pour être pris au sérieux, et l'étiquetage nazillon est d'une telle évidence que l'on n'est pas plus avancé une fois cela précisé. [...] Les punchlines éructées en guise de dialogues (déjà cultes sur le Net), la glorification du corps dopé à la testostérone, la couche molletonnée épaisseur triple de la psychologie des warriors, le goût des affrontements entre *übermenschen*[13] assoiffés de sang et foules anonymes de métèques: tout cela rappelle le cœur des années 80, vers lequel le cinéma contemporain ne cesse de se rediriger. Le voisinage de *300,* c'est moins Leni Riefenstahl que le poète John Milius, l'homme de *Conan le barbare.*

8. Quelques bribes cueillies çà et là dans les forums et les blogs: « Le genre: entreprise de culpabilisation des mecs sans abdos... Si on laisse son cerveau à l'entrée, on peut bien s'amuser... N'écoutez pas les critiques pathétiques et mesquines du politiquement correct débile: *300* est une réussite... Un film sublime mais en revanche très violent et sanglant. Âmes sensibles s'abstenir. Malgré cela, les effets sont top et les acteurs très bons. Le film retranscrit très bien le courage que peut avoir un homme pour défendre ce qui lui est cher... Une boucherie spectaculaire visuellement superbe avec un Léonidas (Gerard Butler) ô combien charismatique. Toutefois, il y a quelques maladresses: scène de sexe assez comique, certains plans inutiles, des trips de réali-

sateur de vidéoclips, et une séquence dans un champ de blé qui rappelle étrangement un péplum de Ridley Scott. Mais dans l'ensemble, c'est pas mal et la photographie vaut à elle seule le détour... Visuellement bluffant, *300* est une superbe fresque. Du grand divertissement comme les Américains savent le faire. Les couleurs, les ralentis, les nuances — pour moi c'est l'un des grands films de l'année. À voir et à revoir pour le plaisir des yeux... Énorme, tant dans l'image que dans le rendu de la BD, *300* restera comme le film incontournable de cette année. Pour les critiques en dessous de 4/5, je ne vois qu'une chose, continuez de regarder *La Petite Maison dans la prairie*... Oui, *300* est basique; oui, *300* est violent. Et alors? Il ne faut certes pas s'attendre à une psychologie poussée des personnages ou à une intrigue à rallonge, mais le film s'en sort très bien. L'histoire et les enjeux sont clairs, simples et sans "prétention" à ce niveau. Le but affiché étant de divertir, d'en prendre plein la vue, le contrat est rempli... Pourquoi cette fâcheuse manie de faire la fine bouche à chaque fois qu'un film éclate sur l'écran et vous coupe le souffle? On ne va pas voir *300* pour suivre un cours d'histoire ni pour la qualité intrinsèque des dialogues. *300*, c'est un gigantesque pied visuel, une grâce pour les amateurs de BD, de cris, de couleurs et dans ce domaine, j'ai été carrément bluffée et bon dieu que c'était bien, que c'était beau, que c'était grand. Arrêtez donc de vous sentir fautif à chaque fois que vous voyez un film sans avoir envie de regarder discrètement votre montre. C'est du cinéma, bordel! et *300*, c'est du cinéma grandiose!... Quand je vois certains avis qui fustigent le côté pro-américain, propagande Bush, film nazi ou autres joyeusetés, je suis consterné. Ceci est une adaptation (fort réussie d'ailleurs) d'une BD elle-même inspirée très librement (comme le dit Frank Miller lui-même) de faits historiques. C'est du cinéma, de la fiction, et franchement quand je suis sorti du film j'ai pas eu envie de trancher la tête de tout le monde ni de voter néonazi. Faut arrêter là les fantasmes d'intello parisien! C'est un chouette divertissement, ni plus ni moins... Un film pour les ados accros aux jeux vidéo... Une heure et demie de sang, violence et barbarie au service des croisades américaines! Un peu plus subtil que Rambo, on y manie tout aussi grossièrement des dialogues et des scènes kitsch, pour faire des Grecs (les Occidentaux civilisés, beaux et musclés) les protecteurs de la liberté contre les Orientaux (bossus, sexistes et efféminés)... Affligeant, pathétique, historiquement faux, idéologiquement nauséabond, le film aurait duré une heure de moins sans les ralentis. L'un des plus mauvais films qu'il m'a été donné de voir. On s'ennuie ferme. »

Chapitre 1

Éléments

Arrivé au multiplexe un peu en avance, vous achetez billet, pop-corn et boisson avant de trouver la salle. Installé confortablement dans la troisième rangée, vous bavardez en attendant. Puis la lumière baisse et, une fois passées les bandes-annonces [anglais: *previews; trailers*] et les « prière de... » (éteindre votre téléphone mobile, etc.), un logo apparaît sur l'écran, suivi de quelques éléments d'un générique [anglais: *credits*], et à compter de ce moment-là vous êtes *pris* dans l'univers du film, *happé* par l'histoire. Vous avez accédé à un statut nouveau, celui de *spectateur*.

Exagération? Pas du tout, si l'on peut en croire les nombreux auteurs qui parlent à ce propos d'« envoûtement », de « subjugation », d'« hébétement intellectuel ». Pour Jean-Louis Baudry, la situation du spectateur — passivité, immobilité, obscurité — provoque une espèce de retour à l'enfance, à « un état régressif artificiel, une position antérieure de son développement »[1]. Cette idée paraissait plausible à certains en 1975, avant que le film ne fût banalisé par la vidéo et que la salle de séjour ne supplantât la « salle obscure ».

Sans aller jusque-là — et il n'en est vraiment pas besoin — on peut affirmer avec certitude qu'il se passe quelque chose d'assez particulier chez le spectateur d'un film: on a parlé à ce propos d'une *impression de réalité* inégalée dans les autres arts. « Plus que le roman, plus que la pièce de théâtre, plus que le tableau du peintre figuratif », écrit Christian Metz après bien d'autres, « le film nous donne le sentiment d'assister à un spectacle quasi réel »[2]. Plus que la pièce de théâtre? Oui, certainement, si paradoxal que cela puisse paraître. Au théâtre le spectateur voit évoluer devant lui acteurs et actrices en chair et en os — quoi de plus « réaliste »? — alors qu'au cinéma, il voit... Mais qu'est-ce, au juste, qu'il voit au cinéma?

1. Deux notions de base: *champ* et *cadre*

Distinguons les points de vue physique et psychologique. Ce que le spectateur *voit* est une image rectangulaire projetée sur la surface plane de l'écran. Ce qu'il a *l'impression de voir* est un espace tridimensionnel où bougent objets et personnages. On appelle *champ* [anglais: *field*] cet espace imaginaire et *cadre* [anglais:*frame*] le rectangle qui l'entoure et le délimite. Méfions-nous cependant de cette analogie facile: le cadre d'un tableau ou d'une photo a pour fonction d'isoler, de séparer — d'*encadrer,* justement — alors que le cadre filmique est une *nécessité matérielle,* le champ et par conséquent l'image étant forcément limités.

L'espace du champ, tel que le voit et l'imagine le spectateur, n'est évidemment qu'un fragment de l'espace contigu et bien plus étendu: celui du « monde » où se déroule l'action du film. On désigne sous le nom de *hors-champ* tout ce qui appartient au monde du film mais qui n'est pas visible dans le champ. L'expression s'emploie comme substantif (« le hors-champ s'oppose au champ »), comme adjectif (« un son hors champ », c'est-à-dire un son dont la source n'est pas visible) et comme adverbe (« lancer hors champ un regard inquiet »)[3].

Le hors-champ, prolongement virtuel du champ, est construit par le spectateur à partir d'indices visuels ou auditifs. Si, par exemple, le champ ne nous révèle d'un personnage que le bras ou la tête, c'est dans le hors-champ que nous situons irrésistiblement le reste de son corps. C'est là également que nous imaginons le rez-de-chaussée d'un gratte-ciel dont nous voyons seulement le sommet. Lorsqu'un personnage ou un objet entre par la gauche du champ, nous lui supposons évidemment une existence antérieure à son apparition; s'il en ressort par la droite, ce n'est pas pour tomber dans le néant mais pour regagner le hors-champ d'où il est venu. Un personnage qui regarde vers le hors-champ nous fait supposer que s'y trouve l'objet de son regard. N'oublions pas enfin les sons hors champ, appelés couramment *sons off,* d'après l'anglais *offscreen*. Les bruits ambiants, les gazouillis d'oiseaux cachés par les feuilles, les voix sourdes venues d'une pièce voisine, etc., sont autant de signes sonores du monde que nous devinons si proche, de l'autre côté du cadre.

Ainsi champ et hors-champ communiquent-ils entre eux, mais aussi, mais surtout ils se complètent. Au moindre mouvement de la caméra ils se fondent l'un dans l'autre, le champ devenant hors-champ et inversement. Il s'agit au fond d'un seul et même monde dont une partie nous est visible et l'autre, cachée. Ainsi s'explique sans doute que souvent le cadre se fasse à peine remarquer; il nous impose une vision étriquée — et nous nous en accommodons! Comme le malade alité qui se passionne à tel point pour le spectacle de la rue qu'il oublie la fenêtre par où il le regarde...

Un mot et sa famille: *cadre* ▶ Le cadre marque les limites du champ. De ce sens premier proviennent de nombreux dérivés et composés relevant du vocabulaire de l'équipe de tournage et que l'on retrouve souvent dans les analyses de films.

- *Cadrer* [anglais: *to frame*] un sujet, c'est l'inclure dans le champ, ou composer l'image de façon à l'y inclure. Par exemple: *cadrer un personnage au niveau des genoux.* On appelle *cadrage* [anglais: *framing*] la façon dont l'image est composée, ou bien la composition elle-même. Par exemple: *un beau cadrage équilibré.* Quand le cadreur (voir ci-dessous) regarde dans le viseur de sa caméra, il y voit gravé un petit *cadre de visée* qui correspond à celui du champ et qui lui permet de «faire son cadrage» (composer l'image).
- Le verbe *recadrer* a deux sens: 1° maintenir au centre du champ (ou à l'endroit voulu), par un petit mouvement d'appareil, un sujet qui s'est déplacé (substantif: *recadrage*); 2° cadrer de nouveau. Par exemple: *La caméra quitte brièvement la vedette, puis revient pour la recadrer.*
- *Décadrer* un sujet, c'est le déplacer vers un des bords de l'image, ou le rejeter partiellement hors champ (comme le font parfois en peinture Degas et Caillebotte). Il s'agit d'un choix stylistique ayant pour but d'attirer l'attention sur les limites de l'image au lieu de les faire oublier. Substantif: *décadrage.*
- Le (la) *cadreur(-euse)* [anglais: *cameraman, camera operator*], que nous retrouverons à l'Appendice A, est la personne chargée du maniement de la caméra et des *prises de vues* [anglais: *takes*].

2. *Plan:* un mot polysémique

Alerte terminologique: Nous abordons à présent un terme qui recouvre plusieurs notions distinctes, d'où d'éventuels malentendus et contresens. Marcel Martin, après l'avoir employé deux fois et en deux acceptions différentes dans la même phrase, s'énerve entre parenthèses: «le double sens du mot *plan* est décidément bien gênant »[4]. Un ouvrage récent avertit que « le mot *plan* doit être utilisé avec précaution, et chaque fois que possible, évité »[5].

Utilisé avec précaution? Certainement. Évité autant que possible? Nous ne sommes pas de cet avis: il faudrait trop de périphrases, trop de quasi-synonymes... trop de mots. Employons donc le terme, puisqu'il le faut, mais en connaissance de cause et de façon à éviter toute équivoque.

Le « double sens » dont se plaignait Martin est en réalité triple. Nous aborderons les trois sens dans l'ordre de leur entrée au lexique cinématographique et de leur importance croissante. Il s'agira d'abord du plan comme *lieu*, ensuite comme *cadrage*, enfin comme *morceau de film*.

2.1. Le plan comme lieu

À la fin du XIXe siècle le mot *plan* s'employait couramment dans les domaines du théâtre, de la peinture et de la photographie pour désigner « chacune des surfaces planes perpendiculaires à la direction du regard représentant les profondeurs, les éloignements dans une scène » (*Dict. Robert*). S'il y a en principe, dans l'axe du regard, une infinité de distances et donc autant de plans, la terminologie n'en a retenu que trois: le *premier plan* (le plus rapproché), l'*arrière-plan* (le plus éloigné) et entre les deux, le *second plan*. Ainsi disait-on, par exemple, que « la comédienne préfère jouer au premier plan de la scène », qu'« un pan de mur domine le second plan du tableau » ou qu'« à l'arrière-plan de la photo se distingue une flèche d'église à moitié noyée dans la brume ».

C'est dans ce sens que le mot s'employa au cinéma dès ses origines. Lors du tournage, on disait qu'un sujet était au premier plan, au second plan ou à l'arrière-plan selon qu'il était plus ou moins rapproché de la caméra. Pour le spectateur du film achevé, un sujet était situé à l'un des trois plans selon qu'il *paraissait* plus ou moins proche (voir la Figure 1.1).

Ce sens subsiste aujourd'hui, avec les deux autres qui en dérivent.

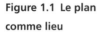

Figure 1.1 Le plan comme lieu

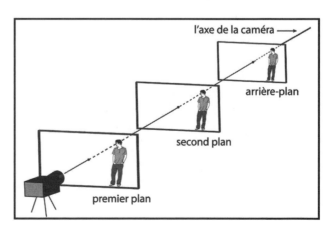

2.2. Le plan comme cadrage

Le glissement sémantique semble avoir commencé dans les années 1910. Le sens nouveau est évident dans ces phrases du cinéaste Louis Delluc, écrites en 1920: « Une jeune fille, au cinéma, doit être jeune. La logique le veut. Les premiers plans l'exigent. Depuis que le mouvement psychologique d'un film s'appuie sur ces grosses têtes, dites "premiers plans", toute tricherie est impossible »[6]. Ici il s'agit non plus d'un lieu ou d'une distance mais d'un *cadrage* dans lequel le sujet, *filmé au premier plan,* domine l'écran, paraît plus *gros.* En effet, le mot *gros,* s'adjoignant souvent à l'expression (« un gros premier plan »), finit par évincer tout à fait le mot *premier.* Depuis les années 1920 l'expression *gros plan* [anglais: *close-up*] est la seule consacrée par l'usage pour désigner un cadrage qui isole un visage ou un petit objet.

Le gros plan n'est évidemment qu'un cadrage possible parmi bien d'autres. Définis selon leur « grosseur », leur « taille » ou mieux, leur *échelle*[7], les plans se distribuent le long d'une gamme allant du plus large (découvrant l'étendue la plus vaste) au plus serré (restreint, rapproché, « gros »). L'encadré ci-dessous présente ▶ *LA GAMME DES PLANS* tels qu'ils sont définis ordinairement (il y a du flottement dans l'usage).

La gamme des plans ▶ Classés selon leur échelle, les plans se rangent dans une série allant du cadrage le plus large au cadrage le plus serré.

- Le plan général [anglais: *very long shot*] montre la totalité du décor, naturel et construit (Figure 1.2).
- Le plan d'ensemble [anglais: *long shot*] montre la totalité du décor construit (Figure 1.3).
- Le plan demi-ensemble [anglais: *medium long shot*] montre une partie du décor en y situant les personnages (Figure 1.4).
- Le plan moyen [anglais: *medium shot*] cadre le(s) personnage(s) en pied[8] (Figure 1.5).
- Le plan américain [anglais: *medium close shot*] cadre le(s) personnage(s) à mi-cuisses ou aux genoux (Figure 1.5).
- Le plan rapproché [anglais: *medium close-up*] cadre le(s) personnage(s) à la taille (plan rapproché taille) ou à la poitrine (plan rapproché poitrine) (Figure 1.5).
- Le gros plan [anglais: *close-up*] cadre un visage ou un petit objet (Figure 1.5).

> • Le très gros plan [anglais: *extreme close-up*] cadre une partie du visage ou un autre détail du corps (Figure 1.5). Si le très gros plan isole autre chose qu'une partie du corps humain, on emploie parfois le terme d'*insert*.

Le plan se caractérise aussi par son *angle de prise de vues*. Deux angles sont à considérer: celui que l'axe de la caméra forme avec le sol (Figure 1.6a) et celui que le cadre forme avec l'horizon (Figure 1.6b). Si l'axe s'incline vers le bas, on dit que le sujet, vu d'en haut, est filmé en *plongée* [anglais: *high-angle shot*] (Figure 1.7a). Si l'axe s'incline vers le haut, on dit que le sujet, vu d'en bas, est filmé en *contre-plongée* [anglais: *low-angle shot*] (Figure 1.7b). Si les lignes horizontales du cadre ne sont pas parallèles à l'horizon, on dit que le cadrage est *penché* ou *cassé* [anglais: *tilted (canted) shot*]. On qualifie de *plat* ou de *normal* un cadrage sans angle [anglais: *straight-on shot*]: l'axe est parallèle au sol comme le cadre à l'horizon.

Identifier l'angle ou l'échelle d'un plan serait un exercice sans intérêt si l'on s'arrêtait là: « Bon, d'accord, c'est un gros plan, mais... à quoi ça sert? » Il s'agit de *motiver* tel cadrage, d'expliquer la *fonction* de tel angle, de passer, en d'autres termes, de la description à l'analyse.

Les vieilles « grammaires » filmiques nous en facilitaient la tâche en proposant règles et recettes pour chaque technique. Selon André Berthomieu, auteur d'un *Essai de grammaire cinématographique,* le plan d'ensemble « est le cadre d'une action et non pas l'action; c'est le décor sans souci des personnages ». Quant au plan moyen, « c'est le cadrage [...] de l'action sans souci du cadre, personnages sans souci du décor »[9]. Et voici Robert Bataille, auteur d'une *Grammaire cinégraphique:* « Si l'action est placée dans les expressions du visage, c'est le très gros plan. Si l'action est tributaire de la présence d'un autre personnage, c'est le gros plan avec amorce[10]. Si l'action se passe entre plusieurs personnages, c'est le plan américain »[11], et ainsi de suite.

C'est clair, simple, un peu simpliste

Figure 1.2 Le plan général

Figure 1.3 Le plan d'ensemble (*Amélie* 22:07)

peut-être. Il nous semble aujourd'hui plus raisonnable d'insister, avec David Bordwell et Kristin Thompson, sur l'unicité de chaque film et par conséquent sur la variabilité des fonctions: « Analyser un film en tant qu'œuvre d'art serait bien plus facile si l'on pouvait toujours assigner aux techniques les mêmes fonctions invariables [...]. Mais en réalité le sens d'un cadrage n'a rien d'absolu. [...] C'est seulement dans le contexte du film qu'apparaîtra la fonction d'un cadrage »[12]. Ainsi le plan général est-il *souvent* descriptif — « le décor sans souci des personnages » — mais parfois il a justement pour fonction de situer dans un décor personnages ou action (l'isolement du héros dans une nature indifférente, par exemple), et dans certains cas il se fait narratif, faisant avancer l'action comme ne pourrait le faire un plan moins large (le choc de deux armées sur un champ de bataille).

Il en va de même pour le gros ou le très gros plan: en isolant un sujet

Figure 1.4 Le plan demi-ensemble (*Amélie* 22:29)

Figure 1.5
Du plan moyen
au très gros plan

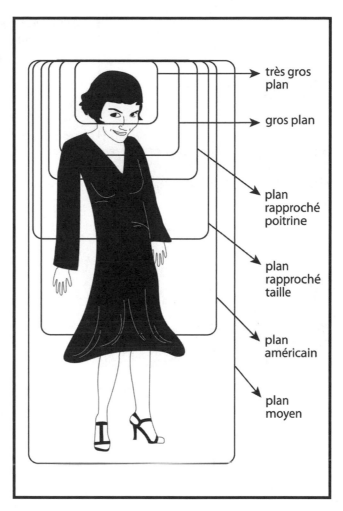

très gros
plan

gros plan

plan
rapproché
poitrine

plan
rapproché
taille

plan
américain

plan
moyen

il dirige notre attention, mais la fonction servie, l'effet visé varient. Souvent il s'agit de nous donner à lire sur un visage les sentiments intimes d'un personnage (*Amélie* 32:13, 1:50:10), mais le gros plan peut également servir à nous montrer l'objet d'un regard[13] (*Amélie* 32:11, 39:30, 57:02) ou à nous révéler un détail qui passerait inaperçu dans un plan plus large (*Amélie* 1:20:59, 1:37:32). Tout dépend du contexte.

Et les angles de prise de vues? Le cadrage plat étant assimilé à la vision ordinaire — neutre, de niveau, « à hauteur d'homme » — ce sont les écarts par rapport à la norme qui se remarquent et qui doivent s'expliquer. L'orthodoxie veut que la contre-plongée exalte un personnage, lui donne un aspect supérieur, alors que la plongée produirait un effet contraire. Il

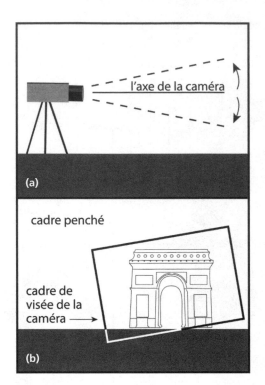

Figure 1.6 a et b Angles de prises de vues

l'axe de la caméra

(a)

cadre penché

cadre de visée de la caméra →

(b)

l'axe de la caméra

(a)

l'axe de la caméra

(b)

Figure 1.7 a et b Plongée et contre-plongée

est vrai qu'en allongeant les lignes verticales d'une figure humaine, la contre-plongée semble l'agrandir, comme la plongée, en raccourcissant les verticales, semble la rapetisser. Il y a pourtant de nombreuses exceptions, et souvent — peut-être dans la plupart des cas — plongée et contre-plongée n'ont d'autre fonction que d'épouser le point de vue d'un personnage qui regarde d'en haut ou d'en bas. De même, le plan penché, plutôt rare, peut rendre un état subjectif (déséquilibre, malaise, ivresse) ou tout simplement le point de vue d'un personnage... penché. Ici encore, le sens d'un angle dépendra du plan où il figure ainsi que des plans précédents et suivants.

Mais nous venons d'employer *plan* dans un sens nouveau, auquel il est temps d'en venir.

2.3. Le plan comme segment

Il s'est agi jusqu'ici du plan aux deux sens *spatiaux* du terme. Maintenant nous abordons le plan au sens *temporel*, comme un fragment filmique ayant une certaine durée. Mais commençons en amont du film, au moment, lors du tournage, où le plan prend forme.

Nous sommes sur le plateau, un jour de tournage, au moment du PAT (« prêt à tourner »). Tout le monde se met en place; on fait silence. « Moteur! » crie le réalisateur, et la caméra démarre. À l'ordre « Partez! » les acteurs commencent leur jeu. Au bout d'une minute l'ordre « Coupez! » fait arrêter jeu et caméra. Entre le « Moteur » et le « Coupez » du réalisateur une série continue d'images, appelées *photogrammes* [anglais: *frames*], a été enregistrée sur la pellicule. On appelle *prise de vues* [anglais: *take*] cet enregistrement et son résultat (la série d'images).

Mais le réalisateur n'est pas content; il faut faire une deuxième prise, une troisième, une quatrième. Cette dernière, élaguée des parties inutiles, finira dans le film, dont elle constituera un fragment parmi bien d'autres. On appelle *plan* [anglais: *shot*], dans le film achevé, un segment enregistré lors d'une seule prise de vues.

Le plan est l'unité fondamentale du film. Certes, au niveau « microscopique » les cellules du film sont les photogrammes défilant dans le projecteur à une cadence de vingt-quatre par seconde. Mais à l'échelle macroscopique qui seule nous intéresse, le film est composé de plans dont le nombre et la durée varient considérablement. Un plan peut durer une fraction de seconde (*Amélie* 10:02) ou plusieurs minutes. Un film dramatique pourrait contenir 600 plans d'une durée moyenne de onze secondes (*Citizen Kane* d'Orson Welles, 1941); un film d'action récent, plus de 3 000 plans d'une durée moyenne de deux secondes (*The Bourne Ultimatum* de Paul Greengrass, 2007).

Le spectateur attentif à l'action d'un film ne remarquera pas la succession des plans, d'autant que le réalisateur aura sans doute fait de son mieux pour lui cacher le passage de l'un à l'autre. L'analyste attentif aux *segments* du film n'aura, pour les repérer, qu'à se rappeler leur origine. Né d'une seule prise de vues, le plan se caractérise essentiellement par une continuité du champ. Objets et personnages s'y déplaceront, et le champ pourra lui-même se déplacer par rapport au cadre, mais ces mouvements, si rapides soient-ils, seront *continus,* tout comme la série d'images enregistrées par la caméra. Si le champ change brusquement, nous sommes au plan suivant. (Voir ▶ *LE DÉBUT D'*AMÉLIE *EN PLANS.*)

Tout plan (segment) a une certaine durée — nécessairement et sans exception — et tout plan présente du mouvement. À cette seconde affirmation il y a une seule exception: le *plan arrêté* [anglais: *freeze (stop) frame*], obtenu par la projection d'un même photogramme reproduit sur la pellicule. *La Jetée* (1962), célèbre court métrage de Chris Marker (C.-F. Bouche-Villeneuve), se compose presque entièrement de plans arrêtés.

Le début d'*Amélie* en plans ▶ À titre d'exemple (et d'entraînement), la séquence pré-générique d'*Amélie* se compose de douze plans, identifiés ici d'après quelques paroles du narrateur:

1. « Le 3 septembre 1973... »
2. « À la même seconde... »
3. « Au même instant... »
4. « ... carnet d'adresses. »
5. [Il soupire.]
6. « Toujours à la même seconde... »
7. « ... d'un chromosome X... »
8. « ... pour atteindre un ovule... »
9. « ... Poulain, née Amandine Fouet. »
10. « Neuf mois plus tard... »
11. « ... Amélie... »
12. « ... Poulain. »

De combien de plans le générique est-il composé?

On parle d'*arrêt sur image* si un plan en mouvement s'immobilise sur une image figée: l'exemple le plus connu (et cité) est le dernier plan des *Quatre Cents Coups* de François Truffaut (1959), où le jeune héros est « gelé » dans sa course à la mer à l'instant qu'il regarde la caméra.

À cette seule exception près, le plan bouge, et son mouvement peut être de deux sortes: mouvement *dans* le champ et mouvement *du* champ. Pour décrire le premier, on raconte — et c'est logique — ce que l'on voit: *La petite Amélie, vue de dos perchée sur le toit, débranche l'antenne* (*Amélie* 8:37–8:40). Nous pourrions procéder de la même façon pour décrire le mouvement *du* champ (par rapport au cadre), mais ce serait bien plus long et bien moins clair. Voilà pourquoi, dans ce cas, nous décrivons ce qui est visible (mouvement du champ) en termes de ce qui ne l'est pas: le mouvement de la caméra.

Si la caméra se déplace, il s'agit d'un *travelling* [anglais: *tracking shot*]. Elle peut se déplacer à droite ou à gauche, avancer ou reculer, monter ou descendre, et nous parlerons dans ces cas de *travelling latéral droite* ou *gauche*, de *travelling avant* ou *arrière*, de *travelling haut* ou *bas* (Figure 1.8).

La caméra peut, tout en restant sur place, pivoter sur son axe, auquel cas il s'agit d'un *panoramique* (souvent abrégé en *pano*). La caméra peut *panoramiquer* — ou plus familièrement, *panoter* [anglais: *to pan*] — soit à gauche et à droite sur son axe vertical (*pano droite, gauche* [anglais: *right, left pan*]), soit vers le haut et vers le bas sur son axe horizontal (*pano haut, bas* [anglais: *tilt*]) (Figure 1.9).

Le *pano-travelling* [anglais: *tracking pan*] combine les deux: la caméra se déplace tout en pivotant sur son axe. On appelle *trajectoire* un pano-

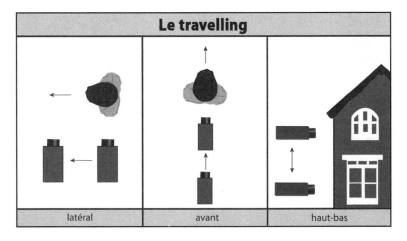

Figure 1.8

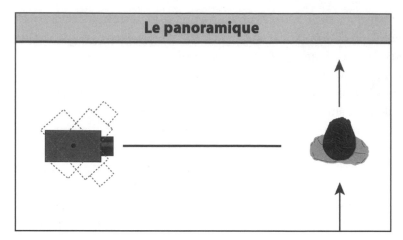

Le panoramique

Figure 1.9

travelling comprenant un déplacement vertical de la caméra. La trajectoire peut être extrêmement compliquée et se réalise au moyen d'une grue [anglais: *crane*], souvent télécommandée. (Voir ▶ *LA CAMÉRA EN MOUVEMENT DANS AMÉLIE.*)

On qualifie un plan de *mobile* s'il y a eu un mouvement de caméra pendant la prise de vues. Autrement il est *fixe*, le champ soudé au cadre

---

La caméra en mouvement dans *Amélie* ▶ Voici quelques exemples de plans mobiles.

- Travelling avant: 6:17–6:19 (Amélie réagit à la tentative de suicide de son poisson); 4:21–4:28 (« La mère d'Amélie... »).
- Travelling arrière: 4:59–5:18 (« Amélie a six ans »).
- Travelling gauche: 9:05–9:14 (« Après la mort de sa mère... »).
- Pano droite: 3:50–3:55 (« ... surprendre sur ses sandales un regard de dédain »).
- Pano haut: 8:51–8:59 (« Hélas, ce n'est pas un nouveau-né... »).
- Pano bas: 9:23–9:29 (« Les jours, les mois... »).
- Panos filés (c'est-à-dire très rapides, avec images intermédiaires floues [anglais: *whip pan*]) et bruités [anglais: *swish pan*]: 1:25:32 et 1:25:35 (séparés d'un travelling avant bruité).
- Pano-travelling: 7:29–7:38 (« Un voisin profite de la naïveté d'Amélie... »).
- Trajectoire: 12:43–13:01 (« ...et faire des ricochets sur le canal Saint-Martin »), un plan célèbre — et pour cause — réalisé à l'aide d'une grue.

Plus on regarde le film, plus on est frappé par la « bougeotte » de la caméra. Que de travellings avant! À quelle fin?

> **Zoom, zoom, zoom** ▶ Une caméra équipée d'un *objectif à focale variable* [anglais: *zoom lens*] permet de réaliser, sans se déplacer, un simulacre de travelling avant ou arrière. Il s'agit du « travelling optique », ou *zoom*. L'introduction sur le marché du nouvel objectif déclencha dans les années 60 une curieuse maladie baptisée *zoomite* dont plusieurs variétés furent identifiées (aiguë, chronique, sporadique...). Aujourd'hui que la moindre caméra numérique est munie d'une focale variable, tout le monde peut zoomer, ce qui explique sans doute que les cinéastes professionnels le fassent si peu. Solution de facilité, le procédé est trop étroitement lié au film d'amateur.
>
> Le zoom avant et le travelling avant ont en commun un effet d'avancée, mais il n'est pas difficile de les distinguer:
>
> • Le zoom semble réduire la profondeur du champ, d'où un effet d'aplatissement.
> • Au cours de l'avancée le zoom conserve les rapports entre objets de plans différents, alors que le travelling les modifie sensiblement, conformément à notre expérience quand nous nous rapprochons d'un objet.
>
> Dans *Amélie* 3:33–3:38 (« Le père d'Amélie, ancien médecin militaire... »), s'agit-il d'un travelling authentique ou optique? (Regardez bien, au cours de l'avancée, la façade du bâtiment par rapport au corps du personnage. Que se passe-t-il?)

(à ne pas confondre avec le plan arrêté, qui présente une succession de photogrammes identiques).

À quoi servent un travelling, un pano, une trajectoire? La réponse ne peut être que: « Cela dépend ». Ici comme ailleurs, la fonction d'une technique tient au contexte de son utilisation. Selon les circonstances la caméra mobile pourra, par exemple: accompagner un personnage ou un objet en mouvement, explorer un espace, découvrir un sujet, révéler une action, définir des rapports spatiaux, insister sur un élément important, varier le point de vue ou épouser celui d'un personnage, dynamiser le champ en nous y insérant, rehausser l'intérêt visuel du plan... La fonction sera donc descriptive, narrative ou purement esthétique.

Il est évident qu'un seul et même plan-segment peut présenter successivement plusieurs plans-cadrages différents. C'est le cas, par exemple, d'*Amélie* 36:26–36:45, et l'on retrouve les deux sens du mot *plan* dans le commentaire du réalisateur Jean-Pierre Jeunet: « J'adore ce genre de plan où le personnage est en plan large et vient en gros plan. [...] C'est pas la caméra qui [...] va en gros plan, c'est le personnage qui se déplace et vient se positionner en gros plan » (36:43).

Le genre de plan décrit par Jeunet n'est pas rare, mais le plus souvent c'est *en changeant de plan* (segment) que l'on passe d'un cadrage à un autre. En effet, Jeunet avait dit, à l'endroit des deux ellipses dans la citation, d'abord: « Ce n'est pas un *cut* », puis: « au montage ». C'est du montage — et des « cuts » — qu'il s'agira dans la section suivante.

3. Le montage

Une fois qu'existent les éléments, il s'agit d'en faire un film; on passe donc du tournage au *montage* [anglais: *editing*]. *Monter* [anglais: *to edit*] un film, c'est l'assembler à partir de ses différentes parties. Le travail du *monteur* [anglais: *editor;* féminin: *monteuse*] consiste d'abord à sélectionner les plans; ensuite, à fixer leur durée; enfin, à les mettre bout à bout dans un certain ordre et avec les transitions qui conviennent. Considérons brièvement chacune de ces opérations.

La *sélection* se fait parmi les prises de vues dont normalement plusieurs auront été effectuées pour chaque plan, soit successivement, soit simultanément à l'aide de caméras multiples. Certaines prises seront écartées tout de suite; d'autres seront tirées [anglais: *printed*] et présentées le lendemain au réalisateur. Ce sont les *épreuves de tournage*[14] — souvent appelées *rushes,* d'après l'anglais (parce que « c'est pressé ») — dont seule la meilleure sera retenue pour le film. Les épreuves non retenues — les *doubles* [anglais: *outtakes*] — seront conservées, « au cas où... ».

La *durée* approximative de chaque plan aura été prévue dans le scénario [anglais: *screenplay*], d'une façon bien plus précise dans le découpage technique [anglais: *shooting script*] et par la suite, bien entendu, lors du tournage. Au montage la prise sera écourtée d'au moins quelques photogrammes au début et à la fin — l'annonce (« plan 3, prise 36 »), les ordres du réalisateur (« Partez... Coupez ») —, élaguée éventuellement d'autres parties jugées superflues (les *chutes* [anglais: *cut-outs, trims*]), découpée parfois en plusieurs plans distincts ou même éliminée du film.

La *mise bout à bout* des prises était traditionnellement une opération physique, un long « coupé-collé », au sens propre des termes. Le monteur coupait la bande de pellicule, en alignait les morceaux et les collait les uns aux autres pour faire un premier montage grossier appelé, justement, le *bout-à-bout* [anglais: *rough cut*]. À ce stade l'ordre des plans était respecté mais non leur durée exacte. Aujourd'hui le montage virtuel a remplacé les ciseaux et la colle. Les prises sélectionnées sont numérisées, puis transférées sur un disque dur. Le monteur peut alors, sous l'œil du réalisateur, essayer sur l'écran un nombre illimité de combinaisons, visualiser différentes transitions, expérimenter plusieurs bandes-son et ajouter des effets spéciaux. Au terme de ces opérations le film est retransféré sur pellicule: c'est le *montage définitif,* ou *final cut*[15].

Malgré la révolution du virtuel, le montage reste au fond ce qu'il a toujours été: « l'organisation des plans d'un film dans certaines conditions d'ordre et de durée »[16].

3.1. Un théoricien du montage: André Bazin

Nous avons insisté jusqu'ici sur les aspects techniques du montage, mais il s'agit en fait d'une activité créatrice à part entière. On dit en effet que « le montage est la troisième écriture du film » (après le scénario et le tournage), car à chaque étape s'imposent un choix et donc des critères, lesquels supposent à leur tour une conception globale du film à faire, voire du filmique en général. Pour nous en convaincre, considérons, à la lumière des idées du théoricien et critique André Bazin[17], les questions de la durée des plans et des transitions entre eux.

« Quel que soit le film, écrit Bazin, son but est de nous donner l'illusion d'assister à des événements réels se déroulant devant nous comme dans la réalité quotidienne »[18]. Formulée de la sorte, l'idée semble friser la banalité. Le spectateur « grand public » sera tenté de répondre: « C'est vrai, évidemment, mais cela va sans dire, non? Quand je vois un film, il faut que j'y "croie", sinon ce n'est pas la peine. C'est une question de réalisme, pur et simple. » La conception bazinienne n'est pourtant pas la seule possible: si elle paraît aller de soi, c'est en raison de sa position largement dominante dans la production cinématographique mondiale. Au reste, la question du réalisme est complexe, riche en équivoques et source de nombreux malentendus. Nul doute que la doctrine de Bazin ne soit « réaliste », mais de quel réalisme s'agit-il?

On distingue traditionnellement deux sortes de réalisme filmique: celui du *style* (ou de la *forme,* de la *manière*) et celui du *sujet* (ou du *contenu,* de la *matière*). Il s'agit, d'une part, des techniques mises en œuvre pour créer un monde filmique, et d'autre part, du monde ainsi créé (sa géographie et ses lois, ses habitants et leur motivation, l'histoire qui s'y déroule). Le réalisme bazinien est de la première sorte: un « réalisme du récit », comme le dit Bazin. Or le style ainsi conçu, si réaliste soit-il, n'est évidemment qu'un moyen. Il faut qu'à la fin le spectateur puisse « adhérer » au spectacle, « participer » aux événements, « croire » au monde du film — et les techniques servent à l'y aider. On ne saurait trop insister sur cette subordination de la manière à la matière, du *mode de représentation* au *monde représenté,* le but étant toujours l'immersion *diégétique* du spectateur. (Voir ▶ *UN MOT ET SES DÉRIVÉS:* DIÉGÈSE.)

Il s'agit donc pour Bazin de favoriser autant que possible la fameuse « suspension consentie et provisoire de l'incrédulité »[19]. Mais ici surgit une difficulté, et elle est de taille: le film *découpe* le monde qu'il voudrait nous montrer. Comme le dit Bazin, « la réalité existe dans un espace continu et l'écran nous présente en fait une succession de petits fragments appelés "plans" »[20]. Par quelle magie ce regard clignotant qu'est le film, fragmentaire par essence, pourra-t-il saisir un monde qui nous apparaît tout d'une pièce? L'« illusion » recherchée est-elle possible? Certainement, répond Bazin, mais à condition que le cinéaste sache s'y prendre. La forte *impression de réalité* évoquée au début du chapitre — impression qu'à tort on suppose propre au cinéma — ne caractérise, estime Bazin, qu'*un certain cinéma.* Elle passe toujours et nécessairement par le respect du réel, l'essentiel étant d'*adapter le film au filmé.*

Mais comment y parvenir? Puisque la fragmentation en question est celle de la succession des plans, Bazin voit deux solutions: dans la mesure du possible soit *supprimer* soit *cacher* la succession incriminée. En d'autres termes (ceux de Bazin), il s'agit du « montage interdit » et du « montage invisible ». Examinons à présent ces deux notions.

Un mot et ses dérivés: *diégèse* ▶ Forgé en 1950 à partir d'un mot grec signifiant *narration,* le terme de *diégèse* désigne «tout ce qui appartient [...] au monde supposé ou proposé par la fiction du film »[21]. Il s'agit donc d'un pseudo-univers, n'ayant d'existence qu'à travers le film mais qui, selon le cas, ressemble plus ou moins à l'univers réel. Le monde de certains films policiers est proche du nôtre; ce n'est guère le cas des comédies musicales ou sentimentales, ni des péplums. La diégèse d'*Amélie* est le Paris des années 1990, mais un Paris de carte postale, idéalisé, nettoyé, filtré au sépia.

«Pourquoi alors, demandera-t-on, ne pas dire simplement "le monde du film"? Ce n'est guère plus long, et les mots existent déjà. » Bonne question: il ne faudrait pas multiplier les néologismes au-delà du nécessaire. Mais dans ce cas le terme se justifie parce qu'à l'expression *monde du film* ne correspond ni adjectif ni verbe, et nous aurons besoin des deux.

Adjectif: Est *diégétique* tout ce qui appartient à la diégèse, par opposition aux éléments *extradiégétiques,* superposés sur la diégèse sans s'y intéger (*extra:* « en dehors de »). La musique d'*Amélie* est la plupart du temps extradiégétique, mais celle qu'Amélie entend dans les couloirs du métro (21:40) émane du phonographe d'un personnage. Le narrateur d'*Amélie* est extradiégétique, comme le sont certains bruits (39:20), les mots du générique et les inscriptions explicatives (« bouche pincée... », 3:40).

Verbe: *Diégétiser* un élément du film, c'est lui attribuer une cause ou une explication (apparemment) diégétique. Ce peut être, par exemple, un travelling latéral d'accompagnement (10:12), un cadre secoué (26:30) mis au compte d'un moyen de transport, une plongée assimilée au regard d'un personnage (13:14) ou une contre-plongée, au regard d'un poisson (6:52). La *diégétisation* d'un procédé a pour effet de nous le rendre « naturel » et donc invisible. Nous aurons l'occasion d'apprécier l'importance de ce phénomène en ce qui concerne le montage.

3.2. Le « montage interdit »: le plan long et le plan-séquence

Il ne faudrait pas prendre au pied de la lettre le terme d'*interdit:* un film sans montage serait un film composé d'un seul plan. Mis à part quelques cas particuliers, il s'agit moins d'une interdiction que d'« une suppression partielle du montage »[22], là surtout où un changement de plan atténuerait l'impression de réalité. Le but du film étant, comme nous l'avons vu, de faire « croire » à la réalité du monde représenté, il faut que la représenta-

Une notion clé: la *séquence* ▶ On appelle *séquence* une suite de plans dont l'ensemble constitue une unité narrative. La séquence présente ordinairement une seule action se déroulant en un seul lieu et d'une façon plus ou moins continue (les «trois unités» classiques). Dans *Amélie*, par exemple, les vingt-trois plans où l'héroïne fait connaissance avec «l'homme de verre» (27:39–30:38) forment une séquence. Les séquences d'un film sont comparables aux scènes d'une pièce de théâtre et aux chapitres (s'ils sont courts) d'un roman.

Voilà qui est clair—à condition de ne pas se poser trop de questions. «En un seul lieu»? Ce n'est pas le cas des cinq plans-dénouements d'*Amélie* (1:54:38–1:56:14) dont la série semble bien former une séquence. «D'une façon plus ou moins continue»? On admet facilement de petites ellipses temporelles, comme dans la séquence où Amélie contrefait la lettre (1:21:24–1:23:09). Mais dans la séquence dite *par épisodes* [anglais: *montage sequence*] une période longue de plusieurs années peut se résumer en quelques plans alignés comme des moments d'une évolution. Et qu'est-ce d'ailleurs qu'«une seule action»? Y en a-t-il une seule ou bien deux—et donc deux séquences—dans les plans 30:38–34:53 où Bretodeau retrouve sa boîte à souvenirs, puis, au bistrot, s'en montre ému? Le retour en arrière intercalé (32:19) constitue-t-il une troisième séquence? Une sous-séquence? On comprend qu'un seul et même film puisse être segmenté de plusieurs façons: tout dépend du sens d'*action* et d'*unité narrative*.

Malgré ces zones d'ombre, la notion de *séquence* est bien implantée dans l'usage: «on sait ce que c'est» ou l'on croit le savoir, à un niveau acceptable d'approximation. C'est en séquences que nous divisons l'histoire d'un film pour la raconter, et l'on pourrait en dire autant des éditeurs de DVD. Dans les options CAV (cinéma-audiovisuel) du bac, ainsi qu'aux concours d'agrégation et d'entrée aux écoles de cinéma, lorsqu'on propose aux candidats un «extrait» de film pour l'épreuve d'analyse filmique, c'est généralement d'une *séquence* qu'il s'agit.

tion soit de nature à entretenir l'illusion. Voilà pourquoi le montage est pour Bazin «le procédé anti-cinématographique par excellence»[23]: il «désosse l'action comme on découpe un poulet»[24], la morcelant au lieu de l'enregistrer et fragilisant de ce fait le «pacte de croyance» entre film et spectateur.

Pour capter certaines actions, estime Bazin, il est bien plus «cinématographique» — plus respectueux du «pacte» — de *prolonger* les plans au lieu de les multiplier. Dans ces cas la scène à filmer constitue un bloc d'espace-temps dont l'unité spatio-temporelle exige l'unité de la prise de vue. Le *plan long* [anglais: *long take*[25]] est à cet égard plus proche de notre perception de la réalité extradiégétique, car il nous permet d'« assister » à la scène sans la quitter des yeux, et d'y assister *en temps réel,* la durée de la projection étant égale à la durée diégétique. On préférera alors, plutôt qu'une séquence de plans brefs et nombreux, un nombre réduit de plans longs ou même un plan unique — un *plan-séquence.* (Voir ▶ *UNE NOTION CLÉ: LE* PLAN-SÉQUENCE.)

Le plan-séquence présente donc l'intégralité d'une unité narrative, une action entière. Ajoutons qu'il peut s'agir de deux actions, voire de plusieurs, plus ou moins simultanées. Citons en exemple le plan 1:48:57–1:49:54, le plus long d'*Amélie,* où nous voyons l'héroïne en même temps que son fantasme. Un traitement *en montage* aurait découpé la scène en deux séries d'images montrées en alternance: un plan rapproché d'Amélie en panne de levure, Nino sortant pour lui en acheter; Amélie souriant en imaginant la question de Lucien; Nino montant l'escalier, etc. À cette solution « classique » Jeunet a préféré ce que l'on appelle parfois un *montage*

Une notion clé: le *plan-séquence* ▶ Une séquence se compose, comme nous l'avons vu, d'au moins deux plans dont chacun montre une partie de l'action. Schématiquement: Soit la séquence S composée des plans $P_1 - P_4$. Ainsi: $P_1 + P_2 + P_3 + P_4 = S$. Mais l'action pourrait être filmée autrement, en combinant par exemple les plans P_1 et P_2 en un seul plan P_5, et P_3 et P_4 en un seul plan P_6. Ainsi: $P_{5 (= 1 + 2)} + P_{6 (= 3 + 4)} = S_2$. On pourrait aller plus loin et filmer toute l'action *en un seul plan* P_7 comprenant à lui seul les sous-actions des plans $P_1 - P_4$. Ainsi: $P_{7 (= 1 + 2 + 3 + 4)}$. On parle dans ce cas de *plan-séquence* (expression employée telle quelle en anglais).

Pour cerner de plus près la notion, considérons les deux définitions proposées par Vincent Pinel: « séquence traitée en un seul plan » et « plan étendu aux dimensions d'une séquence »[26]. La première est contradictoire, la séquence étant par définition une suite d'au moins deux plans. La seconde vaut mieux, mais elle est incomplète. Un plan peut avoir « les dimensions d'une séquence » sans être un plan-séquence, car il s'agit non seulement de durée mais aussi de *contenu.* Le plan-séquence est donc — et ce sera notre définition — un plan long présentant le *contenu événementiel* d'une séquence (une action, quasi-autonome, composée d'au moins deux sous-actions).

dans le plan. Ainsi se désigne — contradictoirement, il est vrai — le fait de réunir en un seul plan ce qu'un montage (réel) aurait séparé. L'« effet montage » est souligné ici par un *surcadrage* (cadre dans le cadre) *porté au second degré:* le fantasme d'Amélie apparaît dans l'embrasure du mur, et c'est là qu'elle imagine Nino la voyant (en)cadrée. À noter en outre que le fantasme, encadré dans un seul plan, en comprend lui-même trois!

Le plan de notre exemple — exceptionnel à bien des égards — fut réalisé évidemment à l'aide d'effets spéciaux. Un procédé plus traditionnel employé pour présenter deux ou plusieurs actions consiste à les étager en profondeur dans le champ, à différentes distances d'une caméra fixe. Ici se pose cependant un problème de *mise au point* [anglais: *focus*]. Une option consisterait à *mettre au point* [anglais: *to focus*[27]] alternativement sur l'une et l'autre des deux actions, un peu comme le ferait un montage classique en les cadrant tour à tour. Mais si l'on cherche à présenter *simultanément* deux actions *simultanées,* une meilleure solution sera de les englober dans une même mise au point élargie — une *profondeur de champ* accrue — de façon à leur conférer une netteté égale. (Voir ▶ *DÉCRYPTAGE: LA* PROFONDEUR DE CHAMP.)

Décryptage: la *profondeur de champ* [anglais: *depth of field*] ▶ Imaginons un sujet immobile situé à quatre mètres de la caméra et que l'on veut mettre en valeur en l'isolant (Figure 1.10a). La mise au point sera donc faite sur lui et elle sera sélective. Tout ce qui est situé à moins de trois mètres de la caméra ou à plus de six mètres apparaîtra flou. On appelle *profondeur de champ* (PDC) cette zone de netteté devant et derrière le sujet. La PDC se mesure dans l'axe de la caméra; ici elle est de trois mètres (six moins trois). Imaginons maintenant une autre prise de vues où deux sujets (A et B) s'échelonnent en profondeur et se déplacent au long de l'axe de la caméra (Figure 1.10b). Une PDC réduite rejetterait A ou B dans le flou, et l'un ou l'autre sortirait de sa zone de netteté au fur et à mesure de ses mouvements. Aussi choisirait-on dans ce cas une mise au point moins sélective, une plus grande PDC. Une PDC de six mètres permettrait d'embrasser d'un même regard les deux sujets, de préciser leurs relations spatiales et de mettre en rapport leurs actions. De là, une certaine complication du champ, mais aussi une dramatisation de la scène, un dynamisme accru. De là aussi un surcroît de réalisme, selon Bazin, puisqu'une grande PDC « place le spectateur dans un rapport avec l'image plus proche de celui qu'il entretient avec la réalité »[28] ▶▶.

distance de mise au point
4m

PDC
3m

(a)

9m

PDC 6m

(b)

Figure 1.10 La profondeur de champ

3.3. Le « montage invisible »: les raccords

Le « montage interdit » n'est et ne peut être pour Bazin, comme nous venons de le voir, qu'une « suppression partielle » du montage. Si un seul plan long, bien conçu, vaut souvent mieux qu'une séquence de plans brefs, « il ne s'agit nullement pour autant [...] de renoncer aux ressources expressives ni aux facilités éventuelles du changement de plan »[29] (ressources et facilités que nous aurons bientôt l'occasion d'étudier). Mais nous revoilà devant le problème du réalisme: comment, dans une succession de fragments, « faire passer dans l'écran la continuité vraie de la réalité »[30]? La réponse de Bazin: là où le montage s'impose, on s'efforcera de le cacher. Ainsi s'atténuera le petit choc perceptif, l'invraisemblance visuelle qu'est chaque changement de plan.

Quant aux moyens d'y parvenir, ils se regroupent sous le nom de *raccords* [anglais: *match, match cut, continuity cut*]. Au sens large le terme désigne toute « liaison entre deux éléments, deux parties d'un ensemble » (*Trésor de la langue française* [*TLF*]). Un raccord peut joindre deux tuyaux, deux bâtiments, deux longueurs de câble, etc. Considérons l'exemple du *papier peint à raccord* sur lequel un motif se répète. Puisqu'au bord de chaque lé (bande) le motif est coupé en deux parties, il faut, lors de la pose, les aligner de part et d'autre du joint. Si le travail est bien fait, aucun joint n'apparaîtra et le papier donnera l'impression d'une surface unie.

Il en va de même pour un film à monter. Aux lés de papier peint correspondent les plans, au joint, la collure [anglais: *splice*[31]] et au motif, un élément présent à la fin du premier plan et repris au début du second. Si les plans ont été bien raccordés, nous ne nous apercevons pas du passage de l'un à l'autre, car notre attention a été détournée vers l'action, accaparée par l'histoire. Et le montage, profitant de notre distraction, continue à faire son travail en cachette. De la notion de *raccord* au cinéma, proposons donc la définition suivante: *transition entre deux plans effectuée de façon à ne pas être remarquée.*

Les raccords se classent selon l'élément commun aux deux plans raccordés. Parmi les raccords que l'on rencontre le plus souvent, distinguons:

- Le *raccord sur le mouvement* (ou *raccord de mouvement*) d'un objet ou d'un personnage [anglais: *match on action*]: un mouvement qui commence à la fin du premier plan se poursuit au début du second. La direction et la vitesse sont maintenues.
- Le *raccord de regard* [anglais: *eyeline match*]: à la fin du premier plan un personnage regarde quelque chose, et le début du plan suivant montre l'objet de son regard.

Le montage en continuité dans *Amélie* ▶ Voici à titre d'exemple quelques raccords de mouvement et de regard. Nous indiquons parmi les raccords de mouvement trois exemples de raccords sur un geste, et parmi les raccords de regard, trois champs-contrechamps. Une barre oblique (x/x) à la place du trait d'union (x–x) indique un seul changement de plan entre les deux moments chiffrés.

- Raccords de mouvement: 6:14/6:16; 6:45/6:47; 8:59/9:01. Raccords sur un geste: 1:27/1:30; 7:24/7:27; 14:52/14:54.
- Raccords de regard: 1:27/1:30; 13:12/13:14, 1:36:34/1:36:40. Champs-contrechamps: 16:41–17:31 (15 plans); 1:00:30–1:00:52 (8 plans); 1:33:06–1:33:18 (5 plans).

Pour filmer une conversation on recourt souvent à une série de raccords de regard où alternent deux interlocuteurs dans un *champ-contrechamp* [anglais: *shot/reverse-shot*].

Les raccords définis et illustrés ci-dessus sont d'un usage si fréquent, nous y sommes à tel point habitués qu'il faut un effort pour les déceler. Un mouvement qui se poursuit selon des lois physiques, un geste ébauché qui s'achève, un regard qui appelle son objet et s'y complète… toujours il semble y avoir une sorte de nécessité diégétique, et toujours elle s'explique de la même façon: un élément à cheval sur deux plans contigus dont le premier crée une attente à laquelle répond le second. Mis ainsi au compte de la diégèse, le changement de plan semble *aller de soi*. Ce qui est « naturel » se passe d'explication et passera souvent inaperçu.

D'autres raccords, bien moins courants, se fondent sur la répétition d'éléments formels. Il peut s'agir de couleurs, de formes, d'une certaine composition ou même d'un mouvement libéré de son support. Dans *Amélie* 9:40–9:53 la pie s'envole vers la gauche, suivie d'Amélie qui, elle aussi, « s'envole » dans le même sens, son béret reprenant la position et la couleur des fleurs. Dans cet exemple les éléments se répètent, il est vrai, dans un seul et même plan. Quand un élément enjambe sur le plan suivant, il s'agit de ce que l'on pourrait appeler un *raccord plastique*[32] (ou *formel*) [anglais: *graphic match*]. Dans *Amélie* 12:40/12:46 le raccord joint deux variantes d'une composition abstraite: forme circulaire au centre gauche, figure rectiligne à droite avec mouvement descendant. Le raccord 12:58/13:06 présente deux variations sur le thème de l'encadrement (ou du cadrage…). Le raccord plastique ne cherche pas à diégétiser un changement de plan, et en cela il diffère des raccords de mouvement et de regard. Cependant le but est dans tous les cas le même: préserver une continuité entre deux plans afin d'effacer le passage de l'un à l'autre. Autrement dit: le montage invisible.

Au service du montage invisible, certaines règles ont été formulées qui définissent le bon et le mauvais usage en matière de raccords. Citons la *règle des 30°* selon laquelle, à distance égale de la caméra au même sujet, il faut que les axes de prise de vues de deux plans successifs forment un angle égal ou supérieur à 30°. À moins de 30°, il faudrait varier la *distance* de la caméra au sujet: un plan d'ensemble, par exemple, suivi d'un plan rapproché. On aurait dans ce cas un *raccord dans l'axe* (technique peu usitée). Dans la Figure 1.11, la série Plan A–Plan B serait interdite parce que l'angle formé par les deux prises de vues est inférieur à 30°. La série A–C (A suivi directement de C) serait acceptable (angle de 40°), comme le

Le son au service de la continuité: le *raccord sonore* ▶ La bande sonore (ou bande-son) [anglais: *sound track*] se compose de paroles, de bruits et de musique. Chacune de ces composantes peut renforcer la continuité en camouflant le passage d'un plan au plan suivant. On parle dans ce cas de *raccord sonore;* en voici quelques exemples.

- Son diégétique: le dialogue. Dans un champ-contrechamp nous voyons et entendons parler un personnage A. Le plan suivant montre un personnage B écoutant le personnage A, maintenant hors champ, qui continue à parler. Puis, toujours au deuxième plan, le personnage A cesse de parler, et nous voyons et entendons le personnage B qui prend la parole. Un troisième plan montre le personnage A écoutant le personnage B qui continue à parler hors champ, et ainsi de suite. Il y a de tels *chevauchements de dialogue* [anglais: *dialogue overlaps*] dans la plupart des champs-contrechamps d'*Amélie* (voir par exemple 20:20–21:29 et 1:08:25–1:09:26).
- Son diégétique: les enchaînements verbaux. Au plan 25:46–25:48 la patronne du café demande à Amélie: « Il s'appelle comment? » Au début du plan suivant (25:48–25:54) Amélie se trouve devant la porte de Dominique Bredoteau dont elle prononce le nom *comme pour répondre à la question* alors qu'elle n'est plus en présence de sa patronne.
- Son extradiégétique: la musique. La musique d'accordéon qui accompagne les plans pré-génériques (0:35–1:49) fait place à une musique de piano pendant le générique (1:50–3:33), conférant ainsi à chaque séquence une unité accrue.

Le mécanisme est le même dans tous ces exemples: un élément sonore se prolonge—ou *semble* se prolonger (deuxième exemple)—au-delà d'un changement de plan. Et le même principe que nous avons vu à l'œuvre dans les raccords de la bande-image s'applique également ici: plus il y a de continuité entre deux plans, moins nous remarquons le passage de l'un à l'autre.

---

seraient A–D et A–E (angle inférieur à 30° mais avec une variation suffisante de la distance).

Quelle que soit la solution retenue, l'essentiel est qu'en filmant un même sujet dans deux plans successifs on change suffisamment le placement de la caméra. Si l'axe et la distance restent constants, ou s'ils changent peu, la *saute d'image* qui en résulte — *jump cut* en anglais et en franglais, ainsi appelée parce que l'image semble sauter d'un plan à l'autre — donnera l'impression d'un « hoquet » visuel... et d'une erreur[33].

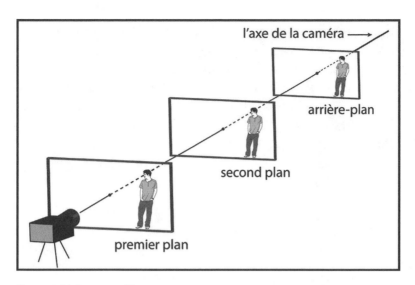

Figure 1.11 La saute d'image

La saute d'image est d'un usage fréquent dans les documentaires, ainsi que dans les publicités auxquelles on a voulu donner un air documentaire. Une interview filmée en une seule prise de vue est divisée en plusieurs plans par la suppression des points morts. Un sujet qui bouge sur place pendant les ellipses créées par les images supprimées aura l'air de sauter à l'écran. L'effet en est connu, attendu même dans un reportage, réel ou simulé.

L'effet en est tout autre dans un film narratif. Ici la forte impression de discontinuité risque de dévier notre attention vers le *travail de la représentation* aux dépens du *monde représenté.* En voyant la saute nous imaginons deux bouts de pellicule mal raccordés. Le moyen dès lors de faire *acte de croyance?* De consentir cette « suspension de l'incrédulité » (§3.1) si nécessaire à l'immersion diégétique? Peut-on « croire » à l'univers d'un film dont le montage est visible, voire *ostensible?* Adhérer au spectacle lorsqu'on voit les ficelles? Ainsi s'explique l'interdiction classique de la saute d'image, considérée comme la pire des fautes, la plus grave des infractions. Lorsqu'un cinéaste la « commet » exprès, c'est souvent pour afficher son refus des règles du montage en continuité[34].

Les sautes d'image d'*Amélie* ne sont imputables ni à l'inattention ni à l'esprit de révolte: elles se justifient pleinement dans le contexte des séquences où elles figurent. Il y en a plusieurs dans le générique (1:50–3:33) où elles contribuent à l'aspect amateur d'une séquence conçue et réalisée justement *comme un film de famille:* caméra secouée, images dé-

Décryptage: les _faux raccords_ [anglais: _continuity errors_] ▶

Employée parfois au sens large d'_erreur de montage_ (y compris les sautes d'image), l'expression désigne ordinairement les inconséquences diégé-tiques dues aux conditions de tournage. Les plans n'étant pas tournés dans l'ordre de leur apparition, souvent il se passe des jours ou des semaines entre le tournage de plans qui se suivent dans le film. De là les inadvertances telles que le classique verre à moitié vide devenu plein au plan suivant, le héros qui paraît avoir changé de chemise en pleine action, etc. Citons dans _Amélie_ les faux raccords suivants:

• L'écriture du « menu du jour » change d'un plan à l'autre (1:37:16–1:37:18 et 1:37:20–1:37:27). Comparez, par exemple, les lettres d.

• Avant de commencer son enregistrement de l'émission télévisée, Amélie laisse passer les images qui montrent le cheval se joignant aux cyclistes (50:05–50:26). Quand Dufayel repasse le film sur son magnétoscope (1:04:09–1:04:19), nous en voyons une partie qu'Amélie n'avait pas enre-gistrée.

D'autres erreurs, à distinguer des faux raccords, relèvent plutôt de l'anachro-nisme. L'action d'_Amélie_ se passe en 1997, alors que la Volkswagen New Beetle bleue et la Fiat Punto II rouge que l'on voit stationnées à 20:02–20:20 et à 35: 16–35:20 ne sont sorties respectivement qu'en 1998 et 1999. (Réponse de Jeunet quand on le lui a fait remarquer: « Je dois dire que ce genre de détail, je m'en contrefiche » [20:24].)

Rares sont les films entièrement exempts de telles inattentions. Il s'agit le plus souvent de fautes vénielles qu'un spectateur « normal » ne remar-querait jamais. (Le guetteur de ce genre d'oublis n'est pas un spectateur comme les autres...) Le danger, en cas d'erreur grave — un gladiateur qui regarde sa montre — serait de détourner notre attention de la diégèse vers le travail (bâclé) du cinéaste.

gradées, couleurs faussées, etc.[35] Aux plans 8:27–8:31 et 8:33–8:37 les sau-tes traduisent admirablement l'exaspération du voisin privé des moments forts de la finale Nantes-Paris SG.

3.4. Les effets optiques

Les raccords ont en commun, comme nous l'avons vu, de cacher le pas-sage d'un plan à un autre, ordinairement à l'intérieur d'une même séquence. Une autre catégorie de transitions regroupe certaines techniques ayant la fonction contraire de marquer, voire de *souligner* un changement de plan, surtout lorsqu'il correspond à un changement de temps, de lieu ou d'action, c'est-à-dire à un changement de séquence. Ce sont les *effets optiques,* ou *ponctuations*[36] [anglais: *transitional effects*] dont voici les principaux:

- La *fermeture en fondu* [anglais: *fade-out*] à la fin d'un plan: l'image disparaît progressivement dans le noir ou dans le blanc (*fondu au noir, fondu au blanc*). L'*ouverture en fondu* [anglais: *fade-in*] au début d'un plan: l'image émerge progressivement du noir ou du blanc.
- Le *fondu enchaîné* [anglais: *dissolve, lap dissolve*[37]]: les premières images du plan B apparaissent progressivement en surimpression des dernières images du plan A qui disparaissent progressivement.
- Le *volet* [anglais: *wipe*]: les premières images du plan B apparaissent au bord du cadre et balayent horizontalement ou verticalement les dernières images du plan A.
- La *fermeture à l'iris* [anglais: *iris out*] à la fin d'un plan: un cercle se ferme sur les dernières images qui disparaissent dans le noir. L'*ouverture à l'iris* [anglais: *iris in*] au début d'un plan: à partir d'un point sur un écran noir, un cercle s'ouvre pour découvrir l'image.

Les fondus étaient d'un usage fréquent dans le cinéma classique des années 30 et 40, comme l'iris et le volet à l'époque du muet. Si ces ponctuations se rencontrent encore de temps en temps, on n'y recourt guère aujourd'hui que par recherche d'archaïsme.

Il faut cependant réserver une place à part au fondu enchaîné, le plus répandu des effets optiques et aussi le plus polyvalent. Comme les autres effets le fondu enchaîné est *démarcatif:* il sert à séparer, et dans le cinéma classique il marquait souvent le passage d'une séquence à une autre. Mais comme l'indique son nom, il *enchaîne,* en les superposant, les deux plans qu'il sépare. Ainsi s'explique son aptitude à signaler le passage du temps ou un retour en arrière [anglais: *flashback*]. Aujourd'hui un fondu enchaîné très bref — une fraction de seconde, à peine perceptible — sert parfois à amortir un changement de plan à l'intérieur d'une séquence.

J.-P. Jeunet fait dans *Amélie* un usage restreint et le plus souvent discret des effets optiques. En voici quelques exemples:

- Une ouverture en fondu (0:49–0:53) présente la première vraie image du film (la rue Saint-Martin).
- Un fondu au blanc (3:29–3:33) ferme le générique.

- Une ouverture en fondu (9:03–9:06) sépare la vie d'Amélie d'avant et après la mort de sa mère.
- Une série de volets — plus voyants, et tout à fait exceptionnels — marquent le passage des saisons et des années (9:28–9:40). « C'est pas ce qu'on a réussi le plus au niveau des effets spéciaux, » commente Jeunet, ajoutant qu'« il doit y avoir des morphings pour passer d'une étape à l'autre » (9:26).

On appelle *coupe*, ou *coupe franche, coupe sèche* [anglais: *cut, straight cut*], le passage direct d'un plan au plan suivant: au dernier photogramme du plan A succède sans aucun effet optique le premier photogramme du plan B. Les mots *coupe* et *cut* sont des vestiges de l'époque pré-numérique où le monteur *coupait* la bande de pellicule au début et à la fin des plans. L'énorme majorité des changements de plan sont des coupes franches. C'est le cas de la plupart des raccords, où le passage du plan A au plan B est direct (sans effet optique), malgré l'élément de la fin de A qui se répète au début de B[38].

Le mot *cut* s'emploie assez souvent en français où, typique à cet égard du franglais en général, il n'a pas de sens fixe. Synonyme pour les uns de *coupe franche (sèche)*, il désigne pour les autres un changement de plans sans effet optique *ni raccord*. Parmi les nombreuses coupes franches hors raccord dans *Amélie* — les « cuts » (deuxième sens) — citons 9:50/9:55, 10:10/10:14 et 11:06/11:10.

3.5. D'autres conceptions du montage

Les écrits de Bazin datent des années 40 et 50, époque à laquelle le système qu'il théorisait et défendait était déjà largement accepté, voire dominant. Nous aurions tort de quitter le montage sans rappeler qu'il en existe d'autres conceptions que la sienne. L'hégémonie du montage en continuité a été contestée, et jamais nulle part il n'a régné à l'état pur.

À Bazin et au montage *invisible,* il est traditionnel d'opposer le cinéaste soviétique Sergei Eisenstein et son montage *ostensible.* Il s'agit en effet de deux antipodes: d'une part, une succession fluide et sans couture où les images se fondent les unes dans les autres sans qu'aucune soit remarquée isolément; d'autre part, un défilé de plans dont chacun se distingue et s'affiche en se heurtant à ses voisins. Eisenstein récuse formellement le système de montage basé sur la « liaison » entre plans. À la question « Qu'est-ce donc qui caractérise essentiellement le montage et par conséquent sa cellule, le plan? » il répond: « Le choc. Le conflit de deux fragments en opposition. Le choc. Le conflit »[39]. Il énumère les différentes sortes de conflit qu'il peut et doit y avoir entre plans: la liste se présente comme un manuel du montage en *discontinuité*.

Eisenstein mettra ses théories en pratique dans ses propres films à partir de 1924. Son premier long métrage de cette année est *La Grève*, film de propagande qui présente une synthèse de plusieurs grèves historiques de la Russie tsariste et dont la dernière séquence montre le massacre des grévistes fusillés par les soldats du tsar. Si un cinéaste « bazinien » avait à filmer la scène finale, il s'appliquerait avant tout à nous faire oublier le montage et à diriger notre attention vers l'action. Nous « assisterions » à la scène, nous verrions de près la violence subie par les grévistes, et peut-être, en nous identifiant à leur sort, nous rangerions-nous de leur côté — *tout comme l'avait voulu Eisenstein.*

Mais que fait Eisenstein? Dans un montage parallèle il fragmente la séquence de la fusillade en y intercalant des plans d'une autre séquence montrant l'égorgement de bœufs. En voici le découpage en trente-quatre plans; nous avons groupé par alinéas les plans d'une même sous-séquence (grévistes ou bœufs).

1. Intertitre[40]: « Le carnage ».
2. Plan rapproché. Une main tenant un couteau de boucher (homme hors champ à droite) frappe de haut en bas.
3. Plan général. Une foule prise de panique dévale une pente raide, de gauche à droite. 4. Plan général. La foule en fuite monte une pente vers la caméra. 5. Plan général. La foule en fuite monte une pente de droite à gauche. 6. Plan général. La foule toujours en fuite; on court dans tous les sens.
7. Plan rapproché presque identique au deuxième plan. 8. Plan rapproché. Une main tenant un couteau de boucher (homme hors champ à gauche) fend le crâne d'un taureau. 9. Plan moyen. Le taureau tombe.
10. Plan rapproché. Des mains (de trois ou quatre personnes) levées vers le ciel. À l'une des mains il manque le doigt médian.
11. Plan moyen. Un boucher avance vers la caméra, une corde à la main.
12. Plan rapproché. Des mains (les mêmes) levées vers le ciel. 13. Plan général. Des soldats avancent en descendant une pente, de gauche à droite.
14. Plan rapproché. Un boucher égorge un taureau couché sur le côté.
15. Plan général. Les soldats tirent, de gauche à droite.
16. Plan rapproché. Le sang jaillit de la plaie. 17. Plan rapproché. Un boucher égorge une vache couchée par terre. Le sang jaillit.

18. Plan général. Des soldats avancent en descendant une pente, de gauche à droite. 19. Plan général. Les soldats tirent, de gauche à droite. 20. Plan général. La foule en fuite, de gauche à droite, passe par-dessus une barrière qui s'écroule. 21. Plan général. La foule fuit toujours, de gauche à droite. 22. Plan général. La foule en fuite s'éloigne de la caméra. 23. Plan moyen. Les soldats tirent, de droite à gauche. 24. Plan général. La foule en fuite s'éloigne de la caméra.

25. Intertitre: « La défaite ».

26. Plan général. Les soldats avancent, de gauche à droite. 27. Plan général. La foule fuit, les soldats à leurs trousses, de droite à gauche. 28. Plan général presque identique au troisième plan.

29. Plan rapproché. Un taureau égorgé est étendu sur le côté; on recueille dans un bassin le sang qui jaillit. Le boucher élargit la plaie. 30. Plan rapproché. Un taureau égorgé s'agite en mourant. 31. Plan rapproché presque identique au vingt-neuvième.

32. Plan général arrêté. Des centaines de morts gisent par terre. Fondu enchaîné. 33. Plan moyen. Des soldats, ¾ dos et la tête hors champ, marchent en s'éloignant vers la gauche. 34. Plan général, pano gauche. Des centaines de morts gisent par terre. Fondu au noir.

Or l'alternance de deux séquences n'avait plus rien de novateur à l'époque; elle servait souvent — et sert encore aujourd'hui — à indiquer la simultanéité de deux actions. Le montage d'Eisenstein a ceci de particulier que l'une des deux actions est *extradiégétique*. Il n'existe aucun lien causal ou même spatio-temporel entre les bœufs et la grève; l'égorgement aurait pu avoir lieu n'importe où, n'importe quand. La séquence n'est là que pour la comparaison: le régime tsariste traite les grévistes comme des animaux à abattre.

Voici le commentaire d'Eisenstein lui-même: « Bien qu'il s'agisse de deux sujets différents [fusillade et égorgement], *boucherie* est la liaison associative. Résultat: une forte amplification affective de la scène »[41]. Eisenstein avait appelé de ses vœux un « ciné-poing » conçu pour « fendre les crânes »: c'en est ici un exemple. Mais le coup de poing a-t-il porté? Il nous manque des renseignements précis sur la réaction du public en 1925, mais aujourd'hui bien des spectateurs — la plupart, sans doute — trouvent à la fois superflue et trop appuyée cette sortie extradiégétique. Elle nous ramène de la fusillade au montage lui-même, de l'histoire à sa narration. Si la morale de la scène en devient explicite, la force dramatique s'en trouve affaiblie.

Le montage discontinu et heurté donne accès à un monde où l'on se repère tant bien que mal. Le spectateur comprend en gros ce qui se passe, mais il peine à se faire une idée claire de l'ordre précis des événements et de l'espace où ils ont lieu. La difficulté tient en partie, mais seulement en partie, au montage extrêmement rapide: la durée moyenne des plans est de 2,5 secondes, et certains ne durent qu'une fraction de seconde. À la brièveté des plans s'ajoute leur manque de liaison, voire leur « déliaison ». Le plan 9 suit le plan 8 comme l'effet sa cause, mais aucun vrai raccord ne vient souder un plan au suivant. De là une spatialité floue, une temporalité incertaine.

Dans la sous-séquence diégétique, les rapports spatiaux entre poursuivis et poursuivants semblent particulièrement mal établis. Un seul plan nous les montre ensemble, d'où cette curieuse impression d'effets sans cause et de causes sans effet. Tant de balles tirées, par exemple, sans qu'aucune semble atteindre sa cible! Les grévistes fuient et les soldats poursuivent de droite à gauche, puis de gauche à droite, paraissant ainsi s'être retournés d'un plan à l'autre. Dans les plans 3 et 28, presque identiques, s'agit-il du même moment de l'action? Dans ce cas, pourquoi la répétition? Et dans le cas contraire, les grévistes en sont-ils revenus au point de départ, pour dévaler une deuxième fois la même pente? On comprend certes le symbolisme des mains levées comme pour implorer la clémence (plans 10 et 12); on comprend moins bien que les grévistes pris de panique puissent s'arrêter ainsi en pleine débandade.

Il en va de même dans la sous-séquence extradiégétique, bien qu'ici la cohérence spatio-temporelle soit sans doute moins importante. Pour la plupart des commentateurs, ces images montrent l'abattage « d'un taureau » — un taureau couché parfois sur le côté gauche (plans 9 et 30), parfois sur le côté droit (plans 14, 16, 29 et 31), parfois sur le ventre (plan 17), et auquel, au plan 17, il manque les cornes! (Il s'agit en réalité de deux taureaux et d'une vache.) La position du boucher s'inverse entre les plans 7 et 8. Et d'où sort, où va le boucher que l'on voit seul au plan 11? À quoi sert la corde[42]? Et pourquoi...

« Mais qu'importe! » nous objectera-t-on: « Il s'agit d'abattage. Le sang coule. C'est affreux. D'ailleurs il est parfaitement inutile de reprocher de telles discordances à quelqu'un qui rejette en bloc et par système le montage en continuité. »

Il y a du vrai dans l'objection, mais il n'est peut-être pas « parfaitement inutile » de relever les discordances *si elles vont à l'encontre du but recherché*. Le jugement d'Eisenstein cité plus haut sur la « forte amplification affective de la scène » date de 1929, quatre ans après la sortie du film.

Il est intéressant de noter que l'année même de la sortie (1925), il reconnaissait que son montage en parallèle n'avait pas eu l'impact souhaité[43]. De cet échec — fût-il partiel — l'explication esquissée ici s'inspire des thèses baziniennes sur les conditions de l'« immersion » diégétique[44] ▶▶|.

Comparons le film à une fenêtre par où l'on essaie de regarder le monde. Sale, ou fêlée, ou jolie comme un vitrail, elle attire le regard et l'arrête. La séquence d'Eisenstein, typique à cet égard de son cinéma en général, est une *fenêtre à carreaux* d'un genre particulier: chaque morceau se distingue des autres, chacun tire à soi — et dehors le monde défile...

4. Notions de narratologie filmique I: le temps

Commençons par affirmer une évidence: le film de fiction raconte une *histoire,* c'est-à-dire une succession d'événements liés. Qui dit *succession* dit *série temporelle:* il s'agit donc d'événements qui se suivent dans un certain ordre et dont chacun a une certaine durée. De là nos deux questions, auxquelles nous répondrons dans les deux sections suivantes:

- Quels rapports peut-il y avoir entre l'ordre des événements de l'histoire et leur ordre dans le film qui les raconte?
- Quels rapports peut-il y avoir entre la durée d'un événement de l'histoire et celle que le film lui consacre?

4.1. L'ordre des événements

Dans la majorité des films l'ordre narratif reproduit l'ordre diégétique: les événements se succèdent à l'écran comme dans l'histoire racontée. Considérons à titre d'exception célèbre *Le Jour se lève* de Marcel Carné (1939) dont nous résumons ci-dessous l'histoire. (S pour séquence et pour simplifier, puisqu'il s'agit dans les cas de S^1 et S^2 de suites de séquences, et dans le cas de S^4 de plusieurs séquences non-consécutives; S en capitale avec [exposant] pour le distinguer du s en minuscule avec [indice].)

S^1. À l'usine où il travaille, François fait connaissance avec la jolie fleuriste Françoise. Ils sympathisent et commencent à se voir. Un soir, l'ayant raccompagnée chez elle, il lui demande à y passer la nuit. Elle refuse, prétextant un rendez-vous. Il part, jaloux, mais se cache pour la suivre au café-concert où se produit l'odieux Valentin, dresseur de chiens sadique. C'est avec lui qu'elle avait rendez-vous! En causant au caf'conc avec Clara, l'ancienne maîtresse de Valentin, François apprend avec quel homme Françoise s'est compromise.

S². Deux mois plus tard, François et Clara sont devenus amants, mais il continue à voir Françoise. Valentin dit à François, pour le dissuader de voir Françoise, qu'elle est sa fille et qu'il s'inquiète pour son avenir. François le rabroue vertement, puis apprend de Françoise que Valentin avait menti. François et Françoise se déclarent leur amour; François jure de rompre avec Clara, et Françoise de ne plus voir Valentin.

S³. Valentin se rend chez François pour le tuer mais y renonce, se contentant de lui raconter son passé sordide avec Françoise. Pris de colère, François lui tire une balle dans le ventre. Valentin meurt en bas de l'escalier.

S⁴. François se barricade dans sa chambre et toute la nuit, en attendant l'assaut de la police, repasse en mémoire les circonstances l'ayant conduit jusque-là. Au lever du jour, au moment où la police va l'expulser avec du gaz lacrymogène, il se tue d'une balle au cœur.

Tels sont les événements résumés dans l'ordre chronologique. Ce n'est pourtant pas du tout dans cet ordre que le film les raconte. Au début du film nous sommes au cinquième étage d'un immeuble, sur le palier. Derrière une porte — celle de François, comme nous l'apprendrons par la suite — des voix coléreuses se font entendre, puis un coup de feu. Un homme sort en se tenant le ventre, tombe et meurt en bas de l'escalier. Le tireur s'enferme et commence à repasser en mémoire les événements qui l'ont poussé au meutre; les événements d'abord de S^1, ceux ensuite de S^2, et enfin ceux de S^3. Entre S^1 et S^2, et encore entre S^2 et S^3, s'intercale une séquence qui nous ramène à François enfermé dans sa chambre (s_2 et s_3). Après S^3 nous revenons une dernière fois à François assiégé, pour rester avec lui jusqu'à la fin. Ainsi les événements sont *présentés* dans l'ordre suivant: s_1–S^1–s_2–S^2–s_3–S^3–s_4. (S^4 de notre résumé est partagée dans le film entre s_1, s_2, s_3 et s_4). La dernière séquence du film (s_4), ainsi que la première (s_1) et les deux intercalées (s_2 et s_3), représentent le *présent diégétique,* par rapport auquel l'action de S^1, S^2 et S^3 est *passée.* C'est dire que S^1, S^2 et S^3 sont présentées sous forme de *retours en arrière* [anglais et franglais: *flashbacks*]. À cette expression courante certains auteurs préfèrent le terme technique d'*analepse* (étymologiquement: « raconter après »), forgé et défini par G. Genette: « toute évocation après coup d'un événement antérieur au point de l'histoire où l'on se trouve »[45].

Le Jour se lève fut le premier film français à s'organiser entièrement autour de longs retours en arrière. Si radical que fût le procédé, on est allé bien plus loin depuis lors, en présentant par exemple les retours en arrière dans un ordre diégétiquement achronologique, ou en utilisant des retours en arrière sans les identifier en tant que tels. Comparée à ces innovations, la chronologie d'*Amélie* paraît simple. Le film présente trois retours en arrière: le premier (22:46–22:57) se rapporte à l'enfance de Nino; le second, à Nino et à Amélie enfants (22:57–23:04); et le troisième à l'enfance de Bretodeau (32:19–33:09). Tous sont brefs, et ensemble ils ne dépassent guère une minute, alors que les trois retours en arrière du *Jour se lève* constituent la majeure partie du film.

Une autre différence concerne le statut, ou pour mieux dire, la *provenance* des retours en arrière. Le retour en arrière purement *subjectif* représente le souvenir d'un personnage et n'est accessible, dans la diégèse, qu'à lui seul. Le retour en arrière purement *objectif* n'est accessible à personne dans la diégèse; même s'il se rapporte au passé d'un personnage (ce qui est presque toujours le cas), nous seuls, spectateurs extradiégétiques, y avons accès. On pourrait qualifier de *semi-subjectif* le cas intermédiaire du personnage qui raconte un événement passé à un autre personnage. Dans ce cas le récit commence verbalement — « C'était le soir; il y avait du monde dans la rue. Je marchais devant moi, tout préoccupé de mes idées, quand j'ai entendu appeler mon nom dans la foule. C'était elle... » — pour devenir vite audiovisuel: un « film dans le film ». Sous cette forme le retour en arrière n'est accessible dans la diégèse qu'au personnage qui le raconte, même si d'autres que lui prennent connaissance des événements racontés.

C'est la provenance du retour en arrière qui déterminait traditionnellement le mode de transition entre présent et passé. Le cinéma classique recourait de préférence au fondu enchaîné pour signaler un retour en arrière subjectif ou semi-subjectif. Le choix de ce procédé se comprend: en superposant momentanément deux series d'images, l'enchaîné suggère entre elles un lien étroit, tout comme celui qu'il peut y avoir entre le passé et le présent. Les retours en arrière du *Jour se lève* commencent et se terminent tous par un long fondu enchaîné.

Comme ceux du *Jour se lève,* le troisième retour en arrière d'*Amélie* est purement subjectif, mais aucun effet optique ne le relie au récit du présent. Une coupe franche (32:20) nous transporte directement d'un gros plan de visage aux souvenirs du personnage. Toute ambiguïté est néanmoins exclue, les marques du retour au passé étant pléthoriques: le contexte narratif (c'est une *boîte à souvenirs* que Bretodeau vient d'ouvrir), les mots du narrateur (« En une seconde, tout revient à la mémoire de Bretodeau... »), la musique (qui change de tonalité), le contenu des images

(Bretodeau adulte, puis un garçon habillé à la mode de 1959) ainsi que leur qualité (passage de couleurs au noir et blanc).

Amélie est à cet égard typique du cinéma moderne qui répugne à ponctuer d'effets optiques un récit achronologique. Le fondu enchaîné, qui formait jadis avec le retour en arrière un couple quasi inséparable, passe aujourd'hui pour éculé, voyant et surtout *superflu*. Accoutumés depuis longtemps aux retours en arrière, nous les reconnaissons sans peine — et sans signaux ostensibles. Notre expérience risque cependant de nous faire oublier que ces indicateurs, évidents ou subtils, sont des *conventions* qu'il nous a fallu *apprendre*. Le public de 1939 était apparemment en cours d'apprentissage, car les fondus enchaînés du *Jour se lève* ne lui suffisaient pas lors des premières projections. Aussi, « en raison du désarroi des spectateurs peu habitués [...] aux retours en arrière »[46], fut-il jugé nécessaire d'insérer au début du film l'intertitre suivant: « Un homme a tué... Enfermé, assiégé dans une chambre, il évoque les circonstances qui ont fait de lui un meurtrier ». Et pour comble de précaution, les producteurs ont ajouté à la bande sonore, juste avant le premier fondu enchaîné, deux phrases censées représenter les *pensées* de François dont on voit le visage en gros plan: « Et cependant c'était hier. Souviens-toi... » Cette anecdote invraisemblable mais véridique nous rappelle utilement, comme nous l'avaient déjà montré les souvenirs de Bretodeau, que les marques du retour en arrière sont aussi souvent auditives que visuelles.

Mais pourquoi modifier la chronologie? Ne serait-il pas plus simple de faire coïncider l'ordre narratif et l'ordre diégétique? Se pose ici la question de la fonction, à laquelle nulle réponse générale ne saurait suffire: tout dépend du film et des circonstances particulières. Cette réserve faite, il semble que le rôle d'un retour en arrière peut se ramener dans la plupart des cas à l'une ou à l'autre des deux fonctions suivantes: (a) apporter un complément ou un supplément d'information, et (b) rehausser l'intérêt dramatique. Examinons brièvement l'une et l'autre.

Le retour en arrière informatif repose sur le principe selon lequel *le passé est la clé du présent*. Une connaissance des expériences vécues par un personnage nous permet de mieux comprendre sa motivation et son comportement, ainsi que l'action qui en découle. Dans *Amélie* Bretodeau est un personnage secondaire, mais quelques événements de son enfance revêtent une importance capitale. Tout dans l'action procède de l'« idée lumineuse » d'Amélie: retrouver le propriétaire de la boîte à souvenirs. « Si ça le touche, c'est décidé: elle commence à se mêler de la vie des autres. Si non, tant pis » (15:51). Grâce au « film » des souvenirs de Bretodeau, nous comprenons pourquoi « ça le touche », et par voie de conséquence, pourquoi Amélie s'adonne à sa nouvelle vocation.

Le retour en arrière « dramatique », au sens où nous employons ici l'adjectif, est *susceptible d'émouvoir ou d'intéresser vivement* (*TLF*). À première vue cette notion semble paradoxale, car un récit au passé diégétique, si l'on connaît déjà le présent, devrait en principe être *moins* « susceptible d'émouvoir et d'intéresser ». Il s'agit en fait d'un *autre* intérêt, d'une émotion *différente:* moins de suspense, mais une curiosité accrue. Le film se transforme en énigme, et l'on s'intéresse moins au quoi qu'au pourquoi et au comment. *Le Jour se lève* en est la parfaite illustration: comme l'écrit Jacques Brunius, « il est presque impossible d'imaginer le film sous une autre forme, dans l'ordre chronologique par exemple »[47].

Mentionnons brièvement le procédé inverse par rapport au retour en arrière, et bien plus rare: le *saut en avant* [anglais et franglais: *flash-forward*[48]]. Genette parle à ce propos de *prolepse* (étymologiquement: « raconter avant »), définie comme « toute manœuvre narrative consistant à raconter ou évoquer d'avance un événement ultérieur »[49]. Notre classification des retours en arrière s'applique *mutatis mutandis* aux sauts en avant. Le saut purement *subjectif* représente la « précognition » d'un personnage et n'est accessible, dans la diégèse, qu'à lui seul. Le saut purement *objectif* n'est accessible à personne dans la diégèse; même s'il se rapporte à l'avenir d'un personnage (ce qui est presque toujours le cas), nous seuls, spectateurs extradiégétiques, y avons accès. Objectif ou subjectif, le procédé sert à piquer la curiosité du spectateur et peut en outre, dans certains cas, infuser au récit un air de fatalité: « Il était écrit (là-haut) que... »

Le saut en avant d'*Amélie* (10:02–10:05) est objectif et clairement annoncé comme tel par le narrateur: « Dans quarante-huit heures, le destin d'Amélie Poulain va basculer... » Ici interviennent cinq plans dont chacun ne dure qu'une fraction de seconde. Les trois premiers évoquent la mort de Lady Di dans le tunnel de l'Alma (ces images ne reviendront plus dans le film); les deux derniers montrent Amélie en Zorro et l'homme des photomatons. Puis la voix du narrateur reprend: « Mais ça, pour le moment, elle n'en sait rien ». La fonction du saut semble bien être celle d'une *aguiche*[50], comme nous le confirme Jeunet lui-même dans son commentaire: « Alors regardez bien ces images. Pourquoi? [...] J'ai eu une espèce de panique à un moment au montage. Je me suis dit que vingt minutes d'introduction avec une voix *off,* sans histoire qui commence vraiment, je prenais vraiment un risque. Donc je me suis dit que ce ne serait peut-être pas mal de dire aux spectateurs: "Eh bien, ça ne va pas tarder de commencer. Soyez patients"» (10:03).

Nous avons vu que le film peut modifier les rapports d'antériorité et de postériorité diégétiques en présentant *après* ce qui se passe *avant* ou inversement. Qu'en est-il du rapport de *simultanéité* diégétique? Quelles sont les options du cinéaste qui veut présenter deux ou plusieurs actions censées se produire en même temps? Considérons ici, pour simplifier, le cas de *deux* actions simultanées.

Si les deux actions sont suffisamment proches l'une de l'autre pour figurer dans le même champ, le cinéaste peut faire un « montage dans le plan » (voir §3.2), soit en mettant au point alternativement sur l'une et l'autre, soit en filmant avec une profondeur de champ agrandie.

Si les deux actions sont éloignées l'une de l'autre, une solution consiste à les présenter en diptyque, juxtaposées dans le cadre. On parle dans ce cas d'*écran divisé* [anglais: *split screen*]. Courant dans les films hollywoodiens des années 50 (pour montrer les conversations téléphoniques) et tombé depuis lors en désuétude, le procédé connaît depuis 2000 un regain de faveur, au grand écran (*L'Auberge espagnole,* [Cédric Klapisch, 2002], *Femme fatale* [Brian de Palma, 2002], entre autres) comme au petit (*24, R.I.S. Police scientifique*).

Une autre technique, bien plus courante que la précédente, consiste à présenter l'une après l'autre les deux actions diégétiquement simultanées. La simultanéité peut se signaler de diverses façons: un élément commun aux bandes sonores des deux actions, la simple logique des événements ou bien, comme dans *Amélie*, un narrateur. C'est avec une omniscience comiquement affichée qu'il annonce dans la séquence pré-générique (0:50–1:50) la simultanéité d'événements dont un seul semble se rapporter à l'histoire: « Le trois septembre 1973 à dix-huit heures vingt-huit minutes et trente-deux secondes, une mouche bleue... À la même seconde, à la terrasse d'un restaurant... Au même instant, au cinquième étage... Toujours à la même seconde un spermatozoïde... » (voir aussi 1:26:00–1:26:22).

Une dernière option consiste à passer alternativement d'une action à l'autre; il s'agit dans ce cas d'un *montage alterné* [anglais: *intercutting, crosscutting*]. Soit deux actions simultanées A et B, à chacune desquelles sont consacrés x plans (a_1, a_2... a_x et b_1, b_2... b_x). Le procédé en question

présente en alternance un plan (au moins) de chaque action, ainsi: a_1-b_1-
a_2-b_2... a_x-b_x (cas simplifié), ou bien, par exemple: $a_1-b_1-b_2-a_2-a_3-a_4$, b_3...
Citons en exemple la scène des comices agricoles dans *Madame Bovary*
(Claude Chabrol, 1991). Rappelons-nous la scène: devant la mairie, la foule
écoute bouche bée les discours officiels pendant qu'au premier étage
Emma et Rodolphe engagent une conversation plus intime. Et Chabrol
nous fait passer de l'estrade à l'étage, nous gratifiant tour à tour d'un
morceau de sottise administrative et d'une bribe de boniment séducteur.
L'intercalation des deux discours n'est évidemment pas innocente: Chabrol — tout comme l'avait fait Flaubert avant lui — les juxtapose pour faire
ressortir leur fausseté commune. Il en va souvent ainsi du montage alterné: il confronte pour comparer. Tel n'est pourtant pas le cas dans la
plupart des films d'action où le procédé sert surtout à créer un effet de
suspense. Exemple (stéréo)typique: d'une part, les innocents ligotés, en
danger de mort imminente; d'autre part, le héros qui court à la rescousse.
Arrivera-t-il à temps[51]?

4.2. La durée des événements

Dans la section précédente nous avons distingué l'ordre des événements
dans le film et leur ordre dans l'histoire. Venons-en maintenant à une distinction analogue pour ce qui est de la *durée*. Nous qualifierons d'*écranique*[52] la durée d'un événement à l'écran, c'est-à-dire le temps que le film
lui consacre. Cette durée entretient avec celle de la diégèse des rapports
divers. Pour chaque événement raconté, comme pour l'ensemble des événements racontés, il y a trois possibilités:

1. La durée écranique peut être *égale* à la durée diégétique (DE = DD).
   Dans ce cas le film *respecte* le temps de l'histoire. Il met autant de
   temps à raconter un événement (ou une série d'événements) qu'il en a
   fallu à l'événement (ou à la série d'événements) pour se produire dans
   la diégèse.
2. La durée écranique peut être *inférieure* à la durée diégétique (DE <
   DD). Dans ce cas le film *condense* le temps de l'histoire. Il met moins de
   temps à raconter un événement (ou une série d'événements) qu'il n'en
   a fallu à l'événement (ou à la série d'événements) pour se produire
   dans la diégèse.
3. La durée écranique peut être *supérieure* à la durée diégétique (DE >
   DD). Dans ce cas le film *dilate* le temps de l'histoire. Il met plus de
   temps à raconter un événement (ou une série d'événements) qu'il n'en

a fallu à l'événement (ou à la série d'événements) pour se produire dans la diégèse.

À l'échelle du plan, DE = DD dans la quasi-totalité des cas. Cette équivalence découle de la nature même du plan: dans un fragment de film enregistré *lors d'une seule prise de vues,* nous voyons l'action se dérouler en temps réel. Les exceptions confirment la règle:

- Dans le cas d'un *ralenti* [anglais: *slow-motion shot*], DE >DD. Les images sont enregistrées à une cadence supérieure à celle de la projection (24 images/sec), d'où un allongement du temps de l'action. Le plan 34:53–35:13 d'*Amélie,* par exemple (Amélie marchant sur le Pont des Arts), présente en vingt secondes une action qui en dure peut-être dix.
- Dans le cas d'un *accéléré* [anglais: *fast-motion shot*], DE < DD. Les images sont enregistrées à une cadence inférieure à celle de la projection, d'où une contraction du temps de l'action. Le plan 1:22:30–1:22:50 d'*Amélie,* par exemple (fabrication de la fausse lettre), présente en vingt secondes et en continu une heure (au moins) de la vie de l'héroïne.
- Les effets spéciaux numériques permettent de décaler les durées sans accéléré ni ralenti. Dans un plan célèbre de *Notting Hill* (Roger Mitchell, 1999), le protagoniste Will (Hugh Grant) se promène de saison en saison, accompagné d'une musique de Bill Withers (« *Ain't No Sunshine* »). Rien ne paraît accéléré, mais au début du plan nous sommes en été et à la fin, au printemps de l'année suivante: plusieurs mois de temps diégétique en cent secondes de projection.

À l'échelle de la séquence, il n'est pas rare que DE = DD: c'est la séquence « en temps réel », sans aucune ellipse entre les plans (voir ▶ UNE NOTION CLÉ: L'ELLIPSE). Dans la séquence 35:24–36:26 où Amélie guide l'aveugle, tout concourt au rythme précipité: multiplication des plans et des points de vue, mouvements d'appareil (dont plusieurs panos filés), musique, paroles, marche rapide des personnages. Cependant, malgré le tempo, il ne semble pas y avoir d'ellipse: l'action se déroule en une minute, et nous mettons une minute à la regarder. D'autres séquences, sans doute la grande majorité, condensent l'action: DE < DD. Dans la séquence 53:36–55:36 d'*Amélie,* composée de vingt-et-un plans, il y a une ellipse d'au moins quelques secondes après les plans 5, 6, 9, 11, 13, 14 et 17: ainsi le temps qu'Amélie passe dans l'appartement de Collignon — huit minutes? dix? — se réduit-il à deux minutes de temps écranique. Même dans les séquences montées en continuité, les raccords suppriment ordinairement une partie plus ou moins importante du mouvement, sans que l'on s'en aperçoive, bien entendu, car c'est là justement le but. Les raccords 1:14:23/1:14:24, 1:15:31/1:15:32 et 1:15:35/1:15:36 sont trois exemples, parmi bien d'autres dans le film, de ce genre d'ellipse.

À l'échelle du film entier, il est évident que DE < DD dans presque tous les cas, en raison des ellipses intra- et surtout inter-séquentielles. C'est le cas, par exemple, de la séquence 53:36–55:36, mentionnée ci-des-

---

Une notion clé: *l'ellipse* ▶ Au sens premier du terme, une ellipse (étymologiquement: « manque ») est une « omission syntaxique ou stylistique d'un ou plusieurs éléments dans un énoncé qui reste néanmoins compréhensible » (*Dict. Robert*). *Un jardin à la française* (pour *à la manière française*) et *la Saint Valentin* (pour *la fête de Saint Valentin*) sont des expressions elliptiques. Au cinéma l'ellipse est temporelle: il y a une ellipse chaque fois que le film saute un moment, un événement ou une série d'événements de l'histoire. Un certain laps de temps s'écoule dans la diégèse — il peut s'agir d'une fraction de seconde ou de millions d'années — sans que rien dans le film y corresponde. Certaines ellipses sont dissimulées par un raccord, d'autres affichées par un effet optique, d'autres encore annoncées par un intertitre ou un narrateur (« Cinq ans plus tard... », *Amélie* 9:49)[53]. Un répertoire d'images conventionnelles servait traditionnellement à signaler les ellipses importantes: un calendrier qui s'effeuille, une horloge dont les aiguilles avancent à vue d'œil, un paysage verdoyant qui s'enneige, etc. L'ellipse peut intervenir entre deux séquences, entre les plans d'une séquence ou même, comme nous l'avons vu, à l'intérieur d'un plan. Selon leur fonction les ellipses se rangent en plusieurs catégories dont voici les principales:

- L'*ellipse de convenance* supprime ce que les bienséances interdisent de montrer.
- L'*ellipse dramatique* supprime ce dont la révélation émousserait l'intérêt du spectateur (« whodunit? », suspense, etc.).
- L'*ellipse narrative* supprime les événements qui ne font pas avancer l'action.

Cette dernière, de loin la plus importante, saute les entre-temps, omet le superflu, réduit l'histoire à son essence événementielle. Que fait Amélie après avoir vu Nino pour la première fois dans un couloir du métro (23:10–23:15) mais avant d'arriver chez son père (23:19)? On ne le sait pas, et peu importe: c'est sans rapport avec son « fabuleux destin ». L'ellipse narrative accélère l'action en l'allégeant. Grâce à elle un film peut raconter en deux heures l'action d'une semaine ou l'histoire d'une vie.

---

sus (Amélie chez Collignon): non seulement elle raccourcit le temps diégétique, mais cette scène est elle-même précédée d'une ellipse d'au moins quelques minutes (le temps d'aller de l'épicerie à l'appartement) et suivie d'une ellipse plus importante (le temps d'aller de l'appartement à la gare et de s'installer dans le train). Les plans 9:37–9:53 et 9:53–9:56 sont séparés d'une ellipse de cinq ans, et aux deux heures que dure la projection du film correspondent vingt-quatre ans de temps diégétique. Dans les cas exceptionnels où DE = DD à l'échelle du film entier, il s'agit soit d'un film en plusieurs plans entre lesquels aucune ellipse n'est identifiable, soit d'un film composé d'un seul plan[54].

5. Notions de narratologie filmique II: le point de vue

Nous abordons maintenant un ensemble de questions que l'on range communément sous l'étiquette de *point de vue*. Certaines de ces questions s'étaient déjà posées sous une autre forme à propos du récit littéraire bien avant de retenir l'attention des narratologues du film. Cette antériorité présente à la fois un avantage et un inconvénient. L'avantage: la narratologie littéraire a pu déblayer le terrain, préciser certaines notions, proposer des réponses. L'inconvénient: le terrain déblayé, les notions précisées et les réponses proposées *relèvent de la littérature*. Puisque c'est du film qu'il s'agit ici, nous essaierons de nous en tenir à une perspective filmique[55] ▶▶. Nous réservons pour la fin, et pour qui s'y intéresse, quelques remarques sur les analogues filmiques des *focalisations* définies par Gérard Genette dans le domaine littéraire.

5.1. Subjectivité et objectivité

Au sens le plus littéral de l'expression, *point de vue* désigne le *lieu d'où l'on regarde*. Pour nous qui regardons un film, ce lieu dépend — toujours et forcément — de l'emplacement de la caméra. Il nous arrive toutefois de partager notre point de vue avec un personnage et de voir par ses yeux. On parle dans ce cas de *caméra subjective;* il en résulte un *plan subjectif* [anglais: *point-of-view shot*] au cours duquel le spectateur voit exactement ce que voit le personnage[56].

Considérons à titre d'exemple le plan 14:28–14:29 où nous voyons le téléviseur d'Amélie. Comment savons-nous qu'Amélie le voit en même temps et du même point de vue? C'est le montage qui nous l'indique, et en particulier les deux plans précédents. Au plan 14:14–14:23 nous voyons de près sur l'écran d'un téléviseur l'annonce d'un « flash spécial ». Puis apparaît le présentateur qui commence: « Mesdames, messieurs, bonjour. La princesse de Galles... » Au plan suivant (14:23–14:28) Amélie se parfume devant sa glace; un raccord sonore enchaîne sur les mots du présentateur: « ... Lady Di est morte cette nuit à Paris dans un accident de voiture. Elle se trouvait avec son... ». Amélie se tourne, ébahie, et fixe de son regard le hors-champ derrière la caméra. Que regarde-t-elle? Le poste, évidemment; nous le savons sans même y penser. « Hypothèse » confirmée, attente satisfaite dès le plan suivant (14:28–14:29) où nous voyons ce que nous nous attendions à voir, et du point de vue attendu (celui d'Amélie). Avec Amélie nous entendons le présentateur continuer: « ... ami, le milliardaire... ». Le travelling avant — que nous n'avions pas remarqué — s'explique au plan suivant (14:29–14:31): Amélie s'approche du poste. C'est donc un raccord de regard, accompagné de deux raccords sonores, qui nous signalent la *subjectivité* du plan.

En règle générale, et comme dans notre exemple, le montage signale un plan subjectif en le contextualisant: à un plan qui montre un regard succède un autre où l'on voit l'objet regardé[57]. Parfois d'autres indices, *intérieurs au plan,* viennent s'ajouter au contexte pour confirmer que notre point de vue s'identifie à celui du personnage. En voici quelques exemples:

- Une partie du corps (main, mèche de cheveux, etc.) visible en premier plan et qui renvoie à son « propriétaire » (*Amélie* 1:29–1:32, 54:40–54:50).
- Une vue partielle, barrée ou voilée, comme celle d'un personnage caché derrière un rideau (*Amélie* 1:51:05–1:51:07); ou augmentée, comme celle, en forme de cercle, d'un personnage qui regarde par une lunette (*Amélie* 13:29–13:38 et 13:40–13:44).
- Un mouvement d'appareil, pour suivre le regard (panoramique) ou le déplacement (travelling) d'un personnage (*Amélie* 14:28–14:29).
- Une image tremblée, filée ou floue, pour simuler la locomotion ou l'ébriété, etc. (plusieurs plans de la séquence où Amélie guide l'aveugle, 35:13–36:25).

Ces attributs du plan le confirment comme subjectif *dans le contexte des plans voisins.* En l'absence d'un raccord de regard, ils ne sauraient cependant y suffire. Les rares exceptions confirment la règle. Considérons par exemple la séquence 53:36–55:35 où nous assistons de près aux petits sabotages dans l'appartement de Collignon. Soudain, au milieu de la séquence, le point de vue change, et pendant les quatre secondes que dure le plan 55:04–55:08 nous voyons Amélie du dehors, en silhouette, à travers une fenêtre au voilage tiré... et par les deux lunettes d'une jumelle! Qu'il s'agisse ici d'un plan subjectif, aucun doute, bien que rien dans le montage n'ait amené le nouveau point de vue et que rien n'indique l'identité du personnage dont nous venons d'épouser le regard. Nous nous en doutons certes, mais en attendant de voir Dufayel se servir de sa jumelle (vingt-six minutes plus tard), le plan restera énigmatique.

On peut qualifier d'*objectif* (ou de *neutre*) tout plan où le point de vue ne correspond au regard d'aucun personnage; tout plan, autrement dit, qui n'est pas subjectif, ou comme disaient naguère les cinéastes anglophones, « nobody's shot ». Le plan 1:07–1:17 d'*Amélie*, où le vent fait « danser les verres sans que personne ne s'en aperçoive », en est un exemple un peu caricatural (ce n'est pas souvent qu'un narrateur nous informe du statut d'un plan). Mais le plan suivant (Eugène Koler vu de face) est également objectif, *comme le sont en effet la plupart des plans du film*. Le fait est que les plans objectifs prédominent largement dans la grande majorité des films: l'action y est racontée globalement en caméra objective et ponctuée de plans subjectifs précédés chacun d'un raccord de regard.

Le principe à la base de ce procédé peut se résumer ainsi: Si, à l'occasion, nous partageons le regard d'un personnage, nous serons amenés à partager aussi ses pensées et ses sentiments; autrement dit, à *nous iden-*

Quelques précisions relatives à la subjectivité ▶ Dans le plan dit *subjectif*, au sens du mot consacré par l'usage, le regard que nous partageons avec un personnage porte sur un champ visuel présenté comme *diégétiquement objectif*. C'est le cas dans notre exemple (14:28–14:29): devant le poste au même moment, un autre personnage aurait vu, tout comme Amélie, le flash spécial, « réellement » diffusé. Plus tard (37:11–38:56), se retrouvant devant le poste, Amélie ne *voit* pas la rétrospective de sa propre vie, elle l'*imagine;* il s'agit d'un *fantasme* né d'une imagination fertile. De même, un autre personnage regardant le vieux film russe en version originale (1:39:36–1:39:59) aurait vu des sous-titres n'ayant rien à voir avec le dilemme sentimental de l'héroïne. Dans ces derniers cas il s'agit évidemment de subjectivité, mais d'une autre sorte que celle du plan qu'il est convenu d'appeler *subjectif*. Il en va de même des représentations filmiques de rêves, de rêves éveillés, de souvenirs, d'hallucinations, etc. Dans ces cas, presque sans exception et à la différence du plan subjectif, nous accédons moins à la perception d'un personnage qu'à son univers mental. *Nous le voyons agir au lieu de voir par ses yeux.*

La subjectivité auditive ▶ Il existe un « point de vue sonore » comparable au point de vue visuel et dont il convient d'examiner brièvement les modalités. Mais relevons d'emblée une différence qui pose problème. Par rapport à l'image filmique le son est plus fuyant, moins localisable; il semble flotter quelque part dans l'espace écranique. À quatre personnes assises autour d'une table correspondent quatre points de vue différents, mais pour le spectateur, un seul « point d'écoute ».

Nous tournerons l'obstacle en demandant, à propos de tout son filmique, *d'où il vient*. Selon que la source appartient ou non au monde du film, le son est diégétique ou extradiégétique (voir ▶ *Un mot et ses dérivés: la diégèse*). Si le son est diégétique, ou bien nous en voyons la source dans le champ (à moins qu'elle n'y soit cachée), ou bien nous la situons dans le hors-champ contigu. Il s'agit respectivement d'un son *in* et d'un son *off*[58] ▶▶.

Mais ici s'impose une nouvelle distinction, parmi les sons provenant d'une source visible dans le champ (les sons *in*), entre, d'une part, les sons diégétiquement *objectifs* et, d'autre part, les sons diégétiquement *subjectifs*. Imaginons que nos quatre personnes assises autour de la table jouent au poker. « Quinte! » s'exclame Pierre en abattant ses cartes. Les trois autres entendent le bruit des cartes et l'exclamation: ce sont des sons objectifs. Mais Jacques, qui vient de perdre gros (il n'avait qu'un brelan), se met à repasser en mémoire les menaces de son créancier (« Cinq briques demain, avant minuit, sinon... » (c'est un film noir). Les trois autres joueurs remarquent son air effaré mais n'ont pas accès à ses tristes pensées: sa voix intérieure est un son subjectif.

Sont également subjectifs les trois plans 46:38–46:53 d'*Amélie* où l'héroïne lit silencieusement un article de *France-Soir* et nous entendons sa voix comme si elle lisait tout haut: « Une octogénaire suisse vient de recevoir une lettre... ». Dans les huit plans 1:37:19–1:37:47 nous sommes aux Deux Moulins; Amélie debout derrière Nino assis se dit: « Maintenant il a compris. Il va poser sa petite cuillère... ». Dans ces deux scènes, aucune caractéristique du son lui-même ne suffit à en établir la subjectivité. C'est grâce aux images et au contexte narratif que nous reconnaissons l'audition personnelle: Amélie regarde le journal ou Nino; sa voix se fait entendre alors que ses lèvres ne bougent pas, etc. Il y a pareille concordance entre sons et images dans les quatre plans 1:21:24–1:22:19 où Amélie lit silencieusement les lettres d'Adrien, bien qu'ici nous entendions la voix de l'auteur (ou celle qu'Amélie lui suppose): « Mado chérie ... »

Entre l'objectif et le subjectif il existe une catégorie intermédiaire de sons *semi-subjectifs*. Il s'agit de sons auxquels un personnage jouit d'un accès privilégié: il n'est pas seul à les entendre mais il les entend d'une façon particulière. Dans la scène du bal de *Madame Bovary* (Claude Chabrol, 1991), Emma se promenant parmi les invités entend des bribes de conversation qui seraient inaudibles à tout autre qu'elle. Son «antenne attentionnelle» les capte parce qu'elle s'y intéresse particulièrement. Quand Amélie appelle le numéro affichée par Nino (1:00:52–1:01:18), nous entendons avec elle, et aussi clairement qu'elle, la voix au bout du fil, comme si nous avions le combiné plaqué contre l'oreille: «Palace Vidéo, roi du porno...» Dans ces exemples le «micro subjectif» nous transmet le son *filtré par l'oreille d'un personnage* et donc amplifié ou déformé comme l'exigent les circonstances.

tifier à lui. L'idée est certainement plausible, ce qui explique la généralisation du procédé dans les films narratifs.

Mais on s'est demandé: « Pourquoi ne pas aller plus loin? Si un regard partagé favorise l'identification, ne pourrait-on pas la renforcer en multipliant les plans subjectifs? Si *toute l'histoire* était racontée en caméra subjective, le spectateur pourrait *se prendre pour le héros* (en quelque sorte) et participer par procuration à l'action. L'identification intégrale! » L'expérience fut tentée une première fois en 1946 dans *Lady in the Lake* de Robert Montgomery, qui tint lui-même le rôle principal du détective Philip Marlowe. À l'exception du prologue (où Marlowe nous annonce: « You'll see it just as I saw it »), de l'épilogue et de quelques plans où il passe devant une glace, le héros n'apparaît pas à l'écran, car il est constamment, comme nous le sommes avec lui, *à la place de la caméra*. Ainsi voyons-nous tout ce qu'il voit, faisons-nous tout ce qu'il fait: nous fumons avec lui (cigarette et fumée en premier plan), nous encaissons avec lui des coups de poing (K.-O., écran noir), nous embrassons la femme fatale (grosses lèvres devant l'objectif). Nous *sommes* Marlowe. Du moins était-ce la promesse de la bande-annonce: « Mysteriously starring Robert Montgomery... and you! »

Ce fut, selon le critique David Kehr, « un échec total, mais un échec instructif »[59]. Comme il manquait aux plans subjectifs le contexte d'une narration globalement objective, l'identification promise n'eut pas lieu. L'image subjective, écrit Christian Metz, « n'est [...] possible qu'à petites doses, et en association avec des images objectives. Le procédé n'est pas généralisable ». Pourquoi? Parce que, continue Metz,

> ... de telles images subjectives supposent, pour être correctement comprises, que des images objectives montrant le héros lui-même soient présentes dans le film, et point trop éloignées [...]; le spectateur, en effet, ne peut s'identifier au point de vue du héros que s'il connaît ce héros. (On pourrait dire qu'il faut connaître la *personne* pour pouvoir intérioriser son regard.) C'est ce qui explique l'échec de *La Dame du lac* de Robert Montgomery, célèbre et unique tentative de cinéma intégralement subjectif[60] ▶▶.

C'était en effet l'unique tentative en 1966, quand Metz publia son article. Les trois films entièrement en caméra subjective produits depuis lors n'infirment en rien son diagnostic[61].

5.2. Le point de vue cognitif

Il a été question jusqu'ici du point de vue au sens propre de l'expression, d'où nos questions: « Qui regarde? D'où? » Primordial au cinéma, ce sens n'est pourtant pas le seul. Si l'on vous dit: « Écoutez, j'en sais plus que vous. Essayez de voir la question de mon point de vue », ce n'est pas d'un « lieu » que l'on vous parle, mais d'une manière d'envisager les choses, liée à un savoir. C'est à ce point de vue *cognitif* — « qui concerne la connaissance » (*TLF*) — que nous passons à présent.

Souvent les points de vue visuel et cognitif coïncident, mais c'est loin d'être toujours le cas. Quand nous regardons avec Amélie l'horloge du café (1:34:41–1:34:47, plan subjectif précédé d'un raccord de regard), nous savons pourquoi Nino est en retard, alors qu'Amélie imagine deux explications, l'une plausible, l'autre loufoque. Quand Nino regarde les jambes de « l'inconnu des photomatons » (1:42:33–1:42:56, plan subjectif précédé d'un raccord de regard), il ignore, alors que nous savons, qu'il s'agit d'un réparateur. Ces deux exemples banals suffisent à mettre en évidence la distinction du *voir* et du *savoir,* le second étant bien plus complexe que le premier.

Nos questions sont à présent: « Que *sait* tel personnage? Que *sait* le spectateur? » Selon le rapport entre le savoir du spectateur et celui du personnage, nous distinguerons trois points de vue (PDV) cognitifs. Précisons que le savoir en question porte sur les événements de l'histoire et non sur l'ensemble de la diégèse.

- Le PDV *omniscient* (« qui sait tout »): Le spectateur en sait plus que n'en savent tous les personnages.
- Le PDV *interne*: Le spectateur n'en sait que ce qu'en sait tel personnage.
- Le PDV *externe*: Le spectateur en sait moins que n'en sait tel personnage.

Insistons sur l'antécédent du pronom *en* dans ces définitions. Le spectateur « omniscient » ne sait pas tout sur la diégèse; il sait *tout ce qu'il faut savoir pour se repérer dans l'histoire* et jouit en cela d'un avantage cognitif sur les personnages. En savoir « autant » qu'un personnage, ce n'est pas tout savoir sur sa vie: le PDV interne présente une égalité cognitive *pour ce qui est des seules informations narratives*. Autrement dit, dans la détermination du PDV, compte doit être tenu de la *pertinence* des éléments du savoir.

Le *PDV omniscient* nous privilégie par rapport aux personnages. Notre avantage tient en partie aux pouvoirs extraordinaires que nous confèrent le montage et les cadrages: multiplication des plans, diversification des perspectives, mobilité de la caméra. Nous accédons à des endroits où ne pourrait se tenir aucun observateur; nous évoluons dans l'espace comme personne ne saurait le faire. Il nous est même donné, par le montage alterné, d'être en plusieurs lieux à la fois.

Le PDV omniscient se rapporte souvent à un *narrateur extradiégétique* et anonyme qui prend en charge une partie du récit. Sa voix se fait entendre typiquement au début du film et par la suite pour relayer les images et le son. Il sait tout, ou semble tout savoir. S'il ne dit pas tout, il donne l'impression de pouvoir tout dire, même sur la vie intérieure des personnages. Son rôle est analogue à celui des intertitres[62] du cinéma muet.

Il en est ainsi du narrateur d'*Amélie* dont l'omniscience s'affiche dans plusieurs séquences. Nous lui devons bien des renseignements utiles à la compréhension de l'histoire — et d'autres sans rapport discernable. Grâce à lui nous assistons à la mort d'une mouche, à la danse des verres sous l'effet du vent, à la conception et à la naissance de l'héroïne (séquence pré-générique). À la fin du film (1:56:35–1:56:45), c'est lui qui nous apprend qu'à onze heures du matin, le 28 septembre 1997, « au pied du Sacré-Cœur, les Bénédictines soignent leur revers. La température est de 24°C, le taux d'humidité de 70°... ». (Au fait, l'humidité ne se mesure pas en degrés mais en pourcentage. Erreur motivée ou lapsus du scénariste? Un narrateur « omniscient » peut-il se tromper?)

Le *PDV interne* nous met sur un pied d'égalité (cognitive) avec le protagoniste: nous savons tout ce qu'il sait, mais pas davantage. Nous l'accompagnons à travers l'action, vivant les événements plus ou moins comme il les vit, pénétrant même, par divers moyens, dans l'intimité de ses pensées et de ses sentiments. Ce PDV passe, à l'occasion, par la caméra subjective, mais s'il nous fait partager par intermittence le regard du personnage, le plus souvent nous sommes *à ses côtés* et non *à sa place*. Il n'est pas rare que le personnage se double d'un *narrateur diégétique* qui raconte sa propre histoire, comme Xavier, le protagoniste de *L'Auberge espagnole* (Cédric Klapisch, 2002): « Tout a commencé là, quand mon avion a décollé... Non, non, ce n'est pas une histoire d'avion qui décolle; ce n'est pas une histoire de décollage... Oui, en fait, le début, c'est plutôt ça... »

Le *PDV externe* nous désavantage par rapport à un personnage dont le savoir dépasse le nôtre. Le terme d'*externe* ne doit pas être compris ici de façon à exclure forcément tout accès à la vie intérieure du personnage: parfois nous connaissons ses pensées (s'il les exprime), ses sentiments (lorsqu'il les montre) ou même son champ visuel (en caméra subjective). Ce que nous ignorons, c'est quelque élément diégétique dont il a connaissance. Si, par exemple, il chuchote à l'oreille d'un autre des mots que nous n'entendons pas; s'il réagit à une menace qui reste hors champ; s'il agit, se déplace, manœuvre devant nos yeux, sans que nous comprenions les raisons de ses actions, ou sans que nous sachions même son identité, alors nous sommes frustrés d'informations narratives essentielles. Dans ces conditions *comme toujours,* le cadrage refuse de tout nous montrer, et le récit, de tout nous dire. La différence ici, c'est que nous en sommes conscients. Nous voudrions en savoir plus — *en savoir autant que le personnage.*

Nous avons évoqué le narrateur extradiégétique d'*Amélie* comme source et marque d'un PDV omniscient. Il ne faudrait pas en conclure pour autant que le film repose tout entier sur le savoir supérieur de cette voix anonyme. De même, un narrateur-protagoniste relève typiquement du PDV interne, mais nous ne restons pas constamment aux côtés de Xavier dans *L'Auberge espagnole.* En effet, il est rarissime qu'un seul et même PDV cognitif se maintienne au long d'un film. Tout au plus peut-on parler d'un PDV *prédominant* — interne, externe ou omniscient — qui alterne avec les autres selon les besoins du récit.

Il est clair que le PDV omniscient prédomine dans *Amélie.* La voix anonyme monopolise les premières séquences, et par la suite elle intervient à plusieurs reprises pour étaler un savoir qui dépasse de loin celui des personnages. Il voit les choses, selon l'expression consacrée, *du point de vue de Sirius,* auquel nous sommes tentés d'attribuer certains cadrages « aériens » tels que l'extraordinaire trajectoire du pont (12:43–13:01), la forte plongée de la gare (40:12–40:27) et l'épiphanie du métro Lamarck-Caulaincourt (36:07–36:25). Et ce plan qui nous place dans l'épaisseur d'un mur (14:54–15:02)...

Par moments, cependant, le narrateur omniscient s'efface et le PDV se fait interne. C'est le cas des séquences consacrées à la recherche de « Bredoteau »: ici, à l'exception de deux interventions par lesquelles le narrateur nous informe sur l'affection d'Amélie pour Lucien (19:18–19:32) et sur l'enfance de Nino (22:32–23:05), nous enquêtons avec l'héroïne et notre savoir égale le sien. C'est aussi le cas de ses tentatives de percer le mystère de l'album de photos. Dans d'autres séquences encore, le PDV est externe: nous en savons moins qu'Amélie qui met en œuvre des stratagèmes dont nous ne comprenons pas les buts. Pourquoi enlève-t-elle le nain de jardin? À quoi pense-t-elle quand elle « emprunte » les lettres d'Adrien Wallace? Où va nous mener le jeu de pistes du Sacré-Cœur? Enfin, à partir de « la machine à malaxer la guimauve » (1:56:13), le narrateur reprend la parole, et l'omniscience, ses droits.

Omniscient, interne ou externe, le PDV cognitif, tout comme le PDV visuel, conditionne nos sympathies et nos antipathies, notre rapport à l'histoire et notre façon d'y participer. C'est ce qu'illustre magistralement Alfred Hitchcock dans sa célèbre réponse à François Truffaut qui lui avait demandé d'expliquer la différence entre le suspense[63] ▶▶ et la surprise. Hitchcock improvise deux scénarios:

> Nous sommes en train de causer, en toute innocence. Imaginons qu'il y ait une bombe sous cette table. Rien ne se passe, et puis, tout à coup, boum! il y a une explosion. Le spectateur est surpris, mais avant de l'être il assistait à une scène complètement ordinaire, sans intérêt. Considérons maintenant une situation chargée de suspense. La bombe est sous la table et le spectateur est au courant, ayant vu sans doute l'anarchiste l'y poser. Le spectateur sait que la bombe va exploser à 13h00 et grâce à l'horloge visible dans le décor, qu'il est 12h45. Dans ces conditions notre conversation anodine fascine le spectateur, impliqué maintenant à l'action. Il a envie d'alerter les personnages: « Vous causez de choses futiles alors qu'il y a sous la table une bombe qui va exploser! » Dans le premier cas le spectateur a eu quinze secondes de surprise au moment de l'explosion; dans le second, quinze *minutes* de suspense. Conclusion: chaque fois que c'est possible, il faut que le spectateur soit au courant[64].

Hitchcock compare ici le PDV externe au PDV omniscient et pose en principe la supériorité du second au premier. L'analyse est certainement juste — le « maître du suspense » savait de quoi il parlait! — mais la conclusion nous paraît hative, tout simplement parce que le suspense n'est pas toujours le but recherché, ni ne devrait l'être. Tout dépend de la séquence, du film, du genre. Le film à énigme [anglais: *mystery*], par exemple, privilégiera le PDV externe ou interne pour susciter la curiosité. Le

---

Points de vue et focalisations ▶ Nous faisons ici, pour clore le chapitre, un petit détour par la narratologie littéraire afin d'indiquer quelques parallèles. François Jost a raison — hélas! — d'écrire que « les catégories forgées pour l'analyse du texte romanesque constituaient, bien souvent, la case de départ de toute narratologie cinématographique: en particulier la *focalisation* »[65]. Par *focalisation* Gérard Genette (à qui nous devons le sens narratologique du terme) entend une restriction de l'information narrative par rapport à l'omniscience. Dans son « Discours du récit »[66] il en définit trois modalités:

- Dans le récit *non-focalisé*, ou *à focalisation zéro,* « le narrateur en sait plus que les personnages, ou plus précisément en *dit* plus que n'en sait aucun des personnages ».
- Dans le récit à *focalisation interne*, « le narrateur ne dit que ce que sait tel personnage ».
- Dans le récit à *focalisation externe,* « le narrateur en dit moins que n'en sait le personnage ».

La focalisation zéro recouvre « ce que la critique anglo-saxonne nomme le récit à narrateur omniscient ». Elle correspond donc à notre PDV omniscient, comme les focalisations interne et externe correspondent à nos points de vue (cognitifs) *interne* et *externe.*

Genette avait choisi le terme de *focalisation* pour éviter ce que *point de vue* a de « trop spécifiquement visuel ». En effet, dans ses définitions il s'agit du *savoir* et non du *voir.* Cependant il présente ses trois focalisations comme autant de réponses à la question: *Qui voit?,* et il lui arrive dans ses exemples de confondre ce que *sait* et ce que *voit* tel personnage. François Jost est le premier à avoir insisté sur l'importance, au cinéma, de la distinction entre *voir* et *savoir.* Nos définitions s'inspirent des siennes tout en les simplifiant, et sans retenir leur terminologie[67] ▶▶. Et comme Jost, nous avons substitué *spectateur* au *narrateur* de Genette.

---

film d'horreur recourt tour à tour aux effets de suspense et de surprise; aussi le PDV y sera-t-il encore plus variable que dans d'autres genres.

Contrôle des connaissances

1. Qu'est-ce que le *champ?* En quoi se distingue-t-il du *cadre?*
2. Étant donné que le champ *se voit* et que le hors-champ *ne se voit pas,* l'on a trouvé illogique l'expression *son hors champ.* Que signifie-t-elle?
3. Le hors-champ, prolongement virtuel du champ, est construit par le spectateur à partir d'indices visuels ou sonores. Indiquez-en quelques exemples.
4. Expliquez et commentez notre comparaison (§1): «Comme le malade alité qui se passionne à tel point pour le spectacle de la rue qu'il oublie la fenêtre par où il le regarde...».
5. ▸ Que veulent dire: *cadrer, recadrer, décadrer un sujet?* Comment appelle-t-on la personne qui manie la caméra et fait les prises de vues?
6. Nous avons distingué trois sens du mot *plan.* Expliquez-les. Qu'ont en commun les deux premiers? En quoi s'en distingue le troisième?
7. De quel sens du mot *plan* s'agit-il dans les citations suivantes[68]? Attention: Il y a un plan-intrus.
   a. «*La Jeune fille à la perle* de Peter Webber a comme personnage principal Vermeer, et chaque plan est une référence au peintre: lumière qui vient d'une fenêtre sur la gauche, jeunes actrices qui semblent sortir de tableaux. »
   b. « L'insert est bien un effet de style dangereux parce qu'il montre trop, c'est un trop gros plan pour être honnête, mais, bien utilisé, il peut être fort, porteur de suspense, ou d'émotion. »
   c. « Comme le cinéma argentique[69] traditionnel n'est pas en mesure de filmer un plan aussi long (à cause de la durée des bobines [...] limitée à douze minutes), le film-plan [*L'Arche russe*] a été tourné en une prise unique, avec une caméra numérique haute définition. »
   d. « Nous ne nous plaçons pas tant sur une échelle partisane que sur un plan idéologique pour qualifier le film [*Rocky*] d'outil de diffusion des valeurs conservatrices. »
   e. « Quand il faut trois pages à Balzac pour nous décrire l'extérieur d'une ferme, un ou deux plans larges donneraient de bons résultats. »
   f. « Un gros plan vous permet de remplir l'écran avec un seul objet, alors qu'avec un plan d'ensemble, vous pouvez filmer plusieurs objets. Les plans d'ensemble permettent généralement de situer les personnages dans leur environnement. Par exemple, vous pouvez

composer un plan avec le Palais du Luxembourg à l'arrière-plan et deux personnes assises sur un banc au premier plan qui apparaissent en plus petit. »

8. Paraphrases:

   a. *La comédienne aime mieux jouer au premier plan de la scène.* Autrement dit, elle préfère...

   b. *Un pan de mur domine le second plan du tableau.* En d'autres termes, un pan de mur...

   c. *À l'arrière-plan de la photo on distingue une flèche d'église à moitié noyée dans la brume.* On pourrait dire, en paraphrasant, que la flèche se situe...

9. Une gamme, au sens où nous employons le terme, par extension du sens musical [anglais: *scale*], est une série dont les éléments présentent une gradation continue. De quelle gradation s'agit-il dans la gamme des plans? En d'autres termes, quel attribut des plans explique leur ordre dans la gamme?

10. Qu'est-ce qu'un *gros plan?* un *plan général?* Dans quel sens le *plan moyen* est-il « entre » ces deux?

11. Définissez les termes suivants: *plongée, contre-plongée, prise de vues, travelling, panoramique, trajectoire.*

12. Qu'est-ce qu'un *plan mobile?* un *plan fixe?* En quoi ce dernier se distingue-t-il du *plan arrêté?*

13. ▸ En quoi le *zoom* avant se distingue-t-il du *travelling avant?* Dans *Amélie* 1:45:05–1:45:18, s'agit-il d'un zoom ou d'un travelling avant? Comment le savez-vous?

14. Qu'est-ce que le *montage?* En quelles opérations consiste-t-elle? En quoi l'informatique a-t-elle transformé le montage?

15. ▸ Expliquez la notion de *diégèse.* Qu'est-ce qui justifie le néologisme? Que veut dire *diégétiser?* À quoi sert la *diégétisation* d'un élément filmique?

16. ▸ Qu'est-ce qu'une *séquence?* En quoi la notion est-elle problématique? Identifiez trois séquences d'*Amélie* et expliquez vos choix.

17. À propos du « montage interdit » de Bazin, nous écrivons qu'« il ne faudrait pas prendre l'expression au pied de la lettre: un film sans montage serait un film composé d'un seul plan. [...] Il s'agit moins d'une interdiction que d'une "suppression partielle du montage" » (§3.2). Par quel(s) moyen(s) Bazin envisage-t-il de supprimer partiellement le montage?

18. ▸ Qu'est-ce qu'un *plan-séquence?* À première vue l'expression semble contradictoire. Pourquoi? L'expression s'emploie souvent telle quelle en anglais comme synonyme de *long take* (*plan long* en français), mais il ne s'agit pas de la même chose. Expliquez la différence.

19. ▸ Expliquez la notion de *profondeur de champ*. (Un dessin vous faciliterait la tâche.) Dans quelles circonstances une grande PDC est-elle préférable à une PDC réduite?

20. Qu'est-ce qu'un *raccord,* au sens large du terme? Et au sens filmique? Définissez à ce propos les expressions *raccord sur le mouvement, raccord de regard* et *champ-contrechamp.* Identifiez dans *Amélie* quelques exemples de chaque procédé.

21. Qu'est-ce qu'un *raccord plastique?* En quoi le raccord plastique diffère-t-il des raccords de regard et de mouvement?

22. ▸ Qu'est-ce qu'un *raccord sonore?* Identifiez-en dans *Amélie* quelques exemples dans les bandes-son diégétique et extradiégétique.

23. Que prescrit la *règle des 30°?* Qu'est-ce qui justifie cette prescription? Définissez à ce propos l'expression *saute d'image.*

24. ▸ Qu'entend-on par *faux raccord?* Nous avons relevé quelques exemples dans *Amélie.* Y en a-t-il d'autres? Si oui, les remarque-t-on en regardant le film? Ne les trouve-t-on qu'en les cherchant?

25. Qu'est-ce qu'un *effet optique?* Quelle est la différence essentielle entre les effets optiques et les raccords? Lequel des effets est le plus largement employé? À quoi servent les effets optiques que nous avons relevés dans *Amélie?*

26. Décrivez l'utilisation par Eisenstein du montage parallèle dans *La Grève.* Quel en était le but?

27. Nous avons vu que le film peut modifier les rapports d'antériorité et de postériorité diégétiques, en présentant *après* ce qui se passe *avant* ou inversement. Qu'en est-il du rapport de *simultanéité* diégétique? Quelles sont les options du cinéaste qui veut présenter deux ou plusieurs actions censées se produire en même temps?

28. Qu'entend-on par *retour en arrière* au cinéma? Sur quel critère est fondée notre distinction entre les retours en arrière *objectif, subjectif* et *semi-subjectif?* En quoi consistent-ils?

29. ▸ Expliquez la notion d'*ellipse* au cinéma. Quelles sortes d'ellipses peut-il y avoir dans un film? Les trois catégories que nous avons identifiées sont-elles toutes représentées dans *Amélie?* Si oui, citez-en quelques exemples.

30. Qu'est-ce qu'un *plan subjectif?* Identifiez quelques exemples dans *Amélie,* en indiquant pour chacun ce qui vous a permis d'identifier le plan comme subjectif.

31. Pourquoi, selon C. Metz, le film *Lady in the Lake,* presque entièrement en caméra subjective, a-t-il échoué dans sa tentative de réaliser une «identification intégrale»?

32. Quel critère sert de base aux définitions des trois *PDV cognitifs?* En quoi consistent-ils?

Matière à réflexion

1. L'impression de réalité ➔ Sans aller jusqu'à parler, comme l'ont fait certains, d'un « état régressif artificiel », on peut affirmer avec certitude qu'il se passe quelque chose d'assez particulier chez le spectateur d'un film; on a parlé à ce propos d'une *impression de réalité* inégalée dans les autres arts. À quoi cette impression tient-elle, à votre avis? Pour C. Metz (cité au début du chapitre), « plus que la pièce de théâtre, [...] le film nous donne le sentiment d'assister à un spectacle quasi réel ». Mais au théâtre nous voyons évoluer devant nous acteurs et actrices en chair et en os — et en trois dimensions — alors qu'au cinéma nous ne voyons que des images projetées sur un écran plat. Comment expliquez-vous le paradoxe? L'explication d'A. Gardies et J. Bessalel semble elle-même paradoxale: « Ces objets [représentés au cinéma] ne sont pas réels, comme au théâtre [...]: ce sont des images, autrement dit des simulacres d'objets. Cette donnée n'est paradoxale qu'en apparence; la faiblesse de l'impression de réalité, au théâtre, repose précisément sur la donnée contraire: le matériau employé est trop réel pour permettre de croire véritablement à la fiction proposée »[70]. Que pensez-vous de leur explication?

2. Les techniques et leurs fonctions I ➔ Nous avons insisté sur la nécessité, une fois identifiée une technique, d'en comprendre la *fonction:* « Bon, d'accord, c'est un travelling avant, mais... ça sert à quoi? » Nous avons expliqué le travelling avant du plan 14:28–14:29 d'*Amélie,* par exemple, en relevant sa diégétisation par le montage: comme nous le voyons au plan suivant (14:29–14:31), Amélie s'approche du téléviseur. Mais il s'agit là d'une exception. L'un des traits stylistiques les plus remarquables d'*Amélie* est la multiplication des travellings avant *non diégétisés.* Comment les expliquer? Une piste: Pour David Bordwell le style filmique, conçu comme *l'utilisation systématique de procédés,* peut servir quatre sortes de fonctions: dénotative, expressive, symbolique et décorative[71]. La plupart des emplois stylistiques sont dénotatifs: ils servent la narration (comme le travelling avant mentionné ci-dessus). La fonction décorative s'ajoute souvent aux autres et se rencontre rarement en leur absence. Le style comme pure ornementation étant tout à fait exceptionnel, estime Bordwell, nous ne devrions y recourir comme « explication » (si c'en est une) qu'après avoir cherché d'autres fonctions possibles. Revenons maintenant aux travellings avant d'*Amélie* (à propos desquels le mot *tic* ne nous paraît pas exagéré). Pour n'importe lequel d'entre eux, demandez-vous: Sert-il la narration (fonction dénotative)? Exprime-t-il le sentiment d'un personnage ou évoque-t-il un sentiment chez le spectateur (fonction expressive)? A-t-il une fonction symbolique? Si vous répondez « non... non... non... et non », se pourrait-il que la fonction en soit tout simplement d'*enjoliver* l'image, d'*agrémenter* le plan?

3. Les techniques et leurs fonctions II ➔ Un autre paramètre stylistique d'*Amélie* est l'utilisation des couleurs, et notamment les places dominantes du rouge et du vert dans la palette de Jeunet. À quel effet? Pour Nicolas Lupi, « les tons sont criards, les contrastes (vert et rouge notamment) violents, et si parfois l'ambiance rendue colle bien au récit, elle est parfois plus plastique qu'autre chose ». Ici il s'agit d'abord de la fonction expressive (« l'ambiance »), puis décorative (« plastique »; sur ce mot voir la note 32). Mais il continue: « L'intérêt est déjà plus évident lorsque ce procédé met en valeur [...] l'état d'esprit de son personnage principal (après une dominante verte, couleur d'espérance, au début du film, le contraste s'inverse et laisse la place au rouge du désir) »[72]. Ici les couleurs sont investies d'une valeur symbolique à laquelle Jeunet lui-même ne semble pas avoir pensé: « Je tenais absolument à ce que ce soit un film très coloré, très gai, comme le sujet l'était » (1:51:47). Les propos d'un réalisateur ont sans doute leur intérêt, mais pour nous il ne s'agit pas de comprendre ce qu'il avait *voulu faire,* mais plutôt ce qu'il a *fait.* On nous propose une hypothèse sur le film, et c'est en la confrontant *au film* que nous la vérifierons. Notre première question sera donc: Y a-t-il bien, comme l'affirme Lupi, inversion des couleurs dominantes au cours du film? Si oui, l'inversion a-t-elle la signification que Lupi lui prête?

4. Deux conceptions du montage: Bazin et Eisenstein ➔ (a) Nous avons suivi la tradition en opposant les conceptions bazinienne et eisensteinienne du montage. En quoi consiste leur différence essentielle? Dans quel sens peut-on dire qu'il s'agit de deux antipodes? (b) « Si un cinéaste "bazinien" avait à filmer la scène finale [de *La Grève*], il s'appliquerait avant tout à nous faire oublier le montage et à diriger notre attention vers l'action » (§3.5). Après avoir visionné *La Grève* (et plusieurs fois le montage parallèle), refaites (le découpage de) la séquence du massacre selon les principes baziniens, tels que vous les comprenez. (c) Nous avons suggéré que le montage parallèle de *La Grève* va à l'encontre du but recherché. Expliquez à ce propos notre analogie entre le film et une fenêtre. Vous paraît-elle juste? Quelle comparaison pourrait-on opposer à la nôtre pour défendre le montage d'Eisenstein?

5. Narratologie filmique: l'ordre des événements → Dans *Le Jour se lève* (voir §4.1) un présent diégétique encadre des retours en arrière qui constituent la majeure partie du film. Agnès Varda, dans *Sans toit ni loi* (1986) et François Ozon, dans *5 × 2* (2004) reprennent à leur compte le procédé, tout en l'affectant à d'autres usages. Le film de Varda commence par la découverte du corps de la protagoniste, une sans-abri morte de froid; le reste du film se présente comme une enquête sur ses derniers mois. Le film d'Ozon raconte l'histoire d'un couple (les « 2 » du titre) en cinq scènes et à rebours, de la rupture à la rencontre. Analysez la narration achronologique dans ces deux films et comparez-la à celle du *Jour se lève*. À quoi servent les retours en arrière? En quoi conditionnent-ils notre réaction aux événements représentés? Essayez d'imaginer ce qu'auraient été les films si leurs histoires avaient été racontées dans l'ordre chronologique. Notre citation de J. Brunius à propos du *Jour se lève* (« il est presque impossible d'imaginer le film sous une autre forme, dans l'ordre chronologique par exemple ») s'applique-t-elle également aux films de Varda et d'Ozon?

6. Narratologie filmique: la durée des événements → À l'échelle du film entier, il est évident que DE < DD dans presque tous les cas, en raison des ellipses intra- et surtout inter-séquentielles. Les films où DE = DD sont tout à fait exceptionnels, et *Cléo de 5 à 7* d'Agnès Varda (1961) est souvent cité en exemple. Aux quatre-vingt-dix minutes que dure le film correspond la même durée, ou presque, dans la vie de la protagoniste qui attend le résultat d'une biopsie pour savoir si sa tumeur est maligne[73].

> a. En visionnant le film, soyez attentif en particulier à la durée écranique par rapport à la durée diégétique. Il y a plusieurs petites ellipses dont la plus longue est de quelques secondes. Pouvez-vous les trouver?
>
> b. L'utilisation du temps réel est ici capitale: comme l'écrit Marcel Martin, « c'est le temps, et lui seul, qui structure de manière fondamentale et déterminante tout récit cinématographique »[74]. Il ne serait peut-être pas exagéré de voir dans ce choix stylistique le sujet même du film de Varda, et dans cette *tranche de vie*, au sens presque

littéral de l'expression, un abrégé de la vie de Cléo — ou de la vie tout court. Commentez.

c. L'ellipse narrative, comme nous l'avons vu, accélère l'action en l'allégeant; elle réduit l'histoire à son essence événementielle. Quand, par exemple, un personnage doit aller du point A au point B, une bonne partie du trajet, sauf accident de parcours, est ordinairement supprimée. Grâce à l'ellipse narrative on peut raconter en deux heures l'action d'une semaine ou l'histoire d'une vie. Par contre, le temps réel filmique comporte ou peut comporter des *temps morts* — de ces moments où il ne se passe rien (de narrativement important). Y en a-t-il dans *Cléo?* Si vous en trouvez, créent-ils des lenteurs? Sont-ils un défaut? Dialogue: «Pourquoi "un défaut"? Dans toute vie n'y a-t-il pas des temps morts? — Certes, mais un film n'est pas la vie. — Ça dépend du film...» Continuez le dialogue.

d. Si vous ne trouvez pas de temps morts dans *Cléo*, nous vous mettons au défi d'en dire autant de *La Fille seule* de Benoît Jacquot (1995) dont la plus grande partie — tout, à vrai dire, sans la moindre ellipse, jusqu'à l'épilogue — se déroule en temps réel. Voici l'opinion d'un spectateur: «*La Fille seule* raconte [...] la première heure de travail d'une jeune femme serveuse dans un hôtel. [...] Absolument brillant dans sa mise en scène, d'une tension hors du commun. Il ne se passe rien dans ce film — on apporte quelques croissants dans quelques chambres — mais en même temps tout se joue. Et le spectateur le sent, que tout est en train de jouer, que la vie de cette fille est en train de changer, de se construire et de se détruire dans un même élan». Voici une autre opinion: «Honnêtement j'ai voulu voir ce film surtout pour Virginie Ledoyen, et je me suis tellement ennuyé que j'ai arrêté avant la fin» (onglet «critiques spectateurs» à <www.allocine.fr>). Après avoir visionné le film, et en tenant compte de l'effet du récit en temps réel, expliquez où vous vous situez par rapport à ces deux opinions.

e. Commentez l'utilisation du temps réel dans *Cléo de 5 à 7* et dans *La Fille seule* à la lumière de cette citation du théoricien Jean Mitry: «Suivre un acte tout au long pour respecter le "temps réel" est une chose fort licite, à condition que la durée soit de quelque signification, car s'il n'est que de décrire le vide on peut le faire indéfiniment et c'est un art à la portée du premier venu»[75].

7. **Point de vue →** Il est rarissime qu'un seul et même PDV cognitif se maintienne au long d'un film. Tout au plus peut-on parler, à propos d'un

film donné, d'un PDV *prédominant* — interne, externe ou omniscient — qui alterne avec les autres selon les besoins du récit. Nous avons relevé quelques-unes de ces variations dans *Amélie,* où prédomine le PDV omniscient. Qu'en est-il du PDV cognitif dans *L'Auberge espagnole?* Y a-t-il autant de variation dans ce film à narrateur diégétique que dans *Amélie?* À quels moments, dans quelles séquences le PDV n'est-il pas interne? À quoi se reconnaissent les changements de PDV?

Intermède sous forme de dialogue
L'esthétique de la transparence

Au CHAPITRE 1 deux comparaisons m'ont surtout frappée, d'autant que je ne suis pas sûre de les avoir comprises. Vous dites, au sujet du champ et du hors-champ, qu'il s'agit au fond d'un seul et même monde dont une partie nous est visible et l'autre, cachée: « Ainsi s'explique sans doute que souvent le cadre se fasse à peine remarquer; il nous impose une vision étriquée — et nous nous en accommodons! » *Et puis cette analogie:* « Comme le malade alité qui se passionne à tel point pour le spectacle de la rue qu'il oublie la fenêtre par où il le regarde... » *La fenêtre revient plus loin à propos d'Eisenstein:* « Comparons le film à une fenêtre par où l'on essaie de regarder le monde. Sale, ou fêlée, ou jolie comme un vitrail, elle attire le regard et l'arrête... ». *Alors cette fenêtre...*

La filiation est un peu lâche, mais l'idée remonte — on peut la faire remonter — au XVIe siècle, et en particulier à Leon Battista Alberti, « homme universel » de la Renaissance italienne qui écrit dans son traité *De la peinture:* « Je trace d'abord sur la surface à peindre un rectangle qui est pour moi une fenêtre ouverte par où je regarde le sujet ». Il conseille aux peintres de considérer cette surface « comme si elle était faite de verre transparent »[1]. Ces deux idées se sont transformées au fil des siècles pour s'appliquer vers 1930 au cinéma. L'idée selon laquelle *le cinéma (ou le cadre) est une fenêtre ouverte sur le monde* est associée — et c'est logique — au nom de Bazin, comme l'est également l'*esthétique de la transparence*[2]▶▶.

Il s'agit là évidemment de métaphores. Si on les « traduisait »? En quoi le cinéma est-il « une fenêtre ouverte sur le monde »?

L'image de la fenêtre ouverte risque en effet d'induire en erreur dans la mesure où elle semble postuler deux choses distinctes dont l'une donne accès à l'autre. Puisque vous voulez la version *en clair* — et vous avez raison d'insister là-dessus — soyons plus précis. Il ne s'agit pas *du* monde, mais *d'un* monde: celui qui n'existe et ne se révèle que dans et par le film. Autrement dit, la *diégèse*. C'est sur ce monde-là que donne la « fenêtre » du film.

Qu'est-ce donc qui est « transparent »? Le film?

Non, pas exactement. Rappelons-nous d'abord ce qu'est la transparence, au sens propre du terme. Être transparent, c'est laisser passer la lumière et paraître avec netteté les objets qui se trouvent derrière, *comme si rien ne s'interposait entre eux et nous.* Mais dans le cas qui nous intéresse, ces « objets » ne sont pas « derrière »: *la diégèse est partie constitutive du film, tout comme l'histoire qui s'y déroule.* Reformulons donc ainsi: Est ou doit être transparent tout ce qui, *dans le film,* concourt à la construction de sa diégèse et à la narration de son histoire. Il s'agit d'effacer les traces de la production, de cacher les marques du travail, de les rendre invisibles comme l'est ou devrait l'être une fenêtre par où l'on regarde[3] ▶▶|.

Voilà qui est clair. Mais de quelles traces s'agit-il? Qu'est-ce que l'on efface ou cache?

D'abord et surtout, le montage. Là où il s'impose, on s'efforcera de le cacher, et ce faisant, d'atténuer le petit choc perceptif, l'invraisemblance visuelle qu'est chaque changement de plan. C'est le « montage invisible » de Bazin, que nous avons étudié. Le montage n'intervient qu'une fois les plans tournés, mais il importe tout autant de masquer les procédés mis en œuvre lors des prises de vues: cadrages, mouvements de caméra, éclairage, jeu des acteurs... tout ce qui désigne le film comme aboutissement d'un travail, tout ce qui pourrait le trahir comme produit fabriqué. En un mot, tout ce qui relève de la *technique.* « La meilleure technique d'un film, disait Berthomieu, est celle qui ne se voit pas »[4]: la phrase a passé en proverbe, au point de perdre sa valeur de citation, tellement l'idée semble évidente. Je veux dire: évidente non seulement pour la majorité des spectateurs mais aussi pour une bonne partie des critiques et même des cinéastes. N'est-ce pas à la transparence qu'en réfère implicitement Jean-Pierre Jeunet quand il commente ainsi un mouvement de caméra particulièrement compliqué d'*Amélie*: « Mais si on ne le remarque pas, si ça a l'air de rien, c'est que c'est réussi » (1:24:30)? Et n'est-ce pas un *défaut de transparence* que le critique Richard Roeper reproche ici à la musique d'*In the Land of Women*: « Parfois, à mon avis, dans certains de ces films [récents], la musique semble élevée presque au rang d'un personnage, au point qu'on a presque l'impression d'un film monté d'après le rythme de la musique, laquelle se fait donc trop remarquer. Et sans doute que si la musique se fait trop remarquer, alors elle est peut-être trop envahissante »[5]? On dirait deux échos de Berthomieu, non?

Tout à fait. Mais par quels moyens se réalise ce camouflage des procédés? À l'aide de raccords, pour le montage, je le sais. Mais comment est-ce qu'on « invisibilise » les autres techniques?

En les diégétisant, principalement. N'oubliez pas qu'au fond le raccord est lui-même une diégétisation du changement de plan, et c'est de la même façon, *en les justifiant par rapport à la diégèse et à l'histoire qui s'y déroule,* que l'on masque les autres techniques. Nous en avons déjà relevé plusieurs exemples dans *Amélie* (▸ UN MOT ET SES DÉRIVÉS: DIÉGÈSE). Mais je me surprends parlant de *justification,* et le moment est peut-être venu d'insister sur une distinction. Au CHAPITRE 1 nous nous sommes souvent interrogés sur la *fonction* de tel ou tel procédé en nous demandant ce à quoi il sert dans le film, quel rôle il y joue. À présent notre question est autre, et porte sur la *justification* (ou *motivation*) de tel procédé, ou en d'autres termes: ce qui nous le cache en tant que procédé, ce qui nous empêche de le reconnaître comme tel[6]▸▸. Considérons le travelling latéral du plan 10:12–10:20 d'*Amélie*. La *fonction* de ce mouvement de caméra n'est pas de présenter Susanne — cela aurait pu se faire autrement, et sans travelling — mais de nous montrer sa claudication, dont il sera question ultérieurement dans le film. Par contre, ce qui *justifie* (ou *motive*) le travelling est tout simplement le déplacement du personnage, grâce auquel le déplacement de la caméra passe inaperçu. En se rapportant à la diégèse, le travelling s'efface. Il peut s'y rapporter à partir d'un lien causal, perceptif ou même purement plastique, l'essentiel étant dans tous les cas, selon Jean Mitry, « d'éviter la gratuité de ces mouvements, de faire en sorte qu'ils apparaissent à la fois comme naturels et nécessaires ». Un mouvement de caméra gratuit, ou plus généralement *tout procédé immotivé* aurait pour effet de « dévoiler les ficelles du spectacle et, donc, [de] nier ou détruire le simulacre qu'il s'efforce de créer »[7]. C'est à maintenir, à renforcer ce « simulacre » que sert la transparence.

« Simulacre »... une fausse apparence, non? Alors, si j'ai bien compris, il s'agit d'une manipulation au service d'une illusion.

Oh, comme vous y allez! « Illusion », si vous voulez, mais n'oubliez pas les guillemets d'atténuation, car il s'agit tout au plus d'une illusion perceptive, aussitôt désamorcée par la raison, et nullement d'une illusion cognitive. Puisqu'à l'évidence personne n'est dupe, il vaudrait mieux parler d'une forte *impression de réalité*[8]▸▸. Quant à la « manipulation », toute œuvre d'art nous « manipule », en ce sens qu'elle dirige notre attention. Comparons les trucs de la transparence aux diversions d'un prestidigitateur. Il a soin de bien « motiver » tout le cinéma qu'il fait sur scène, mais à quoi servent au fond son boniment, ses feintes, sa charmante assistante, la musique, la mise en scène? À détourner notre attention de sa main droite et à la rediriger vers sa main gauche. Nous jouons le jeu, nous prêtant à l'« illusion », et si le prestidigitateur a bien fait son boulot, nous nous émerveillons quand du chapeau s'échappe une volée de colombes.

Qui croit qu'elles se sont matérialisées *ex nihilo* au fond du chapeau? Que l'assistante a été vraiment coupée en deux? C'est d'un *simulacre*, reconnu comme tel, que nous nous émerveillons, c'est à lui que nous prenons plaisir — tout comme au cinéma. Honni soit qui mal y pense.

Me voilà dûment honnie, et presque convaincue. Mais poursuivons encore un peu la comparaison. Tout le monde sait qu'il est strictement interdit au presti- digitateur de divulguer ses secrets professionnels — de débiner, en argot du mé- tier. Libre au spectateur d'essayer de «trouver le truc», mais l'illusionniste lui- même n'a pas le droit de le dévoiler. Revenons maintenant au cinéma, où il ne me semble pas que l'on s'embarrasse d'un pareil scrupule. Je ne pense pas ici aux critiques, qui décortiquent les films par devoir professionnel. Non, je pense aux cinéastes eux-mêmes qui «débinent» à qui mieux mieux dans leurs films. Et je pense aussi à votre réponse: «Est ou doit être transparent tout ce qui...», où je vois à la fois une description («est») et une prescription («doit être»). La pre- scription me paraît peu suivie, et la description, par voie de conséquence, fausse dans l'ensemble.

Il y a là deux erreurs, ou peut-être deux malentendus. Essayons d'y voir clair. Il s'agit d'abord et au fond d'une conception globale du film, une conception dont découlent certaines normes — des prescriptions, si vous voulez. Mais comme cette conception est largement dominante, et les normes largement respectées, il s'agit aussi d'une description d'une bonne partie... que dis-je? de la *majeure* partie de la production ciné- matographique mondiale. Entendons-nous bien cependant: la transpa- rence n'est jamais totale. Et comment le serait-elle? Comment effacer entièrement dans le film les traces de sa production, y cacher complète- ment les marques du travail, alors que *le film lui-même* est une trace de sa production, la marque d'un travail? La transparence du film le plus transparent est compromise par la seule présence du générique! Tou- jours donc, et forcément, c'est une question de degrés. La transparence est un idéal à réaliser dans la mesure du possible, et non une qualité absente-ou-présente.

Mais qu'est-ce qui fonde cet idéal? Je vois mieux maintenant en quoi il consiste, et par quels moyens il se réalise. C'est au pourquoi que je m'achoppe encore.

Je ne saurais mieux vous expliquer le pourquoi, ni plus succintement, que Jean Mitry, déjà cité: «dévoiler les ficelles du spectacle», c'est «nier ou détruire le simulacre qu'il s'efforce de créer». Une version moins suc- cincte et plus explicite serait, par exemple, la suivante: La participation affective du spectateur, son adhésion à la fiction tient à son immersion diégétique, laquelle suppose cette fameuse «suspension consentie et provisoire de l'incrédulité », laquelle dépend à son tour d'un style transparent. *Subordination du mode de représentation au monde représenté, absorption de l'énonciation dans l'énoncé, effacement des éléments signifiants devant la matière signifiée* — formulez cela comme vous voudrez, il s'agit au fond de ne pas franchir la frontière séparant le monde diégétique où évoluent les personnages et celui, extradiégétique, où travaillent le réalisateur et son équipe. Voilà pourquoi on cache non seulement le montage mais les micros aussi et les câbles, sans oublier le jeu des acteurs (un jeu inepte n'étant rien d'autre qu'un jeu qui se remarque comme jeu). De là aussi, bien entendu, l'interdiction du regard-caméra. Un personnage qui regarde la caméra, c'est l'acteur qui s'invite dans la salle, qui vient s'asseoir avec nous. « Un seul regard venu de l'écran et posé sur moi, tout le film serait perdu »: Roland Barthes[9] ne parle-t-il pas pour bien des spectateurs?

De quelle interdiction parlez-vous? J'ai vu récemment un des « road movies » où Bob Hope n'arrêtait pas de faire des clins d'œil à la caméra. Et Gene Kelly dans Singin' in the Rain? *Et* Amélie?

Mais il ne s'agit pas d'une interdiction absolue! Laissons *Amélie* pour l'instant[10], et parlons de vos deux premiers exemples. Les « road movies » relèvent d'un genre qui descend du film burlesque dont les vedettes — Chaplin, Laurel et Hardy, Keaton, les Marx Brothers, entre autres — n'étaient pas avares de coups d'œil complices lancés au spectateur, tout comme les acteurs du théâtre comique populaire, ancêtre du genre. Il en va de même de la comédie musicale, issue du spectacle de variétés et de l'opérette où les chanteurs interpellaient souvent leur public. Il n'y a donc rien d'étonnant à ce que Hope et Kelly se comportent sur le plateau de tournage un peu comme s'ils étaient sur scène. Ces genres ont en commun une diégèse floue, aux limites indécises: ici, le « contrat de crédulité » n'ayant jamais été signé, peu importe sa rupture. En dehors du comique et du musical[11], le regard-caméra est rare, et presque toujours diégétisé (comme plan subjectif, par exemple). On peut situer en 1909 son interdiction formelle aux États-Unis, et vers 1915 sa prohibition (officieuse) en France[12]. Cela dit, il est vrai que le cinéma moderne recourt plus souvent que le cinéma classique au regard-caméra, et plus généralement à la *métalepse* (étymologiquement: « raconter en changeant de niveau »). Dans son acception la plus récente le terme nous vient de Gérard Genette, qui appelle ainsi *toute intrusion de l'extradiégétique dans l'univers diégétique*. Il s'agit d'une transgression consistant à violer la « frontière mouvante mais sacrée entre deux mondes: celui *où* l'on raconte, celui *que* l'on raconte »[13] ▶▶. Le regard-caméra est une métalepse, ainsi que l'est, selon la formulation de Laurent Jullier, tout « renvoi ostensible à l'énonciation »[14]. De tels renvois ne sont pas rares dans le cinéma moderne. Seulement voilà: *moderne* désigne moins une période dans l'histoire du cinéma qu'un courant, ou plus précisément, un petit contre-courant dont les remous ont fait du bruit sans inquiéter outre mesure le cours tranquille du fleuve[15]. Le courant classique, aux eaux *transparentes,* continue à creuser son lit, accueillant en les absorbant affluents et sous-affluents, dominant le paysage[16] ▶▶|.

Avant de nous y jeter, attardons-nous un instant dans les eaux troubles de ce contre-courant métaleptique. S'agit-il de ce que l'on appelle le film réflexif?

Oui et non, ou peut-être. Tout dépend de l'auteur et du sens qu'il attache au mot. Parfois on dit *réflexif,* parfois *auto-réflexif* (« dont le caractère pléonastique est décidémment bien gênant »[17]), parfois *auto-référentiel*[18], termes ayant en commun de désigner le film qui, d'une façon ou d'une autre, *se prend lui-même pour objet.* Par exemple, le film peut raconter une histoire qui se déroule dans le milieu du cinéma; ou proposer une réflexion sur le cinéma; ou citer d'autres films (ou y faire allusion); ou *renvoyer aux conditions de sa propre production, afficher ses propres techniques.* C'est dans ce dernier sens que la *réflexivité* s'approche de la *métalepse.* Un film est *réflexif,* au sens métaleptique du terme, dans la mesure où il emploie des techniques ou présente des éléments sans les diégétiser ni les motiver d'aucune autre façon; exposés comme traces de la production, comme vestiges du « monde *où* l'on raconte », ils s'imposent à l'attention du spectateur. Pour les tenants de la transparence, cette *mise à nu des procédés*[19] ▶▶| — *baring the devices,* dit-on en anglais — porte atteinte à la diégèse et par voie de conséquence à l'immersion diégétique du spectateur. Mais la non-transparence a, elle aussi, ses théoriciens et ses cinéastes...

J'allais justement vous demander d'en parler. Si les bases de la transparence sont bien telles que vous les avez expliquées, en quoi consisterait une défense de... comment dire?... du cinéma de l'« opacité »? Qui en a fait la théorie? Et qui le pratique?

C'est une bien grande question pour un intermède qui tire à sa fin. À la différence du cinéma classique, théorisé après coup, le cinéma de l'« opacité » (pour employer votre terme) est en grande partie né de la théorie anti-classique. Ici donc, en matière de théoriciens, nous avons l'embarras du choix. Si je devais n'en retenir qu'un seul, ce serait le dramaturge Bertolt Brecht. Bien qu'il ait peu écrit sur le cinéma, ses idées sur le théâtre devaient informer, à partir de 1960, toute la théorisation de la réflexivité filmique. Mais notons d'abord qu'il a en commun avec les tenants de la transparence d'accepter la chaîne des dépendances, telle que je l'ai formulée à propos de Mitry: *La participation affective du spectateur (son adhésion à la fiction) tient à son immersion diégétique, laquelle suppose une « suspension consentie et provisoire de l'incrédulité », laquelle dépend à son tour d'un style transparent.* Là s'arrête cependant la convergence, car cette « participation » consiste en grande partie pour le spectateur à *s'identifier* aux personnages, et Brecht y voit une sorte de débauche sentimentale, une « transe », un « sommeil hypnotique » incompatible avec l'objectivité et l'esprit critique nécessaires à juger les personnages et à transformer la société. À la place de cette identification il faut cultiver une *distanciation*[20]▶▶| chez le spectateur afin de l'« amener [...] à considérer ce qui se déroule sur la scène d'un œil investigateur »[21]. L'on n'y parviendra, affirme Brecht en toute logique, qu'*en refusant la transparence:* de là les nombreuses techniques brechtiennes ayant pour objet d'opacifier autant que possible la représentation théâtrale. Il faut d'abord « abandonner la notion de quatrième mur, ce mur fictif qui sépare la scène de la salle et crée l'illusion que le processus représenté se déroule dans la réalité, hors de la présence du public ». Une fois abolie cette frontière artificielle, les acteurs auront « la possibilité de s'adresser directement au public »[22] — l'équivalent théâtral du regard-caméra[23]▶▶|. Sur la scène « il importe davantage que les décors disent au spectateur qu'il est au théâtre plutôt que de lui suggérer qu'il se trouve, par exemple, en Aulide[24]. [...] Le mieux est de montrer la machinerie [...]. Il faut des décors qui, s'ils représentent par exemple une ville, donnent l'impression d'une ville construite seulement pour durer deux heures »[25]. Pour la musique, « il est judicieux de placer le disque de même que l'orchestre en évidence »[26]. Quant à la lumière, « il importe de montrer ouvertement l'appareillage électrique » afin d'« empêcher une illusion indésirable »[27]. L'acteur doit jouer de façon à montrer qu'il joue: « Il ne dit pas son texte comme une improvisation, mais comme une citation. [...] Il ne cache pas qu'il a répété. [...] Il n'a aucun besoin de faire oublier que son texte ne naît pas dans l'instant où il le dit, mais qu'il l'a appris par cœur »[28]. Bref, *une mise à nu systématique des procédés* visant à détruire l'illu...

... « *l'illusion d'assister à des événements réels se déroulant devant nous comme dans la réalité quotidienne ». Je ressors votre citation de Bazin pour en venir à ma question sur la pratique. Quel serait l'équivalent filmique d'une pièce de Brecht? J'imagine qu'ici le choix est plus limité...*

C'est vrai. Il est bien plus difficile de faire un film qu'une théorie. Il faut réunir des fonds considérables en faisant appel à des investisseurs qui espèrent voir rapporter leurs placements. Un film systématiquement réflexif, radicalement opaque serait... disons qu'il ne serait pas de ceux qui font affluer les foules. De toute façon, cette fois le choix est facile, il est même forcé. Passons donc de la théorie à la pratique, et de Bertolt Brecht à Jean-Luc Godard, le plus brechtien des cinéastes français connus du grand public. On a l'impression, en suivant sa carrière, d'un souci majeur et grandissant de nous rappeler dans ses films que nous regardons un film. Sa bête noire: le film qui nous *prend* dans sa diégèse au point de nous faire oublier « les ficelles ». Godard nous les montrera donc, et de plus en plus ostensiblement au fil des ans. *À bout de souffle* (1960), son premier long métrage, présente quelques regards-caméra, un protagoniste qui nous parle (mais uniquement de sa situation diégétique) et de nombreuses discontinuités, dont une soixantaine de sautes d'images (c'est beaucoup) qui ont scandalisé à l'époque: audacieux, certes, mais presque classique comparé à ses films ultérieurs. La métalepse est plus appuyée dans *Pierrot le fou* (1965) où le protagoniste regarde la caméra pour nous parler de son amie: « Vous voyez, elle ne pense qu'à rigoler! » Elle: « À qui tu parles? » Lui: « Aux spectateurs! » Les faux raccords de *Pierrot* — voulus, évidemment — risquaient de passer inaperçus; pour conjurer ce danger dans *Weekend* (1967), l'une des transgressions est signalée par un intertitre portant la mention « faux raccord ». Dans *Le Mépris* (1963) le générique est *parlé;* ainsi Godard insiste-t-il sur ce moment métaleptique incontournable que la plupart des films s'efforcent de masquer ou de maquiller. Cette réflexivité est poussée jusqu'à la caricature dans *Tout va bien* (1972) dont le début se présente comme le « making of » du film[29]. Pendant qu'au générique se succèdent les noms des collaborateurs, nous entendons un clap[30] et les annonces du clapman. Puis une voix: « J'veux faire un film », et une réponse: « Pour faire un film 'faut de l'argent », suivies d'une longue série de signatures de chèques (« scénario, sept mille francs », etc.). Ensuite, un dialogue entre le réalisateur et une collaboratrice qui l'interroge sur l'histoire du film qu'il veut faire, histoire qui démarre peu à peu entre les échanges du dialogue. Au cours du film Godard ne cesse de nous rappeler, au cas où nous l'aurions oublié, que nous sommes consommateurs d'une fiction construite. Un exemple: Au lieu de nous faire passer par le montage ou par des travellings entre les différents bureaux où se déroule l'action, Godard enlève littéralement le quatrième mur commun à tous les bureaux pour nous les montrer simultanément. À partir de *Tout va bien* Godard explorera les ressources métaleptiques du son, en décalant par exemple bruits et images, pour dévoiler l'artifice de leur synchronisation, ou en opposant la tonalité affective de la musique à celle de l'action afin de nous rappeler la convention qui consiste à les harmoniser. À ces moments la bande sonore, au lieu de compléter et de renforcer les images tout en cachant leur discontinuité, s'affiche comme un élément à part, en contradiction avec le reste[31] ▶▶|. Et je n'en finirais pas d'énumérer les interventions de Godard — directes ou indirectes, voyantes ou discrètes, à l'écran ou hors champ — pour commenter son film. Il ne serait peut-être pas exagéré de concevoir l'ensemble de son œuvre comme un long regard, de plus en plus appuyé, vers la caméra...

De toute façon, il semble avoir bien tiré les leçons de Brecht. Je ne connaissais de Godard qu'À bout de souffle. Apparemment il a fait, en matière de réflexivité, bien des «progrès» depuis 1960! Mais j'ai une dernière question, à laquelle je crois savoir déjà votre réponse. Vous avez décrit deux cinémas: grosso modo, si j'ai bien compris, celui qui nous invite à nous amuser en jouant le jeu, et celui qui nous oblige à rester sur la touche pour compter les points. De ces deux cinémas, lequel est préférable? Lequel préférez-vous?

Cela fait deux questions qu'il ne faudrait pas confondre. Je vais peut-être vous surprendre en disant qu'à la première je ne saurais répondre, car il me manque les certitudes d'un Bazin sur la «spécificité cinématographique» (comme disent les théoriciens). «Le but du film, *quel que soit le film*»... c'est beaucoup dire. Bazin avait sûrement raison sur les conditions nécessaires à l'immersion du spectateur; seulement voilà, l'immersion n'est pas le but de tout spectateur. Certains semblent préférer le clin-d'œil au trompe-l'œil, et au régime de l'adhésion, celui de la distanciation. Comment leur en donner tort sous prétexte qu'ils cherchent autre chose au cinéma? On ne peut que reconnaître la différence et essayer de la comprendre. D'ailleurs, il ne s'agit pas de deux archétypes mais de deux tendances, opposées certes mais dont chaque film présente un mélange: la transparence totale est impossible, et l'opacité totale, inimaginable. Cette réserve faite, j'en viens à la seconde question. Pour reprendre votre métaphore sportive (à laquelle il y aurait beaucoup à redire, mais passons), *je suis plutôt joueur;* enfin, je le suis devenu, surtout ces derniers temps. Ayant beaucoup réfléchi sur le cinéma et visionné par devoir une quantité invraisemblable de films, j'en suis à demander au cinéma un «bain» diégétique. Pas n'importe lequel, vous pensez bien: comme tout le monde, j'ai en matière de diégèses mes goûts et mes dégoûts. Il en va des mondes filmiques comme du monde où nous vivons: tel lieu nous exalte, tel autre nous enchante, et là où l'on respire mal on ne s'attarde pas. Mais la participation, l'adhésion «spectatorielle», quelle qu'en soit la tonalité affective, suppose un style transparent. Cela ne revient pas à dire que «je préfère la transparence» — affirmation baroque — mais plutôt que j'ai tendance à préférer les films où elle prédomine. La nuance est d'importance: il ne s'agit pas d'un a priori esthétique, mais d'un constat fait après coup. Par la suite, *l'analyste* peut s'interroger sur les raisons de cette préférence ou de toute autre, ainsi que sur la *qualité* du film, laquelle tient en grande partie, à mon avis, à la construction diégétique. De cette construction, ce qui intéresse le *spectateur* — du moins, celui que je suis — c'est le résultat et non le processus. Les « poutres apparentes » sont un atout dans l'immobilier, mais nous sommes ici au cinéma. Tout cela me convaincra de sacrilège auprès d'une certaine critique cahiers-du-cinéma. Soit, je plaide coupable. Godard dit quelque part que le seul film complètement honnête montrerait une caméra en train de se filmer devant un miroir — le *nec plus ultra* de la réflexivité. Est-ce vrai? Peut-être. Je ne sais pas. Mais à coup sûr, ce ne serait pas très intéressant...

Chapitre 2

Films de genre, films d'auteur

Nous abordons à présent la problématique de la *classification*. Classer un film, le ranger dans telle ou telle catégorie, suppose une intention, une norme et un contexte: à quelle fin classer? selon quels critères? dans quelles circonstances? Le producteur ou l'exploitant de salle soucieux d'amortir son investissement classera les films en fonction du *box-office*, c'est-à-dire leur cote de succès mesurée d'après le nombre des entrées ou le montant des recettes. Le cinéphile répartira les films en catégories selon ses goûts personnels: *aimé, détesté, bof,* etc. S'il est en outre critique, il appréciera les films selon leur valeur (*pur chef-d'œuvre, gros navet, début prometteur,* etc.), en veillant à ne pas confondre ce qu'il aime et ce qu'il admire. Ce faisant, il manquera rarement une occasion de déplorer l'énorme écart entre sa notation et celle du box-office. Dans ces exemples les catégories sont *hiérarchisées:* la classification se double donc d'un *classement.* Tel n'est pas le cas des catégories qui se rapportent à une région, une époque, un courant ou un mouvement: *le cinéma français des années 30, le réalisme poétique, la Nouvelle Vague.* (Nous retrouverons ces dernières catégories au chapitre suivant.) La situation se complique quelque peu lorsqu'on range un film dans un *genre,* et encore davantage si nous le qualifions de *film d'auteur.* Mais qu'est-ce qu'un genre? Et qu'est-ce qu'un auteur?

1. Genre: problèmes de définition

Un genre, comme nous le dira n'importe quel dictionnaire, est *une catégorie d'œuvres ayant des caractères communs.* Au cinéma, le mot désignerait donc un ensemble de films qui se ressemblent. Mais de quels « caractères communs » s'agit-il? En quoi les films d'un genre se ressemblent-ils?

Abordons la question en nous appuyant sur des exemples précis. Voici la liste des genres proposés par AlloCiné (allocine.fr), un site d'informations cinématographiques: *action, animation, aventure, biographie,*

*comédie, comédie musicale, comédie dramatique, dessin animé, documen-
taire, drame, érotique, fantastique, guerre, historique, horreur-épouvante,
policier, romance, science-fiction, thriller, western*. D'autres sources proposent des listes différentes, plus ou moins longues. Certains genres sont
communs à toutes les listes; d'autres sont l'apanage d'une seule[1]. Celle
d'AlloCiné représente aussi bien qu'une autre les désignations génériques
courantes en France aux environs de 2010.

La liste d'AlloCiné, pareille en cela à toutes les autres, décevra ceux
qui cherchent une taxinomie rigoureuse et rationnelle. Relevons d'abord
la confusion des niveaux (catégories, genres et sous-genres). Le documentaire, défini par son rapport au réel, et le film d'animation, par les techniques de sa fabrication, figurent, comme nous l'avons vu dans l'ENTRÉE
EN MATIÈRE, parmi les quatre grandes *catégories* « officielles » dont chacune comprend plusieurs genres. La liste donne le dessin animé et le film
d'animation comme des genres distincts, alors que le premier est un genre
parmi d'autres du second[2].

Notons ensuite le caractère artificiel de certains « genres ». Le thriller
a pour but de susciter des sensations fortes, notamment l'attente anxieuse
et la surprise. Le film d'action, plein de bruit et fureur, se caractérise par
une pléthore de séquences spectaculaires — bagarres, explosions, pour-
suites, effets spéciaux — , par un montage tape-à-l'œil et haletant (avec
une durée moyenne des plans souvent inférieure à trois secondes) accompagné d'une musique fracassante, à quoi s'ajoute un certain manichéisme
au niveau des protagonistes. Il est évident que l'une et l'autre de ces deux
rubriques conviennent parfaitement à certains films policiers, de guerre
ou de science-fiction, ainsi qu'à quelques westerns. Il s'agit moins de
genres que de catégories « fourre-tout » où finissent certains films que
l'on a du mal à caser ailleurs.

On s'étonnera de l'absence de certains genres. Où est par exemple le
film de cape et d'épée [anglais: *swashbuckler*], brillamment illustré en
France dans les années 50–60 et qui, selon Pierre Guibbert, « est à la
France ce que le western est aux États-Unis [...], un fleuron de notre patrimoine qui constitue et signale notre identité culturelle »[3]? Il est vrai que le
genre est comateux, et les tentatives récentes de le ressusciter n'y peuvent
rien. Mais, primo, on peut en dire autant du western, qui figure pourtant
sur la liste, et secundo, AlloCiné ne se limite pas aux films actuellement à
l'affiche. À quel genre le site rapporte-t-il donc les films de cape et d'épée
bien connus tels que *Fanfan la Tulipe, Les Trois Mousquetaires* et *Le Bossu*?
Ils se retrouvent rangés parmi les *films d'aventures,* qui se reconnaissent

au parcours périlleux d'un protagoniste héroïque dans un décor exotique[4]. Au genre proprement dit, ici comme ailleurs, AlloCiné préfère une catégorie hétérogène qui accueille des bribes de genres les plus divers.

À côté des catégories fourre-tout il y a les « méga-genres » de la comédie et du drame. Les nombreux genres et sous-genres comiques ont en commun le but de faire rire (ou sourire), mais ils diffèrent par leur manière d'y parvenir. De là la kyrielle de qualificatifs dont *comédie* s'est fait suivre au fil des décennies: *burlesque* (Linder en France, Chaplin aux États-Unis); *sophistiquée, populiste* ou *loufoque*[5] (trois genres hollywoodiens des années 30 et 40); *de mœurs, de boulevard* ou *de caractère* (trois spécialités françaises héritées du théâtre), *parodique, noire* ou *romantique,* etc. (Sur cette dernière, voir plus loin ▶ *DE LA* ROMANTIC COMEDY *À LA « COMÉDIE ROMANTIQUE »: HISTOIRE D'UN CALQUE.*) Le drame propose un traitement réaliste de thèmes sérieux. Sous cette large rubrique se bousculent les drames diversement qualifiés de *mondains, sentimentaux, psychologiques, historiques, sociaux...* Quand un sujet de drame est repris par la comédie, ce qui arrive assez souvent, c'est le ton qui fait la différence: le drame s'oppose à la comédie comme la gravité à la légèreté.

Il est évident qu'un seul et même film peut être globalement sérieux tout en cherchant par moments à nous faire rire. Quand nos deux méga-genres se croisent ainsi, le résultat est un genre hybride qu'en toute logique on appelerait *drame comique.* À cette expression, qui désigne un genre théâtral, l'usage a préféré *comédie dramatique* [anglais: *comedy-drama* ou « *dramedy* »]. Il s'agit en effet d'un genre français reconnu et fécond qui figure sur la quasi-totalité des listes de genres, y compris celle d'AlloCiné.

Le croisement de genres ne concerne pas seulement les méga-genres: il s'agit d'un phénomène fréquent et bien connu qui intervient à tous les niveaux de la classification. Le mélange s'affiche parfois dès le titre: *Billy the Kid vs. Dracula* (William Beaudine, 1966). *The Lake House* d'Alejandro Agresti (2006) est-il un drame sentimental ou un film fantastique? Certainement les deux. *Anatomie de l'enfer* de Catherine Breillat (2004) est-il un film dramatique ou érotique? Les deux, selon les uns; ni l'un ni l'autre, selon les autres. *Alien* de Ridley Scott (1979) est-il un film d'horreur ou de science-fiction? Faut-il trancher? Le *Napoléon* d'Abel Gance (1927) est-il un film historique ou biographique? Oui.

Ces exemples confirment ce que nous savions déjà: les désignations génériques en usage n'ont rien de rigoureux. À la classification d'AlloCiné, comparons celle par exemple qu'un sociologue pourrait établir des revenus annuels nets: bas (inférieurs à 15 000 €), moyens (de 15 000 à 80 000 €) et hauts (supérieurs à 80 000 €). Chaque revenu individuel relèverait clairement d'une seule catégorie, *exclusive des deux autres,* parce que la typologie se base sur un critère unique. Tel n'est évidemment pas le cas des classifications génériques, basées qu'elles sont sur une multiplicité de critères de niveaux différents. En voici quelques exemples:

- Certains genres se définissent par leur *ancrage historico-géographique:* pour le western, l'Ouest américain et la seconde moitié du XIXe siècle; pour le péplum [anglais: *sword-and-sandal epic*], l'Antiquité gréco-latine; pour le film de cape et d'épée, la France de l'Ancien Régime à partir du règne de Louis XIII.
- D'autres se définissent par l'*effet* qu'ils visent chez le spectateur: la comédie cherche à faire rire, le mélodrame à faire pleurer et le film d'horreur à faire peur.
- Souvent le *sujet* identifie le genre auquel un film appartient. C'est le cas par exemple du film de guerre, du film d'espionnage et du film de cambriolage (de casse, de braquage) [anglais: *heist* ou *caper movie*], sous-genre du film criminel.
- Le *public* auquel s'adresse un ensemble de films peut servir de critère générique. Il en est ainsi du film pour adolescents [anglais: *teenpic*], né dans les années 60 avec les « beach movies », illustré vingt ans plus tard par les « classiques » de John Hughes (*Sixteen Candles, The Breakfast Club, Pretty in Pink...*) et qui continue à se renouveler (pour ainsi dire) avec une régularité confondante: *American Pie* (1999), *Mean Girls* (2004), *Superbad* (2007)... Une étiquette employée par les producteurs hollywoodiens des années 1935–1960 et retenue par les historiens du cinéma est celle du *women's picture,* dont *Stella Dallas* (King Vidor, 1937), *Forever Amber* (Otto Preminger, 1947) et *All That Heaven Allows* (Douglas Sirk, 1955) peuvent servir d'exemples.
- Il arrive que l'appartenance générique se fonde principalement sur un critère *formel* ou *structurel.* Dans le film routard, ou *road movie*[6], l'action se déroule par épisodes au cours d'un déplacement véhiculaire. Le film à sketches [anglais: *anthology* ou *omnibus film*] est une œuvre collective réunissant plusieurs réalisateurs autour d'un thème commun. La comédie musicale alterne des parties dialoguées avec des séquences chantées et dansées.

Ainsi s'expliquent les nombreux chevauchements de genres, les films bi- ou tri-génériques, les films orphelins de tout genre.

Il s'agit dans ces exemples de traits *définissants* (ou tenus pour tels), c'est-à-dire de critères qui, en définissant le genre, déterminent l'inclusion ou l'exclusion de tel ou tel film. S'y rattachent invariablement — et secondairement — d'autres traits qui constituent les *conventions* du genre. Les conventions du western, par exemple, interviennent au niveau des thèmes (la conquête de l'Ouest, le conflit de la loi et du crime, la vengeance...), des décors (les grands espaces, le village à rue unique, le saloon...), des personnages (le shérif, le hors-la-loi, la chanteuse de saloon...), des scènes (bagarres à coups de poing, duels au pistolet, pendaisons...), des objets, des armes et des vêtements (lasso, Colt 45, Stetson...) et même au niveau des acteurs (Tom Mix, Gene Autry, John Wayne...). N'oublions pas le cheval, « personnage » secondaire mais emblématique, au point de désigner familièrement (et péjorativement) le genre lui-même: *horse opera*. C'est généralement d'après ses traits définissants, et exceptionnellement d'après ses conventions, qu'un genre est nommé. Le terme de *western*, par exemple, définit un genre en même temps qu'il le désigne, alors que *péplum* (du latin *peplum*: « tunique ») évoque un simple détail vestimentaire.

La distinction que nous venons d'esquisser entre traits définissants et conventionnels est claire et simple — et peut-être un peu simpliste. Elle repose sur un modèle de définition scientifique selon lequel un concept est identifié par ses conditions nécessaires et suffisantes. Or une condition nécessaire, à la différence d'une condition suffisante, est forcément commune à tous les éléments de l'ensemble défini, ce qui risque de poser problème dans le cas d'un genre.

Considérons notre exemple du western dont l'action, selon B. K. Grant, « se limite par définition à l'époque et aux régions du Wild West: grosso modo, de 1865 à 1890, entre le Mississippi et la côte ouest »[7]. Fort bien. Supposons maintenant qu'un film présente de nombreuses conventions du genre sans satisfaire cependant à l'un ou à l'autre de ces deux traits « définissants ». C'est le cas de *Lonely Are the Brave* (David Miller, 1962) dont l'action se déroule dans le Nouveau-Mexique des années 1950. Si l'on y retrouve une bonne partie de la thématique du genre, il y a aussi des hélicoptères et des autoroutes, et le héros en cavale, qui monte pourtant à cheval et se coiffe d'un Stetson, est tué, non pas par une balle, mais par un poids lourd. « C'est donc un "western moderne", » dira-t-on. Et la réplique: « Peut-être, mais pas un western. Ici l'adjectif ne démarque pas un sous-genre; il annonce un oxymoron. Un faux dollar est-il un dollar? »

Considérons ensuite l'exemple de *The Wild Bunch* (Sam Peckinpah, 1969) dont l'action se situe dans l'Ouest, mais en 1913. Dans ce cas, malgré les mitraillettes et les Ford Model T, l'année semblait suffisamment proche de l'époque « officielle » du genre pour que la critique à l'unanimité y vît tout de même un western — révisionniste, certes, et on ne peut moins classique, mais un western. Considérons enfin *Drums Along the Mohawk* (John Ford, 1939) dont l'action se situe dans la région new-yorkaise à l'époque de la guerre d'indépendance américaine. Le film présente un héro coiffé d'un tricorne et armé d'un fusil à pierre, un siècle avant l'ère du Stetson et du Winchester. Malgré ces dissonances génériques, on n'hésite pas à ranger le film parmi les westerns. Pourquoi? Les thèmes, les personnages et l'action sont ici déterminants: la conquête du pays, les colons défricheurs de terres inhabitées, la guerre avec les Amérindiens...

Ces exemples nous amènent à deux conclusions. 1° Les traits tenus pour définissants ne sont eux-mêmes que des conventions. Aucun trait, pris isolément, n'est nécessaire. 2° Tous les traits ne sont pourtant pas égaux. Certains (les thèmes, par exemple) ont plus de poids que d'autres (scènes, images, accessoires). Un film relève de tel ou tel genre lorsqu'il présente un certain nombre de conventions génériques — le « quorum »[8], pourrait-on dire. Mais combien? lesquelles? Malheureusement, il n'y a, en la matière, aucune règle. Tout sera décidé en fonction du film et du genre, « au cas par cas ».

L'imprécision dont il s'agit dans nos exemples est loin d'être particulière aux genres cinématographiques. Elle serait généralisable, selon certains, à l'ensemble du langage naturel et « ordinaire » (par opposition à celui, « corrigé », des scientifiques et des mathématiciens). Voilà ce qu'a voulu montrer Wittgenstein dans un passage célèbre de ses *Investigations philosophiques:*

> Considérons par exemple les processus que nous nommons les *jeux.* J'entends les jeux de dames et d'échecs, de cartes, de balle, les compétitions sportives. Qu'est-ce qui leur est commun à tous? Ne dites pas: « Il *faut* que quelque chose leur soit commun, autrement ils ne se nommeraient pas *jeux* », mais *voyez* d'abord si quelque chose leur est commun. Car si vous le considérez, vous ne verrez sans doute pas ce qui leur serait commun à *tous,* mais vous verrez des analogies, des affinités, et vous en verrez toute une série.

Wittgenstein passe alors en revue plusieurs jeux et catégories de jeux. Il s'aperçoit en les examinant tour à tour que certains traits communs disparaissent tandis qu'apparaissent d'autres. Si les jeux de chaque catégorie se ressemblent, aucun trait n'est commun à toutes les catégories. Tout au plus y a-t-il entre elles un « air de famille », un réseau d'affinités qui nous permet de comprendre la notion et d'employer le mot. Wittgenstein conclut que « le concept *jeu* est un concept aux limites effacées, un concept flou ». Cependant — et voici le point essentiel — « cela ne vous a jamais gêné dans l'application du mot *jeu* »[9].

Il en est ainsi, observe Wittgenstein, de l'immense majorité des concepts que nous manions dans la communication de tous les jours — et *il en est ainsi des genres cinématographiques*. L'impossibilité de fixer les limites d'un genre ne nous empêche pas d'y ranger ou d'en exclure tel ou tel film. Il n'est pas besoin d'avoir indiqué au préalable des traits communs à tous les films du genre *x* pour employer pertinemment le terme *x*. La « compréhension du concept » n'est pas autre chose que cette compétence linguistique. Nous hésitons, bien entendu, devant quelques cas-limites, et alors, si par exception il faut trancher, nous le faisons en fonction des circonstances et de nos objectifs (« Dans quel rayon ranger ce DVD ? »).

N'oublions pas que les genres sont établis *a posteriori* (d'après l'expérience ou l'observation): ils sont la résultante instable des usages et des pratiques conjugués des producteurs, des critiques et des spectateurs. À l'origine de ces catégories, si « naturelles » en apparence, il n'y a le plus souvent qu'une poignée de films entre lesquels se devinait un « air de famille », érigé par la suite en principe classificateur. Cherche-t-on à cerner la ressemblance en vue de la définir, c'est alors qu'interviennent les théoriciens pour souligner les « discordances », les « incohérences », les « inconséquences ». Et certes, ils n'ont pas tort: nous en avons nous-mêmes relevé quelques-unes. Ces épithètes sont néanmoins trompeuses dans la mesure où elles renvoient implicitement à l'idéal d'un autre domaine. Laissons aux sciences leurs catégories étanches aux limites précises, et apprécions les choses selon les normes qui leur conviennent. Au terme d'*illogique,* appliqué souvent aux typologies des genres, préférons celui d'*alogique:* elles sont moins contraires qu'*étrangères* aux principes de la logique. Comme les mots de tous les jours.

De la *romantic comedy* à la « comédie romantique »: histoire d'un calque ▶ Le genre que l'on désigne en anglais sous le nom de *romantic comedy* (*rom-com* pour les initiés) est né aux États-Unis où il connut un premier avatar entre 1934 et 1944. Dans les *comédies loufoques* [anglais: *screwball comedies*] de cette époque (*Twentieth Century, My Man Godfrey, Bringing Up Baby...*), le hasard réunit un homme et une femme issus de milieux supposés incompatibles. Le mot *loufoque* décrit l'un ou l'autre des protagonistes, et parfois les deux, ainsi que leur parcours amoureux semé de conflits drôlatiques. Après quelques années d'éclipse partielle, le genre resurgit dans les « sex comedies », pourtant très chastes, des années 50 et 60 (*Pillow Talk, Lover Come Back, Send Me No Flowers...*) où se poursuit la guerre des sexes entre Doris Day et Rock Hudson. La troisième vague, qui n'a pas fini d'inonder les écrans, date, selon les aficionados, de 1989 (quand Harry fit connaissance avec Sally).

Au fil des films le genre s'est constitué en s'encombrant de nombreuses conventions, pour devenir aujourd'hui la formule cinématographique la plus codifiée. Au début d'une *romantic comedy* il y a le « meet cute »[10], et à la fin, la grande réconciliation où l'on court généralement, de préférence dans un aéroport. Entre ces deux étapes obligées interviennent des obstacles, internes ou externes, qui séparent les protagonistes. Ce peut être un malentendu, un secret, un différend ou une différence, souvent socioéconomique. Lui, par exemple, est chef d'entreprise et elle, prostituée (*Pretty Woman*); ou elle est riche-et-célèbre et lui, pauvre-et-obscur (*Notting Hill*); ou il est vivant alors qu'elle est morte (*Just Like Heaven*).

Nombre de ces films ont connu un vif succès en France, d'où le problème de la traduction: comment désigner le genre? Les critiques se trouvaient devant une alternative classique: résister ou céder à la tentation de l'anglicisme (*romantic* et *romantique* étant ici de faux amis[11]). Les résistants, fidèles à leur langue et donc minoritaires, continuent aujourd'hui encore à qualifier de *comédies sentimentales* les films de ce genre. Les autres se sont contentés de calquer en français l'expression américaine, et c'est ainsi que la *romantic comedy* s'est francisée (pour ainsi dire) en *comédie romantique*.

Chose curieuse, l'expression, assez répandue chez les critiques, ne figure pas (encore) sur la plupart des listes de genres proposées par la presse généraliste et cinéphile. Souvent, comme au site d'AlloCiné, on trouve *comédie* et... *romance* (qui forme, avec son homographe anglais, un deuxième couple de faux amis[12]▶▶|. Quel est donc, selon AlloCiné et compagnie, le genre de *You've Got Mail* ou de *Must Love Dogs?* Comédie-Romance!

Épilogue: Après le mot, la chose. En novembre 2007 Christophe Carrière écrit dans *L'Express* qu'« il y a encore deux ans, la comédie romantique était absente des productions françaises »[13]. Elle y fait son apparition, selon lui, avec la sortie en 2006 de *Prête-moi ta main* d'Eric Lartigau. Depuis lors le genre a fait du chemin en France où il commence à se parodier, comme il le fait depuis longtemps aux États-Unis. La preuve: *Ma vie n'est pas une comédie romantique* de Marc Gibaja, sorti en décembre 2007, un film « à la fois bourré de références [à *When Harry Met Sally*, en particulier] et de clins d'œil, et déterminé à faire rire des clichés et des poncifs »[14].

2. Questions et réponses

La plupart des films mentionnés sont américains. Pourquoi?

Parce que le cinéma américain, sauf exception, est un cinéma de genre. Historiquement, la plupart des genres, américains d'origine et d'inspiration, ont été importés en France, et leurs appellations plus ou moins francisées par la suite. Il en a été ainsi de *film d'horreur, d'action,* et *de gangster,* calques de *horror, action* et *gangster movie.* Certains termes ont été repris tels quels: *serial,* dès les années 1920, suivi de *western,* de *thriller,* de *suspense* et de *gore,* parmi bien d'autres[15]. *Road movie* est resté *road movie —* *film de route, film d'errance* et *film routard* ayant tous apparemment on ne sait quoi de trop français — alors que *cult film* a été « francisé » en — tenez-vous bien — *film culte*[16]▶▶! L'unique exemple d'import-export linguistique dans l'autre sens est celui de *film noir,* expression forgée en France et courante aujourd'hui dans le monde anglophone. Notons cependant que, même dans ce cas exceptionnel, le genre lui-même est d'origine américaine. (Voir à ce sujet ▶ LE FILM NOIR: UN « GENRE » AMÉRICAIN... MADE IN FRANCE.) Si donc j'ai puisé largement dans le cinéma américain, c'est que l'on y trouve à foison des *films de genre.*

Qu'est-ce que donc qu'un film de genre?

Définir la notion n'est pas chose facile. Rappelez-vous le mal que nous avons eu tout à l'heure à identifier les éléments communs aux films d'*un seul genre.* Combien plus difficile sera-t-il d'identifier les éléments communs à tous les films de genre, à tous ceux qui relèvent d'un genre ou d'un autre! En première approximation citons la définition de B. K. Grant pour qui *le film de genre répète, tout en la variant, une histoire qui nous est connue et dont nous connaissons déjà les personnages*[17]. Ce n'est là évidemment qu'un point de départ, car parfois il s'agit moins d'une même histoire que d'une même manière de raconter. Ce que l'on retrouve d'un film de genre à l'autre, c'est souvent un ensemble de procédés stylistiques, la même boîte à outils employée aux mêmes effets pour atteindre un même public. Ces réserves faites, Grant a mis le doigt sur l'essentiel: la *répétition* d'un matériau ayant déjà servi aux prédécesseurs « congénères ». Le film de genre a quelque chose de *stéréotypé* et de *convenu:* il semble sortir d'un moule, être conforme à des conventions — et avoir été réalisé justement afin de s'y conformer. On a l'impression, en le voyant, de l'avoir en quelque sorte *déjà vu;* de là, bien entendu, sa prévisibilité.

Grant parle aussi de variation...

Parfaitement. Il ne faudrait pas entendre par *répétition d'un élément* sa reproduction exacte. Le film reprend pour le réutiliser, mais sous une forme légèrement différente, un élément déjà utilisé à plusieurs reprises dans les films du même genre. Il s'agit d'un matériau X et de ses variantes x_1, x_2, x_3... dont chacune diffère des autres tout en étant manifestement une version de X. Pour que x_1, x_2, x_3... soient reconnaissables comme des variantes de X, il faut supposer chez le spectateur un bagage ciné-matographique suffisant. Muni de ses connaissances en conventions gé-nériques, « formé » par les films qu'il a déjà vus et dont il a retenu les procédés, le spectateur abordera chaque nouveau film prédisposé à le voir et à le recevoir conformément aux intentions du cinéaste. Le film de genre, mélange inégal de répétitions et de variations, sera dans une cer-taine (et large) mesure *conforme,* et dans une autre (et moindre) mesure *contraire* aux attentes du spectateur. H.-R. Jauss a baptisé *horizon d'at-tente* l'ensemble des présomptions du public au moment de l'apparition d'une œuvre[18]. Ce qu'il appelle le « caractère artistique » de l'œuvre dépend selon lui du degré auquel elle frustre l'horizon d'attente de son premier public; si elle y satisfait complètement, il s'agit d'un simple diver-tissement. Autrement dit, la valeur d'une œuvre se mesure à son *origi-nalité.* Jauss parlait d'œuvres littéraires, mais d'autres théoriciens n'hési-tent pas à généraliser son argument à tous les domaines de la création artistique, y compris celui du cinéma. Les films les plus originaux sont-ils les meilleurs?

Il me semble que le film de genre, tel que vous l'avez défini, constitue une catégo-rie très large... trop large: il y a film de genre et film de genre. D'ailleurs, votre définition est vague: « Le film de genre a quelque chose de stéréotypé... On a l'impression, en le voyant, de l'avoir en quelque sorte déjà vu »...

La définition est vague comme serait celle, par exemple, de *riche:* on peut l'être plus ou moins. L'imprécision caractérise la notion elle-même. Un film est plus ou moins générique selon que la répétition l'emporte sur la variation ou inversement. Tout est dans le dosage. « Il y a film de genre et film de genre, » dites-vous avec raison; enchaînons donc en distinguant deux sortes de films de genre. Le film *génériquement déterminé* reproduit un matériau presque inchangé qu'il a repris à d'autres films du même genre. Le film *génériquement conditionné* recycle, en vue de sa réutilisa-tion, un matériau reconnaissable qu'il adapte à ses besoins. Le premier se conforme strictement aux conventions; le second s'en sert avec re-spect. L'un ne s'écarte pas d'un pouce des attentes de son public; l'autre satisfait le spectateur mais lui réserve aussi quelques surprises. Dans le premier cas le genre est un *carcan;* dans le second il sert de *cadre.* Pour trouver des exemples « purs » de films génériquement déterminés — *en-tièrement* déterminés — il faut remonter à l'époque des « Three Mesquiteers » (une cinquantaine de westerns d'entre 1936 et 1943), ou mieux, aux films de « Bronco Billy » (environ quatre cents entre 1910 et 1918), qui contenaient souvent, littéralement recollées, des scènes ayant déjà servi. C'étaient, dans tous les sens de l'expression, des *produits de série*. Sans quitter le western, citons en exemples de films génériquement conditionnés mais novateurs: *The Gunfighter* de Henry King (1950), *The Man Who Shot Liberty Valance* de John Ford (1962) et *The Unforgiven* de Clint Eastwood (1992). Tout cela dit, et la distinction faite, ajoutons qu'elle est arbitraire: nous avons distingué deux catégories, alors que nous aurions pu en identifier trois ou cinq ou dix. La généricité est une question de degrés.

Le film de genre, quel qu'en soit le degré de généricité, n'épuise évidemment pas le champ du cinéma. Si nous descendons (ou montons?) la gamme jusqu'au degré zéro de la généricité, nous voilà, je suppose, au seuil de ce que l'on appelle en anglais l'« art film »...

Telle est en effet l'expression consacrée, que l'on évitera de traduire par *film d'art*[19]. En France le clivage classique est celui qui oppose le film de genre (film commercial, film grand public, etc.) au *film d'auteur*[20] ▶▌.

Que veut dire auteur *dans ce contexte?*

Pour répondre à cette question il faut parler d'abord du *réalisateur* [anglais: *director*], ou du *metteur en scène*, si vous préférez, car les deux termes sont quasi-synonymes, bien qu'aujourd'hui le second soit bien moins usité[21]. Le réalisateur est le responsable artistique et technique du film. C'est lui, *en principe,* qui dirige le travail de ses collaborateurs (techniciens et acteurs), depuis le début jusqu'à la fin du projet. Je souligne « en principe » parce qu'en réalité son champ d'action varie considérablement selon le projet, le pays et l'époque. Parfois son rôle se limite à la direction du tournage, auquel cas il devient une sorte de coéquipier travaillant avec d'autres à une tâche commune. Mais parfois — et en France plus souvent qu'aux États-Unis — son travail commence bien avant et se prolonge longtemps après le tournage: il peut participer ou même présider aux opérations préparatoires (élaboration du scénario, choix des acteurs) ainsi qu'à celles d'après le tournage (montage, effets spéciaux, mixage, entre autres[22]). Il est évident que le film devient de plus en plus *sa création* à mesure que s'étend son pouvoir de décision. Si sa contribution dépasse en importance celle de tous ses collaborateurs réunis, il peut être considéré comme l'*auteur* du film, comme l'est Gustave Flaubert de *Madame Bovary*.

Je trouve un peu suspecte votre comparaison littéraire, car enfin Flaubert a travaillé seul, alors que le film est forcément et dans tous les cas une œuvre collective, quel que soit le rôle du réalisateur. Prenons plutôt un exemple théâtral. Le metteur en scène d'une pièce ne fait que... la mettre en scène. L'auteur de Cyrano de Bergerac, *c'est incontestablement Edmond Rostand. Il me semble que, s'il faut à tout prix désigner «l'auteur» d'un film, ce sera le scénariste [anglais:* screenwriter*], avec peut-être comme coauteur le dialoguiste.*

Le champ d'action du réalisateur est certainement plus large que celui du metteur en scène au théâtre. De toute façon, votre objection m'oblige à faire une distinction. Il y a, d'une part, les auteuristes «purs et durs», pour qui le réalisateur d'un film doit être considéré comme l'auteur parce que sa contribution est *toujours* la plus importante, la plus *déterminante*. Il est d'usage de laisser à François Truffaut le soin d'exprimer cette position: «Même s'il n'écrit pas une ligne du scénario, c'est le metteur en scène qui compte, c'est à lui que le film ressemble comme des empreintes digitales [...] même s'il n'a pas choisi le sujet, s'il n'a pas choisi les acteurs, s'il n'a pas fait la mise en scène entièrement seul, s'il a laissé ses assistants faire le montage. Même un film de ce genre reflète profondément — par son rythme, sa cadence, par exemple — l'homme qui l'a fait, [...] parce que de façon fondamentale il y a dans le cinéma deux commandements: "Action!" et "Coupez!", et c'est entre ces deux ordres que le film se fait »[23]...

C'est réduire à bien peu de chose, ce me semble, tout ce qui précède l'«Action!», notamment le scénario, qui représente après tout l'histoire, et tout ce qui suit le «*Coupez!*», par exemple le montage, qui détermine en grande partie le «*rythme*», la « *cadence* ». Alors l'autre position...*

L'autre position — ou plutôt, *une* autre position, car il y a en la matière bien des nuances — réserve le statut d'auteur aux seuls réalisateurs ayant *aussi* écrit le scénario. C'est l'avis, par exemple, de Serge Daney pour qui l'auteur d'un film doit l'avoir «conçu, écrit et réalisé »[24], et plus récemment, de Xavier Beauvois. À la question: « Tu dirais de toi que tu es plutôt cinéaste, metteur en scène ou réalisateur de films? », Beauvois répond: « Moi, je suis auteur-cinéaste et je tiens beaucoup au terme parce qu'on ne peut pas me comparer avec un réalisateur qui n'écrit pas ses scénarios ». Et à la question: « Ça veut dire quoi, être un auteur de cinéma? » il n'hésite pas: « Un auteur écrit son film. Lui [Jan Kouen, réalisateur], il a adapté un truc. Si tu n'as pas écrit ton film, tu n'es pas un auteur. On ne me fera pas avaler le contraire. On peut parler de styles, peut-être: style speedé, clip, pub, tu vois. Mais ce n'est pas parce qu'on a un style qu'on est un auteur. Desplechin écrit ses scénarios, Garrel écrit ses scénarios. Ce sont des auteurs.» Pour Beauvois, paradoxalement, le film préexiste au tournage: «Le film, faut qu'il naisse, qu'il existe, et il existe quand le scénario est fini»[25]▶▶|.

Lequel de ces deux points de vue prédomine aujourd'hui?

Jusqu'aux années 50 on considérait l'auteur du scénario comme l'auteur du film. C'est alors que Truffaut s'est insurgé contre «le cinéma des scénaristes» en prônant sa «Politique des Auteurs». Depuis lors l'idée du réalisateur comme auteur (principal) s'est enracinée tout en se diluant; aujourd'hui elle fait partie intégrante du paysage cinématographique français[26]▶▶|. Il n'en est pas ainsi aux États-Unis où l'on tend à accorder plus d'importance à d'autres facteurs tels que le producteur, la vedette et surtout le genre. C'est selon le genre que les vidéoclubs rangent les DVD aux États-Unis, alors qu'en France tout réalisateur ayant deux ou trois films à son actif a droit à son petit rayon. Aux États-Unis «a Clint Eastwood movie» est un film où Eastwood tient le rôle principal, alors qu'en France *un film de Clint Eastwood* a été *réalisé* par lui. Notons cependant que le mot *auteur* est passé tel quel dans la langue anglaise où il s'est naturalisé au point de s'écrire sans italique. Il a gardé en anglais l'essentiel de son sens, comme en témoigne cette phrase tirée d'une critique d'*Apocalypto:* «Let no one deny that Mel Gibson is a true auteur, an artist whose films are deeply personal, intransigently independent of movie-industry fashion and possessed of a singular vision»[27].

Il me semble que le mot a pris en anglais une connotation nettement élitiste... je veux dire: encore plus élitiste qu'en français, non? De toute façon, la phrase que vous citez fournit en même temps une définition de la notion de film d'auteur...

Oui, tout a fait. La définition de *film d'auteur* découle de celle d'*auteur de film.* Responsable artistique et technique du film, l'auteur — le vrai — parvient toujours à y imprimer d'une façon ou d'une autre sa «signature», sa «griffe», son «cachet», malgré les exigences du producteur et les contraintes du genre. Dans tout film d'auteur doivent donc s'exprimer «un ton singulier... une démarche particulière... un regard personnel... un point de vue... une certaine conception du cinéma... une vision du monde... des préoccupations thématiques... des hantises existentielles», etc. Si je multiplie les formules, c'est pour traduire la diversité des marques d'auteur citées en exemple par différents critiques. Mais quelles que soient les traces que l'auteur est censé avoir laissées dans son film, le critique *auteuriste* croit devoir les y dénicher pour les mettre en rapport avec les autres films de l'auteur. Son but: trouver dans l'ensemble de l'œuvre une «continuité», une «ligne directrice»... un auteur!

Et ce devoir de « dénicher » l'auteur dans son film, de découvrir l'homme (ou la femme) derrière les images, est-ce là la « Politique des Auteurs » prônée par Truffaut? Vous y avez fait allusion tout à l'heure, mais sans l'expliquer. De quoi s'agissait-il?

Oui, c'était cela — grosso modo[28] ▶▶|. La Politique des Auteurs n'était ni une doctrine, ni surtout une orientation théorique, mais d'abord et surtout une... *politique*, c'est-à-dire une *ligne de conduite* préconisée et pratiquée par Truffaut et ses collaborateurs aux *Cahiers du cinéma* dans les années 50. Il s'agissait au fond d'une réaction contre l'idée, prévalente à l'époque, selon laquelle l'auteur d'un film est le scénariste parce que c'est lui qui invente l'histoire ou qui adapte une histoire à l'écran. Dans cette perspective le film est « fait » — du moins pour l'essentiel — une fois achevé le scénario, le travail du réalisateur ne consistant dès lors qu'à *mettre le scénario en images*. Eh bien non! dit Truffaut, quand le scénario est fait, tout reste encore à faire. Sur cette *matière* première le réalisateur imprime sa *manière* à lui, et c'est là que réside l'essence du film: non pas dans l'histoire mise en images mais dans *la mise en images elle-même*. Ainsi s'explique la formule, souvent associée à la Politique des Auteurs, selon laquelle *le véritable contenu d'un film est sa mise en scène*[29] ▶▶|.

Et voilà pourquoi Truffaut pense que « c'est le metteur en scène qui compte »...

Oui, parce que c'est le metteur en scène qui fait le film et qu'« un film ressemble à l'homme qui l'a fait ». En bref, « la base essentielle de la Politique des Auteurs est la personnalité du metteur en scène telle qu'elle est reflétée par son travail »[30]. La tâche du critique consiste donc à remonter de l'effet à la cause, du reflet à la source, de la création au créateur. À force de retrouver dans plusieurs films les tics et les trucs d'un même auteur, le critique pourra établir un profil en vue d'interpréter, voire de *juger* non seulement les films mais aussi l'œuvre dans son ensemble. Et pour compléter ou peaufiner ce profil, rien n'interdit de s'adresser directement au cinéaste. Celui qui s'exprime à travers ses films ne peut-il pas s'exprimer aussi devant un micro? Répondre à des questions sur sa « vision du monde »? Expliquer ses intentions? Ainsi se développe dans les *Cahiers* des années 50 et 60 un genre relativement nouveau: l'entretien avec un auteur (de films). Une sélection des entretiens réalisés entre 1954 et 1964 sera publiée en 1972 sous le titre de... *La Politique des auteurs*.

Et aux États-Unis? J'ai beaucoup entendu parler de l'« auteur theory ». S'agit-il d'une version américanisée de la Politique des Auteurs?

Oui, en quelque sorte. En 1961 un jeune critique américain du nom d'Andrew Sarris, après un séjour de six mois à Paris, revient converti à la

Politique des Auteurs. Il en devient aussitôt le héraut aux États-Unis, mais en propageant la Politique il la transformera. Ce qui avait été pour Truffaut une prédilection et une pratique deviendra pour Sarris une doctrine, ou mieux, une *théorie,* révélée sous le nom d'«*auteur* theory » dans un article-programme de 1963[31]▶▶. Sarris y déplore le caractère bricolé de la Politique des Auteurs, et c'est peut-être pour y remédier qu'il donne à sa *theory* une allure quasi systématique (avec des prémisses numérotées et des cercles concentriques...) et qu'il la munit d'un appareil d'évaluation. Alors que Truffaut avait *affirmé* la ressemblance du cinéaste avec ses films, Sarris la *souhaite* et l'appelle de ses vœux. Il s'agit pour l'un d'une conclusion basée sur l'observation, pour l'autre d'un précepte à suivre *et donc d'un critère de jugement.* Puisqu'un film *devrait* ressembler à la personne qui l'a fait[32], on sera en droit de demander, à propos de tel ou tel film, si et dans quelle mesure le cinéaste l'a créé à son image — et de *juger* en fonction de la réponse. L'*auteur theory* devait connaître une certaine vogue dans les années 60. À l'instar des *Cahiers du cinéma,* Sarris a multiplié ses *Interviews with Film Directors* (réunies sous ce titre en 1967). Victime de son succès, la *theory* a été attaquée de toutes parts et Sarris a fait face en reculant. Un livre de 1968 classe minutieusement les réalisateurs américains selon une perspective auteuriste, mais la *theory* elle-même, revisitée dans la préface et ravalée au rang d'une « attitude », paraît à peine reconnaissable.

Que reste-t-il aujourd'hui de la Politique des Auteurs?

Feu de paille aux États-Unis, elle y a eu ses années de gloire sous forme d'*auteur theory,* sans jamais réussir pourtant à se faire prendre tout à fait au sérieux dans les milieux universitaires[33]▶▶. En France elle a exercé et continue d'exercer aujourd'hui encore une influence marquée dans la presse cinéphile, comme en témoignent les innombrables dossiers d'auteur, les profils et les portraits d'auteur, les entretiens et les interviews d'auteur, dont l'ensemble l'emporte sur l'analyse et la critique des *films.* L'auteurisme cinéphile se reproduit — mais en plus court et en plus clair — dans la critique journalistique de la presse généraliste où l'on retrouve le même culte des personnalités, la même tendance à relier un film aux autres films du réalisateur, les mêmes formules éculées. Et cette incontournable découverte, dans chaque film, du « cinéaste de x »... Remplacez *x* par une voix, un univers, un thème de prédilection (voir ci-dessus la liste partielle des options); il suffit de varier un peu le registre pour cerner l'essence de l'auteur. Tavernier, par exemple, est « le cinéaste de l'émotion », Pialat, « le cinéaste de l'absence » et Kubrick, « le cinéaste de l'invisible ». Plus complexe ou complexé, Antonioni est « le cinéaste de l'incommunicabilité, du mal de vivre, de l'amour impossible », alors qu'Eastwood l'éclectique est « le cinéaste de l'ombre et de la lumière, du doute, de l'humain ». Bergman, le plus métaphysique de tous, est « le cinéaste de la condition humaine ». Considérons maintenant le cas de Benoît Jacquot. Il est considéré comme un auteur de films, et il tient ses films pour des films d'auteur — « qui sont pour moi ceux dont je peux répondre intégralement », explique-t-il[34]. En 2006 sort *L'Intouchable,* un film d'auteur s'il en fut jamais: produit, scénarisé et réalisé par Jacquot. Et justement, c'est à l'auteur que s'intéresse Brigitte Baudin dans son article paru dans *Le Figaro* à l'occasion de la sortie: « Cinéaste de l'instant, de l'urgence, de la sensualité, de la transgression, des dérives existentielles, Benoît Jacquot a une constante: son amour inconditionnel de la femme. Chacun de ses films est un vaste champ d'investigation »[35]. L'article se compose pour la plus grande partie de citations de Jacquot où il s'explique, se confie, divulgue des secrets de tournage. C'est un cas type. Vraiment, tout est là...

Oui, je me souviens de ce film. Les quelques critiques que j'en ai lues dans la presse américaine étaient plutôt négatives. Il était pour Variety *« a strong candidate for empty French art film of the year »*[36]. *Il a fait dans les 35 000 entrées en France, je crois: un échec cuisant.*

Oui, malgré une critique *auteuriste* généralement favorable. Cette différence de réception *critique* dans les deux pays serait-elle le symptôme d'une différence plus profonde — une différence entre les *cinémas* français et américain? Mais peut-on caractériser un cinéma national? Le comparer à un autre? Pour Serge Daney la réponse est claire, et elle est affirmative: « Il y a [...] une chose peu niable: le cinéma français est *unique,* il ne ressemble à aucun autre. [...] Cette spécificité [...] tient en un mot: il s'agit d'un cinéma d'auteurs. La fameuse politique du même nom n'y est pas née par hasard »[37]. René Prédal lui fait écho en situant le cinéma français par rapport au cinéma américain: « Notre septième art [le cinéma français] n'a jamais vraiment cultivé les genres qui constituent, au contraire, la base [...] du cinéma américain [...] parce qu'il [le cinéma français] a de tout temps pris une autre direction que l'on peut nommer [...] "cinéma d'auteur" »[38]. La citation du professeur chevronné (Prédal) remonte à 1993, et celle du critique légendaire (Daney), à 1981. Leur perspective n'avait à l'époque rien d'imprévu ni d'original: orthodoxe depuis longtemps en France, elle est aujourd'hui *officielle.* Dans un dossier intitulé « Cent ans de cinéma français » en ligne au site du ministère des Affaires étrangères et européennes, Jean-Louis Arnaud pose la question: « Existe-il aujourd'hui encore une spécificité du cinéma français? » Traduction: En quoi le cinéma français se distingue-t-il du cinéma américain? La réponse est désormais attendue: « Une fois la part faite de l'américanisation du cinéma mondial, on constatera que le cinéma obéit, chez nous, à des lois et à des goûts qu'on ne trouve pas ailleurs. [...] Les Français se font du cinéma une certaine idée » (allusion à une phrase des *Mémoires* de Charles de Gaulle: « Je me suis toujours fait une certaine idée de la France »). Il s'agit d'« un cinéma à la première personne » qui « place le réalisateur au premier plan, en lui donnant la préséance sur le producteur. C'est lui qui est reconnu comme l'auteur du film [...]. Que le réalisateur mette ou non la main au scénario de son film est finalement secondaire »[39]. Ici Arnaud répète l'argument de Truffaut cité plus haut selon lequel le film se fait pendant que la caméra tourne.

Je vous devine un peu sceptique. Est-ce à l'égard de l'auteurisme en général? Qu'est-ce précisément que vous reprochez aux auteuristes?

Avant de répondre « précisément » je demanderais quelques... précisions. Trois, en particulier. La première concerne la comparaison des deux cinémas nationaux, et surtout cette équation entre cinéma français et cinéma d'auteur. J'ai cité Daney pour qui cette équation est « peu niable ». Ailleurs, cependant, dans une discussion entre cinéphiles, après avoir réaffirmé que le cinéma français « a toujours été un cinéma d'auteur » il ajoute: « majoritairement », pour en arriver à cette formulation prudente et banale: « Le cinéma français, *du moins celui auquel nous nous sommes référés et qui nous a faits,* c'est un cinéma d'auteur »[40]. Autrement dit, le cinéma que nous aimons, nous les cinéphiles, est un cinéma d'auteur. Même flottement chez Arnaud, cité comme porte-parole de la doctrine officielle. Après avoir résumé l'idée que les Français se font du cinéma, il poursuit: « Ce "cinéma d'auteur" n'a pas attendu les théoriciens de la Nouvelle Vague pour s'imposer en France. C'est d'une façon ou d'une autre celui de tous les grands, d'Abel Gance à Jean Renoir, de Sacha Guitry à Marcel Pagnol, de Carné à Bresson avant que le flambeau ne passe dans les mains de Godard, Chabrol ou Truffaut, puis dans celles de Pialat, Téchiné ou Besson. » Il nomme *douze cinéastes* français parmi... combien, en tout? Sans doute aurait-il pu en nommer d'autres, mais enfin si le cinéma d'auteur est le fait des seuls « grands », ne pourrait-on pas tout aussi légitimement qualifier *d'auteur* le cinéma américain? Et lorsqu'auront été précisés le sens et le degré auxquels le cinéma français est un cinéma d'auteur, la question se posera: Pour combien de temps encore? On peut déplorer l'américanisation du cinéma français, mais personne ne peut la nier. Un article du *Monde* parle à ce propos, chiffres à l'appui, d'une « crise » et même d'une « débâcle »: « Dans son pays natal, le film d'auteur est au plus mal ». La raison? « Il semble que le public cinéphile [...] soit en voie de disparition. Or c'est lui qui faisait le succès des films d'auteur. [...] Tout le monde reconnaît que le système qui a permis aux deux faces du cinéma, l'art et l'industrie, de prospérer en France arrive à épuisement »[41].

Oui, le Guardian *a relevé ces mêmes chiffres: « It's oui to rom-coms and non to art house as cinéphiles die out. France has fallen dramatically out of love with the auteur and the whole idea of art house film which it invented »[42]. De toute façon, votre deuxieme point...?*

...concerne la notion d'*auteur*, que les auteuristes ont soigneusement évité de définir avec précision. Si la contribution du réalisateur est *toujours* déterminante, si, comme le dit Truffaut secondé par Arnaud, « c'est le metteur en scène qui compte... même s'il n'a pas écrit une ligne du scénario... même s'il n'a pas choisi le sujet », etc., alors *tout film est un film d'auteur*. Pas question dès lors d'opposer, pour les besoins de la polémique, le cinéma d'auteur au cinéma commercial (de genre, grand public, « du sam'di soir », etc.). Si, par contre, *auteur* signifie celui ou celle à qui le film « ressemble » le plus, ou dont la contribution prédomine, etc., alors la réponse à la question: « Qui est l'auteur? » sera toujours: « Cela dépend du film ». Ce sera le réalisateur s'il a signé aussi le scénario: ainsi Robert Bresson et Woody Allen sont-ils incontestablement les auteurs d'*Au hasard Balthazar* (1966) et de *Hanna and Her Sisters* (1986). C'est encore plus clair si le réalisateur-scénariste cumule en outre le rôle de producteur, comme l'a fait Jacquot pour *L'Intouchable*. Dans le cas d'une superproduction hollywoodienne le réalisateur n'est souvent que l'exécutant d'un scénario qui a connu une dizaine de scénaristes et une cinquantaine de révisions. Ici tout se fait sous l'œil de la société de production, qui a investi peut-être cent millions de dollars et qui risque d'en perdre la moitié; c'est donc à elle que revient le titre d'auteur, fonction qu'elle partage souvent avec les vedettes. Et si le réalisateur d'un film à budget moyen ou petit n'a pas signé le scénario? Dans cette catégorie, où se range le gros de la production, tout film est un cas d'espèce où se mêlent inextricablement les contributions de nombreux collaborateurs. Dans certains cas l'identité de l'auteur est indécidable ou discutable. *Citizen Kane,* nous disent les histoires du cinéma, est le film d'auteur par excellence et Orson Welles, l'archétype de l'auteur de films. Cependant Pauline Kael a soutenu, documents à l'appui, que H. J. Mankiewicz, co-scénariste avec Welles, doit être tenu pour l'auteur principal ou du moins pour le coauteur du film. Considérez le cas d'*Hiroshima mon amour* d'Alain Resnais (1959), modèle du film d'auteur, dont on a souligné le caractère « littéraire » et dont la puissance évocatrice est parfois attribuée autant aux mots de Marguerite Duras (scénariste et dialoguiste) qu'aux images de Resnais. Quoi qu'il en soit, il paraît difficile de ne pas attribuer à Duras — et plus généralement au scénariste d'un film — la thématique ainsi, éventuellement, que la « métaphysique ».

Sans doute, du moins dans la mesure où le scénario est respecté[43] ▶▶. Quant à la poésie d'Hiroshima, sa « puissance évocatrice », elle réside dans le tout indivisible qu'est le film, confluence d'images, de mots et de musique. Peu m'importent, après cela, l'attribution des parts et l'identité de l'« auteur » signataire. Mais passons à votre troisième point...

Mon dernier point concerne la dichotomie *film de genre/film d'auteur* et la question épineuse du jugement critique. Il est évident que les deux catégories ne sont pas exclusives l'une de l'autre, qu'un film de genre peut être l'œuvre d'un auteur, comme un film d'auteur peut relever d'un genre. Voici trois films d'auteur: *The Godfather* de Francis Ford Coppola (1972), *The Shining* de Stanley Kubrick (1980) et *Le Fabuleux Destin d'Amélie Poulain* de Jean-Pierre Jeunet (2001). Le premier est un film de gangster, le deuxième un film d'horreur et le troisième une comédie sentimentale. Il s'agit dans les trois cas de films génériquement *conditionnés,* et non pas *déterminés* (pour revenir à notre distinction de tout à l'heure), mais ce sont, à n'en pas douter, des films de genre. On dit ici, à l'aide d'un vocabulaire consacré et rituel, que le film *dépasse,* qu'il *outrepasse* ou qu'il *transcende* les contraintes du genre dont il respecte grosso modo les normes. En voici un exemple banal. Dans une critique de *La Nuit nous appartient* (James Gray, 2007) il est question des sympathies du réalisateur, de ses décors de prédilection et même de ses idées politiques, lesquels s'expriment ou se devinent dans le film, ce qui permet d'en dire du bien: « C'est la mise en scène de James Gray qui transcende ce polar »[44]. Le critique ne va pas jusqu'à qualifier « ce polar » de film d'auteur, mais il ne serait pas difficile d'ajouter d'autres exemples de *films-d'auteur-de-genre* aux trois que j'ai cités...

En effet, Truffaut, votre exemple d'un auteuriste « pur et dur », n'avait-il pas pour spécialité la découverte d'auteurs parmi les cinéastes hollywoodiens?

Oui, Truffaut et ses amis aux *Cahiers du cinéma* ont promu au rang d'auteur Hawks, Lang et Hitchcock, parmi d'autres cinéastes de genre. Mais écoutons à présent Barthélemy Amengual: « Si on oppose — et je les oppose — œuvres de genre (de grande consommation, de divertissement, d'évasion) et œuvres d'auteur (toute œuvre d'importance est, par un biais ou un autre, œuvre d'auteur), il me paraît difficile de ne pas tenir l'obéissance (l'asservissement) au genre pour une source de médioc-rité »[45]. Ici réside un certain danger. Admettons qu'Amengual ait raison, du moins en ce qui concerne le film génériquement *déterminé*, « asservi » au genre, comme il le dit. Si le film de genre (ainsi conçu) est forcément médiocre, la tentation est grande d'inverser la proposition et de conclure à *la qualité de tout film d'auteur.* Or cette conclusion ne s'ensuit nulle-ment. Il faut sans doute, mais *il ne suffit certainement pas* qu'un film « transcende » son genre pour être bon. D'autres conditions, tout aussi nécessaires, seront réunies ou non selon que le réalisateur a bien ou mal fait son travail. La « marque » qu'il doit laisser dans son film est d'abord et surtout celle de son talent. Qu'importe après cela qu'il ait en outre réussi à s'y « exprimer ». Le moi devient-il forcément intéressant dès qu'il se met à tourner un film? « Il n'y a aucun rapport nécessaire entre l'expressivité et la qualité, » nous rappelle utilement Colin Crisp, et « même s'il avait sur son film un pouvoir absolu, un réalisateur pourrait n'y exprimer que des banalités, et cela avec une ineptie consommée »[46]. En 1959 est sorti *Plan 9 From Outer Space,* produit, scénarisé, réalisé et monté par Ed Wood. Il s'agit donc d'un film d'auteur au sens plein du terme, un film où s'étalent à souhait « un ton, un regard, une vision ». Il s'agit aussi, selon la quasi-totalité des nanarologues, du film le plus nul de l'histoire du cinéma[47].

Assimiler le film d'auteur au film de qualité serait en effet absurde. Amengual va-t-il jusque là?

Non, mais d'autres ont franchi le pas. C'était déjà implicite dans la Poli-tique des Auteurs qui supposait, selon Truffaut, « l'idée de faire l'éloge de tous les films de Renoir » parce que Renoir est un auteur[48]. Voilà pour-quoi il loue *Ali Baba et les quarante voleurs* de Jacques Becker (1955), un film de genre tenu généralement pour inférieur. Truffaut raconte qu'au premier visionnage le film l'avait « déçu », au deuxième, « ennuyé » et au troisième, « passionné et ravi ». C'est que Truffaut y avait trouvé enfin Becker — du moins quelques instants de Becker, « un peu éparpil-lés » — ce qui lui permet de conclure qu'« *Ali Baba* est le film d'un au-teur » et de prononcer la « réussite » du film. Puis cet aveu: « *Ali Baba* eût-il été raté que je l'eusse quand même défendu en vertu de la Politique des Auteurs [...] basée sur la belle formule de Giraudoux: "Il n'y a pas d'œuvres, il n'y a que des auteurs" »[49]. C'était en 1955. Deux ans plus tard, une table ronde sur les films français récents réunit « six personnages en quête d'auteurs » (le titre est en lui-même tout un programme). Pierre Kast est du nombre: « Il y en a que j'aime, il y en a que je n'aime pas. J'aime, par exemple, beaucoup l'œuvre de Clément. J'y discerne une continuité

[...] qui fait de lui le plus grand metteur en scène vivant »[50]. Il serait facile de suivre ce fil auteuriste dans la critique française, cinéphile ainsi que journalistique; elle en est cousue aujourd'hui encore. En 2008, à l'occasion de la sortie en DVD de films interprétés par Jerry Lewis, dont quatre réalisés par Frank Tashlin, un journaliste du *Monde* écrit: « De tous ceux qui eurent à un moment ou à un autre à diriger l'acteur américain, Tashlin [...] est sans doute le cinéaste à l'œuvre la plus personnelle ». D'où la conclusion de son article dont elle est aussi le titre: « Jerry Lewis, meilleur avec Tashlin »[51]. Ce qui n'est souvent qu'implicite devient explicite chez Andrew Sarris. L'une des prémisses de son *auteur theory* était « la personnalité discernable du réalisateur comme critère de valeur »[52]. Ainsi, de deux films également réussis sur le plan technique, celui-là vaudra mieux où transparaît le plus clairement la personnalité du réalisateur.

Mais... cela dépendrait... de sa personnalité!

Nous sommes d'accord. Sarris s'est peut-être mal exprimé, mais faute de savoir ce qu'il avait voulu dire, on répond à ce qu'il a dit. C'est, de toute façon, ce qu'a fait Pauline Kael, à qui je donnerai le dernier mot. Dans son attaque cinglante (et instantanément célèbre) — attaque dont l'*auteur theory* ne s'est jamais complètement remise — Kael s'acharne en particulier contre ce critère de valeur: « On discerne mieux l'odeur d'un putois que le parfum d'une rose. En est-elle meilleure pour cela? »[53] ▸▸|...

Le film noir: un « genre » américain... *made in France* ▸ Pendant l'Occupation le cinéma de langue anglaise est interdit en France. Quand les salles de la France libérée sont de nouveau inondées de films américains produits pendant la guerre, quelques-uns se distinguent de la masse et représentent pour la critique française une tendance nouvelle. En 1946 paraît un article intitulé « Les Américains aussi font des films "noirs" »[54] où sont mentionnés en particulier *Murder, My Sweet* (Edward Dmytryk, 1944), *Double Indemnity* et *The Lost Weekend* (Billy Wilder, 1944 et 1945). En écrivant « aussi » l'auteur pense aux films français du courant connu sous le nom de *réalisme poétique*, dont *L'Hôtel du Nord* (1938), *Quai des brumes* (1938) et *Le Jour se lève* (1939) de Marcel Carné sont considérés comme les plus représentatifs (voir à ce propos le Chapitre 3, §5.2). Comme ces précurseurs les films américains sont imprégnés d'une atmosphère morose et pessimiste. Le mot *noir* semble d'autant plus juste à l'époque que la plupart des nouveaux films sont adaptés des romans policiers de la collection « Série noire » publiés à partir de 1945. L'expression *film noir* devait vite s'enraciner dans l'usage des critiques français, et quand paraît en 1955 un *Panorama du film noir*[55] le genre existe quasi officiellement. L'expression est passée telle quelle, sans traduction, du français à l'anglais où elle s'abrège souvent en *noir* (« the noir canon... noir's style »).

Mais le film noir est-il un genre? Non, disent les uns, pour qui il s'agit plutôt d'une tendance, d'une ambiance ou d'un style. Oui, disent les autres dont chacun y va de sa liste de conventions génériques. Michel Cieutat[56], par exemple, identifie vingt-deux « paramètres incontournables » dont voici un condensé: le crime; la ville, la nuit; certains personnages, notamment le détective privé « dur à cuir » [anglais: *hard-boiled*] et la femme fatale; le cynisme et la cupidité; une morale ambivalente; l'érotisme; le déterminisme; le pessimisme et l'angoisse; des intrigues complexes (récits non-linéaires avec de nombreux retours en arrière) et des fins équivoques; l'importance de la voix hors champ; des huis clos oppressifs éclairés en clair-obscur[57] ▶▶. Cieutat exagère, bien évidemment, si par *incontournable* il entend *nécessaire*. Un seul de ses « paramètres » est commun à tous les films noirs: celui qui touche au pessimisme, à l'angoisse, etc. La *noirceur* est certes nécessaire — un film noir gai est inconcevable[58] — mais elle est loin d'être suffisante. Ici, comme dans le cas du western (voir plus haut), on vérifiera le « quorum ».

Quel que soit le statut de la catégorie — genre à part entière, étiquette à l'usage des seuls critiques, « une sorte de fantasme »[59] — le film noir de la période considérée comme classique (1941–1958) a engendré plusieurs lignées. Ainsi y a-t-il...

- le post-noir: *Chinatown* de Roman Polanski (1974), *Farewell, My Lovely* de Dick Richards (1975), remake de *Murder, My Sweet;*
- le néo-noir: *L.A. Confidential* de Curtis Hanson (1997), *A History of Violence* de David Cronenberg (2005);
- le tech-noir: *Blade Runner* de Ridley Scott (1982), *Dark City* d'Alex Proyas (1998);
- le psycho-noir: *Se7en* de David Fincher (1995), *No Country for Old Men* d'E. et J. Coen (2007).

Certains spécialistes tiennent le film noir pour « éminemment et quasi exclusivement américain »[60]. D'autres, peut-être majoritaires, en voient d'incontestables exemples ailleurs qu'aux États-Unis, et notamment au pays qui a nommé le genre. En 1955 Jules Dassin, après avoir signé aux États-Unis plusieurs films noirs dont *The Naked City* et *Night and the City* (1948, 1950), réalise en France le classique *Du Rififi chez les hommes*. Mentionnons surtout Jean-Pierre Melville, maître incontesté du film noir à la française et le plus zélé des admirateurs du film noir américain, qui signe *Le Doulos* (1961) et *Le Deuxième Souffle* (1966), dont le remake d'Alain Corneau sera salué en 2007 comme un hommage au genre.

Depuis au moins deux décennies, en France comme aux États-Unis, la critique et la presse cinéphile n'hésitent pas à qualifier de *noir* tel ou tel nouveau polar[61], sans que l'on sache toujours ce qui lui vaut l'étiquette. La réussite de la catégorie tient en grande partie à son élargissement: aujourd'hui l'expression s'emploie souvent pour désigner tout film criminel à tonalité morose.

Contrôle des connaissances

1. « La liste d'AlloCiné, pareille en cela à toutes les autres, décevra ceux qui cherchent une taxinomie rigoureuse et rationnelle ». En quoi sa classification manque-t-elle de rigueur? Résumez les difficultés que nous avons relevées.

2. Expliquez notre distinction entre les traits définissants d'un genre et ses conventions. En quoi est-elle problématique?

3. Qu'est-ce qu'un *film de genre*, tel que nous l'avons défini en modifiant la défintion de B. K. Grant?

4. Expliquez la notion d'*horizon d'attente*, théorisée par H.-R. Jauss. Quel rapport y a-t-il pour Jauss entre l'horizon d'attente et la *valeur* (esthétique) d'une œuvre?

5. En quoi consiste notre distinction entre le film *génériquement déterminé* et le film *génériquement conditionné?* Expliquez à ce propos les métaphores *carcan/cadre*.

6. Qu'entend-on par *auteur* (de films)? En quoi la notion est-elle ambigüe? Expliquez à ce propos la position des auteuristes que nous avons qualifiés de « purs et durs ». En quoi se distingue-t-elle de celle de Xavier Beauvois?

7. Que signifie l'expression *film d'auteur*, telle qu'elle s'emploie couramment?

8. Résumez la Politique des Auteurs, telle que vous l'entendez. Contre quoi ses défenseurs réagissaient-ils? Quelle est selon eux la tâche principale du critique?

9. En quoi l'*auteur theory* de Sarris diffère-t-elle de la Politique des Auteurs de Truffaut?

10. Comment Daney, Prédal et Arnaud caractérisent-ils le cinéma fran-

çais? Selon Prédal, en quoi le cinéma français diffère-t-il du cinéma américain?

11. ▶ « *Comédie romantique* est moins une traduction qu'un calque de *romantic comedy,* et l'on pourrait en dire autant du couple *cult film/ film culte.* » Qu'en pensez-vous? En quoi les deux cas se ressemblent-ils? En quoi sont-ils différents? Nous avons montré (note 16) que l'anglicisme *film culte* peut être source de malentendus. Lesquels?

12. ▶ Historiquement, avons-nous écrit, « la plupart des genres, américains d'origine et d'inspiration, ont été importés en France, et leurs appellations plus ou moins francisées par la suite. L'unique exemple d'import-export linguistique dans l'autre sens est celui de *film noir...* » Racontez l'histoire de cette « importation ». On a contesté au film noir son statut de genre à part entière. Pourquoi? À quels traits se reconnaît un film noir? En quoi l'usage du terme a-t-il évolué?

Matière à réflexion

1. Après avoir résumé notre examen de la liste des genres proposée par AlloCiné (Contrôle des connaissances, #1), analysez la liste proposée par un autre site cinématographique. Y trouvez-vous des genres hybrides? des « méga-genres »? des genres « fourre-tout »? Y a-t-il des confusions de niveaux? Des absences inattendues?

2. Dans son étude intitulée *Thématique* (1925), Boris Tomachevski note que « les traits d'un genre peuvent être d'une nature tout à fait différente de la nature de ceux d'un autre genre ». Voilà pourquoi « on ne peut établir aucune classification logique et ferme des genres [...] suivant un critère unique »[62]▶|. Tomachevski parle ici de la littérature, mais sa conclusion n'est-elle pas généralisable? Commentez-la à la lumière de notre discussion des « classifications génériques, basées [...] sur une multiplicité de critères de niveaux différents ».

3. Essayez de définir un genre que vous connaissez bien (autre que le western et le film noir). Dressez une liste de ses conventions. Y en a-t-il qui soient plus importantes, plus *essentielles* que d'autres? Votre définition s'applique-t-elle à *tous les films du genre?* (Autrement dit, indique-t-elle les conditions *nécessaires* à l'appartenance générique?) S'applique-t-elle *seulement* au films du genre? (Autrement dit, indique-t-elle les conditions *suffisantes* à l'appartenance générique?) Y a-t-il des cas douteux ou indécidables? Qu'en conclure sur la notion de *genre?*

4. Dressez une liste de films génériquement *déterminés* (au moins qua-

tre) et une autre d'autant de films génériquement *conditionnés*. Selon quel(s) critère(s) avez-vous classé les films dans l'une ou l'autre catégorie? Essayez de trouver des exemples de films d'auteur que l'on puisse ranger parmi les films génériquement conditionnés. Nous avons donné à entendre, sans le dire expressément, que tous les « films-d'auteur-de-genre » sont génériquement conditionnés. Un film-d'auteur-de-genre génériquement *déterminé* est-il concevable? Si non, que penser d'un film comme *Death Proof* (2007), où Quentin Tarantino rend hommage, mais sans le parodier, à un genre en vogue dans les années 60 et 70 (et dont on a contesté la réalité), jusqu'à en reproduire les inepties techniques? Où ranger les films de genre dont le réalisateur-auteur est nommé dans le titre, comme *Russ Meyer's Supervixens* (1975) ou *Wes Craven's Cursed* (2005)?

5. Eric Libiot, critique à *L'Express,* sur les cinémas américain et français: « Le cinéma américain bouge, le français parle. [...] Le cinéma de làbas [...] est constamment dans le *faire,* au contraire du cinéma français, par exemple, porté par le *dire* »[63]. Qu'en pensez-vous? Comparez l'avis de Libiot à celui de Prédal. Le cinéma qui « bouge » (qui est « constamment dans le *faire* ») correspond-il au cinéma de genre? Et le cinéma qui « parle » (qui est « porté par le *dire* ») est-il l'équivalent du cinéma d'auteur?

6. Exercices de clarification conceptuelle. Avant de prendre position il vaut mieux vérifier le terrain: la question de la vérité, de la fausseté ou de la probabilité d'une affirmation ne se pose, ou ne devrait se poser, qu'à ceux qui l'ont déjà comprise. Vous tombez sur cette « définition » dans un ouvrage de théorie: « Qu'est-ce que le cinéma? La présence d'une absence, la média(tisa)tion du Ça, l'(ex)position du Moi devant un Surmoi écranisé ». Avant d'opiner dans un sens ou dans l'autre, vous vous demandez naturellement ce que cela pourrait signifier — et d'abord *si* cela signifie quelque chose. Autre exemple: Un ami vous devine anxieux à l'approche d'un examen: « Rassure-toi, vous dit-il, si tu travailles assez, tu réussiras. » Mais vous voulez des précisions: « Qu'est-ce que tu entends par "assez"? — Euh... suffisamment... d'une manière suffisante. — Et "suffisante" veut dire... — Qui suffit. — Qui suffit à quoi? — Mais... à ta réussite! » Autrement dit, vous réussirez si vous travaillez assez pour réussir. Vous étiez inquiet et vous l'êtes encore: dans l'encouragement de votre ami se cachait (mal) une tautologie. Et maintenant, on vous affirme que...
• L'auteur d'un film est toujours le réalisateur.
• L'auteur d'un film est toujours l'auteur du scénario.
• « Un film ressemble à l'homme qui l'a fait » (Truffaut).

7. Qu'en pensez-vous?
- Un film est réussi dans la mesure où y transparaissent la personnalité et la vision du réalisateur.
- « Il n'y a aucun rapport nécessaire entre l'expressivité et la qualité. Même s'il avait sur son film un pouvoir absolu, un réalisateur pourrait n'y exprimer que des banalités, et cela avec une ineptie consommée » (Colin Crisp).
- Un film est réussi dans la mesure où...?
- Un bon film, c'est un film qui...[64]

Chapitre 3

Points de repère historiques
Le premier siècle (1895–1995)

Que l'on ne cherche pas dans ce chapitre une histoire du cinéma français, ni même un précis d'histoire. Nous nous sommes borné à planter quelques poteaux indicateurs dans le dédale que sont les milliers de films de fiction produits en France pendant le premier siècle: 8 663 longs métrages depuis 1919 et des myriades de courts métrages avant cette date. Le rythme sera celui d'une marche forcée ponctuée de haltes, ou pour le dire en termes de cinéma, d'un rapide travelling avant entrecoupé d'une dizaine de gros plans. La cartographie sera résolument partielle, forcément partiale, mais conforme, nous l'espérons, au relief du terrain.

Dans la partie «récit» nous mettons l'accent sur l'évolution des genres. Nous relevons au fil des ans les mouvements et les modes, les tendances et les courants, une Vague et quelques vaguelettes, sans jamais perdre de vue leur rapport, parfois très minoritaire, à la production courante (trop souvent négligée, à notre avis). Selon l'époque nous passons plus ou moins vite sur les facteurs économiques et le contexte socio-politique. Dans les GROS PLANs nous privilégions l'analyse interne de films choisis en raison de leur importance historique, de leur représentativité et de leur intérêt.

1. De l'invention du cinéma...

En 1995 fut célébré — en France — le centenaire du cinéma, né, comme le sait tout écolier français, le 28 décembre 1895. Ce jour-là eut lieu, dans un sous-sol du Grand Café à Paris, la première projection publique et payante d'images photographiques animées, réalisées par Louis Lumière. Un siècle plus tard l'événement fut marqué par d'innombrables livres, expositions, émissions et festivals. Un film fut réalisé, *Lumière et compagnie,* auquel participèrent quarante cinéastes de renom. Chacun fut invité à apporter sa contribution avec un film de son choix, d'une durée maximale de cinquante-deux secondes (comme aux temps de Lumière) et *tourné avec un Cinématographe.* La caméra-projecteur inventée par Lumière fut sortie du musée pour l'occasion.

Si les festivités passèrent largement inaperçues aux États-Unis, c'est que le cinéma y fut inventé, comme pourrait nous le dire n'importe quel *fifth-grader,* par Edison et Dickson. Leur Kinetoscope était un appareil à usage individuel sur lequel se penchait le spectateur pour visionner à travers un oculaire des *moving pictures* (expression vite abrégée en *movies*). Les inventeurs présentèrent publiquement leur appareil dès mai 1893, et en avril de l'année suivante s'ouvrit à New York le premier salon de Kinetoscope. Ainsi les Français auraient-ils manqué d'un an ou deux le centenaire.

Qui donc a inventé le cinéma? Faut-il poursuivre les recherches, fouiller les archives, réunir encore des preuves? Ce serait sans doute intéressant, mais il n'en est vraiment pas besoin. Nous connaissons suffisamment les faits pour trancher la question, *laquelle est moins historique que sémantique.* Il suffit de s'entendre sur le sens du mot *cinéma.* Si l'on considère que la notion réunit celles d'exploitation et de projection, les Français ont choisi la bonne date. Si, par contre, le cinéma ne consiste qu'à montrer des films à un public payant, l'équipe américaine en est l'inventrice. Si enfin la seule projection d'images animées constitue le cinéma, c'est à un certain Louis Aimé Augustin Le Prince qu'en revient l'invention. (Chose curieuse: les définitions proposées par les dictionnaires semblent correspondre dans chaque pays à ce que « son » inventeur a fait...)

En posant ainsi la question nous sommes conscient de l'avoir largement vidée de son intérêt, et tant mieux: que nous importe la gloriole nationale? Ce qui nous intéresse, c'est la saga du cinéma français. Elle commence, à n'en pas douter, en 1895, avec les films de Louis Lumière.

En 1896, après avoir tourné une soixantaine de films — cinquante *minutes* en tout — Lumière mit fin à sa courte carrière de réalisateur. Le cinéma était pour lui « une invention sans avenir » dont il entendait tirer profit tant que durerait la demande du public. À cette fin il forma une équipe de réalisateurs (« opérateurs », disait-on à l'époque) qu'il envoya dans les grandes villes de France et dans une vingtaine de capitales du monde. Bientôt le catalogue Lumière comptait un millier de titres.

Ces films produits par Lumière continuaient dans la voie qu'il avait ouverte comme réalisateur. Mises à part quelques saynètes comiques (*Le Farceur puni, Bonne d'enfant et soldat...*), c'étaient dans leur grande majorité des documentaires journalistiques ou touristiques. C'est en tour-

Gros plan Les films de Louis Lumière[1] (1895–1896)

1. « Le nom de Lumière, écrit Jean-Pierre Jeancolas, est, à juste titre, attaché à un certain type de cinéma qui sera qualifié plus tard de documentaire. Louis Lumière est le premier cinéaste du réel »[2]. Sur les dix films projetés à la première séance du 28 décembre 1895, neuf sont documentaires et deux sont des *films de famille.* Avant d'abandonner la réalisation en 1896 il devait tourner une cinquantaine de films dont presque tous sont documentaires.

2. Lumière est certes « le cinéaste du réel », mais d'un réel où il ne craint pas d'intervenir. Parfois, mais exceptionnellement, il se contente d'enregistrer la vie telle qu'elle se déroule devant sa caméra: c'est le cas, par exemple, de *Place des Cordeliers à Lyon* (1895). Plus souvent la vie qu'il « saisit sur le vif » est plus ou moins manipulée. La mise en scène est évidente dès *Sortie des usines Lumière à Lyon* et ses deux remakes: les ouvriers, étonnamment bien habillés ce jour-là, et pressés aussi, savaient qu'ils avaient moins d'une minute et qu'il fallait éviter les regards-caméra (ils n'y réussissent pas toujours). La direction des « acteurs » s'avère moins facile lorsqu'ils ne sont pas salariés du cinéaste, d'où les nombreux regards-caméra sur le quai de la gare dans *Arrivée d'un train à La Ciotat* (1896). Cependant, quand passe Madame Lumière (0:23, chapeau blanc, avec sa fille), elle joue bien son rôle de figurante. Dans *Saut à la couverte* (1895) Lumière filme une brimade que l'on suppose rituelle dans les casernes de l'époque, mais il ajoute un meneur de claque (à la droite du groupe) qui remplit la fonction des « rires en conserve » des comédies télévisées. La *Partie de boules* (1896) n'en est pas une: on fait semblant de jouer pour une caméra que l'on évite de regarder. Dans *Partie d'encarté* (1896) le jeu exagéré du domestique trahit la direction du réalisateur, et à la fin de *Course en sacs* (1896) la main de Lumière lui-même envahit le champ!

3. *Le Jardinier et le petit espiègle,* au programme de la première séance en 1895, comme *Arroseur et arrosé,* son remake de l'année suivante, font figure d'exception dans l'œuvre de Lumière en ceci qu'ils sont des *films narratifs*—les premiers de l'histoire du cinéma[3]. Ici comme dans tous ses films, la caméra tourne en continu, immobile sur son trépied; aussi, quand l'espiègle s'enfuit après avoir joué son mauvais tour, le jardinier doit-il, avant de le punir, le ramener invraisemblablement à l'« avant-scène », comme au théâtre.

4. Il est traditionnel d'admirer le sens de la composition dont Lumière fait preuve dans nombre de ses films. Particulièrement frappante à cet égard est sa prédilection pour la *diagonale* comme principe structurant, qu'elle soit statique (l'angle de l'édifice dans *Repas de bébé*) ou dynamique (*Arrivé d'un train à La Ciotat, Débarquement des congressistes à Neuville-sur-Saône*).

5. Relevons également la composition en profondeur de certaines de ses vues. Dans *Arrivée d'un train,* par exemple, l'action s'étage entre le premier

plan et l'arrière-plan éloigné. N'ayant pas l'option d'un montage qui aurait multiplié les points de vue, Lumière embrasse d'un seul regard les différents centres d'intérêt — le train qui s'approche, les gens sur le quai — et nous les montre tous avec une égale netteté[4]▶▶I.

nant des films de tourisme en Italie qu'un opérateur eut l'idée de placer sa caméra sur une gondole, avec pour résultat le premier travelling de l'histoire du cinéma: *Panorama du Grand Canal pris d'un bateau* (1896). L'idée fut bientôt reprise sur d'autres moyens de transport: train, tramway, trottoir roulant, chaise à porteur...

À l'exception de ces « travellings-transport », l'immobilité de la caméra restait une nécessité technique. Les insuffisances du plan fixe sont évidentes dans certains films où « la vie saisie sur le vif » ne respecte pas le cadre, qu'il s'agisse d'un *Bicycliste* (1896?), d'un danseur (*Danse espagnole de la Feria Sevillanos,* 1900) ou d'un muezzin en prière (*Prière du Muezzin*). À deux secondes du début de *Football* — un jeu peu connu en France à l'époque (1897) — le ballon sort du champ pour n'y jamais revenir; devant le spectateur éberlué s'agitent alors et tournent en rond des joueurs mus par des forces occultes.

Au cours de 1897 il se passe une chose curieuse: l'engouement pour les films Lumière commence à baisser. Non pas que l'on se soit lassé de la nouvelle invention, bien au contraire. La demande du public ne cesse d'augmenter, mais elle a évolué. Pourquoi? Et dans quel sens?

Rappelons-nous quels films sont projetés dans les tout premiers temps. À la séance légendaire du 28 décembre 1895 — prix d'entrée: un franc — dix films sont à l'affiche. L'unique film de fiction est un gag de café-concert du genre que l'on peut voir, et pour moins cher... au café-concert. Il y a deux films de famille montrant des scènes pareilles à celles que les spectateurs voient peut-être tous les jours chez eux: *Repas de bébé* capte le frère et la nièce du cinéaste au moment du déjeuner, et *La Pêche aux poissons rouges,* les deux mêmes devant un bocal. *Les Forgerons* montre des ouvriers au travail, ceux-là mêmes, si l'on avait envie de les voir, que l'on verrait en se rendant à leur atelier. Des remarques analogues s'appliquent à *La Sortie de l'usine Lumière,* à *Baignade en mer* et à *La Place des Cordeliers.* Dans ce dernier film il n'y a même pas d'événement à proprement parler. On voit à l'écran ce que l'on verrait sur place: piétons, voitures à cheval et tramways en mouvement.

Ce qui réunit ces films, c'est que *le sujet est dans tous les cas dépourvu d'intérêt.* Comment s'explique donc qu'à chaque projection ils éblouissent le spectateur au point de le laisser « bouche bée, frappé de stupeur, surpris au-delà de toute expression »[5]? La clé du paradoxe se trouve dans un aphorisme de McLuhan: ici, *le message se réduit au moyen de sa transmission.* Autrement dit, et en clair: pour le spectateur cinématographiquement vierge de 1895, l'intérêt de ces films ne réside pas dans le (non-)événement reproduit à l'écran, mais dans *l'exactitude de sa reproduction.* Voilà qui ressort avec évidence des premiers témoignages. On ne dit pas: *Quel beau tableau!* mais plutôt: *C'est comme si on y était!* On parle de trompe-l'œil, d'illusion parfaite, d'hallucination. On s'émerveille des images « étonnantes de réalisme... si frappantes de réalité qu'on se croit transporté au milieu des personnages qui évoluent sur l'écran ». Un journaliste s'étonne de distinguer tous les détails, jusqu'au « frémissement des feuilles sous l'action du vent »[6] (dans *Repas de bébé*) — frémissement dont il ne s'émouvrait sans doute pas outre mesure s'il le voyait en rentrant chez lui. En 1895 on est habitué depuis longtemps à l'exactitude de la reproduction photographique. Mais que les photos se mettent à bouger, c'est à l'époque *du jamais vu.*

Cette nouveauté des images animées suffit quelque temps. Puis le public, s'en lassant peu à peu, commence à faire connaître sa demande: *Vous nous avez montré des copies parfaites du réel, et c'était très bien, époustouflant même. Mais à quoi bon la copie si l'original nous ennuie? Montrez-nous maintenant quelque chose d'intéressant.* Il y a certes l'exotisme des documentaires filmés aux quatre coins du monde, mais c'est toujours, là-bas, la vie quotidienne. D'ailleurs, la rue Tverskaïa à Moscou, comme la Friedrichstrasse à Berlin, ressemblent étrangement à la Place des Cordeliers à Lyon. *On veut du spectaculaire.*

Lumière essaie de suivre le vent qui tourne en produisant des reconstitutions historiques (une *Mort de Jeanne d'Arc,* par exemple), mais le cœur n'y est pas. À partir de 1898 la production de la société du Cinématographe Lumière devient sporadique avant de cesser définitivement quelques années plus tard.

Parmi les nombreux concurrents prêts à satisfaire la nouvelle demande — et au besoin, à la susciter — figure en toute première place Georges Méliès.

2. ...au cinéma de l'invention

En 1895 Méliès est directeur d'un théâtre parisien où il monte des spectacles de magie. Invité en décembre de cette année à la grande première des films Lumière, il en sort décidé à tourner lui-même. Il fait ses gammes avec une série de films dans le style de Lumière: une partie de cartes, une arrivée de train, plusieurs scènes de rue. Mais dès le début il se sent appelé à faire un autre cinéma — un cinéma-*spectacle.* La caméra avait été pour Lumière un appareil d'enregistrement; elle sera pour Méliès un moyen de création.

Il fait un pas en avant en filmant quelques numéros d'illusionnisme, et c'est alors que se produit le grand déclic. Dans *Escamotage d'une dame chez Robert-Houdin* (1896) Méliès fait disparaître son assistante, non plus dans une trappe comme sur la scène de son théâtre, mais par magie cinématographique. Il vient de découvrir « le truc par arrêt de caméra » qu'il utilisera dans la plupart des cinq cents films qu'il lui reste à tourner. L'idée est simple mais ingénieuse: on interrompt la prise de vue, fait sortir du champ ou y entrer un personnage, puis reprend le tournage. Le résultat est une disparition, une apparition ou une substitution instantanées[7]▸▸. Comme l'œuf de Colomb, il suffisait d'y penser!

Méliès ne tarde pas à ajouter d'autres trucages à son sac à malices, et bientôt il semble avoir réalisé en grande partie son rêve d'un autre cinéma. Sa philosophie du film pourrait se résumer (librement) ainsi: *Si vous voulez voir ce qui se passe dans la rue ou sur le quai de la gare, allez-y voir: nul besoin de cinéma pour cela. Dans mes films vous verrez ce que l'on ne voit nulle part ailleurs, ce que seul le cinéma peut donner à voir.*

Dans *Illusions fantasmagoriques,* film de 1898 dont le titre est tout un programme, un prestidigitateur (Méliès lui-même) fait apparaître une boîte magique d'où sort un garçon qu'il coupe en deux. Les deux morceaux se transforment en deux garçons entiers qui commencent à se bagarrer. Fâché, le prestidigitateur anéantit l'un des garçons et transforme l'autre en deux drapeaux (britannique et américain). Où, ailleurs qu'au cinéma, pouvait-on voir cela? Ou faire un *Voyage dans la lune?* Ainsi s'intitule le plus célèbre de ses films et celui qui marque en 1902 l'apogée de sa popularité.

Selon une classification rétroactive et répandue, *Le Voyage dans la lune* serait « le premier film de science-fiction ». Pour le public de 1902 Méliès avait adapté à l'écran un genre théâtral connu sous le nom de *féerie:* « spectacle, pièce de théâtre, qui met en scène des fées ou, plus généralement, des personnages magiques, surnaturels » (*TLF*). C'est de magie qu'il s'était agi dès son premier « film à trucs » en 1896, et le succès

---

Gros plan *Le Voyage dans la lune* de Georges Méliès (1902)[8]

Synopsis: Le professeur Barbenfouillis, célèbre astronome, annonce à ses confrères réunis en congrès son projet de voyage dans la lune. Cinq d'entre eux ayant accepté de l'accompagner, ils embarquent dans un obus tiré par un canon géant. Après un alunissage sans incident ils rencontrent les Sélénites (habitants de la lune) qui les emmènent captifs devant leur roi. Mais les savants s'échappent, regagnent leur obus et retournent sur terre où ils sont accueillis en héros.

Découpage[9] ▶▶: Plan 1 (1 min 43 s): congrès des astronomes. Plan 2 (32 s): construction de l'obus. Plan 3 (18 s): fonte du canon. Plan 4 (1 min): embarquement. Plan 5 (15 s): lancement. Plan 6 (13 s): vol et alunissage (« oculaire »). Plan 7 (1 min 40 s): alunissage (deuxième vue); coucher et rêve des voyageurs; tempête de neige; descente dans une grotte. Plan 8 (40 s): rencontre des Sélénites; combat. Plan 9 (34 s): présentation des prisonniers au roi; évasion. Plan 10 (15 s): poursuite. Plan 11 (18 s): départ de la lune. Plan 12 (2 s): chute de l'obus dans l'espace. Plan 13 (2 s): amerrissage. Plan 14 (6 s): descente sous-marine. Plan 15 (7 s): retour au port. Plan 16 (40 s): défilé; réjouissances. Plan 17 (5 s): statue commémorative.

1. Relevons d'abord ce qui n'a pas changé depuis 1895: la caméra reste immobile; tous les plans sont fixes. (Au plan 6 c'est la lune qui se rapproche d'une caméra stationnaire; le « truc par arrêt de caméra » contribue à l'apparence d'un travelling[10].)

2. Mais entre ce film de 1902 et ceux de 1895–1896 ce sont les différences qui nous frappent bien plus que les ressemblances.

- La durée est passée de cinquante secondes à une douzaine de minutes.
- Au lieu d'une seule prise de vue, le film se compose de dix-sept plans.
- Les raccords de mouvement reliant certains plans représentent l'embryon d'un *montage en continuité.*
- Plusieurs plans sont séparés par un fondu enchaîné, et dans sept cas sur neuf le fondu est employé comme il le sera plus tard, pour indiquer une ellipse. En 1902, cependant, l'usage des effets optiques n'est pas encore codifié: les fondus qui ponctuent — et ralentissent — la poursuite (entre les plans 9 et 10, puis 10 et 11) nous surprennent aujourd'hui.

3. Bien qu'en 1902 nous soyons loin du cinéma parlant, *Voyage* relève déjà du cinéma « sonore » en ceci que sa projection s'accompagnait généralement du commentaire oral d'un *bonimenteur* [anglais: *lecturer*]. Le texte du commentaire fut rédigé par Méliès lui-meme, et ses explications s'avéraient utiles, voire indispensables à la compréhension de certaines scènes[11]. Intéressante à cet égard est la tentative, au plan 7, de rendre la *subjectivité* des personnages. En l'absence d'intertitres[12], seul le commentaire indique qu'il s'agit d'un rêve (mais d'un rêve collectif et diégétiquement objectif, semble-t-il,

puisque ce sont Phœbé et Saturne qui déclenchent la tempête de neige[13]).

4. Nous venons d'évoquer la « diégèse » de *Voyage,* et il nous semble que les guillemets s'imposent. Notons à ce propos, pour clore, cette évidence: la cohérence et l'immersion diégétiques ne figuraient pas parmi les priorités de Méliès. La transparence était dans *Voyage* le cadet de ses soucis. Il s'agissait moins de raconter une histoire que de présenter un spectacle. Ici nous sommes au théâtre autant qu'au cinéma — *et au théâtre de boulevard,* où les figurantes alignées peuvent se tourner vers le public et le saluer du chapeau (plan 4).

mondial du *Voyage* ne fit que le confirmer dans cette voie: *Le Royaume des fées* (1903), *Voyage à travers l'impossible* (1904), *Le Diable noir* (1905)… Méliès devait creuser ainsi le même sillon jusqu'à l'échec en 1912 de *Cendrillon*, son dernier film. La fin de sa carrière illustre l'aphorisme de Cocteau: *la mode, c'est ce qui se démode*. Trop occupé à faire des films pour aller lui-même au cinéma, il ignorait que les goûts du public évoluaient.

3. L'avant-guerre et la guerre: clowns, victimes et malfaiteurs

En quoi consiste donc l'évolution des goûts dans ces années d'avant-guerre? Depuis le début du siècle les genres documentaire et simili-documentaire (les « actualités reconstituées ») perdent du terrain[14], comme la féerie mélièsque depuis 1904. En perte de vitesse également est le film d'inspiration biblique dont *La Vie et la passion de Jésus Christ* (Nonguet et Zecca, 1903–1905) représente l'apogée. En 1906 les préférences du public vont aux genres comiques et dramatiques, auxquels s'ajoutera en 1908 le film policier.

1. Les films comiques. Entre 1906 et 1914 prédomine en France la grande vogue du genre *burlesque*, celui-là même qui, quelques années plus tard, sera connu aux États-Unis sous le nom de *slapstick*. Il s'agit d'un gros comique bouffon constitué essentiellement de gags visuels à la chaîne: chutes, glissades, courses-poursuites, claques sur la joue et coups de pied au derrière. Ces films ne sont pas exempts de violence, parfois cruelle, mais comme dans les dessins animés, personne n'en meurt. Dans la *série comique*, formule à succès inventée en 1906, le même protagoniste revient d'un film à l'autre, armé d'une sottise et d'une maladresse indécrottables, pour affronter un monde absurde et hostile. Parmi les séries les plus connues, citons les *Boireau* (1906–1908, 1912–1914), les *Calino* (1909–1913) et les *Onésime* (1912–1914). Afin de fidéliser le spectateur, on a soin de faire figurer le nom du « héros » dans tous les titres: *Les Apprentissages de Boireau* (où fut lancée en 1907 la première tarte à la crème de l'histoire du cinéma), *Calino pompier* (1911), *Onésime gentleman détective* (1912), etc. Que les vedettes de ces trois séries eussent été acrobates de cirque ou de music-hall avant d'être acteurs de cinéma peut donner une idée du caractère essentiellement physique du burlesque. Il y eut quelques exceptions, dont la plus célèbre est la série des *Max* (1910–1917), avec Max Linder, la première vedette mondiale du cinéma. Dans les films de cette série, réalisés pour la plupart par Linder lui-même, le gag visuel, sans disparaître complètement, tend à s'effacer devant un comique de situation, voire de caractère[15].

2. Les genres dramatiques. Se rangent dans cette catégorie hétérogène les nombreux mélodrames où abondent quiproquos terribles (*L'Erreur tragique*, 1913), orphelins errants (*Le Bagne de gosses*, 1907), enfants enlevés (*L'Enfant de Paris*, 1913), réconciliations familiales (*Le Grand-père*, 1910), innocents emprisonnés (*Le Roman d'un malheureux*, 1908), vies brisées par la calomnie (*Les Vipères*, *La Tare*, 1911), amours contrariées (*Le Cœur et l'argent*, 1912), noires perfidies (*L'Intrigante*, 1911), nobles sacrifices (*Le Destin des mères*, 1912; *Sacrifice surhumain*, 1914), femmes adultères (une obsession de l'époque, semble-t-il: *La Vengeance du forgeron*, 1907; *Nuit de Noël*, 1908; *Le Moulin maudit*, 1909; *Le Roman de l'écuyère*, 1910; *La Coupable*, 1912...). Sont également à leur place ici les drames sociaux où la thèse s'annonce dès le titre (*Le Démon du jeu*, *Victimes de l'alcool*, *L'Amour qui tue*, 1911).

Nous rangeons parmi les drames, mais en leur réservant une place à part, les « films d'art » qui commencent à proliférer à partir de 1908. Il s'agissait au départ des productions de la Société Film d'Art, créée en cette année pour attirer au cinéma un public plus cultivé. On estimait à l'époque qu'en adaptant à l'écran des opéras, des pièces de théâtre et des romans, le cinéma pouvait s'approprier un peu du prestige dont ces arts jouissaient déjà — et de ce fait *devenir lui-même un art*. Le terme *film d'art* devait perdre par la suite ses majuscules en se lexicalisant pour désigner tout film « de qualité » et dérivant sa qualité d'un pedigree extra-cinématographique (scénique ou littéraire)[16]. Parmi les réussites de cette vague d'adaptations, citons *La Dame aux camélias*, d'après la pièce de Dumas fils (André Calmettes, 1912), *Notre Dame de Paris* et *Les Misérables* (Paul Capellani, 1911–1912).

3. La série criminelle. Le genre commence sa longue carrière en 1908 avec la série des *Nick Carter, le roi des détectives* de Victorien Jasset (1908). Dans la série des *Zigomar* (Jasset, 1911–1913) le héros éponyme, « maître de l'invisible », se place du mauvais côté de la loi. C'est également le cas dans la série des *Fantômas* (Louis Feuillade, 1913–1914) dont le héros, « génie du crime », se fait piéger à la fin du cinquième film. Pourra-t-il passer à travers les mailles du filet? Le sixième et dernier film ne sera jamais fait, car en août 1914 la France entre en guerre.

Nous voici donc en 1915. Les deux sociétés de production majeures, Pathé et la Gaumont, se font une concurrence acharnée. La production française n'étant qu'une fraction de ce qu'elle a été avant la guerre, Pathé jouit d'un avantage considérable grâce à Pathé-Exchange, sa filiale new-yorkaise. Aux États-Unis où la production continue à toute vitesse, Pathé-

Exchange a coproduit un *serial*[17] (ou *ciné-roman*) intitulé *The Exploits of Elaine* que la société-mère s'apprête à importer en France dans une version francisée. Que peut faire la Gaumont pour contrer ce qui promet d'être un coup d'éclat commercial pour son rival? La mission est confiée à Louis Feuillade, chef de la production, qui s'exécute admirablement. Quatre ans plus tôt il avait réalisé une série de *Scènes de la vie telle qu'elle est;* maintenant il entend détourner les Français des horreurs de la guerre en leur présentant une peinture de la vie *telle qu'elle n'est pas*. Conçus à la hâte, improvisés lors du tournage avec un budget modeste, *Les Vampires* sortent quelques semaines avant l'arrivée du serial de Pathé. Aujourd'hui le film est considéré par beaucoup non seulement comme le meilleur de Feuillade — dont la filmographie comprend plus de huit cents titres! — mais comme l'un des chefs-d'œuvre du cinéma muet.

GROS PLAN ***Les Vampires* de Louis Feuillade (1915–1916)**[18]

Synopsis: Philippe Guérande, journaliste à un grand quotidien, enquête sur les Vampires, une association criminelle mystérieuse[19]. Le Grand Vampire, chef de la bande, est assisté par la sulfureuse Irma Vep (anagramme de *vampire*). Au cours de l'enquête Guérande sera enlevé et délivré deux fois; même sa mère n'est pas épargnée, mais elle échappe à ses ravisseurs. Vep, hypnotisée par le chef d'une bande rivale, tue le Grand Vampire avant de se rallier à Satanas, nouveau chef des Vampires, puis à

Vénénos, successeur de Satanas. Quand les Vampires enlèvent la femme de Guérande, il réussit à trouver leur repaire. Pendant que Vep et Vénénos célèbrent leurs noces, la police donne l'assaut, tuant toute la bande.

Les dix épisodes: 1. La tête coupée (31 min). 2. La bague qui tue (13 min). 3. Le cryptogramme rouge (39 min). 4. Le spectre (30 min). 5. L'évasion du mort (35 min). 6. Les yeux qui fascinent (53 min). 7. Satanas (50 min). 8. Le maître de la foudre (50 min). 9. L'homme des poisons (48 min). 10. Les noces sanglantes (54 min).

1. Comme en 1902, l'unité fondamentale du film est le *tableau* (on dirait aujourd'hui: le plan-séquence fixe): à chaque séquence correspond une seule prise de vue et à chaque changement de plan, un changement de lieu. Il s'agit donc d'un mode de représentation essentiellement théâtral: notre point de vue, constant tout au long de la «scène», est celui du spectateur au théâtre assis au milieu du premier rang.

2. Cependant, comme on s'en serait douté, l'évolution cinématographique ne s'est pas arrêtée au temps du *Voyage dans la lune.* Si le tableau prédomine dans *Les Vampires,* il n'exclut pas pour autant un usage limité de certains procédés promis par la suite à un grand développement. En particulier:

- Certains tableaux sont entrecoupés d'*inserts* (gros plans *informatifs,* par opposition aux gros plans *expressifs* isolant un visage). Il s'agit le plus souvent d'un écrit (télégramme, article de journal, carte de visite, etc.), parfois d'un objet important, comme le bijou qui sera volé (1er épisode, 12:47).

- Exception faite des inserts, les changements d'échelle sont rarissimes à l'intérieur d'une séquence. Dans le premier épisode, par exemple, les douze premiers plans (11 minutes au total) n'en présentent aucun. Le premier changement d'échelle intervient entre les plans 13 et 14 (11:43) où nous passons par un raccord dans l'axe d'un plan américain à un plan rapproché taille. Parfois, mais exceptionnellement, le changement d'échelle s'accompagne d'un changement d'axe, comme à 34:44 du troisième épisode.

- Quelques plans mobiles viennent briser la fixité des tableaux. Il s'agit le plus souvent de petits panoramiques discrets — déjà la transparence! — comme les panos de recadrage et d'accompagnement du premier épisode (22:35, 23:20, 23:39, 27:32, 27:42). Bien plus spectaculaire est l'unique pano vertical qui cadre le Vampire assassin descendant une gouttière (1er épisode, 30:10).

- Le montage en continuité, encore embryonnaire dans *Voyage,* continue à faire des progrès. Sans être nombreux, les raccords de mouvement se font moins rares, ainsi que les raccords de regard qui diégétisent les inserts[20].

3. Il en va de la mise en scène théâtrale comme du tableau: Feuillade l'adopte en l'adaptant aux besoins de son cinéma. Au théâtre il y a autant de points de vue que de spectateurs, et une bonne partie de l'assistance se trouve

loin de la scène. Les acteurs doivent donc, pour être vus de tout le monde, se déplacer latéralement sur la largeur de la scène et jouer face au public en poussant la gestuelle.

- Gestuelle: Ce que la distance nécessite au théâtre s'impose au cinéma muet pour une autre raison. Si les acteurs surjouent dans *Les Vampires*, c'est qu'il s'agit d'une sorte de pantomime qui permet au spectateur de deviner le sens d'un dialogue qu'il n'entend pas (les intertitres n'en transcrivant qu'une petite partie). À noter cependant: le jeu est bien moins exagéré sous la direction de Feuillade que dans les films de Méliès, ce qui s'explique, encore une fois, par la distance. Méliès filme ses acteurs en plans d'ensemble ou demi-ensemble, alors que Feuillade préfère les plans plus rapprochés (moyens ou américains en général, pour les séquences d'intérieur).
- Attitudes et déplacements des acteurs: Si le choix du tableau et du montage minimal oblige Feuillade à garder une certaine frontalité des attitudes et du jeu[21]▶▶|, il s'agit d'une frontalité atténuée, moins évidente, moins *constante* qu'au théâtre grâce à l'unique perspective de la caméra. En outre, le point de vue de la caméra étant celui de *tous* les spectateurs, Feuillade peut abandonner l'unidimensionnalité d'une mise en scène latérale en faveur de compositions en profondeur[22]▶▶|.

4. L'énorme succès des *Vampires* dut peu à son héros (Philippe Guérande), personnage bizarrement falot, bien moins intéressant que les criminels qu'il poursuit. Moins intéressant surtout qu'Irma Vep, incarnée par Musidora, la deuxième vamp de l'histoire du cinéma (après Theda Bara). On reprocha à la série sa valorisation du crime et à Musidora, son collant noir. Secondé par les ligues de vertu, le préfet de police interdit la projection pendant deux mois. En 1996 Olivier Assayas réalisa un film qui raconte l'histoire d'un remake des *Vampires*. Le titre: *Irma Vep*.

4. Les années 1919–1929

Le succès des *Vampires,* considérable, certes, fut loin d'égaler celui des *Exploits of Elaine* qu'ils devaient concurrencer. Déjà en 1916 cet affrontement a valeur de symbole: on peut y voir en même temps un diagnostic et un pronostic. En 1908 la production cinématographique française dominait largement les marchés mondiaux, y compris l'américain. Au cours de la décennie suivante la situation devait s'inverser. Au début des hostilités en août 1914 le tournage de films français cessa du jour au lendemain, pour redémarrer au ralenti l'année suivante. Sont réunis alors en France les ingrédients d'une catastrophe: à l'industrie nationale défaillante s'ajoute une demande domestique constante, voire en hausse, et les producteurs américains auront vite fait de combler le vide. En 1917, alors que la guerre fait encore rage, les salles françaises projettent deux fois plus de films américains que de films français. En 1918, la paix revenue, la part de marché des films américains passe à 80%, et l'année suivante à 90%. Pendant la décennie 1920–1929, les films américains représenteront en moyenne 70% des programmes en France, contre 11% pour les films français. C'est à cette époque que cinéastes et critiques commencent à parler des années 1906–1914 comme de « l'âge d'or » du cinéma français, un paradis perdu à jamais.

Cet âge d'or aura été celui surtout du genre comique qui compte, pour les années 1906–1914, une *cinquantaine* de séries. Loin des yeux, loin du cœur: les vedettes du burlesque étant largement absents des écrans pendant la guerre, les Français s'éprennent des stars du *slapstick* dont les films arrivent en masse à partir de 1915. À Boireau et à Calino succéderont les Keystone Cops et « Charlot » (Charlie Chaplin). Les comiques français qui tentent de raviver leur carrière après 1918 n'auront guère de succès. Max Linder continue à tourner, sans jamais retrouver sa popularité d'avant-guerre; en 1925, désespéré, il se suicidera.

4.1. La production courante ➔ Le genre comique tombé en friche, les cinéastes cultiveront dans les années 1920 les genres dramatiques, souvent dans le *serial,* dont chaque épisode dure une trentaine de minutes, puis, à partir de 1925, dans le *long métrage* (ou *grand film,* comme on disait à l'époque). Un genre dramatique relativement mineur, et qui ne se maintient guère au-delà de 1922, est celui du *mélodrame bourgeois,* ainsi qualifié pour le distinguer du mélo populaire d'avant-guerre qu'il prolonge. C'est Feuillade qui donne le ton dans *Les Deux Gamines* et *L'Orpheline* (1921). Pour ce qui est des genres majeurs, nous les classerons dans deux catégories hétérogènes; les films cités représentent pour la plupart les grands succès ou les exemples les plus représentatifs d'une tendance.

1. Le « film d'évasion dans le temps ou dans l'espace ». Dans cette catégorie un peu artificielle (d'où les guillemets) se range d'abord le film historique. La légende napoléonienne y tient une place importante avec, au début de la décennie, *L'Agonie des aigles* (Dominique Bernard-Deschamps,

1921), puis, en 1927, *Napoléon* d'Abel Gance. Le *Miracle des loups* (Raymond Bernard, 1924) raconte l'histoire de Jeanne Hachette, héroïne de l'unité nationale au XVe siècle comme Jeanne d'Arc, dont Marco de Gastyne revisitera la légende dans une superproduction de 1929 (*La Merveilleuse Vie de Jeanne d'Arc*).

Une partie importante de cette veine historique relève du genre connu aujourd'hui sous le nom de *film de cape et d'épée*. Alexandre Dumas est ici l'un des grands inspirateurs, ainsi qu'en témoignent *Les Trois Mousquetaires* et *Vingt Ans après* de Henri Diamant-Berger (1921, 1922), et *La Dame de Montsoreau* de René Le Somptier (1923), parmi bien d'autres. Le héros éponyme de *Mandarin* (Henri Fescourt, 1924) est un « Robin Hood » historique du XVIIIe siècle. En 1925 René Leprince réalise *Fanfan la Tulipe* dont le héros légendaire, aventurier au grand cœur, est connu aujourd'hui grâce surtout aux remakes de 1952 et 2003.

Une deuxième voie d'évasion est celle du film d'aventures où le dépaysement est géographique plutôt qu'historique. L'exemple-type en est *L'Atlantide* de Jacques Feyder (1921), l'un des grands succès de la décennie (même aux États-Unis sous le titre *Lost Atlantis*). L'exotisme du genre est le plus souvent nord-africain, comme dans *L'Atlantide* et *Le Bled* (Jean Renoir, 1929), ou proche-oriental (*Le Prince charmant*, Viatcheslaw Tourjansky, 1925).

2. Le drame réaliste. Les films de cette catégorie ont en commun de préférer la vérité à l'évasion, le quotidien au romanesque. Tout y est moins spectaculaire, plus terre à terre, l'objet étant de regarder la vie en face et de la montrer telle qu'elle est. Les conventions du genre, héritées de la littérature, veulent que les personnages soient recrutés majoritairement dans les classes qualifiées à l'époque de « laborieuses ». Au cinéma le réalisme préfère la campagne peinte avec les couleurs locales, un régionalisme pictural qui exclut cependant tout exotisme: les beaux paysages regorgent de querelles domestiques, de rancœurs villageoises, de cupidités paysannes. À la ville où règne l'injustice se pose souvent « la question sociale » (voir plus loin le GROS PLAN sur *Crainquebille*). Et à la ville comme à la campagne, le genre fait rimer *réaliste* avec *triste*: dans cette chienne de vie il semble y avoir comme un fond de souffrance, même quand la fin du film est heureuse. Rien d'étonnant à ce qu'ici le grand auteur soit Zola dont il y aura de nombreuses adaptations tout au long de la décennie: *Le Travail* (Henri Pouctal, 1920), *L'Assommoir* (Maurice de Marsan et Charles Maudru, 1920), *La Terre* (André Antoine, 1921), *Nana* (Jean Renoir, 1926), *Thérèse Raquin* (Jacques Feyder, 1928), *Au bonheur des*

dames (Julien Duvivier, 1929). Hugo, l'anti-Zola à bien des égards, fournit le matériau d'un chef-d'œuvre du genre, l'une des grandes adaptations de la décennie: *Les Misérables* de Henri Fescourt (1925–1926) — ce qui prouve, comme nous le verrons au GROS PLAN suivant, que le réalisme n'exclut pas toujours le mélo.

4.2. **Le cinéma d'avant-garde, ou l'impressionnisme** ➔ Les genres que nous venons de passer en revue relèvent de ce qu'il est convenu d'appeler la *production courante.* Si les historiens du cinéma s'y intéressent relativement peu, c'est qu'ils attachent plus d'importance à un mouvement novateur qui, entre 1918 et 1929, se dressa contre le cinéma commercial dominant. Connu à l'époque sous l'étiquette d'*avant-garde* — « qui est novateur, qui devance, qui rompt avec la tradition » (*TLF*) — le mouvement entra dans les manuels des années 50 sous le nom d'*impressionnisme*[23] ▶▶|. Parmi les cinéastes les plus importants du mouvement citons: Louis Delluc (*La Femme de nulle part,* 1922), Germaine Dulac (*La Souriante Madame Beudet,* 1923), Marcel L'Herbier (*L'Inhumaine,* 1924), Jean Epstein (*La Chute de la maison Usher,* 1928) et Abel Gance (*La Roue,* 1922)[24]. Ricciotto Canudo, que nous avons croisé dans l'ENTRÉE EN MATIÈRE, joua un rôle capital en tant qu'animateur et théoricien.

Tout mouvement se pose en s'opposant et ne se comprend qu'à la lumière de son anti-modèle. Contre quoi donc les impressionnistes réagissaient-ils? Au nom de quels idéaux? Quel cinéma appelaient-ils de leurs vœux? Rappelons-nous la conjoncture d'après-guerre. Face à l'afflux des films américains auxquels le public a pris goût, les producteurs se trouvent devant une alternative: imiter ou faire autre chose. La majorité — box-office oblige — choisit la première option, et c'est ainsi que le cinéma français s'engage plus loin dans la voie d'une américanisation déjà bien entamée.

Les linéaments du style américain — du *style classique hollywoodien*[25], comme on dit depuis les années 70 — sont déjà tracés en 1920: il s'agit d'un cinéma essentiellement *narratif* fondé sur l'esthétique de la transparence. Ici nous employons le mot *essentiellement* dans son sens premier: *par essence, fondamentalement.* Non seulement le film classique raconte une histoire, mais l'histoire racontée est au cœur du film; c'est à elle que tout se subordonne, vers elle que tout converge. Les autres composantes du film — photographie, montage, éclairage, son, décors, jeu des acteurs — doivent servir plus ou moins directement une fonction narrative, soit en faisant avancer l'action, soit en définissant un personnage afin de motiver ses actes. Déjà en 1920 ce style établissait son hégémonie tout simplement parce qu'à l'époque comme aujourd'hui les lois en vigueur étaient celles du marché, en particulier celle de l'offre et de la demande. Le « style américain » prédominait parce qu'il avait la préférence du public.

Réunis dans leur opposition au style dominant, les impressionnistes ont en commun un constat et un vœu: *Simple attraction foraine à ses débuts, le cinéma est aujourd'hui une industrie. Demain il peut et doit devenir un art.* Certes, comme nous l'avons vu, le « film d'art » en vogue avant la guerre visait plus haut que le grand public. Cependant, pour l'avant-garde impressionniste ce cinéma à prétentions artistiques n'avait d'un art que le nom; il cherchait une légitimité factice dans celle, authentique, de l'opéra, de la littérature et surtout du théâtre. Il est significatif que l'affiche du premier film d'art (*L'Assassinat du duc de Guise*, 1908) présentait le film comme une « pièce cinématographique ». Ce n'est pas en filmant un spectacle théâtral, estiment les impressionnistes, que l'on fera un bon film. Pour que le cinéma devienne un art à part entière il doit faire ce que lui seul peut faire, cultiver les techniques qui lui sont propres, déclarer son indépendance par rapport à la scène. Autrement dit, le cinéma doit *dégager sa spécificité.*

En quoi consiste donc la spécificité cinématographique? À la différence du théâtre, où se déplacent et parlent des acteurs sur scène, le cinéma, muet et donc essentiellement *visuel*, dispose des ressources de la photographie et du montage. De là une prédilection chez les cinéastes d'avant-garde pour certaines techniques qu'ils n'ont pas inventées mais auxquelles ils recourent bien plus souvent que d'autres à l'époque. Mises au service d'une subjectivité qu'elles sont particulièrement aptes à traduire, ces techniques permettent de « *visualiser* les moindres nuances de l'âme »[26], de donner à voir l'invisible: les sensations, les sentiments, les *impressions* d'un personnage. Parmi les techniques les plus caractéristiques des impressionnistes, citons:

- Le gros plan et le très gros plan expressifs (à distinguer des gros plans informatifs, ou inserts, dont faisait usage, par exemple, Feuillade): « C'est la pensée même du personnage projetée sur l'écran. C'est son âme, ses émotions, ses désirs, » écrit Germaine Dulac[27].
- Les effets optiques tels que la surimpression (qui superpose une image sur une autre), les flous et les déformations, employés subjectivement pour indiquer l'objet d'une pensée, d'un souvenir, d'un rêve, etc., ou pour traduire directement un état mental (vertige, confusion, émotion).

- Le travelling et le panoramique en plan subjectif.
- La plongée, la contre-plongée, souvent fortes, et le cadre penché en plan subjectif.
- Le montage rythmique, qui varie la durée des plans selon l'intensité d'une émotion.

Ces techniques relèvent à l'époque du domaine public: aucun groupe n'en a l'apanage. Ce qui distingue l'usage qu'en font les impressionnistes, c'est que chez eux elles servent généralement *une fonction subjectivisante*.

Comme le film de facture classique, le film impressionniste est narratif[28], mais il ne l'est plus qu'*accessoirement:* « Je désire des films où il se passe non rien, mais pas grand-chose, » écrit Jean Epstein[29]. L'histoire, l'intrigue, l'action sont reléguées au second plan où, procédés parmi d'autres, elles doivent servir l'impératif fondamental du film: *révéler la vie intérieure.* C'est en ces termes que Germaine Dulac définit le cinéma de l'avenir qu'elle appelle de ses vœux: « Un art de sensations. Une histoire conçue, non sur des données dramatiques, mais sur des données émotives. Bref: un art plus intérieur qu'extérieur! »[30].

L'avant-garde ne représente qu'une petite partie de la production des années 1918–1929 — une quarantaine de films tout au plus[31] sur un millier produit, soit 4% du total — mais son importance dépasse de loin la modicité de ses chiffres. À l'époque et par la suite le mouvement exerça une influence considérable: (a) *à l'époque,* dans la mesure où les techniques préconisées et pratiquées par les impressionnistes furent reprises dans la production courante; (b) *par la suite,* car c'est aux impressionnistes que nous devons la première théorisation du clivage entre le cinéma commercial, où l'action prime tout, et celui, plus subjectif, qui approfondit les âmes.

GROS PLAN *Crainquebille* de Jacques Feyder (1923)[32]

Synopsis: Le vieux Crainquebille est marchand des quatre-saisons à Paris. À la suite d'un accrochage avec un policier, il est condamné à deux semaines de prison pour « insulte à agent ». Sa peine purgée, il tente de retrouver sa vie d'avant, mais ses anciens clients lui tournent maintenant le dos. Il s'adonne à la boisson, perd son logement, erre dans les rues. Un jour qu'il touche au fond, ayant tenté en vain de se faire arrêter afin de retourner en prison, il songe au suicide. Sur le point de se jeter dans la Seine, il est sauvé par un jeune garçon qui lui donne à manger.

Crainquebille illustre exemplairement la diffusion dans la production courante des procédés d'avant-garde. Il serait difficile d'imaginer un film plus « grand public » que *Crainquebille*, auquel il ne manque aucun cliché du mélodrame. (Le jeune garçon, sans domicile fixe comme le protagoniste, est un orphelin crieur de journaux qui a adopté un chien...). Dans ce film éminemment commercial, l'un des grands succès de 1923, l'avant-garde reconnut cependant — et salua avec enthousiasme — certains des procédés

qu'elle prônait elle-même. Bien plus, dans *Crainquebille* comme chez les impressionnistes, les procédés servaient à traduire la subjectivité d'un personnage.

- Dans la séquence du tribunal (33:12–48:52) où alternent plans objectifs et subjectifs, plusieurs procédés ont pour objet de rendre le point de vue et les sentiments de Crainquebille. Les plans vacillants, floutés ou déformés traduisent la confusion et la peur de l'accusé. Le témoin à charge (l'agent « insulté ») lui paraît démesurément agrandi, comme le poids de son témoignage, alors que le témoin à décharge se réduit à l'insignifiance. Écrasé par la « justice », Crainquebille regarde le juge d'en bas, en forte contre-plongée. Certains plans sont proprement hallucinatoires, comme ceux où le buste de Marianne s'anime pour le regarder avec dédain. Et quand son avocat plaide sa cause, Crainquebille ne voit que gesticulations en surimpression[33].
- La séquence du rêve du docteur Mathieu (52:23–54:27) introduit deux autres techniques d'avant-garde: le ralenti et le négatif. L'inversion du noir et du blanc symbolise-t-elle l'injustice de la « justice » ?

Ses hardiesses stylistiques valurent à Feyder l'ovation des impressionnistes qui semblaient vouloir l'adopter comme un des leurs. Pour Germaine Dulac, cinéaste et théoricienne de l'avant-garde, *Crainquebille* est « l'un des films français les plus forts, les plus parfaits »[34]. Lors d'une conférence prononcée en 1924, elle projette la séquence du tribunal pour illustrer les techniques nouvelles: « L'âme ingénue de Crainquebille vous paraît toute, maintenant qu'un

metteur en scène habile a su en disséquer visuellement les impressions ».
Elle réserve un éloge particulièrement appuyé aux plans où le témoin paraît
agrandi ou rapetissé — ceux-là mêmes qui nous paraissent aujourd'hui les plus
artificiels, les moins réussis.

Après *Crainquebille* Feyder ne reviendra plus à ses recherches stylistiques.
Il deviendra par la suite un grand classique, accumulant des films à succès
réalisés dans un style américain parfaitement maîtrisé. (En 1929 il sera invité
à Hollywood où il dirigera Garbo.) Mais ce classicisme auquel les historiens
associent son nom ne paraît-il pas déjà avec évidence dans *Crainquebille*? Il
suffit de comparer le film aux *Vampires* pour se faire une idée du chemin
parcouru. Rien, ou presque, ne reste des « tableaux » de Feuillade; aux plans-
séquences fixes ont succédé les procédés caractéristiques du style classique
hollywoodien: multiplicité des plans, diversité des échelles et des angles de
prises de vues, mobilité de la caméra, montage en continuité. Déjà en place
aux États-Unis depuis 1915, le système s'installe en France...

Le « moment impressionniste » de Feyder, s'il ne dura guère, atteste néanmoins une certaine perméabilité des tendances. Lorsqu'une avant-garde
s'affirme face à la production courante, n'érigeons pas entre elles de cloison
étanche. Sous l'opposition se cache souvent une influence réciproque: regards
croisés, emprunts plus ou moins avoués, échanges de bons procédés.

5. Les années 1930

La deuxième crise majeure du cinéma français fut déclenchée non par
une guerre mais par une technologie: en 1929 s'ouvrit en France l'ère du
cinéma parlant. Depuis l'année précédente la controverse faisait déjà
rage, l'opinion étant partagée entre les résistants et les accueillants: « Le
son risque de tuer le cinéma, art essentiellement visuel... Le son manquait
au cinéma et pourra le compléter ». Après l'arrivée en France des premiers
films américains parlants, on comprit vite la futilité du débat: le parlant
était là et le public s'était prononcé. Pour les producteurs français il
s'agissait de prendre le train en marche ou de le rater complètement. Ai-
guillonnés par la concurrence d'outre-Atlantique, ils achevèrent en octobre 1929 leurs premiers films parlants. La France avait pris du retard mais
elle était dans la course.

Malgré les coûts élevés du parlant (le triple de ceux du muet), les producteurs français y voyaient une aubaine: « Un film parlant américain, se

disaient-ils, c'est *un film où l'on parle anglais*, et cette barrière linguistique sera aussi une barrière commerciale qui nous permettra enfin de reconquérir notre marché domestique ». Ils avaient raison... pendant deux ans, au bout desquels, la technique du doublage étant maîtrisée, les vedettes de Hollywood se mirent à parler français. Aussitôt la part de marché des films américains augmenta de nouveau, pour atteindre à la mi-décennie 50% des programmes en France.

Aux soucis économiques s'ajoutaient des complications de mise en scène nées des contraintes de la technologie nouvelle. Aux débuts du parlant le son était généralement synchrone (enregistré en même temps que l'image). Le microphone captait donc pendant que la caméra tournait, ce qui n'allait pas sans inconvénients:

- La caméra étant bruyante, il fallait l'éloigner du micro pour empêcher que son ronron ne fût capté. Les gros plans étaient donc exclus. Pour tourner les plans moyens on enfermait la caméra dans une cabine insonorisée, éliminant de ce fait les plans mobiles.
- Le micro étant peu sensible, les acteurs devaient rester tout proches, d'où l'image caricaturale du parlant à ses débuts: des têtes penchées sur une table qui ont l'air de parler à un pot aux fleurs (derrière lequel se cache le micro).
- Encore pire, le montage se réduisit au strict minimum, un changement de plan marquant un changement de lieu, car le découpage d'une scène en plans aurait rompu la continuité du son synchrone.

Le cinéma avait mis trente ans pour se libérer du mode de représentation théâtral — libération dont les GROS PLANS de ce chapitre ont marqué quelques étapes — , et le voilà brusquement ramené au tableau-scène de ses débuts. Exagération? En réalité, c'était pire. En 1915 l'immobilité (relative) de la caméra n'empêchait pas les acteurs de se déplacer librement dans les limites du champ. Avec l'arrivée sur le plateau du micro, tout se fige: caméra, plans *et acteurs*.

À ces difficultés d'origine technique la technique devait apporter des solutions. On trouva bientôt le moyen de faire taire la caméra; elle sortit de sa cabine, s'allégea, retrouva sa mobilité. Le micro fit, lui aussi, des progrès, devenant moins encombrant et plus sensible; on apprit à le fixer au bout d'une perche ou à la boutonnière d'un acteur. Le perfectionnement de la post-synchronisation, en libérant la caméra du micro, permit au montage en continuité de retrouver vers 1933 le stade avancé qu'il avait atteint en 1929 — avec le son en plus.

5.1. Genres et tendances → En attendant que le progrès technique vînt le délivrer, le cinéma traversa sa période du « théâtre filmé ». Contrairement à ce que disent nombre d'historiens, il s'agit moins d'un genre que d'un style imposé par les nouvelles contraintes dans les films de genres divers. Les répertoires dramatique et comique furent pillés, de Shakespeare à Courteline et de Guitry à Pagnol. Ce dernier incarne l'apogée du style ainsi que son déclin. Les premières adaptations à l'écran de ses pièces (*Marius, Topaze, Fanny,* 1931–1932) ne furent guère, selon les critiques, que du « théâtre en conserve ». (L'expression équivalente *canned theater* s'employait aux États-Unis pour dénoncer la même régression théâtrale du parlant.) « Planter une caméra devant la scène pour filmer la représentation d'une pièce, ce n'est pas du cinéma, » disaient-ils avec quelque exagération mais sans avoir tout à fait tort. Pagnol devait s'en rendre compte lorsqu'en 1933 il devint lui-même réalisateur de ses propres adaptations. Les films qu'il tira par la suite de ses pièces relèvent de moins en moins du théâtre filmé et de plus en plus... du cinéma.

Pour ce qui est des genres proprement dits, nous retrouvons quelques-uns des mêmes qu'aux années 20, transformés par l'air du temps et par l'arrivée du son. Après son éclipse partielle la comédie revient en force pour reprendre la tête du box-office. Le genre (ou « méga-genre ») se décline sur tous les tons et dans tous les registres, depuis la comédie sophistiquée jusqu'à la farce en passant par le vaudeville. L'esprit que l'on qualifie de *boulevardier* (brillant et léger) s'incarne dans Sacha Guitry qui signe la réalisation et le scénario de l'une des grandes réussites de ces années: *Le Roman d'un tricheur* (1936). (Guitry avait en outre écrit le roman dont il a tiré son film, et il y joue le rôle principal. Un *film d'auteur* s'il en fut jamais...) À l'autre bout de l'échelle comique se situe le sous-genre de loin le plus populaire, dans tous les sens du terme et tout au long de la décennie: la comédie troupière (de *troupier:* « soldat »). Ce genre lourd et grossier s'illustrera en onze ans (1930–1940) par une *quarantaine* d'œuvres, en général, selon Raymond Chirat, « toutes plus stupides les unes que les autres et pratiquement interchangeables »[35]. On ne saurait lui donner tort en se fondant sur les titres: *Les Gaietés de l'escadron, Le Coq du régiment, La Garnison amoureuse...* (trois films ayant en commun le jeune Fernandel, acteur emblématique du genre.)

Le mélodrame végétait depuis dix ans lorsqu'en 1932 il donne deux signes de vie: *Mater dolorosa* d'Abel Gance et *Les Deux Orphelines* de Maurice Tourneur. (De ce dernier D. W. Griffith avait donné une première version en 1921 sous le titre *Orphans of the Storm.*) Deux ans plus tard sortent

La Porteuse de pain (René Sti) et *Sans famille* (Marc Allégret), adaptés de feuilletons célèbres du XIXe siècle. En 1934 le genre larmoyant vit encore.

5.2. Le réalisme poétique → Entre 1934 et 1939 le mélodrame fera place au drame dans le registre du sérieux. Et de tous les genres dramatiques de cette époque, aucun ne donnera plus d'œuvres marquantes, aucun ne sera plus étudié, imité et admiré que celui du *réalisme poétique.* Genre? Il vaudrait peut-être mieux parler de *courant:* nous nous retrouvons ici devant les mêmes difficultés qui nous ont fait hésiter, au CHAPITRE 2, devant le statut du film noir. Quoi qu'il en soit, le réalisme poétique, comme les genres, a ses conventions, lesquelles interviennent aux niveaux des thèmes (la mort, l'amour, la fatalité, l'échec, le huis clos, l'exil), des décors (la ville, le faubourg, la nuit, la brume, la pluie, pavés humides, rues minables, chambres d'hôtel miteuses), de l'ambiance (morosité, pessimisme, désespoir), des personnages (marginaux et démunis, issus des classes populaires), du style (voir ci-dessous) et même au niveau des acteurs (Jean Gabin, le « héros du cafard »).

Forgée par la critique et retenue par les historiens, l'expression de *réalisme poétique* ne fut jamais employée par les cinéastes eux-mêmes. On l'a trouvée contradictoire: un traitement réaliste ne vise-t-il pas à décrire exactement son modèle, à l'exclusion de toute poétisation? La contradiction n'est pourtant qu'apparente: il suffit de s'entendre sur les mots, et celui de *réalisme* en particulier. Le terme reprend ici une partie du sens qu'il avait en histoire littéraire à partir de 1850. Il s'agissait certes de décrire la réalité, mais *une certaine réalité,* une réalité *choisie:* celle des bas-fonds, de la misère, de l'échec. Le réalisme littéraire s'attardait par prédilection dans certains milieux, ceux-là mêmes où se complaît le réalisme poétique au cinéma. Le réalisme de ces films est donc celui du *sujet,* alors que la poésie appartient au *style.* De là notre définition du courant: *la poétisation par le style d'un sujet réaliste.* Les procédés stylistiques mis en œuvre relèvent de l'éclairage (en clair-obscur), des décors (subtilement schématisés) et des dialogues (discrètement éloquents)[36].

La notoriété du mouvement, sa *présence culturelle,* dépasse de loin ce que laisseraient supposer les quelques films que l'on peut lui attribuer: une vingtaine de titres, tout au plus, dont il faut citer au moins les suivants: *Le Grand Jeu* de Jacques Feyder (1934); *La Bandera* et *Pépé le Moko* de Julien Duvivier (1935, 1936); *L'Hôtel du Nord, Quai des brumes* et *Le Jour se lève* de Marcel Carné (1938, 1938, 1939). Ces deux derniers en particulier ont atteint un statut « mythique » en France comparable à celui de *Casa-*

blanca aux États-Unis. Tout cinéphile américain connaît le toast de Rick (Humphrey Bogart) à Ilsa (Ingrid Bergman): « Here's looking at you, kid. » Dites à son homologue français: « *Quai des brumes,* Gabin à Morgan » et la réplique fusera: « "T'as de beaux yeux, tu sais" — Et Morgan à Gabin? — "Embrassez-moi". »

5.3. Le cas Jean Renoir ➔ Si nous l'avons à peine mentionné jusqu'ici, c'était pour réserver une place à part au plus éminent des cinéastes français des années 30. Avant d'atteindre les sommets il aura fait un long apprentissage, s'essayant dans plusieurs genres, s'inspirant de nombreuses tendances: l'impressionnisme, presque à l'état pur (*La Fille de l'eau,* 1924; *La Petite Marchande d'allumettes,* 1928), l'adaptation réaliste (*Nana,* 1926), le film colonial (*Le Bled,* 1929), et même le comique troupier (*Tire-au-flanc,* 1928). La plupart de ses films muets sont des échecs commerciaux qu'il finance lui-même en vendant les tableaux hérités de son père (Pierre-Auguste, le peintre impressionniste). Il réussit (commercialement) son passage au parlant en 1931 avec *On purge bébé,* une comédie adaptée d'une pièce de Feydau, et *La Chienne,* où se mêlent le comique et le pathétique. Sa future signature stylistique (voir ci-dessous le GROS PLAN) transparaît dans *Boudu sauvé des eaux* (1932), une satire de l'esprit bourgeois qui fera l'objet d'un remake américain en 1986 sous le titre *Down and Out in Beverly Hills.* Entre deux adaptations, de Flaubert en 1934 (*Madame Bovary*) et de Zola en 1938 (*La Bête humaine*), se situe sa période engagée (à gauche) qui produira des films de propagande dont *Le Crime de Monsieur Lange* (1935) est le plus connu.

Les critiques et les historiens se divisent sur la question du chef-d'œuvre: une forte minorité penchent pour *La Grande Illusion,* un film pacifiste de 1937, mais la majorité des suffrages vont à *La Règle du jeu* (1939). Ce dernier connaîtra un sort singulier. Boudé par le public à sa sortie, malmené par la critique, le film sera tronqué par le cinéaste lui-même pour complaire au distributeur. Jugé « démoralisant » au début de la guerre, il est interdit par la censure, française d'abord, puis allemande. Pire encore, une bombe américaine détruit en 1942 le négatif original. Un article qui raconte la malheureuse saga du film jusqu'en 1959 s'intitule sans exagération « Histoire d'une malédiction ». En cette année s'achèvent les travaux de reconstitution et de restauration grâce auxquels le film pourra être apprécié enfin à sa juste valeur. *La Règle du jeu* est aujourd'hui le plus analysé des films français, et selon le *Sight and Sound Top Ten Poll,* l'un des meilleurs de l'histoire du cinéma, tous pays confondus[37].

Gros plan *La Règle du jeu* de Jean Renoir (1939)[38]

Synopsis: André Jurieu, célèbre aviateur, aime Christine, marquise de La Chesnaye, épouse de Robert, marquis de La Chesnaye. Par l'entremise de son vieil ami Octave, André se fait inviter à une partie de chasse dans la propriété de campagne du marquis. C'est là que Christine apprend que son mari la trompe avec Geneviève, avec qui il veut rompre. Entre-temps se nouent des intrigues parmi les gens de service: Schumacher, garde-chasse du marquis, soupçonne le domestique Marceau de courtiser sa femme, Lisette. Tout arrive au paroxysme lors d'une fête costumée; on s'affronte, se poursuit, se bat. Après s'être laissé courtiser par un invité, Christine projette de s'enfuir, d'abord avec André, puis avec Octave. À la suite d'une double méprise, Schumacher, dévoré de jalousie, abat Jurieux d'un coup de fusil. Pour sauver les apparences le marquis maquille le meurte en «déplorable accident». La vie—et le jeu—continuent...

1. S'il est difficile de raconter l'intrigue du film (comme on peut s'en apercevoir à la lecture du synopsis), c'est qu'il y en a plusieurs. *La Règle du jeu* *(RDJ)* est, selon le terme de Renoir, un «film d'ensemble», ou comme nous dirions aujourd'hui, un *film choral*. On désigne ainsi le film sans protagoniste: plusieurs personnages y ont une place importante, mais aucun ne peut être identifié comme le principal[39]. Le choix de cette formule découle du propos du cinéaste: «Il s'agissait [...] d'un film représentant une société, un groupe de personnes, et non pas un cas personnel. [...] Je voulais dépeindre presque toute une classe»[40]. La sociéte en question est «la haute», celle de la grande bourgeoisie dont Renoir fait le portrait afin de la fustiger: «Je voulais faire [...] une critique d'une société que je considérais comme résolument pourrie»[41]. À cette classe Renoir reproche d'assimiler la vie à un jeu dont il importe par-dessus tout de bien connaître les règles: inconscience, frivolité, hypocrisie, souci exclusif des apparences. «Nous jouerons de la comédie, nous nous déguiserons!» s'exclame le marquis (35:54); en annonçant ainsi sa grande fête il décrit parfaitement l'existence que mènent lui et les siens. Cette société «danse sur un volcan», comme aimait le dire Renoir lui-même. Elle s'accroche à son passé en courant à sa perte.

2. Voilà qui est clair. Si maintenant, s'en tenant aux principes de l'analyse *interne*[42], l'on s'interroge non pas sur ce que Renoir avait *voulu* faire mais sur ce qu'il a *fait*, la situation se complique quelque peu. Le film, observe

N. T. Binh, «n'annonce pas clairement son propos»[43] — pas aussi clairement, en tout cas, que Renoir n'annonce le sien. Ce fut aussi l'avis en 1939 de nombre de critiques auxquels la signification du film paraissait pour le moins ambiguë[44]. Ne semble-t-il pas en effet que le film excuse ceux-là mêmes qu'il accuse? Écoutons Octave, par exemple, qui se situe en marge de la classe qu'il fréquente et qui semble de ce fait plus apte à porter sur elle un regard lucide: «Tu comprends, sur cette terre il y a une chose effroyable, c'est que tout le monde a ses raisons» (21:23), ce

qui revient à dire que toutes sont bonnes. Et faire comme Octave l'apologie du mensonge (1:29:56–1:30:11), lequel constitue l'une des règles du jeu qu'il joue lui-même, n'est-ce pas chercher pour les «coupables» des circonstances atténuantes? Le moyen d'incriminer un groupe dont on disculpe individuellement les membres?

3. Mais qu'en est-il de l'autre groupe de personnages, celui auquel appartiennent Lisette, Marceau et Schumacher? Qu'ils soient le reflet symétrique de leurs maîtres est une évidence du film qui ne peut échapper à personne: le parallèle, systématique, s'étend tout au long du film, le repas au sous-sol (36:52–40:25) étant à ce propos particulièrement révélateur, comme le sont les scènes de complicité féminine (5:53–7:25) et masculine (1:07:55–1:09:47). Les serviteurs, tout comme les maîtres, ont leurs conventions et leurs convenances, leurs vices et leurs travers; ils s'appliquent, eux aussi, à bien *jouer le jeu*. Ici les différences le cèdent aux ressemblances, et loin de s'opposer l'une à l'autre, les deux classes se rejoignent dans une humanité commune. Cette conclusion brouille-t-elle le portrait que Renoir voulait peindre? Le film correspond-il à ses intentions?

4. Le style de Renoir se caractérise par un retour (partiel) à certains procédés d'avant 1920. Souvent, au lieu de découper une scène en plusieurs plans d'échelle et d'angle différents, Renoir laisse tourner la caméra pour capter en un seul plan une action continue. Celle-ci se compose typiquement de deux ou de plusieurs actions espacées en profondeur sur lesquelles s'arrête successivement notre attention. Un retour donc au vieux «tableau» de Feuillade? Non, car au plan long et à la composition en profondeur Renoir ajoute la caméra

mobile dont il fait dans *RDJ* un usage génial. Ces trois techniques—plans longs, composition en profondeur[45], caméra mobile—constituent la *signature stylistique* de Renoir. Quelles fonctions servent-elles dans *RDJ*?

- Plans longs composés en profondeur, caméra fixe. Dans la première partie (jusqu'à 35:39) du plan 35:04–36:30, la caméra immobile cadre en premier plan la marquise et Jurieu. Au second plan, encadrés par le couple, Octave et Robert écoutent, visiblement inquiets: Que va-t-elle révéler sur ses rapports avec Jurieu? À l'instant précis où elle prononce le mot *amitié* (35:35), leur inquiétude se transforme en soulagement. En assistant *simultanément* aux deux actions *simultanées* nous comprenons l'une à la lumière de l'autre, et les deux mieux que si elles avaient été montrées successivement. Le cadrage unique que partagent action et réactions nous informe en outre sur Robert et Octave (où se situent-ils par rapport aux « règles »?). Au plan 1:37:36–1:38:07 la même technique s'emploie à d'autres fins. Ici le marquis et Jurieux parlent d'Octave: « Vous pouvez avoir confiance en lui. [...] — C'est un brave type, un très très brave type. — Oh, je sais. [...] J'ai l'impression que je vais commencer à croire à l'amitié. — Octave... tout à fait exceptionnel ». Derrière eux, à l'arrière-plan, le brave type s'apprête à partir en cachette avec la marquise! Dans ce cas la présentation se double d'un commentaire, l'équivalent en images de guillemets ironisants: « Oui, un type "tout à fait exceptionnel" ».
- Plans longs *et mobiles,* composés en profondeur. Un traitement « classique » de la fête aurait *traduit* le désordre en une série de plans et dirigé notre attention d'un personnage à l'autre, nous permettant ainsi de saisir ce qui leur échappe. Renoir préfère *capter* le désordre tel qu'il est vécu par les personnages eux-mêmes. Il multiplie les foyers d'activité dans un seul et même champ, les espace latéralement aussi bien qu'en profondeur, puis les filme avec une caméra hyperactive. De cet enchevêtrement d'images et d'intrigues se dégage une impression confuse *que nous partageons avec les personnages*[46]▶◀.

Il ne s'agit donc pas de retourner à la rigidité du tableau, mais d'en mettre à profit les ressources. Pour André Bazin, Renoir est à ce propos unique parmi les cinéastes des années 30, « le seul dont les recherches de mise en scène s'efforcent [...] de retrouver, au-delà des facilités du montage, le secret d'un récit cinématographique capable de tout exprimer sans morceler le monde, [...] sans en briser l'unité naturelle »[47].

6. Le cinéma sous l'Occupation (été 1940–été 1944)

En mai 1940, après huit mois d'une guerre sans combats — « la drôle de guerre » — les forces allemandes passent à l'attaque. Cinq semaines plus tard Paris est occupé. Le territoire national sera bientôt coupé en deux: la zone occupée, comprenant le Nord et l'Ouest du pays, et la zone sud ou « libre » (ainsi appelée par un euphémisme de l'armistice). Paris restera la capitale de la zone occupée, alors qu'en zone sud le gouvernement du nouvel « État français », présidé par Philippe Pétain, siège à Vichy. Deux ans plus tard la zone sud « libre » sera occupée à son tour.

En août 1940, deux mois après la cessation des combats, la production cinématographique reprend timidement en zone sud, et l'année suivante en zone occupée. C'est un cinéma amputé d'une partie de son corps professionnel: les Juifs en sont exclus dès octobre 1940, et nombre de réalisateurs et d'acteurs se sont exilés à l'étranger, comme Jean Renoir et Marcel Dalio (le marquis dans *La Règle du jeu*) à Hollywood, et Jacques Feyder en Suisse, pour ne mentionner que trois exemples en rapport avec nos GROS PLANS.

Comment caractériser ce cinéma qui renaît sous la botte allemande? Pour le grand public de l'époque il s'agissait bien moins d'une renaissance que d'une *reprise,* les nouveaux films étant, selon Jacques Siclier, « tout simplement la continuation du cinéma français des années 30 »[48]. Si tel est en effet le consensus parmi les spécialistes de l'époque, les mots « tout simplement » doivent tout de même nous imposer quelques réserves. Le cinéma des années 1940–1944 présente certaines spécificités liées directement ou indirectement à l'influence de la censure. Prolongement du cinéma d'avant, il s'en distingue par une série d'*absences.*

Est interdite, par exemple, toute référence aux dures réalités de la vie quotidienne: disettes, rationnements, humiliations. Interdite également: toute évocation de la situation où se trouvait la France défaite et occupée. Parmi les myriades de soldats allemands qui se promenaient *ad libitum* dans les rues de Paris, qui se prélassaient sur les terrasses des cafés, qui empoisonnaient de leur ubiquité la vie de la capitale, pas un seul ne se laisse entrevoir dans aucun plan tourné à l'époque. Occupation? Quelle occupation?

Faire comme si de rien n'était — telle est la règle qu'apprit à ses dépens Fernand Rivers à la sortie en 1941 de son film au titre suspect: *L'An 40.* Sur cette année éponyme — celle, évidemment, de la débâcle militaire — Rivers avait eu l'idée de broder une *comédie.* Le film raconte l'histoire d'un couple bourgeois réfugié dans son château au fin fond du Périgord. À l'approche des troupes allemandes ils envoient tous leurs meubles en Bretagne afin de les mettre à l'abri. Réduits ainsi à mener une vie « primitive » — couchant par terre, faisant tirer leur Rolls Royce par des chevaux, etc. — ils se découvrent plus heureux que jamais! Le film se terminait sur un échange entre châtelain et châtelaine: « On ne dira plus: "Je m'en fiche comme de l'an 40" — Mais si, bientôt la France saura se redresser magnifiquement et, dans quelques mois, on pourra redire: "Je m'en fiche comme de l'an 40" »[49]▶▶|. Le comique du calembour semble avoir échappé à la censure, qui interdit le film après une seule projection et ordonna la destruction de toutes les copies. Dans ce cas les censeurs rivalisèrent d'absurdité avec le film lui-même, lequel avait — d'après ce que nous en savons (peu de chose, à vrai dire) — tout pour plaire à Vichy: relativisation de la défaite, certitude d'un redressement national, valorisation du « retour à la terre », pilier de l'idéologie vichyssoise...

Au comique troupier, naguère si florissant (voir §5.1), on reproche maintenant son irrespect à l'endroit des institutions en général et des forces armées en particulier. Aucune comédie militaire ne sera donc tournée pendant l'Occupation, et celles des années 30 sont interdites. Le réalisme poétique (voir §5.2) est déclaré coupable de pessimisme démoralisant; on va jusqu'à imputer au mouvement d'avoir contribué à la défaite. Ainsi sont à leur tour bannis des écrans *Quai des brumes* et *Le Jour se lève,* parmi d'autres. Les nouvelles productions dramatiques tourneront plutôt au mélodrame édifiant, car « un film doit servir avant tout le pays et porter [...] le message de la France nouvelle »[50].

Comment, dans ces conditions, faire preuve de résistance? montrer à l'écran son opposition au régime? *Indirectement, en cachant son message derrière des symboles:* telle sera, à la Libération, la réponse « officielle ». Ainsi s'expliquerait la sur-représentation des genres fantastique et historique dans les films de l'époque: plus on s'éloigne du réel et de l'actuel, plus il est facile d'échapper à la vigilance des censeurs[51]▶▶|. Examinons brièvement à l'œuvre cette « résistance allégorique » dans un film à succès de chacun de ces genres: *Les Visiteurs du soir* (Marcel Carné, 1942) et *Pontcarral, colonel d'Empire* (Jean Delannoy, 1942).

L'action des *Visiteurs du soir* se passe au XVᵉ siècle. Le diable envoie sur Terre un couple de serviteurs, Gilles et Dominique, chargés de semer le malheur parmi les humains. Ils arrivent donc au château du baron Hugues qui vient de célébrer les fiançailles de sa fille Anne. Gilles essaiera de brouiller les fiancés en séduisant Anne; Dominique se chargera du baron et de son futur gendre. Dominique parvient à ses fins, mais Gilles tombe amoureux de celle qu'il devait corrompre, comme elle, de lui. Survient alors le diable, contrarié dans son noir dessein. Il tente de séparer Anne et Gilles... en vain! Dépité, il les transforme en statues. C'est pourtant lui qui est vaincu et non les amoureux: « Mais c'est leur cœur que j'entends, leur cœur qui bat, qui ne cesse de battre... ».

L'amour est donc plus fort que le mal et la mort? Oui, bien sûr, mais cette lecture littérale n'épuisait apparemment pas le sens du film: en dessous se cachait une allégorie politique qui ne pouvait échapper aux Français de l'époque. Le diable, c'est Hitler; Gilles et Dominique sont les troupes allemandes (ou bien: Gilles est le collaborateur qui a vendu son âme mais qui se rachète à la fin); les amants pétrifiés, c'est la France opprimée qui aspire à la liberté, etc. Ainsi Carné et Prévert (le scénariste), maîtres du réalisme poétique — si noir, si pessimiste et maintenant si *verboten* (*Quai des brumes, Le Jour se lève*) — ont-ils trouvé le moyen de faire passer un message de résistance et d'espoir sous le nez et à la barbe des censeurs allemands!

Cette tradition édifiante, longtemps la seule interprétation « historiquement correcte », fut commentée en 1981 par Jacques Siclier (qui avait vécu l'époque): « Il ne faut pas prendre ces billevesées au sérieux! »[52]. Depuis lors, critiques et historiens se sont permis quelques questions. En effet, l'évidence des allusions politiques semble avoir été un article de foi proclamé à la Libération, et qu'aucun témoignage des années 1942–1943 ne vient confirmer, ni même aucun témoignage *ultérieur* à propos de ces années. N'est-il d'ailleurs pas étrange que la dimension politique attribuée au film ait pu se révéler aux seuls Français et se dérober aux censeurs allemands? À ces derniers, dira-t-on, auraient échappé certaines subtilités de la langue française. Mais en zone sud, aucun des censeurs vichyssois — bien plus répressifs que leurs homologues allemands et *tout aussi français que les spectateurs* — ne s'opposa au film. La presse collaborationniste, insensible aux profondeurs allégoriques du film, fut unanime à le louer... pour sa valeur esthétique. Notons enfin que Prévert lui-même semble avoir été loin de songer à mettre dans *Visiteurs* ce que l'on a voulu y trouver[53].

Pontcarral, colonel d'Empire raconte l'histoire d'un ancien officier des armées napoléoniennes qui s'oppose, en 1815 et par la suite, à la restauration de la monarchie bourbonne. Fidèle à la personne de l'empereur et aux idéaux de l'Empire, réfractaire à toute compromission, le héros *résiste* au régime en place. Comment dès lors ne pas l'assimiler à la Résistance, et Louis XVIII à Pétain? Ce symbolisme facile se heurte cependant à certaines réalités tenaces. À l'époque de l'immense succès du film, il est probable qu'une majorité des Français soutenaient encore Pétain et n'auraient pas songé à voir en lui un Louis XVIII. D'ailleurs, le régime de Vichy idéalisait l'empereur et l'Empire au nom desquels Pontcarral s'oppose à Louis XVIII. Alors, un film pro-Vichy? Certains sont allés jusqu'à l'affirmer[54].

Bien des films de l'époque présentent pareille ambiguïté, laquelle, à la vérité, appartient plus à l'époque qu'aux films. Le moyen d'éviter cette conclusion lorsqu'un seul et même film est sollicité dans deux sens opposés? Les critiques vichyssoise et résistante se rivalisent d'admiration pour *Le Ciel est à vous* (Jean Grémillon, 1944), histoire édifiante d'une aviatrice courageuse qui établit un record de distance. Les deux camps tentent de récupérer le film, et ils le font *en y louant les mêmes valeurs* — parfois *dans les mêmes termes* (« santé morale »)[55]. Il en est de ces films comme de la fameuse auberge espagnole: on n'y trouve que ce qu'on y apporte. Et parmi les deux cent vingt films français produits sous l'Occupation, nul n'est plus « auberge espagnole » que *Le Corbeau* de Henri-Georges Clouzot.

Admiré et vilipendé à sa sortie en 1943, *Le Corbeau* sera interdit à la Libération. Comme le film était sorti des studios de la Continental-Films, une société de production créée et financée par les Allemands[56]▶▶, et qu'en outre il semble médire de « la France profonde », on reprochera à l'équipe de réalisation d'avoir servi les intérêts de l'occupant. Pierre Fresnay (Germain) et Ginette Leclerc (Denise) connaîtront la prison. Micheline Francey (Laura) ne pourra pas tourner pendant un an. Même Liliane Maigné (la petite Rolande) reçoit une réprimande. Quant à Clouzot, il se voit infliger, avec son scénariste Louis Chavanche, une suspension professionnelle à vie[57]▶▶.

À partir de 1947, une fois levée l'interdiction et apaisées les rancunes des « années noires » (1940–1944), le film pourra prendre peu à peu sa place — une place que nul aujourd'hui ne lui conteste — parmi les plus grands films du cinéma français.

GROS PLAN *Le Corbeau* **de Henri-Georges Clouzot (1943)**[58]

Synopsis: Une avalanche de lettres anonymes, toutes signées « le corbeau », s'abat sur la petite ville (fictive) de Saint-Robin, semant le trouble parmi les habitants. Si aucun des notables n'est épargné, l'anonymographe semble viser en particulier le docteur Germain, un homme hautain qui vit en marge de la sociéte saint-robinienne. Quand un jeune cancéreux se suicide après avoir reçu une lettre lui révélant la gravité de son mal, la suspicion porte sur une infirmière. Elle est arrêtée mais les lettres continuent. Secondé par son confrère psychiatre et graphologue, le docteur Vorzet, Germain tâche d'identifier l'auteur des lettres. Plusieurs faux coupables sont soupçonnés puis innocentés, mais à la fin c'est la mère du suicidé qui trouve le coupable et qui se venge en l'égorgeant... c'était le docteur Vorzet!

Hypothèse de travail: Si l'on s'en tient aux *réactions qu'il suscite,* le plan 31:40–31: 58 se présente comme une *mise en abyme* (ou *en abîme*). On appelle ainsi un élément qui reproduit, mais en plus petit, le tout dont il fait partie: dans un récit, par exemple, un événement qui résume toute l'histoire, ou dans un tableau, une image diminutive de l'ensemble. À partir de 31:47, Vorzet sorti du champ, on ne voit plus de lui qu'une ombre projetée sur le mur. Pour certains spectateurs il semble y avoir quelque chose d'étrange et de menaçant dans cette forme mouvante séparée de son corps. (Comme l'est parfois l'apparence du réel?) D'autres y reconnaissent clairement le profil d'un oiseau—d'un *corbeau!* Mais d'autres encore n'y voient que les évolutions d'une silhouette: ni symbole donc, ni indice. L'ombre de Vorzet ressemble aux taches de Rorschach et le plan, à un test projectif. Il en va ainsi du film entier: les critiques y voient ce qu'ils y ont projeté. Que l'on en juge par l'échange suivant où T. soutient la Thèse: « *Le Corbeau* est un film anti-Vichy, un film de résistance », alors qu'A. défend l'Antithèse: « *Le Corbeau* est un film de propagande pro-Vichy et/ou pro-allemande, un film collaborationniste ».

T: Un film anti-Vichy, un film de résistance, certainement. Mais il ne s'agit pas d'une al- légorie comme *Les Visiteurs du soir,* film à clé où l'on cherche les symboles de l'occupant et de l'occupé. Non, cette fois il s'agit, selon Evelyn Erhlich, d'« un assaut frontal des bastions de Vichy »[59]. C'est aux *piliers idéologiques* du régime que Clouzot s'attaque, et qu'il s'attaque *directement*. Première cible: *Kirche, Küche und Kinder* (l'église, la cuisine et les enfants), triade du Reich adoptée par Vichy. La place de la femme est au foyer et son devoir est de procréer, car la France, pour renaître de ses cendres, a besoin d'enfants[60]▶. Or aucun des principaux personnages féminins du *Corbeau* n'est mère, et presque tous travaillent, y compris la petite Rolande. Tous, ou presque, sont plus ou moins pervers derrière leur vertu de façade. Denise, seule exception, représente l'inverse: «officiellement» immorale, elle cache, sous les dehors d'une «petite grue» (6:53), une nature foncièrement bonne; c'est une «traînée» (52:42) au cœur d'or. Parmi les personnages masculins, tous sont corrompus ou lâches, à l'exception du docteur Germain, homme probe, incorruptible, parfois sympathique... qui n'aime pas les enfants! D'ailleurs l'enfance et l'adolescence, ces deux espoirs de la Révolution nationale de Pétain, ne se présentent pas sous un jour particulièrement favorable, si l'on doit en juger par la petite menteuse de la cour de récré (37:18–37:44) ou par Rolande (voir surtout 38:00–39:13). À l'athéisme de Germain s'opposent des croyances et des pratiques constamment tournées en ridicule: le zélateur du guichet («Chaque feuille de timbre, c'est un petit Chinois sauvé du paganisme!», 16:40–16:49); la foi cynique de Vorzet qui «croit» par prudence («Dans l'incertitude je prends une assurance: ça coûte si peu»[61]▶, 54:28–54:44), pour ne citer que deux exemples. Le Centre catholique notait les films à leur sortie selon un barème allant de 1 («pour tous») à 6 («à rejeter: film essentiellement pernicieux»); la note du *Corbeau:* 6. Deuxième cible: les notables. «Le régime nouveau sera une hiérarchie sociale. [...] L'autorité est nécessaire pour sauvegarder la liberté de l'État»: ainsi déclare en 1940 le maréchal Pétain, chef de l'État français. S'en prendre aux notables, détenteurs du pouvoir et symboles de l'autorité—qu'il s'agisse du maire, du substitut (du procureur), du sous-préfet ou des sommités du corps médical—c'est donc attenter au principe même du régime. Troisième cible: la délation. Clouzot présenta comme ignoble une pratique qui atteignait en 1943 son apogée. Pendant l'Occupation la police et la Gestapo reçurent environ *quatre millions* de lettres anonymes sur lesquelles elles comptaient pour trouver opposants et indésirables. En dénonçant ouvertement la dénonciation anonyme Clouzot fit *acte de résistance.*

A: Brillante analyse, et qui serait concluante si seulement vous n'aviez pas oublié la fin du film! Vous semblez ne pas avoir remarqué que Germain finit par se convertir aux valeurs familiales de Vichy (1:28:33–1:29:11). Pour lui jusque là, la vie de la mère primait celle de l'enfant si un choix s'imposait lors d'un accouchement difficile; aussi blâmait-il l'«imbécile» qui, «homme de devoir», avait voulu sauver à tout prix son enfant et qui avait «tué à la fois la mère et l'enfant» (1:03:42). Maintenant Germain estime que l'accoucheur « n'était pas aussi coupable » qu'il ne l'avait jugé. Il va jusqu'à dire à Denise qu'il la tuerait «peut-être» pour sauver l'enfant qu'elle porte—enfant dont à présent il avoue *avoir besoin*. En ouvrant la fenêtre aux «piaillements» qu'auparavant (à 10:60) il trouvait insupportables, il résume la morale de l'histoire: «On ne peut pas sacrifier l'avenir au présent.» On ne saurait imaginer un revirement plus complet, ni une adhésion plus nette à la propagande nataliste de Vichy. Autre chef d'accusation: la leçon de relativisme moral enseignée par Vorzet (1:12:56–1:13:47) et qui semble bien figurer dans la conversion de Germain. Aux collaborateurs qui par intérêt avaient transigé avec leur conscience, qui avaient consenti par bassesse à mille compromissions, le film permettait de se juger désormais avec moins de sévérité: «Où est la frontière du mal? Savez-vous si vous êtes du bon ou du mauvais côté?» (1:13:30). Les choses sont plus compliquées qu'elles ne paraissent à première vue, semble dire Clouzot, et les choix moraux sont toujours ambigus. *Il faut toujours faire la part des circonstances*[62]. N'oublions pas pour clore, puisqu'il s'agit de *circonstances,* celles de la France en 1943. Le film peignait un portrait moral si noir, si infamant que la thèse allemande de la dégénérescence de la France devait s'en trouver renforcée (thèse, soit dit en passant, admise par Vichy). «En temps de combat, choisir de montrer, de son pays, le pire et avec la subvention de l'ennemi, c'est réjouir et servir les desseins de l'ennemi»: pour le résistant Joseph Kessel qui écrit ces mots en 1947, le film est un acte de trahison[63].

Entre la Thèse et l'Antithèse, une synthèse est-elle possible? Bien hardi qui s'y risquerait! Nous nous contenterons ici de relever certaines des considérations avancées à l'appui de l'Antithèse. 1° Méfions-nous de la «conversion» de Germain. Cette volte-face inattendue, mal préparée par les événements antérieurs, a tout d'une morale «plaquée», ajoutée pour complaire à la censure. 2° Quant à l'accusation de «propagande anti-française», un carton post-générique semble l'infirmer d'avance: «Une petite ville, ici [en France] ou ailleurs». L'inscription n'insiste-t-elle pas sur l'*universalité* du portrait? Il s'agirait moins du caractère national que de la nature humaine. 3° La mention d'une «subvention de l'ennemi» fait allusion à la Continental-Films, société de production française *à capitaux allemands*. Mais pour avoir autorisé le tournage d'un film contre la délation, la direction de la Continental dut subir les foudres de la Gestapo. Quant à Clouzot, il fut mis à la porte.

Épilogue: Depuis 1943, grâce à la notoriété du film, *corbeau* désigne familièrement un auteur de lettres ou d'appels téléphoniques anonymes.

7. L'après-guerre et les années 1950

Malgré tout — persécutions, interdictions, pénuries, tracasseries — le ci-néma français connaît sous l'Occupation la période la plus prospère de son histoire. En 1943 la fréquentation des salles atteint un niveau record, et les recettes moyennes du film français sont le *triple* de celles d'avant-guerre. Ce paradoxe s'explique par un concours de plusieurs facteurs dont le principal est *l'absence de toute concurrence américaine.* Les films américains sont interdits en zone occupée dès juin 1940, et en zone sud à partir d'octobre 1942, ce qui conférera au cinéma français un quasi-mono-pole du marché intérieur (la seule concurrence étant allemande ou ita-lienne).

7.1. La concurrence américaine ➜ Une fois partis les Allemands, Hollywood entreprendra la reconquête de sa part historique du marché français. Au début les importations sont relativement peu nombreuses: quelques dizaines de films à Paris en 1944. En 1945 la part française du marché intérieur tombe à 40% (elle était de 65% avant la guerre), et la majorité des films projetés sont américains. L'afflux s'accroît en 1946 après l'entrée en vigueur d'accords franco-américains éliminant tout contin-gentement des films importés[64]➤➤. Le résultat, prévisible et prévu: la pro-duction française descend en 1947 jusqu'au niveau inquiétant de 71 films, moins qu'en 1943 et bien moins qu'avant la guerre, alors que la fréquenta-tion des salles atteint un niveau record (et inégalé encore aujourd'hui) de *424 millions de spectateurs* — venus voir, bien entendu, la production d'outre-Atlantique. La critique se dépense pour les en dissuader, mais rien n'y fait: on s'obstine à préférer le « cinéma commercial » des libéra-teurs. Pour les producteurs français l'Occupation commence à prendre les allures d'un paradis perdu (du seul point de vue du box-office, cela s'entend). On évoque la fin prochaine du cinéma français, incapable de résister au rouleau compresseur de Hollywood. Sur l'initiative d'un Co-mité de défense du cinéma français, plusieurs milliers de manifestants descendent dans la rue, menés par une poignée de vedettes (Simone Signoret et Jean Marais sont du nombre). L'Amérique est devenue la nou-velle envahisseuse; il faut la bouter dehors...

La réaction du gouvernement ne se fera pas attendre. En 1948 intervi-endront deux décisions déterminantes. 1° Le contingentement des films américains est rétabli et fixé à 120 films par an. 2° La création d'un « fonds d'aide temporaire à l'industrie cinématographique » marque le début d'un système de soutien étatique[65]▶|. Ces deux dispositions seront souvent retouchées par la suite, sans pourtant que leur principe soit jamais mis en question. Tout au long des années 50 et jusqu'à nos jours l'aide financière de l'État assurera la survie du cinéma français — un cinéma désormais *protégé* et *subventionné*.

7.2. Cinéma « du sam'di soir » et cinéma « de la qualité » → Quel sera ce cinéma de l'après-guerre et des années 50? À s'en tenir au seul box-office, c'est la comédie populaire qui prédomine largement. Parmi les plus gros succès du genre citons *Coiffeur pour dames* (1954), *La Vache et le prisonnier* (1959) et la série des *Don Camillo* (*Le Petit Monde de Don Camillo, Le Retour de Don Camillo, La Grande Bagarre de Don Camillo,* 1952, 1953, 1957). Ces exemples ont en commun, et ce n'est pas un hasard, d'être des « films de Fernandel ». L'expression signifie par exception que l'acteur tient le rôle principal *et peu importe le réalisateur,* ce qui en dit long sur la notoriéte de Fernandel et sur « ses » films.

La comédie militaire, où Fernandel s'était rendu célèbre dans les années 30 (voir §5.1), revient en force. Ce sous-genre de la comédie populaire avait été interdit sous l'Occupation pour cause d'irrespect envers les institutions (voir §6), et sa nouvelle vogue quelques années après la débâcle de 1940 a de quoi surprendre. En 1950 Fernand Rivers — celui-là même qui s'était moqué de « l'an 40 » (voir §6) — ouvre la série avec un deuxième remake de *Tire au flanc* (dont la première version de Jean Renoir date de 1928), mais le grand spécialiste du genre est Émile Couzinet à qui le public doit *Trois Marins dans un couvent, Trois Marins en bordée, Trois Jours de bringue à Paris, Mon Curé champion du régiment...*

La comédie populaire avait beau être la reine des recettes, on savait qu'elle ne suffisait pas pour assurer le salut du cinéma français. Dans le contingentement annuel de films américains ne figuraient pas seulement des farces d'Abbott et Costello, dont la production française n'avait évidemment rien à craindre: il y avait aussi *Sunset Boulevard, All About Eve, Winchester '73, High Noon, Shane, Singin' in the Rain, The Seven-Year Itch, Some Like It Hot, Stalag 17, Ben Hur, The Ten Commandments, Picnic, The Old Man and the Sea* et nous en passons, signés de noms parmi les plus illustres: DeMille, Donen, Logan, Mankiewicz, Mann, Stevens, Sturges, Wilder, Wyler, Zinnemann... Qu'ont en commun ces films? Tous relèvent du cinéma « haut de gamme », des deux points de vue du *budget* et de la *qualité,* et tous figurent parmi les plus gros succès de la décennie. Ces films ciblaient en France un public hétérogène composé non seulement de spectateurs cultivés et de cinéphiles enragés, mais aussi d'une partie non négligeable de ceux qui faisaient le succès des « films de Fernandel ». Il s'agissait d'un marché important sous le double rapport de la réputation et des recettes, un marché dont les producteurs français n'entendait pas céder le monopole aux Américains. La France avait donc besoin, elle aussi, d'une production de prestige capable de soutenir la comparaison avec les meilleurs films de Hollywood. En d'autres termes, il fallait en France une « tradition de la qualité ». De cette expression forgée en 1953 l'histoire a retenu surtout le sens dépréciatif qu'elle devait prendre par la suite (voir §8), mais à l'époque elle désignait, sans aucune connotation négative, le cinéma français de prestige, celui qui brillait aux festivals internationaux et que la critique jugeait digne de son attention.

Comment caractériser ce cinéma? Il ne s'agit pas d'un genre, bien que les films soient majoritairement *de genre*. Il ne s'agit pas non plus d'un mouvement, ni surtout d'une école: les cinéastes de la Qualité ne partagent aucune doctrine, ne suivent aucun chef. Au terme de *tradition* substituons celui, certainement plus juste, de *courant*. Les films qu'il est convenu d'y rattacher présentent des caractères communs imposés par la conjoncture cinématographique.

- Pour rivaliser *en recettes* avec le cinéma américain, le cinéma de la Qualité, quel qu'en soit le pédigree littéraire et malgré les apparences parfois trompeuses, se propose moins d'instruire ou d'édifier que de *divertir*. De là l'importance du spectacle, de l'image bien composée, de la beauté surtout des visages et des corps; de là aussi l'idée courante qui réduit les films de cette tendance à des *vitrines pour vedettes*.
- Mais il s'agit également de rivaliser *en qualité* avec les « A-movies » hollywoodiens [66]▶▶. Tout ce qui en fait la force doit donc se retrouver dans son équivalent français: le métier, l'exécution, la maîtrise technique.
- *Partout présent, visible nulle part* — tel est le style du film bien fait, la meilleure technique étant « celle qui ne se voit pas ». L'esthétique prédominante est celle de la transparence. Corollaire: Le réalisateur doit s'effacer devant l'histoire qu'il raconte, renonçant à y chercher l'occasion d'exprimer sa « vision du monde », son « regard personnel », ses « hantises existentielles ». Il ne « signe » pas son film. Le cinéma de la Qualité est une affaire d'artisans et non d'artistes. Il exclut donc les « auteurs » tels que Jacques Tati, Robert Bresson et Jean Cocteau.
- Comme il serait imprudent, pour ne pas dire trop cher, d'imiter les Américains dans le choix des sujets, le cinéma de la Qualité préfère jouer la carte de l'adaptation. Transposer à l'écran une œuvre littéraire

française présente le double avantage de raconter une histoire connue et d'imprimer au film un cachet culturel. Le travail de la transposition incombe au scénariste: c'est donc lui, et non le réalisateur, qu'il faut considérer comme le véritable *auteur* du film.

Parmi les nombreux cinéastes régulièrement associés au courant de la Qualité française, mentionnons Claude Autant-Lara (*Le Rouge et le noir*, 1954, d'après Stendhal; *Le Blé en herbe*, 1954, d'après Colette; *Gervaise*, 1956, d'après Zola) et René Clément dont nous présentons *Jeux interdits* en GROS PLAN.

Jeux interdits est non seulement l'un des films les plus primés de la décennie (Oscar du meilleur film en langue étrangère, Lion d'Or du Festival de Venise, Bodil du meilleur film européen, entre autres), mais aussi l'un des plus grands succès internationaux. Aucun autre film ne combine à tel point le prestige et la popularité. De facture classique, adapté d'une œuvre littéraire, scénarisé et dialogué par Jean Aurenche et Pierre Bost, duo emblématique du cinéma de la Qualité, le film avait tout en 1952 pour représenter « une certaine tendance du cinéma français »... tout, sauf les vedettes. Exceptionnel à cet égard parmi les films du courant, *Jeux interdits* ne comptait aucun grand nom dans sa distribution. Lacune vite comblée: au lendemain de la première au Festival de Cannes, une nouvelle étoile monta au firmament. Elle s'appelait Brigitte Fossey et elle avait cinq ans.

GROS PLAN *Jeux interdits* de René Clément (1952)[67]

Synopsis: En juin 1940 Paulette, cinq ans, et ses parents fuient la capitale devant l'avance des troupes allemandes. Seule de sa famille à survivre à une rafale d'avion mitrailleur, elle erre dans la campagne, son chien mort serré dans ses bras, avant d'être recueillie par une famille de paysans. Entre elle et le cadet Michel, onze ans, se lie aussitôt une amitié profonde. En aidant Paulette à enterrer son chien Michel a l'idée de faire un cimetière d'animaux: « C'est là qu'on met les morts pour qu'ils soient tous ensemble, pour pas qu'ils s'embêtent, » explique-t-il. Ainsi naît une obsession partagée. Le cimetière accueille bientôt d'autres animaux (dont quelques-uns tués par Michel) et s'orne de croix volées. Les parents de Michel ayant imputé les vols aux voisins, la situation s'envenime jusqu'à ce que Michel soit identifié comme le vrai coupable. C'est alors que les gendarmes arrivent pour emmener Paulette à la Croix-Rouge. Les deux amis sont séparés; Paulette est destinée à un orphelinat.

1. La satire de la paysannerie ➔ La plupart des critiques ont relevé, certains pour la dénoncer, la peinture peu flatteuse, voire caricaturale des Dollé et des Gouard. Aucun stéréotype n'y manque: la saleté (la mouche dans le lait, 17:30), la bêtise (« Pas de veine, ils me suivent, » 47:25), la superstition (« Tu fais des croix dans la maison d'un malade! Tu veux le faire mourir? », 36:05), la brutalité (35:45, 1:18:17–1:19:13), la mesquinerie (15:36–16:12), la querelle permanente entre voisins... De ces parfaits rustres seul Michel semble se démarquer aux plans moral et intellectuel: il éprouve pour Paulette un sentiment auquel sa famille est étrangère, et il sait parvenir à ses fins en manipulant son père dont il a deviné la motivation (15:36–16:12). Cependant, comme l'écrit Max Egly, « il est à peu près certain qu'à dix-huit ans Michel ressemblera à ses grands frères »[68].

2. L'anticléricalisme ➔ La religion officielle, coquille vide, se réduit systématiquement à ses formes extérieures auxquelles ne semble correspondre aucune croyance intime. Comme les prières psalmodiées de Michel ou sa génuflexion machinale à la porte de l'église (52:22), les pratiques du culte sont des gestes dépourvus de sens. Ainsi, dans la scène de la rencontre de Paulette avec le curé (28:45–29:45), est-il question surtout d'imiter, de répéter, de bien apprendre son catéchisme. L'hypocrisie des « croyants » va parfois jusqu'au cocasse: « J'y crèverai la paillasse[69] s'il [Gouard] continue, parce que moi, je respecte les morts! » (55:57), crie le père Dollé au curé, tout en remplissant de terre la fosse où vient de descendre son fils.

3. Le « thème » ➔ Nous guillemetons pour prendre nos distances par rapport à l'interprétation officielle du film, énoncée dès la bande-annonce en 1952: « le monde merveilleux et pur de l'enfance ». La même année le film obtint le Lion d'Or du Festival de Venise avec cette mention spéciale: « Pour avoir su élever à une singulière pureté lyrique [...] l'innocence de l'enfance au-dessus de la tragédie [...] de la guerre »[70]. Depuis lors on répète en chœur que le film oppose fondamentalement l'innocence enfantine à la corruption adulte. À cette image d'Épinal, édifiante et jolie, quelques évidences du film viennent contredire. Il y a par exemple quelques ombres au tableau en ce qui concerne Michel, ce maître dissimulateur qui, sans avoir été en rien traumatisé

par la guerre, *tue* certains des animaux qu'il destine au cimetière. Le cas de Paulette est plus complexe. C'est pour elle que Michel a conçu le cimetière, pour elle aussi qu'il l'agrandit et le décore à mesure qu'elle se fait plus exigeante, pour elle enfin qu'il se fait punir. Peter Mathews voit en Paulette «une version diminutive de la femme fatale des films noirs, une "fillette fatale" aux yeux de velours énormes et liquides, qui en battant des cils incite le héros ensorcelé aux actes de plus en plus sanguinaires — avec cette différence près qu'elle n'a rien d'une mauvaise graine sortie d'un film d'épouvante; bien au contraire, elle se présente comme une bambine tout ce qu'il y a d'ordinaire »[71]. Un demi-siècle après le tournage Brigitte Fossey (Paulette) a souligné le côté « monstrueux » (c'est son mot) du petit ange dont elle avait joué le rôle[72]. L'ironie de ces deux portraits d'enfant n'aurait pu échapper à personne, estime Mathews, si Clément n'avait supprimé au montage un prologue et un épilogue d'une mièvrerie à la limite du supportable[73]. Il n'en reste, dans la version définitive, que ce livre dont une main tourne les pages pour nous montrer le générique et pour nous annoncer la « Fin »[74].

4. Vous avez dit réaliste? → Parmi les nombreux adjectifs qui pourraient s'employer pour décrire les scènes de l'exode[75] (2:44–10:37), *réaliste* n'est pas de ceux qui nous viendraient spontanément à l'esprit. Et cependant, la critique de 1952 fit chorus pour louer le « réalisme » de cette séquence. Certes, la notion de réalisme n'a rien d'absolu: chaque époque a, en la matière, ses règles et ses normes. Cela dit, sur les écrans français de 1952 il n'était pas interdit de montrer le sang — ce sang dont il est à supposer qu'au moins quelques gouttes auraient coulé sur les corps des parents, atteints tous les deux d'une balle de gros calibre, comme d'ailleurs le chien[76]. Et cette rafale dont la traînée s'approche sur le pont à 25 ou 30 km/h (6:30–6:35)... *tirée par un bombardier en vol*. Initiée au *mystère* de la mort — comme semble nous l'indiquer l'affiche publicitaire collée sur le parapet du pont (7:03–7:10) —, Paulette constate en lui tâtant la joue que le corps de sa mère s'est refroidi... *en dix-huit secondes*[77].

Et ainsi de suite. Alors, *réaliste?* Il doit y avoir quelque *mystère* là-dessous (nous revenons à l'affiche du pont)[78] ▶▶|.

5. La musique → Aujourd'hui sa notoriété dépasse celle du film lui-même. Nombreux sont ceux qui, sans avoir jamais vu *Jeux interdits*, reconnaissent instantanément l'air intitulé *Romance* sur la bande originale (entendu pour la première fois à 23:00, à l'instant où Michel demande: «Tu dors?»)[79]. En s'associant avec insistance à la petite Paulette, ce leitmotiv musical — comme celui, purement visuel, de la lumière — participe de l'essence même du personnage.

8. La Nouvelle Vague: 1959–1962

C'est en 1953, dans un article de J.-P. Barrot intitulé «Une tradition de la qualité»[80], que fut consacré le label de «Qualité». Il s'agissait pour Barrot d'un terme laudatif désignant les films français haut de gamme, ceux qui pouvaient en même temps obtenir un prix et remplir une salle.

Une fois baptisé, ce cinéma s'offrait comme cible et la fusillade ne se fit pas attendre. François Truffaut ouvrit le feu dans un article dont il serait difficile de surestimer l'importance: «Une certaine tendance du cinéma français»[81]. La «tendance» du titre est justement «ce que l'on a joliment appelé la Tradition de la Qualité». Parmi les cinéastes incriminés figurent en première place René Clément et ses *Jeux interdits*. L'article eut un retentissement immédiat et profond. Non pas que la Tradition mourût sur le coup, bien au contraire: le cinéma qui s'en réclamait avait encore de beaux jours devant lui. Mais il semblait désormais impossible d'en parler sans les guillemets ironisants. Du jour au lendemain la connotation s'était inversée.

Qu'est-ce que Truffaut reproche aux films de la Tradition? Au fond, de ne pas être l'expression personnelle de leurs réalisateurs. Malgré leurs différences de sujet et de genre, Truffaut trouve dans ces «entreprises strictement commerciales» un air de famille qu'il attribue aux scénaristes dont elles sont essentiellement le produit. Le cinéma de la Qualité est pour Truffaut un «cinéma de scénaristes». En effet, la majeure partie de son article est un réquisitoire contre les incontournables Aurenche et Bost, scénaristes attitrés de la Tradition (et des *Jeux interdits*): «Lorsqu'ils remettent leur scénario le film est fait; le metteur en scène, à leurs yeux, est le monsieur qui met des cadrages là-dessus... et c'est vrai, hélas! » Truffaut appelle de ses vœux un *cinéma d'auteur* — au sens et pour les raisons expliqués au Chapitre 2 —, citant en exemple Jean Renoir, Abel Gance, Jacques Tati et Jean Cocteau.

D'autres voix devaient bientôt s'ajouter à celle de Truffaut pour dénoncer la sclérose du cinéma français. « On fabrique un produit qui est toujours le même, » proclama-t-on aux *Cahiers du cinéma* qui réunissait l'avant-garde critique de l'époque[82]. C'est aux *Cahiers* qu'avait paru en 1954 l'article de Truffaut et c'est là qu'en 1957 Jacques Rivette, futur cinéaste comme Truffaut, dénonça comme lui l'*académisme*[83] d'un cinéma commercial « purement basé sur l'offre et la demande ». Les cinéastes de la Qualité, dit Rivette (nommant encore Clément), sont « pourris, et pourris par l'argent ». C'est que la Qualité coûte cher, et plus le budget d'un film s'alourdit, plus il faut *ratisser large*[84] pour l'amortir, non seulement auprès du grand public français, mais aussi à l'étranger. Le film à gros budget, produit d'investisseurs soucieux de récupérer leur mise, sera forcément un tissu de compromis et de concessions, aux antipodes de l'œuvre d'art où s'exprime librement un *auteur*. La solution pour Rivette consiste à refuser la logique financière de la Qualité: « ce qui manque au cinéma français, c'est l'esprit de pauvreté »[85].

« L'esprit de pauvreté »... L'année suivante Claude Chabrol, lui aussi critique aux *Cahiers*, prendra au mot son collègue. Sans aucune expérience de metteur en scène il produit, réalise et scénarise *Le Beau Serge* avec un budget d'une quarantaine de millions de francs, une fraction du budget moyen de l'époque[86]. Sorti en février 1959, le film connaît un succès modeste. Trois mois plus tard ce sera le tour de Truffaut dont le premier long métrage, *Les Quatre Cents Coups,* produit avec un budget proche de celui du *Beau Serge,* est présenté en compétition au Festival de Cannes. Cette fois, c'est un triomphe critique, médiatique et commercial: le Prix du meilleur réalisateur, une presse unanimement élogieuse, 450 000 entrées avant la fin de l'année, sans compter l'étranger où les droits sont vendus pour le triple du coût du film. Du jour au lendemain Truffaut devient une célébrité. La Nouvelle Vague est née.

L'apogée médiatique sera atteint l'année suivante avec la sortie en salles d'*À bout de souffle*, « le film Nouvelle Vague par excellence », celui qui incarne le mouvement pour le public de 1960 et le résume aux yeux de l'histoire. (*À bout de souffle* est l'un des « films à l'épreuve » du Chapitre 4 où il fait l'objet d'une étude approfondie.) En attendant la révélation de

Godard, *Le Beau Serge* et *Les Quatre Cents Coups* réunissent déjà en 1959 à peu près tout ce qui définira la Nouvelle Vague — ou une *certaine* Nouvelle Vague (voir à ce sujet le GROS PLAN suivant):

- Une conception *auteuriste* du cinéma. Un film doit être l'expression *personnelle* de son réalisateur et non le dénominateur commun d'une foule de spectateurs. « Personnel » ne signifie pas forcément *autobiographique* (bien que le mot convienne au *Beau Serge* et aux *Quatre Cents Coups*). L'essentiel est que la création donne accès au créateur, que le réalisateur-*auteur* d'un film y laisse des traces de son individualité: un ton qui lui est propre, son idée du monde, une signature stylistique[87].
- Un « indice de réflexivité » (au sens expliqué dans l'INTERMÈDE) supérieur à celui du cinéma de la Qualité. Le film Nouvelle Vague ne craint pas de renvoyer aux conditions de sa production, d'afficher ses propres techniques, que ce soit au niveau des cadrages, du montage, de la narration, du jeu des acteurs ou des références cinématographiques.
- Un petit budget, typiquement le tiers ou même le quart du budget moyen de l'époque.
- Une façon de tourner: en décors naturels éclairés naturellement, avec une équipe légère et une distribution réduite composée d'acteurs peu connus ou de non-professionnels.
- Une thématique liée au monde contemporain: l'action des films se déroule « aujourd'hui ».

La conception auteuriste est le point de départ: c'est là que se situe la ligne de démarcation entre le cinéma nouveau et celui d'avant. La réflexivité en découle par voie de conséquence: l'auteur présent *et visible* dans son film, c'est l'extradiégétique qui intervient dans l'univers diégétique *aux dépens de la transparence*.

Quant aux petits budgets, ils ont été diversement expliqués. L'explication « officielle », proposée par les cinéastes eux-mêmes et relayée par nombre d'historiens, voit dans la modicité des sommes investies la condition *sine qua non* de la liberté du réalisateur. Comment en effet pourrait-on résister aux exigences et aux ingérences d'un producteur qui a déboursé une fortune et qui risque de perdre sa chemise? Le cinéaste de la Qualité n'y résiste pas: en cédant à la puissance corruptrice de l'argent il réalise des films parachevés, certes, ou même « parfaits », mais qui ne sont pas... *ses* films. Comme le dit Truffaut, « nous avons pensé qu'il fallait tout simplifier pour travailler librement et faire des films pauvres sur des sujets simples »[88]. Selon l'autre explication, moins « correcte » mais plus évidente, les cinéastes de la Nouvelle Vague ont tout simplement *fait de nécessité vertu*[89]. En effet, dans les annales du cinéma, rarissimes sont les exemples de réalisateurs ayant demandé une diminution de leur budget...

Les budgets réduits déterminent le reste. Les tournages en studio coûtent cher, comme les éclairages additionnels, les grandes équipes et surtout les vedettes. Le film « pauvre » s'en passera donc. Si les superproductions peuvent s'offrir la reconstitution d'une ville du XVIIe siècle ou les costumes et les accessoires du XIXe, le monde des films Nouvelle Vague sera celui où vivent les cinéastes et les spectateurs. Le mouvement ne produira pas de films de cape et d'épée.

Mais où situer les limites du mouvement? Est-ce d'ailleurs d'un mouvement qu'il s'agit? D'une école? D'une simple étiquette? Nous sommes ici devant une difficulté qu'il est convenu d'appeler le *cercle herméneutique:* la définition d'un concept se fonde nécessairement sur des exemples dont le choix suppose déjà une définition. Si donc nous définissons la Nouvelle Vague à partir de traits communs aux films d'un corpus, quel critère nous aura permis au préalable d'y inclure tel exemple et d'en exclure tel autre? Ici comme ailleurs, l'histoire nous permettra d'y voir (un peu) plus clair.

Gros plan La Nouvelle Vague (les mots et la chose)

L'expression fut créée en 1957 par Françoise Giroud (la future secrétaire d'État et ministre) à l'occasion d'une enquête sur la jeunesse publiée dans l'hebdomadaire *L'Express* dont elle était rédactrice en chef. La Nouvelle Vague (NV) n'avait alors rien de spécifiquement cinématographique: il s'agissait de la génération des jeunes de dix-huit à trente ans qui tiendraient bientôt les commandes du pays. Mais le sens de l'expression devait vite évoluer et son champ d'application, se restreindre. Au moment du Festival de Cannes en 1959, NV désigne non plus les jeunes en général mais les *jeunes cinéastes* en particulier, toutes tendances confondues. Bien entendu, le « jeune cinéma » avait toujours existé. S'il prit à ce moment-là une importance sans précédent, c'est que jamais auparavant on n'avait vu tant de « premiers films » (réalisateurs débutants): trente-cinq en 1959 et trente-huit l'année suivante, contre une moyenne de seize par an entre 1950 et 1958. La plupart des nouveaux venus n'avaient pas trente ans. Ils condamnaient sans appel le « cinéma de papa » et entendaient prendre la relève.

1. Un amalgame journalistique de la pire espèce → Sous la bannière accueillante de la NV se trouvaient donc associés des cinéastes n'ayant guère en commun que leur âge: non seulement Chabrol et Truffaut, mais Louis Malle (*Les Amants* et *Ascenseur pour l'échafaud,* 1958) et Roger Vadim (*Et Dieu créa la femme* et *Les Liaisons dangereuses,* 1956, 1960). Leurs films présentaient naturellement des sujets au goût du jour, notamment en matière de mœurs sexuelles, et ce rajeunissement semblait l'emporter sur les différences profondes. Les cinéastes eux-mêmes n'étaient pas dupes: chacun se savait unique, et aucun n'entendait être embrigadé sous un slogan. Lorsqu'en 1960 plusieurs d'entre eux, dont Truffaut et Godard, participèrent à une table ronde organisée par la presse en quête d'une définition, le résultat fut une platitude: « La NV, c'est la diversité »[90]. Quant aux chroniqueurs et aux critiques, ils devaient mettre du temps à y voir clair. Aujourd'hui personne ne risque de confondre la NV des années 1959–1962 avec le « jeune cinéma » dont elle fait partie. Le recul du temps nous permet en outre d'identifier, *au sein de la NV,* deux tendances distinctes: d'une part, le noyau dur des réalisateurs issus des *Cahiers du cinéma* où ils avaient collaboré comme critiques: Claude Chabrol, François Truffaut, Jean-Luc Godard, Jacques Rivette et Eric Rohmer, connus sous le sobriquet des « jeunes Turcs »[91]; d'autre part, les « cinéastes de la rive gauche »[92] dont les plus connus sont Alain Resnais et Agnès Varda. L'œuvre des uns comme celle des autres sont résolument modernes, voire révolutionnaires, mais elles le sont différemment. Unies dans leur refus de la Qualité, elles divergent radicalement dans leurs partis pris esthétiques. Grosso modo, les films des jeunes Turcs laissent une impression de spontanéité et d'improvisation qui tient autant à l'inexpérience des cinéastes qu'aux tournages rapides imposés par le budget. La technique leur est moins importante que l'inspiration, et le scénario n'est souvent pour eux qu'un point de départ. Comme Truffaut le dit, non sans euphémisme, en 1960, « nos images n'ont pas la perfection glacée habituelle des films français »[93]. (Leurs critiques parlent plutôt d'« amateurisme » et d'« incompé-

tence ».) Les films « rive gauche », par contre, donnent souvent l'impression d'une maîtrise technique, d'une finition impeccable qui tient à l'expérience de documentariste dont peuvent se prévaloir leurs réalisateurs. L'aspect littéraire de ces films, et en particulier leurs dialogues extrêmement « écrits », voire *théâtraux,* semblent les rapprocher du classicisme, ce qui explique que certains historiens leur refusent l'appellation NV qu'ils préfèrent réserver aux seuls jeunes Turcs. Quoi qu'il en soit de l'étiquette, les innovations narratives de la « rive gauche » ainsi que son refus de la transparence la situent bien loin de la Qualité. À bien des égards, en effet, les films « rive gauche » nous semblent aujourd'hui plus radicaux que ceux des jeunes Turcs. Mais les images valent ici mieux que les mots. Pour se faire une idée des différences qui séparent les rives droite et gauche, il suffit de comparer *À bout de souffle* et *Hiroshima mon amour.*

2. **Nostalgie d'un moment mythique →** Si les historiens ne s'accordent pas sur la durée de la NV (il aurait fallu pour cela qu'ils s'entendent d'abord sur sa nature et ses limites), aucun d'entre eux ne situe après 1962 la date du décès[94]. Et dès les années 1970 la nostalgie s'installe. C'est alors que l'on commence à tout situer par rapport à ce moment mythique et miraculeux: « Ah! les beaux jours où une bande de jeunes copains refaisaient le cinéma... ». Une certaine histoire a placé les années 1959–1962 au centre de son univers: tout ce qui précède la NV la prépare ou l'annonce; tout ce qui la suit y ramène ou l'évoque. Une certaine presse, tel un Cupidon cinémane, semble s'être donné pour tâche de jouer les entremetteuses dans l'espoir de voir naître des petits. *Vivement qu'elle arrive, la nouvelle Nouvelle Vague!* En 1998 on demande à Albert Dupontel, cinéaste et acteur, s'il existe des familles dans le *jeune cinéma français.* Sa réponse déçoit: « Des familles au sein du cinéma, j'en vois pas. De temps en temps on se croise, mais je crois que la dernière famille en date, c'est la Nouvelle Vague ». Mais voilà le hic: *la Nouvelle Vague n'avait jamais été une famille.* Là-dessus s'accordent tous ceux à qui l'étiquette fut collée entre 1959 et 1962. Truffaut, dès 1959: « À l'étranger on a pu croire [...] qu'il y avait une association de jeunes cinéastes français qui se réunissaient à des dates régulières et qui avaient un plan, une esthétique commune, alors qu'il n'en était rien. » Mis à part un commun refus du cinéma de la Qualité, dit Truffaut, « il existe essentiellement des différences entre nous ». Et ceci, qu'il faut supposer prononcé avec une pointe d'ironie: « Les films des jeunes cinéastes ressemblent extraordinairement aux gens qui les font »[95]. Comment, en effet, en

irait-il autrement? Les films *d'auteur* ne seront-ils pas forcément aussi différents les uns des autres que le sont les auteurs dont ils sont le reflet?

3. Épilogue → Nous citons sans commentaire—il s'en passe bien—un échange qui eut lieu lors d'une séance de questions-réponses avec Jean-Pierre Jeunet à l'American Cinematheque de Los Angeles. Nous sommes en janvier 2002, en plein triomphe américain d'*Amélie*. Après une question sur les références à Truffaut dans le film, l'un des assistants enchaîne: « Pour faire suite à la question précédente, la mienne concerne la Nouvelle Vague française, parce qu'il y a évidemment beaucoup de références au style... » Jeunet, l'interrompant: « Oubliez la Nouvelle Vague française! [*rires*] C'était il y a *cinquante ans!* [*rires*] Une vague, n'est-ce pas, arrive et repart, elle ne reste pas cinquante ans. À la fin, on finira par oublier la Nouvelle Vague ». Le même interrogateur, revenant à la charge: « Non, ma question... » Et Jeunet, l'interrompant de nouveau: « Je déteste la Nouvelle Vague! Parce qu'aujourd'hui nous sommes une nouvelle génération de réalisateurs, et nous essayons de faire des films pour le public, et non seulement pour nous-mêmes, comme c'était le cas de la Nouvelle Vague »[96].

9. D'une avant-garde à l'autre: les années 60 et les retombées de Mai 68

Une fois passé le tam-tam médiatique de 1959 et 1960, la désaffection s'annonce. Non pas que la Nouvelle Vague disparaisse du jour au lendemain. Elle fera tout simplement ce que font les vagues: après la déferlante, le reflux. Depuis lors on essaie d'en établir le bilan.

S'agit-il d'un bilan globalement positif ou négatif? Ici, comme on l'imagine bien, il faut distinguer. L'influence de la Nouvelle Vague dépasse de loin son véritable poids économique, ce que l'histoire « officielle » du cinéma risque de nous faire oublier. Comme nous le rappelle utilement Jean-Michel Frodon, « la Nouvelle Vague, et plus généralement le cinéma moderne, représente et ne représentera jamais qu'un mouvement marginal en termes quantitatifs et notamment commerciaux »[97]. En effet, son box-office est largement inférieur à celui du cinéma commercial pendant la même période. *Les Quatre Cents Coups* (Truffaut, 1959) et *À bout de souffle* (Godard, 1960) détiennent ensemble le record des recettes de la Nouvelle Vague, chacun ayant fait environ 260 000 entrées en première exclusivité parisienne. À titre de comparaison, *La Vache et le prisonnier,* une comédie populaire de Henri Verneuil, et *La Vérité* de Clouzot, un film labelisé « Qualité 100% », attirèrent respectivement en ces mêmes années 400 000 et 527 000 spectateurs.

Cela dit, le succès commercial d'un film ne se mesure pas au nombre des entrées mais aux *bénéfices* dégagés une fois le coût amorti. Les scores supérieurs de Verneuil et de Clouzot, *compte tenu des budgets,* ne valent donc pas celui de Truffaut et de Godard dont les films sont bien plus *rentables.* C'est la modicité des sommes déboursées qui explique le pari des producteurs des *Quatre Cents Coups* et d'*À bout de souffle.* À partir de 1961, une fois dissipé l'attrait de la nouveauté, les recettes justifient moins souvent le risque, et c'est alors que les producteurs commencent à se désintéresser des petits films personnels de cinéastes inexpérimentés. Après avoir grimpé à une moyenne de trente-trois entre 1959 et 1962, le nombre des premiers films par an retombe à son niveau d'auparavant.

Et les 132 « jeunes cinéastes » ayant débuté entre 1959 et 1962? Certains abandonneront le cinéma, d'autres suivront leurs voies de plus en plus divergentes, d'autres encore se rallieront à la Qualité (Chabrol, par exemple, ainsi que Truffaut dès 1962 avec *Jules et Jim*). Et doucement, imperceptiblement, la Nouvelle Vague se dissoudra dans la production commerciale qu'elle enrichira de son apport. Dès 1960 son influence sera visible dans *Plein Soleil* dont le réalisateur n'est autre que... René Clément, représentant quasi officiel du cinéma de la Qualité[98].

9.1. La continuité du cinéma commercial → Comme le suggèrent les chiffres cités plus haut, la vieille garde ne se contenta pas d'assister les bras croisés à l'éclosion d'un cinéma d'auteur. Il convient de rappeler, quitte à tomber dans la tautologie, qu'au plus fort de la Vague, comme avant et comme après, le cinéma commercial domine les écrans.

Dans le registre haut de gamme, la Qualité poursuit sa carrière sous d'autres noms, « Qualité » étant depuis l'article de Truffaut une épithète dévalorisante, toujours guillemetée. Malgré les apports stylistiques de la Nouvelle Vague, ce cinéma traditionnel restera *essentiellement* inchangé: il s'agit toujours de vedettes et de gros budgets, de spectacle et de divertissement, d'adaptations et de scénaristes, de transparence et de technique (celle-ci au service de celle-là). Certains noms ne figurent plus au palmarès: Autant-Lara, par exemple, n'est plus en forme, ayant mal vécu la transition turbulente des années 50 aux années 60. René Clément, en revanche, deviendra l'un des cinéastes les plus respectés de la nouvelle décennie. Digne continuateur de la Qualité, il se verra confier en 1966 *Paris brûle-t-il?* Cette adaptation résume à elle seule « une certaine tendance du cinéma français »: au générique non seulement Belmondo et Delon, mais aussi Montand, Signoret, Piccoli et Trintignant, sans oublier Kirk Douglas, Glenn Ford et Orson Welles, avec un scénario cosigné Aurenche-et-Bost (voir §7.2), Gore Vidal et Francis Ford Coppola!

Les films haut de gamme ne représentaient bien entendu qu'une fraction du cinéma commercial: « dix ou douze films » sur une centaine produite annuellement, estimait Truffaut au moment de s'y attaquer. L'autre partie, dans les registres bas et milieu de gamme, comprenait les films sans prétentions culturelles, ou à prétentions modestes, et destinés au grand public. Cette production courante, indigne de l'attention des critiques et des cinéphiles (Truffaut), valait pour les autres le prix du billet.

Dans la masse de cette production un genre dominera les années 60 comme il avait dominé les années 50 (voir §7.2): la comédie populaire. Nous avons cité les box-offices de *La Vache et le prisonnier:* 400 000 billets vendus en première exclusivité parisienne. Dans l'ensemble de la France et avec les reprises, ce chiffre dépassera 8 millions d'entrées. Réalisé par Henri Verneuil, *La Vache* est d'abord et surtout « un film de Fernandel », roi des comiques en fin de règne. Sa couronne passera bientôt à Louis de Funès, vedette de presque tous les gros succès de la décennie. Son championnat du box-office commence en 1964 avec *Le Gendarme de Saint-Tropez* de Jean Girault (huit millions d'entrées en fin d'exploitation), continue l'année suivante avec *Le Corniaud* de Gérard Oury (12 millions), pour atteindre une sorte d'apothéose en 1966 avec *La Grande Vadrouille* d'Oury (17 millions), le plus grand succès du cinéma français jusqu'en 2008[99].

D'autres genres à succès disputent des entrées à la comédie populaire, sans en rien menacer ses records. En deuxième place, le film criminel se multiplie en des dizaines de petits polars, et quelques films de grande *qualité* (sans majuscule ni ironie) comme *Mélodie en sous-sol* (Verneuil, 1963), avec le couple Gabin-Delon, classique d'un sous-genre qui en compte beaucoup, le film de braquage, ainsi que *Le Deuxième Souffle* (1966) et *Le Samouraï* (1967) où Jean-Pierre Melville continue à démontrer sa maîtrise. Le film de cape et d'épée est de retour avec *Cartouche* (Philippe de Broca, 1962), *Le Masque de fer* (Henri Decoin, 1962) et *Cyrano et d'Artagnan* (Abel Gance, 1964), parmi d'autres. Bernard Borderie, spécialiste du genre, réalise *Les Trois Mousquetaires* (1961), *Le Chevalier de Pardaillan* (1962) et surtout la série à succès des *Angélique* (1964–1968). N'oublions pas le film d'espionnage qui s'illustre (pour ainsi dire) dans la longue série des *OSS 117* dont on peut se faire une idée en imaginant 007 sans les gros budgets.

Dans toute cette production, rien d'ouvertement revendicateur, rien de révolutionnaire ne laissait présager la déflagration du printemps 1968.

9.2. Le cinéma se politise ➔ Le mécontentement couvait depuis quelques années, sans que l'on en prît nettement conscience. En mai 1968 il éclate. Résumons les événements du 3 au 30: évacuation de la Sorbonne occupée par des étudiants protestataires; barricades dans le Quartier Latin, affrontements violents avec les forces de l'ordre, combats de rue; extension du mouvement au monde ouvrier: grèves sauvages et occupations d'usines qui font boule de neige, paralysie générale; appels à la démission de De Gaulle qui annonce la dissolution de l'Assemblée dans un discours de fermeté où il en appelle à la majorité silencieuse; manifestation massive en sa faveur; retournement de l'opinion, apaisement. En juin les ouvriers reprennent le chemin du travail et la coalition gaulliste obtient une victoire écrasante aux élections de la fin du mois.

Au nom de quoi s'est-on soulevé? Les revendications des grévistes, d'ordre matériel, se démarquent nettement de celles des étudiants, à la fois plus diffuses et plus radicales. Parmi les aversions estudiantines illustrées par des slogans-graffiti de l'époque figurent: le capitalisme («L'humanité ne sera vraiment heureuse que lorsque le dernier des capitalistes aura été pendu avec les tripes du dernier des bureaucrates.»); les hiérarchies («À bas la société des classes!»); la société de consommation («La marchandise est l'opium du peuple.»); les lois, les règles, les contraintes («Il est interdit d'interdire.»).

Le «Mai 68 du cinéma» commence le 17 avec la convocation à Paris des «États généraux du cinéma». L'allusion révolutionnaire est claire[100]: il s'agit de jeter bas l'Ancien Régime cinématographique — «les structures réactionnaires d'un cinéma devenu marchandise»[101]. Sont donc votées coup sur coup une grève générale des professionnels du secteur, la suspension du Festival de Cannes et l'abolition du Centre national de la cinématographie (CNC). C'est alors que les membres constatent l'absence d'un consensus sur le nouveau système qu'il convient d'ériger à la place de l'ancien. Dix-neuf programmes sont proposés dont aucun ne sera voté. Avant de se disperser les membres se contentent d'une déclaration de principe vague et diluée: «Les États généraux du cinéma sont nés d'un mouvement populaire de contestation et de lutte contre l'ordre économique, social et idéologique existant, celui du capital... [Ils] ont pour objectif de faire [...] du cinéma un service public. » En juin la production reprend, subventionnée comme avant par le CNC qui semble avoir pardonné son abolition[102]▸▸, et tout rentre dans l'ordre. La Bastille du cinéma est encore debout et intacte.

Deux mois plus tard les *Cahiers du cinéma*, ayant soutenu les États généraux, essaient d'en dresser un bilan. Que reste-t-il de toute cette effervescence? « Avec éclat, l'affirmation que tout dans le cinéma doit changer au plus tôt et que ce grand changement est commencé. » Bien entendu, il n'en est rien. Ici les *Cahiers* semble avoir pris trop à cœur un autre slogan de Mai 68: *Prenons nos désirs pour des réalités.* La revue rappelle cependant que les États généraux avaient souhaité, « en marge [du] système et contre lui, la constitution d'un cinéma politique », et ce vœu sera partiellement exaucé. Dans le sillage des « événements de mai » vont se multiplier les films politiques. Si, le plus souvent, ils ne sont pas produits « en marge du système » ni surtout « contre lui », ils se distinguent néanmoins du cinéma de divertissement, populaire ou prestigieux, par leur portée plus large, par une visée plus haute. Au sens courant de l'expression — et au sens où nous l'entendons ici[103]▸▸ — le film politique aborde plus ou moins explicitement une question de société, soit en nous amenant à y réfléchir, soit d'un certain point de vue qu'il nous invite à partager.

Le genre comprend plusieurs sous-genres dont le film de propagande, le film militant et le film social. Dans la France des années post-Mai 68 le cinéma politique prend souvent la forme du *film-réquisitoire* qui accuse, dénonce, s'indigne. Les exemples les plus connus sont les trois volets du triptyque de Costa-Gavras: *Z* (1969), *L'Aveu* (1970) et *État de siège* (1973) qui dénoncent respectivement un assassinat politique en Grèce, l'oppression stalinienne en Tchécoslovaquie et l'impérialisme états-unien en Amérique du Sud. Tout aussi accusateur, Yves Boisset dénonce la brutalité policière (*Un Condé*, 1970), la complicité des services secrets français dans un assassinat politique (*L'Attentat*, 1972) et le racisme (*Dupont-Lajoie*, 1975).

Et Jean-Luc Godard? Après Mai 68 il se retire des circuits commerciaux pour entreprendre un long stage de radicalisation politique. Pendant quatre ans il réalise des films *underground* en collaboration avec ses compagnons d'armes. De retour en 1972, maoïste pur et dur, il annonce *Tout va bien* (co-réalisé avec Jean-Pierre Gorin) dont le propos dépassera par sa généralité les films-réquisitoires qui prolifèrent à l'époque. Au lieu de dénoncer tel abus de pouvoir, telle injustice ponctuelle, *Tout va bien* condamnera globalement « l'ordre existant, celui du capital » (pour emprunter le langage des États-généraux), renouant ainsi avec la contestation globale de Mai 68. Conscient du danger de ne prêcher qu'aux convertis, Godard a conçu le film comme un moyen de porter son message révolutionnaire à un plus large public; de là, en tête d'affiche, Yves Montand et Jane Fonda. Mais les vedettes et le gros budget ne sont qu'un leurre: profondément anti-commercial sous ses dehors racoleurs, *Tout va bien* se servira du système afin de le subvertir.

Pari perdu: le film subira un échec retentissant. La critique le qualifie de « film-tract... didactique... verbeux... ennuyeux », et le grand public ne sera pas au rendez-vous. Quant aux « convertis », ils goûteront peu l'aspect vulgarisateur du film, son côté « *le marxisme-léninisme pour les nuls* »[104]. *Tout va bien* ne pourra donc remplir sa mission de diffuseur d'idées. Le rôle que nous lui donnons ici, et qu'il joue admirablement, consiste à poser une question: *Jusqu'où peut aller la réflexivité dans les limites du cinéma de fiction?*

Gros plan *Tout va bien* **de Jean-Luc Godard et Jean-Pierre Gorin (1972)**[105]

Synopsis: Susan, journaliste américaine, accompagnée de son mari, Jacques, cinéaste publicitaire, se rend à l'usine Salumi pour interviewer le directeur, ne sachant pas qu'une grève y a éclaté. Pendant cinq jours le couple sera séquestré dans l'usine occupée. L'expérience les amènera à repenser leurs rapports à la lumière des valeurs de Mai 68 qu'ils ont le sentiment d'avoir trahies.

Tout va bien (TVB) se présente comme un film en train de se faire, ou mieux: comme *la trace filmée d'un projet de film*. Son principe formel est une mise à nu systématique de ses procédés, un refus quasi total de la transparence. Le film pousse sa réflexivité jusqu'à nous informer de son inspiration théorique (Brecht[106]). Mais en quoi consiste cette réflexivité? Dans quelle mesure informe-t-elle le film de Godard et Gorin?

1. « **Découvrez les coulisses du film!** »[107]: le cadre pré- et post-filmique → Ici, dans « le monde *où* l'on raconte », s'affichent quelques éléments entrant dans la création du « monde *que* l'on raconte »: le générique et tout ce qu'il représente de métaleptique, ponctué de bruits de clap et d'annonces du clapman; le dialogue entre le futur réalisateur et sa collaboratrice (« J'veux faire un film. — Pour

---

faire un film, faut de l'argent... »); la longue série de signatures de chèques (dont deux pour des pourcentages!); la suite du dialogue où l'on parle de l'histoire qui démarre peu à peu entre les échanges; à la fin, la reprise du dialogue (« Voilà, tous les films ont une fin ») et de l'essai de différentes versions.

2. La suppression du quatrième mur → Pour Brecht il faut « abandonner la notion de quatrième mur, ce mur fictif qui sépare la scène de la salle et crée l'illusion que le processus représenté se déroule dans la réalité, hors de la présence du public ». La prescription sera suivie au pied de la lettre: au lieu de nous faire passer par le montage entre les différents bureaux où se déroule l'action, Godard enlève *littéralement* le quatrième mur commun à tous les bureaux afin de nous les montrer simultanément. Le calembour visuel est souligné par une reproduction de la banderole déjà vue à l'extérieur (« grève illimitée »). Autant dire: *Ici, décor de théâtre; construit, irréel.*

3. L'étalage des outils de production → « Le mieux est de montrer la machinerie, » avait dit Brecht, ce que fait Godard en affichant la caméra, le viseur et l'opérateur en train de régler la mise au point (1:01:02–1:02:32). « Il importe de montrer ouvertement l'appareillage électrique » afin d'« empêcher une illusion indésirable », avait dit Brecht, ce que fait Godard encore, cette fois en nous montrant *d'abord* l'illusion (le bel effet de décrochage[108] pendant l'interview de Jacques), puis (1:01:00) sa source (le projecteur qui éclairait en contre-jour).

4. Le jeu des acteurs → Pour Brecht l'acteur doit jouer de façon à montrer qu'il joue: « Il ne dit pas son texte comme une improvisation, mais comme une citation. Il ne cache pas qu'il a répété. Il n'a aucun besoin de faire oublier qu'il l'a appris par cœur. » Et justement, les réponses du directeur (14:17–18:04), du délégué du personnel (18:36–23:50) et des ouvriers interviewés sont en grande partie des *citations,* respectivement de *Vive la société de consommation* de Jean Saint-Geours, de *La Vie ouvrière* (hebdomadaire de la Confédération générale du travail [CGT], communiste) et de *La Cause du peuple* (maoïste).

5. La « séparation des éléments » → Par l'entremise d'un porte-parole (Jacques), Godard nous fournit une clé du film: « Je commence à comprendre seulement maintenant certains trucs que Brecht avait mis en évidence il y a plus de quarante ans. Vous avez lu la préface qu'il a écrite pour *Mahagonny?*

C'est fantastique, non? » (58:46). Dans la préface en question Brecht prône pour l'opéra « une séparation radicale des éléments » (musique, paroles et décor), comme celle qui nous frappe dans plusieurs plans de *TVB* où la bande-son ne correspond pas à la bande-images. À 26:39–27:33 et à 31:19–31:26 nous entendons les voix du vieil ouvrier et de Susan, mais nous voyons qu'ils ne parlent pas. Monologue intérieur? Pourquoi alors les regards-caméra? Les interviews du directeur et de Jacques, où nous n'entendons que les réponses, présentent une autre sorte de dissonance audio-visuelle.

Si, dans les documentaires, les questions sont parfois supprimées au montage, ici il ne peut s'agir d'ellipses puisque les interviews sont filmés en un seul plan.

6. Divers → Nous rangeons ici différentes métalepses déjà « classiques » en 1972 dans le cinéma d'auteur.

- Les regards-caméra non-diégétisés: 31:14 et 39:20, parmi bien d'autres.
- Les mouvements d'appareil non-diégétisés. Dans le plan-séquence du supermarché, par exemple (1:22:32–1:32:30), la caméra balaie l'espace indépendamment des figures en mouvement. Elle devance Susan, puis la rattrape; les jeunes pilleurs[109] sortent du champ pour aussitôt y rentrer. Ici le travelling, regard autonome, rappelle la présence d'une caméra aux ordres de Godard, à la différence du travelling d'accompagnement qui s'efface en faveur de l'objet qu'il suit.
- Les infractions aux règles de la continuité: Les « hoquets » du montage (le travelling qui s'interrompt et se répète à 38:15; Susan qui s'assied deux fois à 1:08:31); les faux raccords (la fenêtre cassée à 37:49 qui reparaît intacte à 38:09); le refus systématique du champ-contrechamp pour filmer les conversations (30:36–32:05, 47:05–48:00, 1:08:14–1:14:06).
- Les éléments autobiographiques (l'histoire de Jacques [54:27–1:01:00] qui recouvre partiellement celle de Godard) et biographiques (l'engagement très public, et à gauche, de Montand et de Fonda); l'intertextualité (le plan 3:26–3:56 qui rappelle un plan célèbre au début du *Mépris*): autant de renvois au monde extradiégétique.

En matière de réflexivité, *TVB* semble représenter un cas-limite, aux confins du film expérimental. Nous avons proposé une réponse (partielle) aux questions: En quoi consiste cette réflexivité? Dans quelle mesure informe-t-elle le film? Mais voici que se posent d'autres questions: À quoi sert la réflexivité dans *TVB*? Pourquoi dévoiler les ficelles du spectacle? Pour Godard en 1972 la réponse est celle de Brecht (voir l'Intermède): il faut montrer les « trucs » pour *détruire l'illusion*. Il s'agit avant tout d'empêcher la fameuse « suspension volontaire de l'incrédulité », *sine qua non* de toute participation affective, et de cultiver à leur place le détachement, la distanciation, l'esprit critique.

10. Des années 70 aux années 80: tendances, constantes, feux de paille

Nous entrons ici à nos risques et périls dans un territoire mal jalonné. À la recherche comme toujours de courants, de mouvements et d'écoles, les historiens peinent à se repérer dans ces dernières décennies du siècle. Leur désarroi se devine dans leurs métaphores. Ce cinéma « atomisé... éclaté en îlots disjoints », cet « archipel », cette « nébuleuse en expansion constante » ne présente, déplorent-ils, « aucune ligne de force ». Souvent, en désespoir de cause, ils se contentent de grouper les cinéastes par tranches d'âge, les situant par rapport au dernier grand repère historique: la Nouvelle Vague. Ainsi y a-t-il « ceux qui ont débuté avant, pendant, après la Nouvelle Vague », ou bien les « héritiers de la Nouvelle Vague » face aux « continuateurs de la Qualité ». Et presque toujours, cette attente, cette recherche, ce *besoin* d'une nouvelle Nouvelle Vague où caser les jeunes.

Nous voilà prévenus. Avançons tout de même dans ce labyrinthe; essayons d'y poser quelques jalons. Une carte, fût-elle schématique comme le sera forcément la nôtre, vaudra mieux qu'une liste de titres et de noms.

Quelles sont d'abord les valeurs en baisse? Celles, principalement, du film engagé. À propos de « l'onde de choc issue de Mai 68 », J.-M. Frodon affirme que « le cinéma politique disparaît aussi vite qu'il était venu »[110]. C'est vrai, certes, du cinéma *militant* ou *d'intervention sociale,* mais pour ce qui est des autres courants du cinéma politique il serait plus juste de parler d'un lent déclin pendant les dernières années 70. Au début de la décennie suivante le genre aura disparu, à l'exception près d'Yves Boisset (voir §9.2) qui tournera des films à thèse jusqu'aux années 90.

Un premier feu de paille s'annonce en 1974. Il se déclare l'année suivante, se propage comme une traînée de poudre avant de s'éteindre, non sans avoir donné quelques frayeurs, au début des années 80. Il s'agit du cinéma pornographique. Si Mai 68 avait déjà étendu les limites de l'admissible à l'écran, ainsi qu'en témoigne, par exemple, *La Maman et la putain* de Jean Eustache (1973), c'est en 1974 que le film érotique se constitue en genre à part entière. En cette année Valéry Giscard d'Estaing, fraîchement élu, abolit la censure. Peu après, *Emmanuelle* de Just Jaekin sort sur les écrans et les records commencent à tomber. Champion du box-office de l'année, le film ne sera retiré de l'affiche à Paris qu'après *dix ans* de programmation continue. Avec ses neuf millions d'entrées, *Emmanuelle* occupe aujourd'hui la seizième place parmi les films français.

D'autres films du même genre ne tarderont pas à suivre — *L'Histoire d'O* de Jaekin remportera un triomphe mondial — mais aussi, dès 1975, programmés dans les salles grand public, une soixantaine de films *pornographiques* (qui diffèrent des films érotiques en ceci que les rapports sexuels ne sont pas simulés). Le porno conquerra vite une part importante du marché français; en prenant de l'ampleur il deviendra un sujet de controverse. Les autres producteurs s'alarment de la concurrence, une partie du public s'indigne, les pouvoirs publics s'inquiètent. Pas question cependant de rétablir la censure dont l'abolition avait été une promesse électorale. Que faire? La solution, votée en 1975, ne manque pas d'astuce: à partir de 1976 les films classés X (pornographiques) seront taxés au triple, cantonnés dans des salles spécialisées et privés de toute subvention d'État. C'est le début de la fin. La vidéo à domicile, nouveau support des années 80, viendra bientôt consommer le divorce entre porno et cinéma. Quant à l'érotisme, il s'assagit quelque peu afin de s'intégrer à la production courante.

Y a-t-il des valeurs sûres? Pendant la majeure partie de la période 1970–1990 il y en a deux. En tête du box-office se retrouve le genre qui avait dominé les années 60 (voir §9.1), les années 50 (§7.2), les années 30 (§5.1) et les années 1906–1914 (§3), celui que l'on « oublie » parfois de mentionner en décrivant le cinéma de cette époque: la comédie, et surtout la comédie populaire. Louis de Funès dirigé par Gérard Oury fait toujours recette dans *La Folie des grandeurs* (1971) et *Les Aventures de Rabbi Jacob* (1973). Claude Zidi et Robert Lamoureux ont l'idée inspirée de ressusciter l'increvable comédie troupière (voir §5.1 et §7.2), ce qui donnera *Les Bidasses en folie* (1971), *Mais où est donc passée la 7ᵉ compagnie?* (1973) et leurs nombreuses suites.

Un renouvellement s'annonce en 1978 avec l'arrivée sur les écrans d'un groupe de jeunes acteurs issus du café-théâtre[111], dont plusieurs sont destinés au vedettariat: Daniel Auteuil, Michel Blanc, Coluche, Gérard Depardieu, Patrick Dewaere, Miou-Miou, Josiane Balasko, Thierry Lhermitte... On a parlé a leur propos d'une « école » (du café-théâtre), alors qu'il s'agit plutôt d'une *génération* appelée à prendre la relève et à dominer la comédie des années suivantes. Avec leurs réalisateurs de prédilection — Patrice Leconte et Jean-Marie Poiré, entre autres — ces nouveaux venus marquent le passage d'un comique souvent qualifié de « franchouillard »[112] (Fernandel, de Funès, Bourvil) à un comique plus irrévérencieux et sarcastique. En témoignent *Les Bronzés 1* et *2* de Leconte (1978, 1979) ainsi que *Le Père Noël est une ordure* et *Papy fait de la résistance* de Poiré (1982, 1983).

Il serait difficile de trop insister sur le *poids* du genre comique dans le cinéma français de cette époque. Selon Philippe d'Hugues, c'est à l'époque de la Nouvelle Vague « que commence le clivage entre le cinéma commercial et le film d'auteur »[113]. Deux décennies plus tard ce clivage sera devenu un abîme: d'une part, la nuée de « cas isolés », de « parcours solitaires »... d'*auteurs* dont chacun est par essence unique et qui s'arrogent invariablement la part du lion dans les histoires; d'autre part, le cinéma grand public dont les recettes financent le cinéma d'auteur et qui est massivement dominé par les films comiques. Parmi les dix plus grands succès du cinéma français jusqu'en 1985, neuf sont des comédies (pourcentage qui n'aura pas changé en 2009), et parmi les plus grands succès de l'année entre 1970 et 1984, onze sur quinze relèvent du genre comique[114].

En deuxième place, loin derrière la comédie, nous retrouvons le film criminel (policier ou de gangsters), l'autre valeur sûre de cette période, du moins jusqu'en 1985, et qui représente environ 20% de la production totale. Il s'agit d'un cinéma de genre avec ses rites et ses poncifs, et d'un *cinéma d'acteurs* avec ses vedettes-fétiches: Jean-Paul Belmondo, Alain Delon et dans une moindre mesure, Yves Montand. Parfois il s'agit aussi, mais tout à fait exceptionnellement, d'un cinéma d'auteur. L'abîme séparant les cinémas d'auteur et de genre est large, certes, et profond, mais comme nous l'avons vu au CHAPITRE 2, il n'est pas infranchissable. Le polar, comme la comédie, présente quelques exemples de films-de-genre-d'auteur. Personne ne contesterait le statut d'auteur à Jean-Pierre Melville, pionnier du film policier français qui tourne encore au début des années 1970 (*Le Cercle rouge,* avec Delon et Montand; *Le Flic,* avec Delon). Citons également l'exemple d'Alain Corneau, réalisateur de *Police Python*

357 (1975), avec Montand, et du *Choix des armes* (1981), avec Belmondo. (Son remake en 2007 du *Deuxième Souffle* de Melville est l'hommage d'un auteur à un autre.)

L'année 1981 marque les débuts d'une vaguelette promue bientôt au rang d'un *mouvement* mais qui, en fin de parcours, n'aura été que la mini-mode d'un mot. Il s'agit du « cinéma du *look* ». Le mot anglais apparaît en français à la fin des années 70 avec le sens de *style, apparence:* « Elle a le "look" de la saison, du rôle, » etc. À la sortie en 1981 de *Diva* de Jean-Jacques Beineix, toutes les conditions sont réunies pour que naisse un phénomène: un film qui se démarque visuellement des autres, l'esprit moutonnier de la presse, un peu de franglais pour faire chic. L'expression *cinéma du look* fera fortune — surtout, curieusement, aux États-Unis — en désignant une certaine tendance du cinéma français des années 80 évidente dans les films de Beineix (*Diva, La Lune dans le caniveau, 37°2 le matin,* 1981, 1983, 1986), de Luc Besson (*Subway, Le Grand Bleu,* 1985, 1988) et de Leos Carax (*Mauvais Sang,* 1986). Ces films auraient en commun la subordination du narratif au visuel, du récit au spectacle. Au lieu de servir l'histoire comme dans le cinéma classique, l'image devient une fin en soi, autonome et souveraine, n'ayant plus pour fonction que d'être belle ou frappante — ou tout simplement *d'être.* « Esthétique publicitaire... films-clips... triomphe du clinquant », grognent les critiques qui demandent: « Où est donc le sens, le message, le fond? » Le sens est en surface; le message est dans les images; le fond est dans les formes vues à l'écran. Pour J.-P. Jeancolas, l'échec retentissant en 1991 des *Amants du Pont Neuf* de Carax est l'un des facteurs qui « font éclater la bulle »[115]. Seulement voilà, la « bulle », trop inconsistante pour englober trois cinéastes si différents, avait toujours été moins cinématographique que médiatique. Pour la faire éclater il suffisait de se rappeler quelques-uns des nombreux cinéastes, de Méliès à Jaekin, qui, tout comme les trois du « look », aimaient moins raconter que montrer.

On ne saurait qualifier de *bulle* l'accession des femmes en nombre croissant à la mise en scène, activité presque exclusivement masculine jusqu'aux années 70. Quelques exceptions notables confirment la règle. Alice Guy, la première femme cinéaste, réalisa près de deux cents films pour le producteur Léon Gaumont avant de partir en 1907 pour les États-Unis. Jacqueline Audry, aujourd'hui méconnue, tourna entre 1946 et 1969 une quinzaine de films dont plusieurs adaptations de Colette et un *Huis Clos* de Sartre. Elle est, écrit Claude Beylie, « la première réalisatrice d'importance, après Alice Guy »[116]. C'est oublier Germaine Dulac! Théoricienne autant que réalisatrice, Dulac est l'une des figures clés des avant-gardes françaises des années 20, d'abord impressionniste (voir §4.2), puis surréaliste. En 1954 Agnès Varda tourne *La Pointe courte,* son premier long métrage dont la Nouvelle Vague subira et reconnaîtra l'influence. En 1967 Nadine Trintignant passe à la réalisation et Marguerite Duras, à la co-réalisation. Après Mai 68 la porte s'entr'ouvre à une quinzaine de femmes qui réalisent un premier film entre 1968 et 1975. C'est peu, certes, par rapport au nombre des cinéastes débutant pendant cette période (environ 250), mais c'est beaucoup si l'on tient compte du passé.

Cette tendance se confirme au cours des années 80 et au-delà, au point, estime René Prédal en 1998, qu'« il n'est plus vraiment pertinent de leur réserver [aux femmes] une place à part dans l'analyse ». Il doute du bien-fondé du genre présupposé par l'usage d'expressions telles que *cinéma féminin, cinéma au féminin:* « Nous ne croyons guère en effet [...] à la réalité du film de femme »[117]. Prédal ne parle certes pas pour tous, mais son point de vue avait toujours été celui d'une majeure partie des femmes cinéastes elles-mêmes, si l'on peut en croire Aline Issermann: « Nous nous opposons à toute image collective, à toute tentative de nous constituer en école. » Et Dianne Kurys: « Ça m'exaspère qu'on parle de "films de femmes" »[118].

Ce qui est incontestable, c'est que le cinéma des *réalisatrices* de cette époque n'échappe pas au clivage qui sépare le film grand public et le film d'auteur, clivage qui se creuse depuis la Nouvelle Vague. En cela leur cinéma ressemble à celui des *réalisateurs;* en cela il ressemble au cinéma tout court.

Parmi les réalisatrices de la tendance grand public, il est d'usage de citer Diane Kurys, qui remporta un vif succès en racontant les premiers émois de deux sœurs adolescentes dans *Diabolo Menthe* (1977), et Coline Serreau dont *Trois Hommes et un couffin,* avec ses dix millions d'entrées en 1985, fut le plus grand succès de l'année et de la *décennie.* La tendance auteuriste s'incarne dans les films de Marguerite Duras et d'Agnès Varda.

En plus d'un demi-siècle de carrière Varda a réalisé une quarantaine de films dont la plupart sont des documentaires ou des courts métrages. Parmi ses huit longs métrages de fiction, *Sans toit ni loi,* présenté ci-dessous en GROS PLAN, est de loin le plus connu et, pour la plupart des critiques, son meilleur. Scénarisé par Varda, le film obtint le Lion d'Or du Festival de Venise ainsi que le prix du meilleur film du Syndicat français de la critique de cinéma.

GROS PLAN *Sans toit ni loi* d'Agnès Varda (1985)[119]

Synopsis: Une jeune vagabonde erre sur les routes hivernales du Midi, à pied, en auto-stop, sans autre but, semble-t-il, que de survivre. Chemin faisant elle rencontre des gens qui lui veulent du bien ou du mal, avec qui elle ne reste jamais longtemps. Ayant perdu son sac de couchage dans un incendie, elle meurt dans un fossé, d'épuisement et de froid.

Le titre du film est formé à partir de deux locutions: *sans foi ni loi* (sans religion ni morale, et par extension, capable des pires actions) et *sans feu ni lieu* (sans domicile fixe). Varda remplace *foi* de la première locution par un mot qui réunit *feu* et *lieu* de la seconde, tout en gardant l'assonance. Le surnom *Mona* évoque le grec *monos* (« seul »). L'errance, le refus des règles communément admises, la solitude — voilà donc les trois traits essentiels de la protagoniste. Les gens qu'elle rencontre ajouteraient sans doute la liberté et la saleté, mais ici nous passons de la description à l'explication, et de l'évidence au mystère. Dans un article intitulé justement « Freedom and Dirt » Chris Darke demande: « Mona est-elle sale parce qu'elle est libre, ou libre parce qu'elle est sale? »[120]. Autrement dit, a-t-elle *choisi* son mode de vie ou l'a-t-il « choisie »? Qu'est-ce qui motive Mona? Que veut-elle? À ces questions et à bien d'autres le film refuse obstinément de répondre. Le plan 19:04–19:07 fait figure à cet égard de *mise en abyme*[121]: une façade, une fenêtre condamnée sur laquelle est peinte en rouge un énorme point d'interrogation, un panneau de la même couleur qui dit sans ambiguïté la vanité de toute tentative d'aller plus loin. *Sans toit ni loi* (*STNL*) est un *film-énigme* et ce plan en résume le défi: *Vous ne verrez jamais que les dehors; l'accès à l'intérieur vous sera toujours interdit.* Brouillée dès le début, l'image de Mona, comme le dit Varda elle-même, « se transforme, se définit et *s'indéfinit* de plus en plus »[122].

1. Une narratrice diégétique intervient dès le plan 4:47–5:29: loin d'être omnisciente (« Moi-même, je sais peu de choses d'elle... »), elle en est réduite à la conjecture (« ... mais il me semble qu'elle venait de la mer »). Cette narratrice dit avoir pu reconstituer les dernières semaines de la vie de Mona grâce aux témoins qui l'avaient croisée et qui se souvenaient d'elle. Ce sera donc un film d'enquête sur une personne qui vient de mourir: procédé connu, banal même. Mais nous voilà aussitôt détrompés: ce sera une enquête sans enquêteuse. À 5:53–6:17, à 8:07–8:22 et à 1:11:08–1:11:45 nous surprenons une conversation où il

est question de Mona. Qu'est devenue la narratrice? À 15:13–15:40 et à 29:45–30:09 un homme parle de Mona à un autre homme cadré en amorce. Où sont les témoignages rassemblés par la narratrice? À qui s'adresse David (le squatter du château) dont le regard fuyant ne semble fixer personne (28:33–29:00)? Et le berger philosophe qui a tout l'air de raconter *à sa femme* (1:04:01–1:04:28) une histoire qu'elle connaîtrait déjà parfaitement! Les seuls témoignages « documentaires » attribuables à la narratrice sont ceux du maçon (57:54–58:19), du régis-

seur (1:15:32–1:15:40), du zonard de la gare (1:37:26–1:37:49) et d'Assoun (1:39:20–1:39:28). Le flou où semble habiter la narratrice est également, et par voie de conséquence, celui du personnage dont elle devait raconter les dernières semaines[123].

2. L'énigme posée au début ira en s'approfondissant jusqu'à la fin. Le film entretient savamment le mystère de sa protagoniste *en nous tenant à distance,* au propre comme au figuré:

- Le gros plan, selon Deluc (voir §4.2), « c'est la pensée même du personnage projetée sur l'écran, son âme, ses émotions, ses désirs ». À cette vie intérieure de Mona nous sommes privés d'accès: l'unique gros plan de son visage (58:20–58:43) nous la montre... mangeant des sardines.

- Rappelons-nous le principe à la base du plan subjectif (Chapitre 1, §5.1): « Si, à l'occasion, nous partageons le regard d'un personnage, nous serons amenés à partager aussi ses pensées et ses sentiments; autrement dit, à nous identifier à lui. » Cette voie d'accès, elle aussi, nous est barrée: le montage nous frustre constamment du point de vue de Mona, refuse systématiquement de nous placer au lieu d'où elle regarde. (L'unique exception: un plan subjectif d'une fraction de seconde, à 1:40:40.) Il est évident par exemple qu'à la fin du plan-séquence du café (13:08–14:26) quelque chose a attiré son attention. Que regarde-t-elle? Une longue habitude de spectateur nous a mis en état d'attente: après le regard, un raccord de regard suivi d'un plan subjectif. Cette attente sera deçue. Ici comme ailleurs Mona est l'objet de nos regards, sans que nous voyions l'objet des siens.

• Nous avons insisté au Chapitre 1 (§7.2) sur la distinction entre les points de vue *visuel* et *cognitif*—entre le *voir* et le *savoir.* Sans se réduire l'un à l'autre dans *STNL,* les deux y coïncident à un degré peu commun. Le film présente un point de vue cognitif *externe* maintenu presque sans mélange tout au long du film.

• Autre facteur de distanciation: les nombreux regards-caméra de Yolande, accompagnés de monologues.

• Le fait de commencer par la mort de la protagoniste neutralise dès le début toute participation affective liée à l'incertitude (« Comment va-t-elle s'en sortir? »).

• Varda insiste à plusieurs reprises sur une évidence qui semble échapper à certains: sa protagoniste est antipathique, ce qui gêne quelque peu notre identification.

Revenons pour clore à notre mise en abyme, à cette image symbolique de 19:04–19:07. Ce plan est un défi que nous avons relevé en vain. La narratrice-fantôme qui se charge de raconter l'histoire avoue savoir « peu de choses » de Mona. Et nous, en fin de compte, que savons-nous d'elle? Qu'elle « bouge » (35:00) sur les routes glaciales du Gard. Et qu'à la fin, « fatiguée de bouger » (1:28:13), elle s'arrête dans un fossé par une matinée d'hiver, où vient la prendre le froid final.

11. Des années 80 aux années 90: prestige et politique

Au cours des années 80 le cinéma français entame un long déclin qui prend peu à peu les allures d'une crise. Aux pronostiqueurs pessimistes de 1985 les dix années suivantes donneront raison. Entre 1985 et 1994 la fréquentation passe de 175 à 126 millions d'entrées, le nombre de salles de 5 200 à 4 400 et le nombre de fauteuils de 1,28 à 0,96 million. Cette désaffection spectaculaire tient principalement aux nouvelles possibilités de consommation à domicile (diffusion télévisuelle, magnétoscopes). À cette concurrence s'ajoute celle du cinéma américain pour lequel la préférence des Français s'affirme de plus en plus. De 45% en 1985 la part de marché des films français tombe à 28% en 1994, alors que celle des films américains passe de 39% à 61%. Pendant cette même période la production annuelle de films français tombe de 131 à 89 films.

Dès lors les vieilles formules ne font plus recette. Si les comédies continuent à vendre collectivement la majorité des billets, suivies toujours des polars en deuxième place, les méga-succès se font plus rares et la domination des deux genres paraît moins absolue. Nous avons vu (§9) qu'entre 1970 et 1984 les plus grands succès français de l'année relevaient à 73% (onze sur quinze) du genre comique. Pendant les dix années suivantes (1985–1994) ce chiffre tombe à 20% (*Trois Hommes et un couffin* en 1985, *Les Visiteurs* en 1993). En revanche, parmi les titres en tête du box-office annuel de cette période figurent *Jean de Florette* (Claude Berri, 1986), *La Gloire de mon père* (Yves Robert, 1990), *Cyrano de Bergerac* (Jean-Paul Rappeneau, 1991) et *Indochine* (Régis Wargnier, 1992). Ces quatre films relèvent d'une catégorie que l'on appelle diversement *superproduction culturelle, reconstitution historique à gros budget* ou même, en calquant gauchement une expression anglaise, *film de patrimoine*[124].

La (ré)apparition de ce courant n'est pas un hasard. Il s'agit d'une politique conçue et soutenue par Jack Lang, ministre de la Culture, dont le calcul pourrait se résumer ainsi: « Pour amener les spectateurs à quitter le petit écran pour le grand, il faut des films que valorise la projection en salle, c'est-à-dire des films à grand spectacle. C'est d'ailleurs le seul moyen de rivaliser avec les Américains. Pas question pour autant de les concurrencer sur leur propre terrain en essayant de faire des films comme *Rambo, Terminator, Out of Africa, Indiana Jones and the Last Crusade, Dances With Wolves* et *Jurassic Park*. Mieux vaut jouer la carte de notre patrimoine littéraire et historique. Celle de nos vedettes aussi. » Ainsi naît un cinéma qui se veut à la fois *populaire* et *culturel*, auquel pourrait s'appliquer presque intégralement notre description du cinéma de la Qualité des années 50 (voir §7.2). Par son prestige, sa presse et sa présence internationale, la superproduction historico-culturelle domine les années 1985–1995. Aux quatre titres déjà cités ajoutons *Manon des sources*, d'après Pagnol (Berri, 1986), *Camille Claudel* (Bruno Nuytten, 1988), *Le Château de ma mère*, d'après Pagnol (Yves Robert, 1990), *Madame Bovary*, d'après Flaubert (Claude Chabrol, 1991), *Tous les matins du monde* (Rappeneau, 1992), *Germinal*, d'après Zola (Berri, 1993), *Le Colonel Chabert*, d'après Balzac (Yves Angelo, 1994), *La Reine Margot* (Patrice Chéreau, 1994) et *Le Hussard sur le toit*, d'après Giono (Rappeneau, 1995).

Un autre courant, somnolent depuis la fin des années 70, commence à se réveiller au cours des années 80: le film politique (ou plus largement social). Il s'agit en partie d'une réaction contre le cinéma de l'époque: une production courante essentiellement apolitique (comme toujours); un

« cinéma du look » qui privilégie la joliesse des formes aux dépens du fond; un cinéma du spectacle qui puise dans l'histoire sans trop la remuer. D'abord discret — une poignée de films, un box-office modeste ou minime — , le « retour du politique » (comme l'appelera bientôt la critique) prendra de l'ampleur au début des années 90. En se multipliant les films se diversifieront: il y aura, par exemple, le *film-constat* qui se borne à faire un « état des lieux », le *film-tocsin* qui se veut avertisseur (« Voilà l'avenir si l'on n'y prend garde ») et le *film-appel* (à l'action, aux armes)[125]. Malgré la diversité des propos, une bonne partie des films ont en commun de situer leur action dans les cités de banlieue. Ce *cinéma de banlieue* atteindra son apogée en 1995 lorsqu'en l'espace de six mois sortiront six films ayant pour cadre les grands ensembles périphériques: *Douce France* de Malik Chibane, *Bye-Bye* de Karim Dridi, *État des lieux* de Jean-François Richet, *Krim* d'Ahmed Bouchaala, *Raï* de Thomas Gilou et surtout *La Haine* de Mathieu Kassovitz.

Pourquoi « surtout »? En raison de l'extraordinaire accueil public: plus de deux millions d'entrées pour un film en noir et blanc, sans vedettes, réalisé par un cinéaste peu connu et intitulé... *La Haine!* Ajoutons: un accueil critique presque unanimement favorable, le prix de la meilleure mise en scène au Festival de Cannes, trois César dont celui du meilleur film et une projection didactique à Matignon devant les ministres réunis...

Gros plan **_La Haine_ de Mathieu Kassovitz (1995)**[126]

Synopsis: Hubert, Saïd et Vinz habitent aux Muguets, une cité de la banlieue parisienne. La veille, lors des émeutes déclenchées par une bavure policière, Vinz a trouvé un revolver perdu par un policier. Il jure de s'en servir pour tuer un policier si la victime de la bavure meurt. Après une soirée et une nuit à Paris au cours desquelles Saïd et Hubert sont brutalisés par la police, les trois amis retournent aux Muguets où Vinz renonce à son funeste projet. Ayant remis l'arme à Hubert, il est lui-même tué accidentellement par un policier.

Si l'on s'accorde aujourd'hui à voir dans *La Haine (LH)* l'un des films les plus importants de la décennie, il fait depuis sa sortie l'objet d'interprétations divergentes, moins en ce qui concerne son propos (voir 1 ci-dessous) que son rapport au réel (2 ci-dessous). Quant à son style, qualifié de « publici-taire » et comparé à celui des vidéoclips, on s'est demandé s'il convient au sujet (3).

1. SOS fracture sociale → Où se situe *La Haine* par rapport à la typologie tripartie définie plus haut? Le film ne se borne évidemment pas à constater une réalité, mais faute d'en analyser les causes profondes il ne saurait appeler à l'action: comment avancer une solution avant d'avoir identifié le problème? Ni film-constat donc ni film-appel, *LH* est le *film-tocsin* par excellence, et il n'y va pas par quatre chemins. Le message s'annonce dès le générique: « C'est l'histoire d'un homme qui tombe d'un immeuble de cinquante étages. Le mec, au fur et à mesure de sa chute, il se répète sans cesse pour se rassurer: "Jusqu'ici tout va bien... jusqu'ici tout va bien... jusqu'ici tout va bien". Mais l'important, c'est pas la chute, c'est l'atterrissage » (1:40). Quand Hubert répète l'histoire à 1:27:01, la comparaison est explicite: « Tu vois, c'est comme nous à la téci »[127]. Nous avons droit à une troisième version à la fin du film (1:37:19), et cette fois c'est « l'histoire d'une *société* qui tombe... ». Entre les mots « c'est pas la chute » et « c'est l'atterrissage » de la première version on voit et entend la terre s'embraser sous l'impact d'un cocktail Molotov. Au même endroit de la troisième version se fait entendre, à l'instant où l'écran vire au noir, le coup de feu d'une des armes (ou les coups de feu simultanés des deux?). Après le plan 1:12–1:19, les images d'archive du générique (2:05–6:00) et la musique qui les accompagne (« Burnin' and lootin' » de Bob Marley) — images et musique qui commentent le reste du film —, la nature du danger signalé par *LH* n'est pas douteuse: la violence, la mort, la fracture sociale poussée jusqu'à la guerre civile.

2. Réalisme/irréalisme → À la sortie de *LH* le public, d'accord avec la presse magazine, en a salué surtout le réalisme: « Enfin une image vraie de la banlieue! » Les revues de cinéma voyaient parfois d'un autre œil, soulignant plutôt *l'irréalisme* de certains aspects du film, et notamment du trio black-blanc-beur. Thierry Jousse évoque à ce propos l'écueil du *politiquement correct*, qu'à son avis le film parvient à éviter[128], ce qui ne semble pas être l'opinion de Frédéric Bas: « L'idée même que le film soit réaliste, ça ne tient pas. Le film n'est pas du tout réaliste; il ne veut pas l'être. Ce n'est pas parce qu'il s'appuie sur des éléments de la réalité qu'il est réaliste. *La Haine,* c'est un film qui fantasme la banlieue. [...] Le trio, effectivement, le Juif, l'Arabe, l'Africain, mais non, ça n'existe pas. [...] Donc on est dans un fantasme, on est dans le style symbolique »[129]. Peut-être vaudrait-il mieux « lire » le film, ainsi que l'ont suggéré plusieurs critiques, non comme la transcription d'une réalité mais comme un apologue ou une fable.

3. Réalisme/irréalisme (suite) → Au Chapitre 1 nous avons distingué deux sortes de réalisme: *diégétique* (dont il vient d'être question) et *stylistique.* Il s'agit, d'une part, de l'univers créé dans et par le film (sa géographie et ses lois, ses habitants et leur motivation, l'histoire qui s'y déroule); d'autre part, des procédés mis en œuvre pour créer cet univers. Pour ce qui est des techniques mobilisées dans *LH,* la critique est unanime à y voir un *irréalisme flamboyant.* Il serait difficile d'imaginer un style plus visible, un auteur moins discret dans ses interventions: un générique-pamphlet, des mouvements d'appareil voyants, des angles de prise de vues insolites, un montage tape-à-l'œil (et bruité) avec intercalation d'un plan dansé, le minuteur et son tic-tac, le noir-et-blanc esthétisant — et tout cela dans les dix premières minutes! Kassovitz dit à maintes reprises avoir voulu se démarquer des cinéastes au style sobre et naturaliste qui l'avaient précédé dans le courant auquel se rattache *LH:* « Ce n'est pas parce que l'on fait un film sur la banlieue que l'on doit filmer caméra à l'épaule et prendre uniquement des mecs de la banlieue comme comédiens. [...] Pour moi, le cinéma doit contenir une part de spectacle, une place coûte 45 balles. » À la question: « Par tes choix formels [...] n'as-tu pas tendance à esthétiser la banlieue, à la rendre faussement séduisante? » il répond: « Ce n'est pas parce que l'on parle de gens en galère qu'il faut le raconter de façon

misérabiliste. » Et ailleurs: « Le but était de rendre la cité belle »[130].

Épilogue: Le 17 novembre 2005, au lendemain des violences urbaines qui avaient secoué la France pendant trois semaines, Kassovitz affiche sur son blog un billet où il en rend largement responsable Nicolas Sarkozy, alors ministre de l'Intérieur. Sarkozy lui répond longuement sur le même blog: « Votre film, *La Haine,* [...] évoquait déjà ce malaise que des gouvernements, de droite comme de gauche, ont dû gérer avec plus ou moins de réussites »[131]. Évoqué, il l'avait été certes, ce « malaise des banlieues » (dixit le monsieur de la galerie à 19:41), mais comme le dit et le redit Kassovitz: « Ce n'est pas un film sur la banlieue, c'est un film sur les bavures policières. » Bien entendu, nous ne sommes pas obligés de l'en croire: pour savoir ce qu'un cinéaste avait *voulu* faire nous l'interrogeons; pour savoir ce qu'il a *fait* nous regardons son film.

Les Gros plans ▪ Matière à réflexion

▪ *Les films de Louis Lumière*

1. Lumière, « le cinéaste du réel »? Certes, mais d'un réel où il ne craint pas d'intervenir. Si parfois il se contente d'enregistrer la vie telle qu'elle se déroule devant sa caméra, le plus souvent la vie qu'il « saisit sur le vif » est plus ou moins manipulée. Comparez à ce propos les trois versions de *Sortie d'usine* (2:19, 2:56, 3:29). Trouvez des exemples de mise en scène dans d'autres films de Lumière ou de son équipe. À quoi la mise en scène se reconnaît-elle?

2. Forme et fonction ➔ Nous avons souligné, après bien d'autres, la prédilection de Lumière pour la *diagonale* comme principe structurant, qu'elle soit statique (l'angle de l'édifice dans *Repas de bébé*) ou dynamique (*Arrivée d'un train à La Ciotat*) — prédilection tout aussi évidente dans les films des « opérateurs » qu'il avait formés. (a) Relevez-en quelques exemples dans d'autres films de Lumière ou de son équipe. (b) Une chose est de noter un procédé, autre chose est d'en montrer la fonction. À quoi sert la composition en diagonale dans *Défilé de voitures de bébés* (14:51)? Autrement dit, qu'est-ce que le film y gagne? (c) Commentez à ce propos deux films qui font exception à la « règle », *Porte de Jaffa* (40:30) et *Lancement d'un navire* (55:10), où une composition en diagonale aurait été, à ce qu'il paraît, une option.

▪ *Le Voyage dans la lune*

1. À propos du commentaire oral dont le texte fut rédigé par Méliès lui-même, nous avons écrit: « Ses explications s'avéraient utiles, voire indispensables à la compréhension de certaines scènes. Intéressante à cet égard est la tentative, au plan 7, de rendre la *subjectivité* des personnages.

En l'absence d'intertitres, seul le commentaire indique qu'il s'agit d'un rêve. » Comparez ce plan au plan 4 d'*Histoire d'un crime* (Ferdinand Zecca, 1901) où un surcadrage préfigure d'un siècle celui d'*Amélie* à 1:48:57–1:49:54. (À <fr.youtube.com> saisir « histoire d'un crime ».) Qui, à votre avis, de Méliès ou de Zecca, traduit mieux l'expérience onirique?

2. Divers: (a) À propos des raccords de mouvement reliant certains plans de *Voyage,* nous avons parlé d'« un embryon de montage en continuité ». De quels plans s'agit-il? Combien de raccords de mouvement y a-t-il? À quel(s) effet(s) les fondus enchaînés sont-ils employés? (b) Il est évident que l'unité fondamentale du film est le *tableau* (tel que nous l'avons défini dans le GROS PLAN des *Vampires*). Y a-t-il néanmoins des anticipations d'un mode de représentation moins théâtral? Des exemples d'un découpage d'*un même espace* en deux ou plusieurs plans?

Les Vampires

1. Un mode de représentation théâtral ➜ Si le *tableau* prédomine chez Feuillade, nous avons relevé dans les épisodes 1 et 3 quelques procédés qui annoncent un style plus « classique ». Décrivez de ce point de vue le deuxième épisode (« La bague qui tue », treize minutes, en ligne à fr.youtube.com et à video.google.com). Y a-t-il des mouvements d'appareil? Des raccords de mouvement? Quelle est la fonction du changement de plan à 0:55? à 0:59? à 5:05? Les intertitres servent-ils tous la même fonction? Y en a-t-il qui ne soient pas indispensables?

2. Une mise en scène théâtrale ➜ (a) Nous avons comparé le jeu exagéré des acteurs à la pantomime. Le deuxième épisode en présente-t-il des exemples particulièrement évidents? (b) Le choix du tableau, comme nous l'avons vu, nécessite une certaine frontalité des attitudes et du jeu. Y a-t-il des moments où elle nous paraisse peu naturelle — des moments, autrement dit, où nous la remarquions? (c) À la différence pourtant du théâtre, où il y a autant de points de vue que de spectateurs, le point de vue unique de la caméra permet à Feuillade d'abandonner l'unidimensionnalité d'une mise en scène latérale. Relevez dans le deuxième épisode quelques exemples de plans *composés en profondeur.*

Crainquebille

1. La vie intérieure ➜ (a) Dans la séquence du tribunal (33:12–48:52) plusieurs procédés servent à traduire la subjectivité de Crainquebille,

mais tous n'y réussissent pas au même degré: certains d'entre eux furent vite abandonnés alors que d'autres s'emploient encore aujourd'hui. Lesquels rendent mieux, à votre avis, le point de vue et les sentiments du protagoniste? (b) À quoi sert l'intertitre à 34:27? Que peut-on conclure du fait que Feyder jugeât nécessaires les intertitres à 38:06 et à 42:52? (c) À quoi sert la séquence du rêve du docteur Mathieu (52:23–54:27)? Comment interprétez-vous le comportement des juges dans ce cauchemar? Le ralenti? Le négatif? (d) La subjectivité ne se limite pas à ces deux séquences, comme on peut s'en apercevoir à 9:36, par exemple, ou bien à 16:20–17:02 et à 17:15–17:29 (les retraites fantasmées de Madame Laure et de Crinquebille). Quels procédés nous donnent accès à la vie intérieure des personnages? Lesquels s'emploient encore aujourd'hui?

2. Divers: (a) Le protagoniste n'apparaît qu'au bout de douze minutes — 16% du film. Montrez que rien, ou presque, dans cette longue exposition n'est superflu, que chaque élément prépare ou commente l'action à venir. (b) Feyder avait d'abord envisagé et tourné un autre dénouement, moins «hollywoodien». Dans cette version Crainquebille et la Souris mendient à l'entrée d'un restaurant. Madame Laure arrive en compagnie d'un homme qui leur donne un billet de cent francs, aumône que Crainquebille jette avec dédain dans le caniveau. Une fois passé le couple, il le ramasse. Quel dénouement préférez-vous? Lequel vaut mieux? *Nota bene:* Il s'agit là de *deux* questions dont la seconde pourrait se poser ainsi: Quel dénouement convient mieux au film qu'il complète?

La Règle du jeu

1. Dans la masse des analyses et des commentaires consacrés à *RDJ* — le plus analysé, le plus commenté des films français — une chose semble aller de soi. Il s'agit d'un article de foi moins affirmé que *présupposé*, rarement mis en question: *Octave est le porte-parole de Renoir.* Les paroles du personnage, surtout lorsqu'elles ont une portée générale, sont attribuées directement au cinéaste: « Comme le dit Renoir... », ou même « Comme le dit Octave-Renoir, "sur cette terre il y a une chose effroyable, c'est que tout le monde a ses raisons" » (21:23), etc. Mais posons la question: Qu'est-ce qui *justifie* cette identification? Dialogue: « Ce qui la justifie? Mais... Renoir ne joue-t-il pas le rôle d'Octave? N'a-t-il pas d'ailleurs, en tant que scénariste et dialoguiste, créé le personnage? — Certes. Et alors? Un acteur peut évidemment incarner un personnage qui ne lui ressemble en rien, comme un dialoguiste peut prêter à d'autres des pensées

différentes des siennes. Personne ne risque de confondre Charles Chaplin avec "the great dictator", ni Al Pacino avec Michael Corleone. » Imaginez la suite du dialogue. Si l'on voit en Octave le porte-parole de Renoir, comment expliquer qu'ils se contredisent? Octave n'excuse-t-il pas (à 21:23) ceux-là mêmes que Renoir accuse (« Je voulais faire [...] une critique d'une société [...] pourrie »)? Quand Octave fait l'apologie du mensonge (1:29:56– 1:30:11), l'une des « règles » du jeu qu'il joue lui-même, ne participe-t-il pas de cette « pourriture » que Renoir prétend vouloir condamner?

2. Divers: (a) Identifiez un plan où s'affiche la « signature stylistique » de Renoir, telle que nous l'avons définie, et analysez la fonction des techniques employées. (Sur les plans 35:04–36:30 et 1:37:36–1:38:07 voir le GROS PLAN). (b) « "Nous jouerons de la comédie, nous nous déguiserons!" (35:54): en parlant ainsi le marquis fournit la clé du film, une véritable mise en abyme. » Commenter. (Pour une définition de *mise en abyme* voir le GROS PLAN du *Corbeau*.)

🎬 *Le Corbeau*

1. Le point de vue d'un film ➔ (a) Réaction d'un lecteur au GROS PLAN: « D'abord j'ai trouvé tout à fait convaincants les arguments de T. en faveur de la Thèse. Puis les arguments d'A. m'ont converti à l'Antithèse. Maintenant j'hésite... S'agit-il d'un film pro- ou anti-Vichy? » Que répondez-vous à ce lecteur? (b) Se pose ici la question du *point de vue:* non pas celui, visuel ou cognitif, d'un plan ou d'une séquence (étudié au CHAPITRE 1), mais celui *d'un film.* Quel « regard », approbateur ou réprobateur, porte-t-il sur l'histoire qu'il raconte? Auxquels de ses personnages le film donne-t-il raison? Lesquels condamne-t-il? De telles questions ne se posent généralement que si le film présente des ambiguïtés: interroger de la sorte *Die Hard* (John McTiernan, 1988), par exemple, ou *Gladiator* (Ridley Scott, 2000), semblerait parfaitement inutile, tant les réponses sont évidentes. Mais justement, dans ces deux cas précis, qu'est-ce qui nous permet d'identifier si facilement les « bons » (John McClane, Maximus) et les « méchants » (Hans Gruber, Commodus)? De quelles *sortes* de considérations s'agit-il? Appliquez vos conclusions au cas, bien moins clair, du *Corbeau*.

2. Le point de vue d'un film (suite) ➔ (a) Revenons au relativisme moral professé par Vorzet: « Vous [Germain] croyez que les gens sont tout bons ou tout mauvais. Vous croyez que le bien, c'est la lumière et que l'ombre, c'est le mal. Mais où est l'ombre? Où est la lumière? Où est la frontière du mal? Savez-vous si vous êtes du bon ou du mauvais côté? »

(1:12:56–1:13:47). Ailleurs il reproche à Germain sa promptitude à juger, son rigorisme moral: « Vous n'avez pas d'indulgence pour la vie, mon cher. Vous êtes un bloc » (17:46). L'attitude de Vorzet — qui semble bien figurer dans la conversion de Germain — est-elle aussi celle du film? À première vue l'hypothèse semble exclue pour deux raisons. Premièrement, le laxisme de Vorzet est forcément intéressé: s'il prône l'indulgence, c'est qu'il en a le plus besoin, et lorsqu'il condamne ceux qui jugent, c'est qu'il se sait lui-même le plus coupable de tous. Deuxièmement, pourquoi le « méchant » du film en serait-il le porte-parole? Cependant, pour bien des commentateurs Vorzet parle pour Clouzot. Commenter.

▪ *Jeux interdits*

1. « La Qualité »... sauf erreur ➜ *JI* furent conçus et réalisés en 1951 comme un court métrage. Quelques mois plus tard, le producteur ayant décidé d'en faire un long métrage, il fallut réunir toute l'équipe et recommencer. Ce tournage en deux temps explique peut-être l'aspect un peu « rapiécé » que présente par moments le film. Au plan 35:37–35:56, par exemple, Michel est frappé sur le côté droit de la tête; au début du plan suivant, il se tient la joue gauche. Ici le faux raccord saute aux yeux. Est-ce le cas des autres, ou faut-il les *chercher?*

2. L'éclairage ➜ Selon l'esthétique de la transparence, « la meilleure technique d'un film est celle qui ne se voit pas. » Il s'agit d'effacer les traces de la production, de cacher les marques du travail, de ne pas « dévoiler les ficelles du spectacle ». Considérons de ce point de vue l'éclairage du plan 24:24–25:05. Ici la lumière provient presque entièrement de projecteurs situés hors champ, mais c'est à la lampe portée par Michel que nous l'attribuons. En motivant ainsi le feu des projecteurs, la lampe à huile nous en cache la fonction. « Elle nous la cache mal, dira-t-on. Tant de lumière pour une si petite flamme! Une flamme qui jette d'ailleurs ses ombres aux mauvais endroits » (24:28). Ces inconséquences passent-elles inaperçues? Tout dépend sans doute du spectateur. Mais considérons à présent le plan 21:21–21:33. En montant cette fois au grenier *sans apporter une lampe* Michel passe de la lumière à l'obscurité: « J'y vois rien, » dit Paulette, et nous non plus. Mais voilà qu'à 21:27 la lumière se met à croître à vue d'œil, *comme sous l'effet d'un variateur d'intensité,* jusqu'à la fin du plan (21:33): en six secondes l'obscurité se transforme en éclairage faible grâce auquel nous distinguons les deux interlocuteurs. Puis, au début du plan suivant (21:24), la frimousse de Paulette apparaît soudain... *baignée*

de lumière — de *sa* lumière, est-on tenté de dire, celle qui semble lui être attachée comme une aura et qui fait partie intégrante du personnage. Dans ces deux cas (21:27–21:33 et 21:24) la *fonction* de la lumière est claire, mais quelle en est la *motivation?* À quelle source diégétique est-elle attribuable? Clément aurait-il péché ici contre la transparence, dévoilé ses « ficelles », révélé les procédés par lesquels il nous manipule?

🎬 La Nouvelle Vague

1. « Mais les images valent ici mieux que les mots. Pour se faire une idée des différences qui séparent les rives droite et gauche, il suffit de comparer *À bout de souffle* et *Hiroshima mon amour* » (GROS PLAN). Comparez les deux films en tenant compte des paramètres suivants: cadrages et mouvements d'appareil, montage, dialogues, jeu des acteurs, musique, thèmes. En vous basant sur cet échantillon — représentatif certes, mais limité — essayez de caractériser d'une façon générale les deux « rives » de la Nouvelle Vague.

2. Si nous avons cité sans la commenter la réponse de Jean-Pierre Jeunet (GROS PLAN, Épilogue), c'était pour vous en donner ici l'occasion. Qu'est-ce, à votre avis, qui explique la question — posée, il y a gros à parier, par un étudiant en cinéma — et la réaction de Jeunet? D'après sa dernière phrase, quelle idée Jeunet se fait-il de la Nouvelle Vague?

🎬 *Tout va bien*

1. Proposez d'autres exemples de réflexivité pour élargir notre petit échantillon. Quelles sous-catégories pourraient s'ajouter à notre rubrique *Divers?* Quels facteurs de réflexivité sont à l'œuvre dans la séquence énigmatique de Georgette (39:48–42:50)?

2. Voici le « synopsis » de *TVB* proposé par AlloCiné: « Tentative de mise en scène de la lutte des classes ». (Nous citons intégralement.) Or le synopsis d'un film en résume *l'action,* ce qui n'est évidemment pas le cas ici. Il s'agit en réalité d'un jugement, d'une mini-critique. En quoi consiste ce jugement? Écrivez la critique dont ce « synopsis » est un condensé. À votre avis, pourquoi (n')est-elle (pas) justifiée?

🎬 *Sans toit ni loi*

1. Les douze travellings accompagnés de musique ont fait l'objet de nombreux commentaires. Il ne s'agit pas de travellings d'accompagnement

au sens précis du terme, puisque Mona entre dans le champ pour en ressortir avant la fin du plan, lequel se termine toujours sur un objet repris au début du travelling suivant. Tous ces travellings traduisent un déplacement de droite à gauche. Quelle pourrait en être la fonction, à votre avis? *Après* avoir répondu à la question, comparez votre réponse à celle de Varda elle-même[132].

2. Divers: (a) Le symbolisme de l'eau dans STNL: « Il me semble qu'elle venait de la mer » (5:22), dit la narratrice sur fond d'une citation visuelle de Botticelli (*La Naissance de Vénus,* elle aussi née de la mer). Sitôt quittée, l'eau des origines reparaît comme objet de la quête de Mona, dès 9:27–9:57. Commenter. (b) Symbolisme (suite): « Mona, c'est le tiers monde en vadrouille sur les chemins des pays riches »[133]. Commenter. (c) À contre-courant de la plupart des critiques, Pascale Borenstein trouve dans *STNL* une « réflexion politique sur l'exclusion » qui « s'engage clairement aux côtés de son héroïne »[134]. Commenter. (d) « Elle est mignonne, elle pue et elle ne vous dira pas "merci", » dit la publicité du film en 1985. Mona dit « merci » pourtant, une seule fois, à 30:54. En quoi cette situation et son interlocutrice sont-elles différentes?

🎬 *La Haine*

1. *Les Inrockuptibles:* « Le film est centré autour de trois personnages, un Juif, un Arabe et un Africain. Est-ce que tu penses que ce soit une configuration crédible dans les cités? » Réponse de Kassovitz: « Personne ne peut me dire que ça n'existe pas, qu'il n'existe pas une cité dans laquelle on pourrait voir un Noir, un Arabe et un Juif se balader ensemble. » Ici le désaccord, si désaccord il y a, porte sur une question de fait, à résoudre par l'observation. Mais Kassovitz ajoute: « De toutes façons, le cinéma, ce n'est pas la réalité. [...] Dès lors que tu décides de faire un film, de raconter une histoire, tu entres dans un domaine factice »[135]. Commenter ces *deux* réponses de Kassovitz.

2. Divers: (a) Quelle est la signification de la vache que Vinz dit avoir vue la veille (9:10) et qu'il est seul à voir à 42:53? (b) À propos de l'histoire racontée par l'homme des toilettes, Saïd demande: « Pourquoi il a raconté tout ça? » Justement, pourquoi? (c) Au style brouillon des films de John Cassavetes, qui « montre des plans avec la perche[136] dans le champ », Kassovitz préfère celui, parfaitement maîtrisé, de Steven Spielberg. Selon Kassovitz la position de Cassavetes « est de dire: "La perche, je m'en fous, ce n'est pas cela qui m'intéresse" ». Ce qui est indifférent à Cassavetes ne

l'est pas à Kassovitz qui croit en l'importance de la technique. Considérons dans cette optique le plan le plus commenté et loué du film: 49:51–42:47, tourné à l'aide d'un hélicoptère téléguidé. Hélas, aléa du tournage, l'ombre de l'hélicoptère se voyait sur la façade d'un des bâtiments. Il fallut, à grands frais, numériser les images pour effacer l'ombre, puis les imprimer de nouveau sur pellicule. Mais voici que se posent quelques questions: Pourquoi effacer l'ombre de l'hélicoptère qui portait la caméra alors que le plan lui-même, d'un bout à l'autre, s'affiche ostensiblement comme un travelling aérien? À quoi sert-il de cacher certaines marques du travail s'il en reste d'autres, tout aussi voyantes. Que dirait-on du menuisier qui, sa belle armoire achevée, ramasse les sciures et emporte ses outils — mais sans avoir mastiqué les trous? Ne serait-il pas ridicule de montrer une perche dont la seule raison d'être est de ne pas laisser voir le micro? Alors Kassovitz, qui nous dissimule la caméra héliportée mais qui nous en montre la lentille dans les reflets visibles à 42:29–42:37...

Chapitre 4

Deux films à l'épreuve

À bout de souffle: un film où « tout est permis »

Réalisateur: Jean-Luc Godard. Scénario: François Truffaut et Jean-Luc Godard. Montage: Cécile Decugis et Lila Herman. Chef-opérateur: Raoul Coutard. Musique: Martial Solal. Produit par: Les Films Georges de Beauregard. Durée: 86 minutes. Sortie française: 1960. Interprètes principaux: Jean-Paul Belmondo (dans le rôle de Michel Poiccard); Jean Seberg (dans le rôle de Patricia Franchini).[1]

Synopsis: Au volant d'une voiture volée, Michel Poiccard, jeune voyou, monte de Marseille à Paris où il compte récupérer l'argent qui lui est dû et retrouver Patricia, une Américaine dont il se croit amoureux. Sur la route il tue un policier. À Paris il retrouve Patricia, tout en multipliant les démarches pour recouvrer son argent. Mais il est bientôt identifié comme le tueur; les journaux affichent sa photo. Patricia accepte d'abord de s'enfuir avec lui en Italie, puis change d'avis et le dénonce à la police qui l'abat dans la rue.

☞ Les termes suivis d'un astérisque sont définis au CHAPITRE 1 ou dans l'INTERMÈDE.

Découpage en séquences* (ou « méga-séquences »[2])

Dédicace et titre: 0:22–0:37 (15 s).

Séquence 1: 0:37–5:51 (5 min 14 s). Michel vole une voiture à Marseille. En route pour Paris, il tue un policier.

Séquence 2: 5:51–9:57 (4 min 6 s). Arrivé à Paris sans le sou, Michel cherche Patricia, puis se rend chez une amie pour se procurer de l'argent.

Séquence 3: 9:57–19:20 (9 min 23 s). Michel retrouve Patricia; ils se donnent rendez-vous pour le soir. Il récupère son argent sous forme de chèque barré[3]. La police est à ses trousses.

Séquence 4: 19:20–27:53 (8 min 33 s). Michel rejoint Patricia, qu'il continue à poursuivre de ses assiduités. Il dévalise un client dans les toilettes d'un bar. Rendez-vous de Patricia avec un journaliste.

Séquence 5: 27:53–52:47 (24 min 54 s). Chez Patricia, une longue conversation à bâtons rompus avec Michel. Ils font l'amour.

Séquence 6: 52:47–56:17 (3 min 30 s). Michel vole une voiture. Après avoir déposé Patricia à son lieu de travail, il est reconnu par un passant qui avertit la police.

Séquence 7: 56:17–1:00:01 (3 min 44 s). Patricia participe à l'interview d'un écrivain célèbre.

Séquence 8: 1:00:01–1:02:48 (2 min 47 s). Michel essaie en vain de vendre la voiture à un garagiste receleur.

Séquence 9: 1:02:48–1:12:03 (9 min 15 s). Michel essaie de trouver l'ami (Berruti) qui pourra encaisser le chèque barré. Patricia, ayant appris que Michel est recherché pour meutre, est menacée et suivie par la police.

Séquence 10: 1:12:03–1:18:59 (6 min 56 s). Michel et Patricia se réfugient dans un cinéma, puis, la nuit venue, repartent en voiture à la recherche de Berruti. Celui-ci, une fois retrouvé, promet l'argent pour le lendemain et propose à Michel une « planque » pour la nuit.

Séquence 11: 1:18:59–1:26:36 (7 min 37 s). Le lendemain, dans l'appartement où ils ont passé la nuit, conversation entre Michel et Patricia. Celle-ci, sortie sous prétexte de faire des achats, téléphone à la police pour lui donner l'adresse où se cache Michel, qu'elle informe aussitôt de ce qu'elle a fait. Il refuse de s'enfuir.

Séquence 12: 1:26:36 à la fin (3 min 29 s). Sorti dans la rue pour avertir Berruti, Michel est abattu par la police. Il meurt sous le regard de Patricia.

Réalisé en réaction contre le classicisme régnant, *À bout de souffle (ABDS)* est devenu à son tour un film classique — un film, par conséquent, dont on a tout dit... et son contraire. *ABDS,* nous dit-on, est « un chef-d'œuvre absolu... un coup de maître... à classer parmi les plus beaux joyaux du septième art ». Mais on y dénonce « l'amateurisme... le bricolage... l'incohérence visuelle ». Il s'agit pour les uns d'« un film d'époque... fort démodé... qui a très mal vieilli »; pour les autres d'« un film éternellement jeune... tout aussi novateur aujourd'hui qu'en 1960... qui n'a rien perdu de son éclat ».

Dans cette cacophonie de voix discordantes, il y a néanmoins un point — un seul — sur lequel tous s'accordent: l'importance du film dans l'histoire du cinéma. *ABDS* marque une révolution, un tournant, une rupture décisive avec le cinéma d'avant, un nouveau point de départ. Pour Roger Ebert « le cinéma moderne commence ici, en 1960 avec *À bout de souffle* de Jean-Luc Godard »[4].

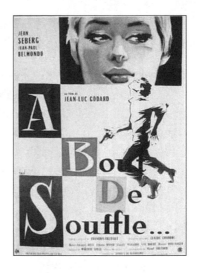

Voilà qui est clair. Malheureusement, dès que l'on s'enquiert un peu de cette nouveauté pour savoir en quoi elle consiste, les avis divergent à nouveau. Certains s'intéressent surtout au style du film, d'autres au sujet, d'autres encore aux personnages. Pour Ebert l'originalité d'*ABDS* est hétérogène: « Ce qu'il y a de plus révolutionnaire dans le film, c'est son rythme endiablé, son détachement impassible, son insoumission, le narcissisme de ses jeunes héros, oublieux du monde où ils vivent »[5].

« Son détachement impassible »? *ABDS* se tient certes à distance de ses personnages, mais d'autres films s'étaient déjà engagés dans cette voie, et plus loin. Si le spectateur s'identifie peu à Michel et à Patricia, l'on avait déjà vu des protagonistes bien plus antipathiques auxquels toute identification est impossible. Si révolution il y a, elle est ailleurs.

« Son insoumission »? Compte tenu du contexte, il est clair qu'Ebert parle ici, non pas de l'insoumission *du film*, mais de celle *des protagonistes*. Et c'est indéniable: ils sont insoumis — Michel surtout. Seulement voilà: cette insoumission, loin d'être révolutionnaire, est celle du protagoniste d'innombrables films criminels, de *Pépé le Moko* (Julien Duvivier, 1937) à *Bob le flambeur* (Jean-Pierre Melville, 1956) en passant par *Touchez pas au grisbi* (Jacques Becker, 1954), pour ne mentionner que des exemples français. On peut en dire autant du narcissisme des protagonistes, de leur indifférence au monde, bien que ces traits, encore moins « révolutionnaires » que l'insoumission, dépassent largement le genre auquel appartient *ABDS*.

« Son rythme endiablé »? Il y a des refrains qui se perpétuent en se répétant et celui-là est du nombre. Notons cependant que la durée moyenne des plans d'*ABDS* est de 11,5 secondes, bien plus longue que la moyenne de l'époque (8,3). Le *quart* du film est une parenthèse pendant laquelle les deux protagonistes parlent de tout et de rien dans une chambre d'hôtel avant d'y faire l'amour — pendant une ellipse, bien entendu. Même avant et après cette séquence l'action traîne ou s'arrête par moments, et malgré quelques scènes au rythme accéléré, le film dans son ensemble donne à bien des spectateurs une impression de lenteur.

Chose curieuse: le refrain du « rythme endiablé » d'*ABDS* se répète plus souvent du côté américain de l'Atlantique que de l'autre. La différence tiendrait-elle, si invraisemblable que cela puisse paraître, à la traduction, jolie certes mais infidèle, du titre? D'*à bout de souffle* et de *breathless* le sens propre est bien le même (*essoufflé, haletant de fatigue),* mais leurs sens figurés divergent. L'expression française suggère l'épuisement, le tarissement, la mort prochaine: être à bout de souffle, c'est toucher à sa fin (« le boom immobilier à bout de souffle », titrent les journaux). Le mot *breathless* évoque par contre l'idée d'une émotion vive (« breathless with anticipation, a breathless audience ») ou d'une activité intense (« to live at a breathless pace, to maintain a breathless schedule »). Serait-ce l'explication du tempo prestissimo prêté au film? Une mauvaise traduction serait-elle à l'origine de cette « fureur de vivre » si souvent attribuée à un protagoniste qui avoue son obsession de la mort (34:56), sa fatigue de la vie et son envie d'en finir (52:22, 1:26:56)? Nous en risquons l'hypothèse, tout en admettant mal qu'un titre puisse colorer à ce point les images vues et les paroles entendues à l'écran.

En quoi consiste alors la nouveauté du film? Rappelons qu'en été 1959, à l'époque où il tourne *ABDS*, Godard est un cinéaste débutant de vingt-neuf ans. Il a quelque expérience comme scénariste, dialoguiste et monteur mais n'a réalisé, en format professionnel, que trois courts métrages. Ses connaissances techniques, comme il le reconnaîtra plus tard, sont insuffisantes, ce que le producteur semble avoir compris en lui imposant un « conseiller technique et artistique » (Claude Chabrol, aussi jeune que Godard mais qui avait déjà réalisé deux longs métrages à succès)[6]. Certes, il fait de la critique depuis 1950, ce qui est pour lui une sorte d'expérience: « Écrire, c'était déjà faire du cinéma, car, entre écrire et tourner, il y a une différence quantitative, non qualitative »[7]. Il ne se dégage pourtant de sa critique, « confuse, obscure, extravagante »[8], aucune ligne directrice, aucune conception cohérente du cinéma. Ainsi, au moment de faire ses premiers pas comme réalisateur, Godard ignore-t-il encore ce que sera, ce que doit être le film qui lui a été confié. Sa visée sera plutôt négative: faire *autre chose* que ses prédécesseurs, frayer une voie nouvelle, sans savoir où elle mènera. Plus tard il décrira ainsi son état d'esprit à l'époque d'*ABDS*: « Un certain cinéma [...] est peut-être fini; alors mettons le point final, montrons que tout est permis »[9]. *Tout est permis...* liberté capiteuse, dont Godard ne sait pas encore en 1959 ce qu'il doit faire. La nouveauté du film naîtra donc, non pas d'un idéal, mais d'un refus.

Et que refuse Godard dans ce cinéma « peut-être fini » auquel il veut mettre « le point final »? D'abord et surtout, la transparence*; ensuite, et secondairement, certains aspects du récit classique.

1. Un refus de la transparence* classique

L'esthétique de la transparence, telle que nous l'avons définie dans l'INTERMÈDE, prescrit au cinéaste de cacher les marques de son travail, d'effacer autant que possible les traces de la production: « La meilleure technique est celle qui ne se voit pas. » Ce principe est en 1960 un pilier du style classique, et c'est lui que Godard violera allégrement dans *ABDS*. Les aspects du film qui devaient choquer ou ravir la critique de l'époque relèvent pour la plupart de cette infraction. C'est *en affichant ses procédés* qu'*ABDS* se distingue à sa sortie; c'est par sa *réflexivité** qu'il est révolutionnaire.

1.1. Le montage*

Le montage, en particulier, doit être masqué à l'aide de raccords*. À cette obligation d'un « montage invisible » Godard contrevient de plusieurs façons: faux raccords*, sautes d'images*, effets optiques*.

1.1.1. Dans l'une de ses acceptions l'expression *faux raccord* désigne les infractions aux règles du montage en continuité*. Il n'en manque pas d'exemples dans *ABDS* où de nombreux *raccords de regard** et *de mouvement** sont fautifs selon les règles en vigueur.

Aux plans 0:38–1:15, faute d'un *plan d'exposition* (ou *de situation*) [anglais: *establishing shot*] au début de la séquence, nous ignorons la position de Michel par rapport à sa complice, et l'objet de leurs regards n'est pas évident. Les rapports spatiaux sont encore plus flous aux plans 5:30–5:34 où la direction n'est pas maintenue: Michel tire vers la droite et le policier tombe vers la gauche. Les véhicules qui se déplacent vers la droite au plan 5:00–5:01 semblent s'être retournés au plan suivant. Et Patricia, qui marche d'abord vers la droite, puis en sens inverse aux plans 1:21:54– 1:22:00, retourne-t-elle à l'appartement? Ici et ailleurs, si nous arrivons tant bien que mal à suivre l'action malgré les discontinuités, nous la suivons avec une conscience accrue des changements de plan, et du film comme le produit d'un travail.

1.1.2. On qualifie également de *faux raccords* les inconséquences diégétiques dues aux conditions de tournage. Au plan 3:27–3:38, par exemple, Michel voit au loin deux jeunes filles qui font de l'auto-stop devant une auberge; lorsqu'il s'approche d'elles (3:41–3:49)… l'auberge a disparu! À ce moment-là, et jusqu'à ce que les motards le prennent en chasse (« Merde! la flicaille! », 4:49–4:52), il porte une veste. Quelques secondes plus tard il s'arrête sur un chemin de terre (5:03–5:08), toujours poursuivi et… sans veste. Aurait-il pris le temps de l'enlever? Au début de la séquence de la chambre d'hôtel, jusqu'au plan qui commence à 38:45, Patricia porte un pull marin à longues manches. Elle sort du champ à 39:57 pour reparaître en train de se parfumer et *en débardeur* au début du plan suivant (40:11). Grâce à la musique diégétique ininterrompue, nous savons qu'aucune ellipse ne sépare les deux plans. Paradoxalement, ce « faux » raccord, souvent remarqué et copieusement commenté — bien plus que les deux autres… pourquoi? — n'est peut-être pas faux: Patricia aurait pu changer de chemise en dix secondes. Quoi qu'il en soit, de telles incohérences diégétiques représentent autant d'obstacles à l'immersion du spectateur, rappelé malgré lui à son statut de spectateur.

1.1.3. Il faut réserver une place à part aux *sautes d'image** dont *ABDS* présente une soixantaine, aux séquences 1, 4, 5 et 9 pour la plupart (voir ci-dessous ▸ *LA* SAUTE D'IMAGE: *UN CONSEIL, QUELQUES PRÉCISIONS*). Parmi les « fautes » commises par Godard dans son premier long métrage, les sautes furent en 1960 les plus remarquées, et pour cause. De toutes les coupes* la plus *voyante,* la saute d'image dit au spectateur: « Les changements de plan que l'on cherche toujours à te cacher, je suis là, moi, pour te les rappeler. » Ce vestige visible du montage accapare l'attention du spectateur, la détournant vers le *travail de la représentation* aux dépens du *monde représenté.* Comment dès lors faire « acte de croyance »? S'immerger dans l'univers du film? Croire aux personnages lorsqu'on voit les procédés?

Ainsi s'explique l'interdiction quasi absolue de la saute d'image, tenue à l'époque pour une infraction grossière. Les quelques exceptions confirment la règle. Dans *Les Quatre Cents Coups* de François Truffaut (1959), par exemple — « le film qui a lancé la Nouvelle Vague » — la scène où la psychologue interroge Antoine[10] présente quatre sautes d'image qui ne nuisent en rien à la transparence. Elles servent, au contraire, à donner à l'interrogatoire l'aspect d'un document officiel filmé au Centre d'observation, à verser au dossier du jeune Doinel tout comme ses photos d'identité. La scène se présente en effet comme un film dans le film, mais un film parfaitement diégétisé*. En dehors de tels cas d'espèce, la saute est considérée en 1960 comme une inadvertance ou une bourde, imputable au manque de temps ou de métier[11].

On ne saurait qualifier d'*inadvertances* les sautes d'*ABDS*: Godard les créa en pleine connaissance de cause. N'y voyons pas cependant une recherche stylistique: Godard n'y pensait pas. À quoi donc servent-elles? Ici s'impose une distinction que nous examinons dans notre ▶ *PARENTHÈSE MÉTHODOLOGIQUE.*

La *saute d'image:* un conseil, quelques précisions ▶ *Saute d'image* traduit *jump cut,* expression forgée aux États-Unis en 1960 pour rendre compte, justement... d'*ABDS*[12]. Suivant un scénario bien connu, le terme américain fut importé tel quel en français où il se rencontre assez souvent encore aujourd'hui. Puisque la langue française dispose de mots pour parler de la chose, employons-les. (Il s'agit là d'un conseil parfaitement généralisable[13].)

Définie et illustrée au Chapitre 1 (voir la Figure 1.11), la saute d'image est une technique très particulière, d'un usage assez rare — et souvent confondue avec ce qu'elle n'est pas. L'expression n'est pas synonyme, par exemple, de *coupe sèche** (*franche*). Un changement de plan qui nous ramène brusquement et sans raccord d'un endroit à un autre n'est pas une saute d'image. Il n'y a pas non plus de saute d'image si, à sujet constant, l'axe de la caméra change (de plus de 30°), la saute ne se produisant que si l'axe et la distance restent constants. On dit souvent et à tort que les vidéo-clips nous ont habitués aux sautes d'image, de sorte que nous ne remarquons plus guère celles d'*ABDS*. S'il est vrai que les clips présentent souvent une succession de plans courts, un rythme visuel sautillant calqué sur celui de la musique, les sautes d'image y sont aussi rares qu'au cinéma[14]▶▶.

Citons à titre d'illustration *The Bourne Supremacy* (Paul Greengrass, 2004), deuxième film de la trilogie. Le montage est souvent elliptique, haché à l'extrême, rapide à couper le souffle, la durée moyenne des plans étant de... 1,9 secondes! De plus, la caméra semble atteinte d'une bougeotte aiguë. Cependant, parmi les 3 200 changements de plan il n'y a que neuf sautes d'image (à 21:36–21:41, 31:11–31:14, 45:41–45:47, 1:00:28 et 1:16:53) — neuf de plus que dans la grande majorité des films hollywoodiens.

Parenthèse méthodologique: *À quoi servent les sautes d'image dans* **ABDS?** ▶ Distinguons, parmi d'autres, deux sortes de réponse à cette question: causale (ou génétique) et fonctionnelle.

1. Une explication causale → Godard raconte lui-même qu'après un premier montage le film était trop long: il fallait le raccourcir d'une heure. Dans cette circonstance la pratique courante consiste soit à supprimer des séquences ou des sous-séquences entières, soit à enlever le début ou la fin de certains plans. Cette deuxième option, retenue pour plusieurs coupures d'*ABDS*, oblige à veiller aux raccords, ce que Godard oublia parfois de faire. Pour d'autres coupures Godard passa outre aux pratiques courantes, bravant un interdit qui remontait au cinéma muet. Dans certaines séquences il supprima des séries de photogrammes *au milieu d'un seul et même plan,* le découpant ainsi en plusieurs plans séparés chacun d'une saute. C'est le cas de la scène du rendez-vous au café. Entre 25:21 (Van Doude: « Tout à coup... ») et 25:25 il y a deux sautes et donc trois plans; entre 25:26 (Van Doude: « Alors je lui donne rendez-vous... ») et 25:38, six sautes, sept plans. (Ici certaines des sautes seraient difficilement repérables si l'on ne voyait « sauter » à l'arrière-plan véhicules et piétons.) Un tout autre procédé fut employé pour la conversation entre Patricia et Michel dans la décapotable. Cette scène avait été montée d'abord en champ-contrechamp, avec deux fois plus de plans que dans la version définitive. Au lieu d'éliminer une partie de chaque plan, Godard préféra éliminer *tous les plans d'un personnage.* Mais duquel? Réponse de Godard: « On a tiré au sort entre Belmondo et Seberg et c'est Seberg qui est restée »[15]. Les douze plans de Patricia vue de profil ou de trois quarts dos furent donc alignés bout à bout — le champ sans le contrechamp — avec pour résultat, entre 22:17 et 23:39, les onze sautes d'image les plus célèbres de l'histoire du cinéma[16] ▶▶.

2. Quelques explications fonctionnelles → « À chaque saute le film bondit en avant avec une impatience syncopée qui rend parfaitement la précipitation suicidaire du héros... Le film saute d'image en image aussi brusquement que le jeune homme qui papillonne d'une chose à l'autre... L'allure saccadée et discontinue des images est celle aussi de l'existence convulsive du protagoniste... »[17] ▶▶. Ces explications ont en commun *une mise en rapport du montage et du personnage:* les sautes reflètent, d'une manière ou d'une autre, la mentalité, le caractère ou le comportement de Michel.

Ces deux sortes d'explication, on l'aura compris, ne répondent pas du tout à la même question. L'explication de Godard répond aux questions telles que: *Comment se fait-il que le film présente ces sautes d'image? D'où viennent-elles? De quelle(s) cause(s) sont-elles la conséquence?* Sa réponse (nous paraphrasons): «Elles sont le résultat des coupures que j'ai dû faire pour raccourcir le film.» Les explications fonctionnelles répondent à un tout autre genre de questions: *Quelle(s) fonction(s) les sautes d'image remplissent-elles dans le film? Quel(s) rôle(s) y jouent-elles?* Ici, il ne s'agit pas de ce qu'un cinéaste avait *voulu* faire, mais de ce qu'il a *fait. Nota bene:* Même si Godard disait avoir destiné les sautes à telle ou telle fonction dans le film, l'explication serait toujours causale: il resterait à savoir si elles y remplissent cette fonction ou une autre, ou si elles n'en remplissent aucune (le cas se conçoit). Pour savoir les *intentions* d'un cinéaste nous l'interrogeons; pour comprendre ses *réalisations* nous regardons son film.

1.1.4. La grande majorité des changements de plan d'*ABDS* sont des coupes sèches*. Là où Godard utilise un effet optique*, il en fait le plus souvent un usage assez classique — assez *transparent.* C'est le cas des nombreux fondus au noir* et des deux fondus enchaînés* (à 2:02, pour passer du Vieux-Port de Marseille à la Route Nationale 7, et à 1:00:00 pour passer d'Orly au garage). Deux fois cependant, à 19:17 et à 56:15, Godard recourt à la fermeture-ouverture à l'iris*, l'un des effets optiques les plus voyants du cinéma muet et obsolète depuis 1930. Il s'en expliquera en 1962: «L'iris montrait qu'il était permis de retourner aux sources du cinéma»[18]. Il aurait pu ajouter: l'usage de cet effet montrait qu'il était «permis» d'*afficher* le montage au lieu de le cacher.

1.2. La réflexivité* en dehors du montage

Au sens que nous avons défini dans l'INTERMÈDE, le terme de *réflexivité* comprend tout élément filmique qui renvoie aux conditions de la fabrication. Un film est *réflexif* dans la mesure où il affiche ses propres techniques sans les diégétiser ni les motiver d'aucune autre façon; exposées dans le produit comme traces de la production, exhibées dans «le monde *que* l'on raconte» comme vestiges du «monde *où* l'on raconte», elles s'imposent à l'attention du spectateur et portent atteinte au *quatrième mur*. La réflexivité d'*ABDS* provient, comme nous venons de le voir, d'un montage souvent visible et par moments voyant. Mais le film présente bien d'autres aspects brechtiens* que nous passerons en revue sous les rubriques suivantes: les regards-caméra*, l'irréalisme, les mouvements d'appareil*, le son.

1.2.1. « C'est joli, la campagne... j'aime beaucoup la France, » dit Michel en route pour Paris (2:55–3:08), et nous croyons entendre ici la suite de son monologue. Mais il se tourne aussitôt vers la caméra pour s'adresser directement à *nous:* « Si vous n'aimez pas la mer, si vous n'aimez pas la montagne, si vous n'aimez pas la ville... allez vous faire foutre » (3:12–3:27). Ce regard à la caméra, le premier du film et celui qui scandalisa le plus en 1960, semble d'autant plus transgressif qu'il s'accompagne de paroles adressées, elles aussi, au spectateur. Qui plus est, chaque partie de l'apostrophe est soulignée par un trille de flûte[19]. Un deuxième regard-caméra (37:00–37:07) est diégétisé par un plan subjectif*; les quatre suivants (aux plans 59:58–1:00:03, 1:19:44–1:19:46, 1:20:47–1:20:49 et 1:29:44–1:30:03) ne le sont d'aucune façon.

1.2.2. On a beau jeu de relever les nombreux aspects irréalistes du film et la critique ne s'en est pas privée. Godard lui-même reconnaît en 1962 y avoir manqué le réalisme propre au genre: « Je croyais avoir fait un film réaliste [...]; or, ce n'était pas du tout cela. [...] Je le situe du côté où on doit le situer: celui d'*Alice au pays des merveilles* »[20]. Alors, un conte de fée? D'autres y ont trouvé un air de parenté avec la bande dessinée ou le dessin animé. Quoi qu'il en soit, le film ne brille pas par sa vraisemblance. Citons en exemple, presque au hasard: certaines questions de Patricia, munie d'un bon niveau en français, qui demande à Michel pendant qu'ils se promènent sur les Champs-Élysées où elle vend régulièrement le *New York Herald Tribune:* « Qu'est-ce que c'est, "les Champs"? » (11:05), puis: « Qu'est-ce que c'est, "l'horoscope"? » (11:30); le coup de coude censé assommer l'homme dans les toilettes (20:22); les baisers des protagonistes à 52:40 et à 1:12:09 (posent-ils pour une photo?); certains plans de la filature (à partir de 1:08:55), dignes du genre burlesque.

Les invraisemblances que nous venons de citer relèvent de la conception des personnages, du scénario ou de la direction des acteurs. D'autres manquements au réalisme sont attribuables à la distribution ou aux conditions de tournage imposées par le petit budget du film (environ le tiers du budget moyen de l'époque). Si nous avons souvent l'impression de regarder un jeu d'amateur, c'est qu'à l'exception de Belmondo et de Seberg, les acteurs, non professionnels pour la plupart, furent recrutés parmi les relations personnelles de Godard. Ainsi l'inspecteur Vital est-il incarné par un écrivain et Tolmatchoff par un attaché de presse. Sous les traits de Parvulesco un cinéaste célèbre (Jean-Pierre Melville) fait une apparition éclair dans la séquence de l'aéroport (56:17–1:00:02).

ABDS fut tourné entièrement en décors naturels et *sans figurants* [anglais: *extras*] (qu'il aurait fallu payer). Cette économie nous vaut, dans les scènes d'extérieur, l'amusant spectacle des passants-badauds qui se tournent et se retournent pour regarder les acteurs ou la caméra[21] ▶▶|.

1.2.3. Le film présente de nombreux panoramiques* dont certains, en se faisant remarquer, rappellent la présence de la caméra et de son opérateur. Le petit pano d'accompagnement de 39:45–39:50 est parfaitement diégétisé*, à peine perceptible; celui qui le suit (39:56–39:58) fait penser au film de famille d'un vidéaste amateur. Particulièrement voyants sont les panos filés* de la première séquence (Michel au volant). En outre, et contrairement à la pratique courante, *ABDS* fut tourné « caméra à l'épaule », ce qui se remarque aisément — et souvent fâcheusement — dans les cadres tremblés ou vacillants de certains plans fixes* (ou « fixes »). On n'a pour le constater qu'à revisionner la conversation au restaurant (24:27–26:25) ou la longue séquence de la chambre d'hôtel[22] ▶▶|.

1.2.4. *ABDS* fut tourné entièrement en muet: il n'y eut, pendant les prises de vue, aucune prise de son. Il fallut donc enregistrer séparément dialogues et bruitages pour les post-synchroniser avec les images. Or une post-synchronisation réussie donne l'illusion du son direct (enregistré au tournage). Est-ce le cas dans *ABDS*? Il est vrai que certains bruitages auraient pu être mieux choisis: les coups de feu tirés à 4:19 semblent détoner dans une caisse de résonance; à 5:24 les pneus de la moto crissent sur un chemin de terre, etc. Et certes, par moments les paroles d'un personnage font preuve d'un peu trop d'indépendance par rapport à ses lèvres. Cependant, dans l'ensemble et compte tenu du budget, la sonorisation paraît assez correcte, comparable sans être égale au niveau de la production française moyenne de l'époque.

Le son peut servir la transparence ou la desservir. Nous avons examiné au Chapitre 1 quelques exemples de raccords sonores* mis au service de la continuité. Examinons à présent quelques exemples de « désaccords sonores » relevant, eux aussi, du montage.

- Aux quatre plans de 2:28–2:33 le son est entièrement diégétique: un fond sonore (route et voiture) et la voix de Michel qui chante: « Pa-Pa-Pa-Pa-Pa-Pa-Patricia-Pa-tri-cia ». Les trois changements de plan correspondent à des ellipses* temporelles évidentes, alors que la voix de Michel est continue.
- Les sept plans de 23:13–23:39 présentent la même indépendance du son diégétique par rapport aux images. La complainte de Michel (« Hélas, hélas, hélas... ») est prononcée d'une façon continue et suivie, alors que les sautes d'image représentent des ellipses.

- Aux plans 1:22:56–1:24:01 c'est une musique diégétique — on voit tourner le disque — qui chevauche sans s'interrompre les sautes d'image à 1:23:48 et à 1:23:56. Un temps s'écoule entre deux plans sans que rien s'interpose entre deux notes.
- « Je vais mettre la radio, » dit Patricia à 42:12: c'est donc encore une musique diégétique que nous entendons aux plans suivants. Mais voilà qu'elle se libère des images, s'arrêtant, recommençant, cessant de nouveau, reprenant de plus belle et ce *au cours d'un seul plan,* selon une logique mystérieuse. À 47:13, après un silence radiophonique, la musique revient transformée, car cette fois on reconnaît le « thème de Patricia », puis celui de Michel, déjà entendus plusieurs fois avant la séquence, mais extradiégétiquement. S'agissait-il peut-être en fait, depuis 42:12, d'une musique extradiégétique? Non, puisqu'à 48:12 se fait entendre la voix de la présentatrice (« Se termine, mesdames et messieurs... »).

Dans tous ces exemples le son diégétique, au lieu de coller à l'image, s'en sépare ostensiblement pour se signaler à l'attention du spectateur. Loin de souder les plans de la séquence, comme peut le faire le son extradiégétique, le son diégétique ne fait guère autre chose ici que... d'*afficher sa post-synchronisation.*

Notre analyse de la réflexivité dans *ABDS* est incomplète, cela va de soi; bien d'autres exemples pourraient s'ajouter aux nôtres. Et cependant, il s'agit du film le moins réflexif, *le plus classique* de Godard. (Son plus gros succès commercial, aussi. À dire le vrai, son *seul* succès commercial. Il y aurait une étude à faire là-dessus...) Un survol de sa carrière laisserait l'impression d'un besoin de plus en plus impérieux de nous rappeler dans ses films que *nous regardons un film.* Et que de « progrès », à cet égard, depuis 1960! Si l'on cherche aujourd'hui, un demi-siècle plus tard, le fil conducteur de cette œuvre immense, c'est sans doute là qu'il se trouvera, *dans ce refus de la transparence.* Et nous reconnaissons le vieux maître dans le débutant: Godard en 1960 est déjà Godard.

Dans un article publié en avril 1959, à propos d'un film noir dont il s'inspirera quelques mois plus tard pour réaliser *ABDS*, Godard se confie tout entier: « Quand, dans *Fallen Angel,* pour ne pas perdre de vue Linda Darnell qui traverse un restaurant, la caméra fonce tellement vite à travers les consommateurs qu'on voit la main des assistants en saisir deux ou trois au collet et les tirer hors du champ pour la laisser passer, *j'aime ça* »[23]. C'est là une remarque — et un goût — dont on pouvait s'étonner en 1959, avant d'avoir vu *ABDS*. En 1960 tout s'explique.

2. Un refus du récit classique

ABDS est — ou devait être — un film de genre et plus particulièrement un *film noir*[24]. Godard dira en 1978: «Je croyais, quand je faisais *À bout de souffle*, faire un film de ce genre-là. Et quand je l'ai vu après, je me suis aperçu que c'était autre chose»[25]. En quoi donc avait-il été infidèle au genre? En quoi avait-il innové?

Rappelons que le film noir relève du cinéma hollywoodien à son apogée; autrement dit, d'un cinéma classique inspiré des idéaux de la *transparence* et de la *cohésion*. Nous avons assez discuté du premier; parlons à présent du second.

Selon l'esthétique de la cohésion, qui remonte au moins à Aristote, c'est *l'unité* d'une œuvre qui en fait la valeur. Ainsi les éléments du film doivent-ils former un tout, converger vers le même but; aucun détail ne doit rester inactif ou diminuer l'effet d'ensemble. Tel est du moins l'idéal. Quant à sa mise en pratique, on ne saurait mieux la définir, ni plus élégamment, que Michel Mourlet: «Ne montrer d'une chaîne d'événements que l'indispensable à son déroulement et sa compréhension; le montrer de la façon la plus directe; toujours rester lié au centre. Construire, en d'autres termes, une architecture dont la beauté globale naisse de l'exactitude du rôle attribué à ses parties»[26].

Dans *ABDS* il semble y avoir quelques maillons de trop dans la chaîne d'événements. C'est le cas notamment de certaines scènes dialoguées dont nous aurions bien du mal à définir «l'exactitude du rôle». En quoi le rendez-vous au restaurant (23:59–26:22), par exemple, est-il «lié au centre»? Et l'interview de l'écrivain (56:17–1:00:02:)? Et la longue séquence de la chambre d'hôtel (28:41–52:46)?

Dans un film de facture traditionnelle le dialogue doit servir plus ou moins directement une fonction narrative, soit en faisant avancer l'action, soit en définissant un personnage afin de motiver ses actes. Citons un exemple du même genre (celui, plus ou moins, du film noir): *Touchez pas au grisbi* de Jacques Becker (1954). Comme le fait remarquer François Truffaut dans sa critique du film, «du dialogue il [Becker] ne conservera que l'essentiel, ou *l'essentiel du superflu*»[27] (c'est-à-dire ce qui paraît superflu mais ne l'est pas). On ne saurait en dire autant de Godard, à en juger par certaines scènes dialoguées d'*ABDS*. Ne dirait-on pas qu'il y ait conservé, avec l'essentiel et «l'essentiel du superflu», *le superflu du superflu?*

Radical en 1960, ce «superflu» nous choque peu aujourd'hui: nous y sommes habitués depuis les films de Quentin Tarantino et de ses nombreux émules. Prenons l'exemple bien connu — trop connu — de la conversation qui ouvre *Pulp Fiction* (« You know what they call a quarter-pounder with cheese in Paris?... »). Selon Roger Ebert, qui déploie des trésors d'ingéniosité pour nous en convaincre, cette scène n'est superflue qu'en apparence: elle se rapporte de point en point à l'action ultérieure. Le dialogue du film, résume-t-il, « est toujours porteur »[28]. Qu'il nous convainque ou non, Ebert serait mal inspiré de tenter la même démonstration pour toutes les scènes dialoguées d'*ABDS*.

En quoi pourrait consister l'utilité narrative du dialogue de la chambre d'hôtel — vingt-quatre minutes, 27% de la durée du film — où alternent coquetteries et coq-à-l'âne, banalités et bravades? Tantôt la conversation se fait (ou se veut) philosophique, tantôt elle traîne dans une platitude affligeante. En témoignent ces réflexions: « "Entre le chagrin et le néant, je choisis le chagrin" [citation de Faulkner]. Et toi, tu choisirais quoi? — Montre tes doigts de pied. C'est très important, les doigts de pied chez une femme. Ne rigole pas. — Tu choisirais quoi? — Le chagrin, c'est idiot. Je choisis le néant. C'est pas mieux, mais le chagrin, c'est un compromis. Il faut tout ou rien » (46:48). Et cet aveu: « Laissez-moi tranquille, je réfléchis. — À quoi? — Le drame, c'est que je ne sais même pas » (29:44). Et cette gentillesse: « Michel... — Quoi? — Dis-moi quelque chose de gentil. — Quoi? — Je ne sais pas. — Alors, moi non plus » (35:00).

Certes, l'action principale n'est pas complètement oubliée (trois fois Michel essaie de joindre Berruti au téléphone), et le « rapprochement franco-américain » (48:48) qui intervient vers la fin de la séquence n'est pas sans importance pour le couple. Cependant, la séquence dans son ensemble a tout d'un *hors-d'œuvre,* au sens architectural du terme: « partie d'un édifice en saillie qui ne fait pas partie de l'ordonnance générale de l'ensemble » (*TLF*). Il s'agit au fond d'un *vide narratif* où, du point de vue du récit, il ne se passe à peu près rien[29] ▶▶|.

Ici on objectera: « Admettons qu'il s'agisse d'un "vide narratif"... qu'importe! Le dialogue n'en est pas moins authentique. C'est comme cela que Michel et Patricia se seraient parlé. Ils passent du temps ensemble, tout simplement, et nous avons le privilège d'assister en cachette à la scène. C'est d'une vérité absolue, et voilà pourquoi c'est si passionnant. »

Passionnant... ou assommant, selon le goût du spectateur. De toute façon, l'objection ne porte pas: elle confond l'unité et la vérité, l'art et la vie. Jamais personne n'a contesté l'authenticité, la vraisemblance, la justesse du dialogue; au contraire, la critique a été unanime à insister là-dessus. La séquence est néanmoins condamnable du point de vue des normes classiques, et de celle, en particulier, de l'unité. Pour Godard qui refuse ces normes, la question du rôle de chaque élément — de son (r)apport à « l'histoire » — ne se pose pas. L'histoire elle-même, noyau traditionnel du film classique, se voit reléguée chez Godard à une place secondaire. Au lieu de « raconter une histoire », il préfère montrer une *tranche de vie*. Et la vie n'est presque jamais une « chaîne d'événements » où n'entre que « l'indispensable » (pour emprunter le langage de Mourlet). Dans la vie telle qu'elle est vécue le plus souvent, tout moment n'est pas « lié au centre » et « l'architecture » elle-même, souvent floue, comporte de nombreuses parties sans « rôle exact ».

Pour montrer la vie, avec tout ce qu'elle comporte d'inessentiel et d'aléatoire, le film de fiction traditionnel n'est pas le meilleur instrument: il faut, estime Godard, un genre plus proche du documentaire. Comme le dira Raoul Coutard, chef-opérateur d'*ABDS*, « c'était un reportage ». À la question: « C'est ce qu'il [Godard] vous a dit au départ? », Coutard répond: « C'est ça. On fait un reportage. Comme si on était aux actualités et qu'on allait filmer un truc qu'on ne chope que là »[30].

Or le reportage est par essence *réflexif*. Le cadre vacille, les plans sautent, les sujets regardent la caméra — *rien de moins transparent*. Jamais le spectateur ne peut oublier qu'il regarde un film, mais il est conscient de regarder quelque chose de vrai, de vécu, de « pris sur le vif ». Et c'est là sans doute, dans ce mélange un peu instable du réel et du fictionnel, que réside l'originalité d'*ABDS*.

On l'a souvent dit, et c'en est ici encore une preuve: rien n'est simple chez Godard.

Matière à réflexion

1. **L'intertextualité dans ABDS.** On appelle *intertextualité* toute présence d'un texte dans un autre texte. Réservé d'abord aux études littéraires — le domaine des *textes* au sens propre — , le terme s'applique aujourd'hui à tous les arts, y compris le septième. L'intertextualité filmique peut se manifester de plusieurs façons; ainsi parle-t-on indifféremment de *références,* de *citations* ou d'*allusions,* sans se soucier le plus souvent du sens précis de ces termes ou des nuances qu'ils pourraient traduire. *Référence,* le plus général des trois, désigne tout ce qui, dans un film, *se réfère* (se rapporte) à un autre film. L'*allusion* est une référence

voilée et la *citation,* une référence explicite qui reproduit plus ou moins exactement une partie de la bande-image ou de la bande-son d'un autre film. (Parfois *citation* s'emploie comme synonyme de *référence.*) On pourrait continuer ainsi — *plagiat:* référence dissimulée; *hommage:* référence respectueuse; *parodie:* référence moqueuse, etc. — mais passons sans plus tarder à notre film. L'intertextualité y est riche comme on s'en serait douté, *ABDS* étant le premier long métrage d'un critique cinéphile. Parmi les nombreuses références figurent les suivantes:

- Le champ-contrechamp entre Michel et « Bogey » (18:37–19:12) rappelle non seulement les films noirs où Bogart avait joué mais aussi et surtout le type de personnage qu'il y incarnait.
- *ABDS* est dédié à Monogram Pictures (0:25), société de production américaine spécialisée dans les « séries B » (films à petit budget): westerns, films criminels et sentimentaux. Ainsi sont évoquées, en même temps que les films de Monogram, certaines pratiques propres à la catégorie, imposées par un budget limité: « Le principe, dira Godard, c'est de faire ce qu'on peut. Quand on a quatre francs dans la poche, eh bien, on fait avec quatre francs »[31].
- La présence du cinéaste Jean-Pierre Melville (dans le rôle de l'écrivain interviewé à Orly) évoque évidemment ses films, notamment *Bob le flambeur* (1956) dont le héros est nommé deux fois dans *ABDS* (15:25 et 17:21).
- Film noir, *ABDS* renvoie aux autres films et aux conventions du genre et à celle, notamment, de la « femme fatale ». Godard lui-même mentionne deux films d'Otto Preminger, *Fallen Angel* (1945) et *Where the Sidewalk Ends* (1950, dont il cite le titre français, *Mark Dickson détective*): « Je croyais […] faire un film de ce genre-là »[32]. N'oublions pas les films du sous-genre auquel appartient *ABDS*, celui du couple traqué: *Gun Crazy* (Joseph Lewis, 1949), *They Live by Night* (Nicholas Ray, 1948) et *You Only Live Once* (Fritz Lang, 1937).

Une fois les références relevées, la question se pose de leur fonction dans le film. On a beaucoup glosé sur la signification des références littéraires. À 1:20:25, par exemple, un gros plan s'attarde sur la couverture d'*Abracadabra* de Maurice Sachs. Le roman lui-même n'a au fond rien à voir avec l'histoire de nos protagonistes, mais le nom de l'auteur sert ici d'annonce: Sachs, à la solde de la Gestapo pendant l'Occupation, dénonçait ses « amis » tout comme Patricia dénoncera le sien. Il s'agit donc d'une référence culturelle, mais extratextuelle. À 49:53 Patricia demande à Michel: « Est-ce que tu connais un livre de Dylan Thomas qui s'appelle *Portrait de* *l'artiste comme* [sic] *jeune chien?*» Selon Dudley Andrew, ce livre n'est mentionné que parce que Godard en aimait le titre[33]. D'autres ont cherché dans les personnages du livre des parallèles avec le film[34]▶▶|. Se pose ainsi — et précisément ici — la question fondamentale: *Qu'est-ce qu'une référence?* Pour y voir plus clair, considérons l'exemple suivant. L'on a trouvé dans *ABDS* une référence au *Jour se lève* de Marcel Carné (1939). Dans une scène clé François, le héros, fume sans arrêt tout comme Michel. Bien plus, «lorsque Michel manipule l'ours en peluche dans la chambre de bonne de la jeune fille brune [7:56], il fait le même geste que François [...]. L'ours en peluche [...] réapparaît dans les mains de Patricia, à l'hôtel de Suède» (32:09)[35]. Ici le sceptique objecte: «En 1939 comme en 1960, le cinéma français est plutôt fumeur, non? Alors, deux hommes qui fument... Et cet ours en peluche (qui, chez la jeune fille brune, est un singe) n'est-il pas un accessoire des plus conventionnels dans une chambre de jeune fille? Tenez, il y a des panos filés* dans *Le Fabuleux Destin d'Amélie Poulain,* comme il y en a dans *ABDS.* Faut-il y voir une référence? Un hommage stylistique? Il arrive à Amélie de se parfumer (14:23), tout comme à Patricia (40:12). Une référence olfactive, donc? Une citation gestuelle? Soyons un peu sérieux.»

- Imaginez (et rédigez) la suite du dialogue. À qui donnez-vous raison? Pourquoi? Faut-il, pour que l'on puisse parler de *référence,* que le réalisateur ait *pensé* au film antérieur? Une référence peut-elle être inconsciente ou involontaire? Suffit-il que les deux films se ressemblent? Dans ce cas, quelles (sortes de) ressemblances suffisent (toute ressemblance n'étant évidemment pas une référence)? Une fois le terrain déblayé, essayez de formuler une définition du terme en précisant les conditions nécessaires et suffisantes de son application: *Un film fait référence (se réfère, se rapporte) à un autre si et seulement si...*

- Aux plans 13:18–13:34 une jeune fille essaie de vendre à Michel un numéro des *Cahiers du cinéma* (où collabore Godard critique). S'agit-il tout simplement d'un clin d'œil pour initiés? Étudiez à ce propos leur court échange verbal.

- À 13:18–13:21 Michel passe devant l'affiche d'un film dont nous ne voyons que les noms des vedettes et l'accroche publicitaire: «Vivre dangereusement jusqu'au bout!» (Il s'agit de *Ten Seconds to Hell* de Robert Aldrich, sorti en France en 1959 sous le titre *Tout près de Satan.*) Voici l'explication de Godard: «Je m'en souviens, j'avais mis une affiche d'un film d'Aldrich, dont le sous-titre *[sic]* était *Vivre dangereusement jusqu'au bout,* simplement parce qu'à l'époque Aldrich faisait partie des références »[36]. Commentez la référence ainsi que l'explication que Godard en propose.

- À quoi sert la référence à Shakespeare (32:30)? Est-elle gratuite? Signifiante?
- À 1:11:49 Patricia propose à Michel d'« aller voir le western au cinéma Napoléon ». Lorsqu'ils en sortent (1:12:29) on voit à l'affiche le titre du film: *Westbound* de Budd Boetticher (1959). Entre ces deux moments il se passe une chose curieuse. Pendant que Michel et Patricia s'embrassent dans la salle nous entendons ce que nous prenons pour un fragment de dialogue du film. Voix masculine: « Méfie-toi, Jessica. *Au biseau des baisers les ans passent trop vite. Evite, évite, évite les souvenirs brisés.* » Voix féminine: « Vous faites erreur, shérif. *Notre histoire est noble et tragique comme le masque d'un tyran. Nul drame hasardeux ou magique, aucun détail indifférent ne rend notre amour pathétique.* » Or ce dialogue n'a rien à voir avec la bande-son de *Westbound*. Les premiers mots en italique (voix masculine) sont tirés d'un poème d'Aragon (« Elsa je t'aime » du *Crève-cœur*), et les autres d'Apollinaire (« Cors de chasse » d'*Alcools*). À quoi servent ces références? Qu'est-ce qui aurait pu motiver la substitution? Que signifient ces vers dans leur nouveau contexte?

2. L'intertextualité dans ABDS (suite). Nous reprenons, non sans quelques réserves, LE SUJET CLASSIQUE: un rapprochement du film original et d'une version ultérieure[37].

> Comparez *Breathless* de Jim McBride (1983) au film de Godard. En quoi se ressemblent-ils? En quoi sont-ils différents?

En traitant ce sujet on évitera de trop insister sur ce qui va sans dire: déplacement des lieux de l'action (de Marseille et Paris à Las Vegas et Los Angeles), inversion des nationalités des protagonistes, etc. Jesse est moins intelligent que Michel, et bien plus fruste. Le Français idolâtre Bogart alors que l'Américain s'identifie au Silver Surfer et à Jerry Lee Lewis. Monica est plus impliquée dans la cavale de Jesse que ne l'est Patricia dans celle de Michel. Ce sont là des évidences à ne relever qu'à l'appui d'une thèse. D'une manière générale, *la description doit toujours servir l'analyse*. (Pour une explication de ces notions voir l'ENTRÉE EN MATIÈRE.) Voici quelques pistes prometteuses:

- Transparence/réflexivité. « Il manque au remake tout ce qui fait l'originalité d'*ABDS*. Le film de McBride est un pur produit hollywoodien, de facture classique du début à la fin. Aucune saute d'image, pas la moindre discontinuité, et un seul clin d'œil du cinéaste dans ce regard-caméra du premier plan. » Commentez, exemples à l'appui.

- La sous-séquence du meutre du policier, bien moins elliptique dans *Breathless* que dans *ABDS*, présente toutefois une ellipse clé. Laquelle? En quoi consiste son importance?

- Que devient dans le remake la séquence de la chambre d'hôtel, « vide narratif » dans l'original? Une fois les différences relevées, quelle(s) conclusion(s) en tirez-vous?

- Étudiez la fin de *Breathless* par rapport à celle d'*ABDS*. Une idée courante attribue au film hollywoodien une *clôture événementielle* qui manque souvent aux films français. Est-ce pourtant le cas de *Breathless,* dont la fin semble plus ouverte, plus ambiguë que celle de l'original? Le plan arrêté* par lequel se termine le film, cette image finale gelée pour l'éternité, nous rappelle d'autres exemples du procédé: le jeune Antoine Doinel face à son avenir incertain (*Les Quatre Cents Coups*), Butch Cassidy et le Sundance Kid immobilisés au moment où ils entrent dans la légende. Et puis... euh... Jesse Lujack? Il ne semble pas à la hauteur des illustres antécédents. À quoi sert donc ce plan arrêté? Une explication causale (génétique) mentionnerait la réaction outrée des spectateurs-cobayes à une première version qui montrait la mort du protagoniste. Mais quelle est la fonction du plan *dans le film?* Quel *rôle* y joue-t-il? (Voir à ce propos la ▶ PARENTHÈSE MÉTHODOLOGIQUE.)

- « La fin de *Breathless* est plus "ambiguë", dites-vous, que la fin d'*ABDS*? Faux! Plus "ouverte" peut-être, puisque nous n'assistons pas à la mort — certaine, quand même! — de Jesse, alors que nous voyons mourir Michel. Mais que pourrait-il y avoir de plus ambigu, de plus *énigmatique* que ce regard à la caméra qui clôt le film de Godard? » Commentez.

3. Dans notre *PARENTHÈSE MÉTHODOLOGIQUE* nous distinguons deux sortes d'explication: causale (génétique) et fonctionnelle. Gordon Gow incline d'abord à accepter la seconde, avant de se raviser: « La première fois que j'ai vu *ABDS*, voilà un an environ, je partais du principe que le montage capricieux, la discontinuité voulue traduisaient l'état d'esprit du protagoniste. [...] Étant *à bout de souffle,* il est surexcité. Telle était du moins mon idée. Mais j'ai eu récemment l'occasion salutaire d'interviewer le réalisateur, Jean-Luc Godard, et je lui ai demandé quelles avaient été ses intentions précises. Il a répondu qu'il se méfie des règles et qu'il s'était proposé d'abattre les conventions cinématographiques en vigueur. [...] *Ce n'était pas pour lui une expression de la mentalité embrouillée de Michel* »[38].

—Ah! vous voyez, rien à voir avec Michel. C'est un film, dit Godard, « qui n'avait pas de règles et dont la seule règle était: les règles sont fausses ou mal appliquées »[39]. Il voulait faire du nouveau, déclarer son indépendance, voilà tout.

—Pas si vite. Vous citez Godard alors que je préfère, moi, étudier le film — le film *tel qu'il est,* un objet d'étude accessible à tous. Nous cherchons à comprendre la fonction d'un procédé. Pourquoi Godard serait-il en la matière l'autorité absolue?

—« *Pourquoi* »! Parce que c'est lui qui a fait le film! Il doit savoir mieux que personne ce qu'il a voulu faire...

—Mais justement, il ne s'agit pas de ce qu'il a *voulu* faire. Il s'agit de *ce qu'il a fait...*

Continuez le dialogue. À qui donnez-vous raison? Pourquoi?

4. « Une monteuse qualifiée ne voit pas *À bout de souffle* sans frémir: un raccord sur deux est incorrect, » opine George Sadoul, critique et historien, peu après la sortie du film[40]. Si le chiffre est gonflé, il ne l'est pas de beaucoup. Mais écoutons à ce propos Raoul Coutard, chef-opérateur[41] d'*ABDS*, dans une interview de 1999[42]:

—Comment réagissiez-vous aux faux raccords d'*À bout de souffle?*

—Quand on regarde *À bout de souffle,* il n'y a pas tellement de faux raccords en réalité. Finalement, avec ce film, il [Godard] a fait la démonstration qu'on ne pouvait pas tellement se brouiller avec la grammaire parce qu'il y a des trucs qu'il a refaits dans *À bout de souffle* parce que ça ne marchait pas.

—C'est-à-dire?

—Par exemple, je me souviens d'une scène qui se passait aux Champs-Élysées. Il y avait un immeuble où Jean-Paul [Belmondo jouant Michel] sortait et voyait passer la mère machin [Patricia]. Alors on avait mis la caméra là, il sort, on le voit de dos et puis on la voit passer. Donc elle fait gauche-droite. Et puis Jean-Luc dit: « On va passer de l'autre côté... » [...] Et puis elle fait droite-gauche. [...] Et là ça ne marche pas parce que c'était les raccords de mouvement et on a l'impression d'un seul coup qu'au lieu de descendre, elle monte les Champs-Élysées. Sur le moment, quand on lui a parlé de ça, il n'a rien voulu entendre et quand il a vu aux rushes*, il s'est rendu compte que ça ne marchait pas.

D'après la description de Coutard, de quelle scène parle-t-il ici? Dans une interview antérieure il raconte que Godard contrevenait systématiquement et délibérément aux règles de la continuité, faisant exactement le contraire de ce qu'elles auraient prescrit[43]. Nous avons relevé quatre exemples de ces *mauvais raccords* (§1.1.1). Trouvez-en quelques autres et commentez-les à la lumière du principe de la transparence: *La meilleure technique est celle qui ne se voit pas.*

Le Fabuleux Destin d'Amélie Poulain: quelques angles d'approche

Réalisateur: Jean-Pierre Jeunet. Scénario: Guillaume Laurant et Jean-Pierre Jeunet. Montage: Hervé Schneid. Directeur de la photographie: Bruno Delbonnel. Musique: Yann Tiersen. Produit par: Claudie Ossard. Durée: 122 minutes. Sortie française: 2001. Interprètes principaux: Audrey Tautou (dans le rôle d'Amélie Poulain); Mathieu Kassovitz (dans le rôle de Nino Quincampoix).[44]

Synopsis: « Amélie n'est pas une fille comme les autres. Elle a vu son poisson rouge disparaître sous ses yeux dans un bassin municipal, sa mère mourir sur le parvis de Notre-Dame et son père reporter toute son affection sur un nain de jardin. Amélie grandit et devient serveuse à Montmartre. [...] À vingt-deux ans, coup de théâtre, Amélie se découvre un but: réparer la vie des autres. Elle invente alors toutes sortes de strata-gèmes pour intervenir incognito dans l'existence de plusieurs personnes de son entourage. [...] [Sa mission] est brusquement perturbée par la ren-contre de Nino, un garçon étrange et décalé [...] [qui] collectionne les pho-tos abandonnées autour des photomatons. Il cherche désespérément à identifier un inconnu dont la photo réapparaît sans cesse, lorsque son enquête est soudain perturbée par la rencontre d'Amélie. Amélie est fasci-née par Nino, mais elle préfère jouer à cache-cache avec lui plutôt que de se découvrir vraiment. Après plusieurs tentatives, elle se défile. Heureuse-ment, "l'homme de verre", expert en repliement sur soi, lui rend la mon-naie de sa pièce en la poussant dans les bras de Nino. » (Adapté du synop-sis proposé au site officiel du film.)

☞ Les termes suivis d'un astérisque sont définis au CHAPITRE 1 ou dans l'INTERMÈDE.

Dans notre examen d'*ABDS*, nous nous sommes demandé ce que le film présentait de nouveau en 1960. Ici notre démarche sera moins systé-matique. Au lieu de répondre à une seule question, nous aborderons *Amé-lie* par un triple biais: d'abord, un aperçu de quelques aspects stylistiques du film; ensuite, un survol de la polémique qu'il a suscitée; enfin, une analyse de séquence.

1. *Amélie,* film postmoderne?

Le refrain se répète depuis la sortie du film: *Amélie* est le film postmoderne par excellence. Ainsi Jeunet se trouve-t-il en compagnie de cinéastes tels que Luc Besson, Jean-Jacques Beineix et Léos Carax. Mais que vaut ce groupement? Que pourrait-il y avoir de commun entre des cinéastes si différents? Nous voilà devant la question préalable, celle qui se pose chaque fois que le mot s'emploie: *Qu'est-ce que le postmodernisme?* Risquons, après tant d'autres, une réponse schématique...

Dans tous les domaines artistiques il arrive un moment d'équilibre fragile où l'on s'accorde plus ou moins sur les fins à poursuivre, les moyens d'y parvenir et la valeur des œuvres produites. C'est le moment *classique* (qualifié ainsi lorsqu'il est passé). Or tout consensus appelle sa négation,

et c'est ainsi qu'au classicisme succède inéluctablement la *modernité,* née d'un refus des idéaux règnants et des règles officielles, au nom de la nouveauté et parfois même d'idéaux nouveaux. C'est le temps des incertitudes et des dissidences, des expérimentations et des innovations. Mais tôt ou tard la révolte s'épuise, les avant-gardistes se rangent, les innovateurs cessent d'innover. *Les modernes se muent en classiques,* sans que rien vienne les remplacer. C'est ce troisième moment, qui suit la modernité sans s'y opposer, que l'on appelle *postmoderne.* Il ne s'agit plus d'une révolte — contre quoi se révolter? Il n'est plus question de transgresser, car il n'y a plus de règles. Sans doctrine ni programme, le postmodernisme est au fond une sorte de lassitude esthétique: on a le sentiment d'avoir tout vu, tout essayé. *Nihil novi sub sole!* Il ne reste plus alors qu'à recycler les formes existantes, à recombiner des éléments d'aujourd'hui, d'hier et d'ailleurs, à mélanger les styles, les genres et les niveaux (arts populaires et arts élitaires). À défaut de principes, une seule recette: emprunter ici et là et n'importe où, à condition que l'emprunt fasse de l'effet.

Les moments moderne et postmoderne arrivent dans chaque domaine selon un calendrier qui lui est propre. Au cinéma, la modernité déferle en 1959 avec la Nouvelle Vague française. Selon Laurent Jullier, le premier film que l'on peut qualifier sans équivoque de *postmoderne* est *Star Wars* (George Lucas, 1977). Aujourd'hui, estime-t-il, « c'est tout ou presque du cinéma narratif de consommation courante qui s'oriente de cette manière »[45].

Alors *Amélie,* film postmoderne? Au premier abord, il en a toutes les apparences. Regardons-y de plus près.

1.1. Personnages et récit

Le film classique, avons-nous écrit[46], présente « des protagonistes à caractère bien défini, à motivation claire », et il n'y a nul doute qu'*Amélie* ne satisfasse pleinement ce critère. On a pu les trouver unidimensionnels, mais nous les comprenons, parfois mieux qu'ils ne se comprennent eux-mêmes. (Si d'ailleurs ils manquent d'épaisseur, c'est également le cas de bien des protagonistes du cinéma classique hollywoodien.) Les personnages secondaires sont, eux aussi, bien campés, d'une façon que l'on a trouvée un peu réductrice, il est vrai (« aime/n'aime pas »). Mais c'est de *relief* qu'il s'agit, et non de complexité.

Le film classique présente en outre « un récit linéaire à causalité rigoureuse, sans vides narratifs et dont la trame événementielle présente complétude et clôture ». Ici notre conclusion sera moins tranchée. Malgré quelques brefs retours en arrière, nettement démarqués, le récit est linéaire — *une fois qu'il a démarré* — et la causalité y est aussi rigoureuse que dans la plupart des films classiques. Si le hasard (autrement dit, une cause dont nous ignorons les causes) déclenche l'histoire en détachant un carreau de plinthe, les événements qui s'enchaînent par la suite résultent pour la plupart de causes humaines. À la fin le récit est « bouclé », ayant répondu à toutes nos questions. Jusqu'ici, donc, le bilan penche du côté classique.

En revanche, l'histoire tarde à commencer, et Jeunet s'en inquiétait lors du montage: « Vingt minutes d'introduction [...] sans histoire qui commence vraiment, je prenais [...] un risque » (10:03). Le récit classique, comme nous l'avons vu, ne montre « d'une chaîne d'événements que l'indispensable à son déroulement et sa compréhension » (Mourlet). Qu'y a-t-il d'indispensable dans cette longue exposition (dont Jeunet exagère de six minutes la durée)? Avions-nous besoin d'être informés de la naissance d'Amélie? Si, plus tard, nous la voyons habiter seule à Montmartre, qu'apprenons-nous en la voyant quitter la maison paternelle? Quant au suicide-homicide (8:51–9:00), il est présenté moins comme un événement marquant que comme un gag. Le jugement de Serge Kaganski (voir §2), pour qui *Amélie* « se résume à une suite de saynettes gadgets », est injuste si on l'applique au film dans son ensemble, mais ne décrit-il pas assez bien le premier quart d'heure?

1.2. Transparence* et réflexivité*

Où se situe notre film sur l'échelle qui passe par degrés de la transparence à la réflexivité (l'une et l'autre étant irréalisables à l'état pur)?

1.2.1. Le montage. Jeunet s'approche dans *Amélie* de l'idéal classique du montage invisible. Les raccords de regard* et de mouvement*, parfaitement conformes aux règles, se mettent dûment au service d'une continuité que viennent renforcer les nombreux raccords sonores*. Les quelques sautes d'image*, relevées et « justifiées » au CHAPITRE 1, sont suffisamment motivées pour ne choquer personne. Des effets optiques* Jeunet fait un usage plutôt discret: quelques fondus* (répertoriés au CHAPITRE 1), employés conventionnellement et que l'on ne remarque guère. L'unique exception, que Jeunet regrette[47], est la série des volets voyants qui marquent le passage des saisons et des années (9:28–9:40). Il leur aurait préféré des « morphings », c'est-à-dire des fondus sans changement de plan.

1.2.2. Mouvements de caméra. Pour certains d'entre eux — beaucoup, à vrai dire — Jeunet semble avoir fait sien le même idéal de transparence qui inspire son montage. Il dit en effet, à propos d'un mouvement particulièrement compliqué: « Si on ne le remarque pas, si ça a l'air de rien, c'est que c'est réussi » (1:24:30). Il en est ainsi des mouvements à 40:12–40:28 et à 41:48–42:08, par exemple: sans être diégétisés ni même diégétisables[48], ils ne se remarquent guère parce qu'ils répondent à notre *désir de voir*. Le premier nous permet de situer Amélie dans l'immensité de la gare; grâce au second nous pouvons examiner par-dessus son épaule l'album mystérieux. Dans les deux cas, le mouvement d'appareil *s'efface devant sa fonction*. Il suffit donc d'un seul plan, là où un montage plus classique en aurait préféré plusieurs (un plan d'exposition suivi de plans de plus en plus rapprochés). Quant aux mouvements simples (panos et travellings), la plupart d'entre eux, rattachés au regard (3:50–3:55) ou au déplacement

(30:38–30:47) d'un personnage, sont diégétisés de la façon la plus conventionnelle.

« La plupart d'entre eux », mais pas tous: il reste de nombreux mouvements qui ne sont diégétisés d'aucune façon. Le travelling avant, en particulier, souvent gratuit, devient en se répétant un véritable tic stylistique du film. Dans les plans 4:33–4:34, 5:28–5:40, 5:54–6:08, 6:08–6:15 et 6:18–6:19, par exemple — cités parmi bien d'autres — on ne saurait attribuer les mouvements d'appareil au regard d'un personnage, ni même à un « désir de voir » chez le spectateur. Selon Laurent Jullier, ce travelling avant *libre*, « détaché des impératifs de cohérence entre la forme et le contenu », est la figure emblématique du cinéma postmoderne. Il se caractérise par « la dissociation de la caméra et de tout objet diégétique qui pourrait accomplir le même trajet que le sien » ou par « l'absence de but diégétique dont le travelling avant pourrait aider à se rapprocher ». Il s'agit pour Jullier d'une figure purement ludique, aux effets euphorisants ou enivrants[49]. L'explication, si c'en est une, semble un peu mince, surtout quand l'euphorie et l'ivresse ne sont pas au rendez-vous. Quoi qu'il en soit, la gratuité de ces mouvements rappelle au spectateur la présence de la caméra et compromet de ce fait la transparence du procédé.

Mais faisons un pas de plus dans la voie de la réflexivité. Considérons d'abord les deux plans 25:31–25:39. Le premier montre Amélie qui regarde l'annuaire; au second son doigt descend la colonne jusqu'à « Dominique » et « D. Bredoteau ». Cinq plans et dix secondes plus loin une situation analogue subit un traitement différent. Au plan 25:49–25:54 — et il s'agit d'un *seul* plan — nous voyons d'abord Amélie qui regarde, ensuite l'objet de son regard: « Dominique Bredoteau ». Mais ici, au lieu d'un banal raccord de regard, un panoramique* joint les deux images — un pano *filé** et *bruité**. Le même procédé s'emploie à 44:20–44:26: ici encore le pano, si voyant, si bruyant soit-il, est néanmoins diégétisé. Quand un pano filé et bruité se libère du regard d'un personnage, comme au plan 1:25:24–1:25:41, nous sommes en pleine réflexivité. Le cas est rarissime en dehors du film d'animation, auquel *Amélie* se rapproche ici.

1.2.3. Procédés inspirés du film d'animation. Ce n'est pas seulement par ses mouvements d'appareil qu'*Amélie* s'apparente au dessin animé. Voici une liste partielle des emprunts:

- Le *mickeymousing*. On appelle ainsi le bruitage musical d'un mouvement (comme dans les films de Mickey), et par extension, tout soulignement hyperbolique de la bande-image par la bande-son. Les exemples abondent dans *Amélie,* ceux de 14:53, 1:25:42–1:25:44 et 1:38:47–1:38:54 étant particulièrement appuyés.

- Les animations: le crocodile imaginaire (5:41–5:51), le chien et le canard des tableaux, le cochon de la lampe (57:53–58:05) et, sans effets spéciaux, la statue (1:15:03–1:15:05).
- Les images-dans-l'image pour illustrer la pensée d'un personnage, technique que le film d'animation avait empruntée à la bande dessinée. Dans les plans 1:08:49–1:09:10 et 1:48:58–1:49:54 il ne manque que la bulle et sa queue.
- Les illustrations littérales d'expressions figurées: Amélie qui « fond en larmes » (1:38:45–1:38:53); Nino qui a « la tête à l'envers » (1:43:22–1:43:34). C'est de Tex Avery, grand réalisateur de dessins animés, que Jeunet semble s'être inspiré pour ce genre de calembour visuel[50]. Dans *The Shooting of Dan McGoo* (1944), par exemple, un personnage est présenté comme « un homme qui avait déjà un pied dans la tombe ». Puis il apparaît, marchant à grand'peine avec, sur un pied, à la place de sa botte, une pierre tombale...
- Les « plans-radiographies » où, momentanément dotés d'une vision à rayons X, nous voyons la clé dans la poche d'Amélie (40:43–40:46) et son cœur qui « bat la chamade » (51:50–52:00).
- Les accélérés*, dont l'effet est généralement comique: la grossesse de trois secondes (1:45–1:48); la « rédaction » de la fausse lettre (1:22:30–1:22:51). Les accélérés de la séquence finale (1:56:47–1:57:27) visent toutefois un autre effet. Lequel?

1.2.4. Métalepses*. Nous rangeons dans cette catégorie les intrusions particulièrement explicites de l'extradiégétique dans l'univers diégétique. Y sont à leur place, par exemple, les incrustations loufoques du début du film: le cercle rouge identifiant le spermatozoïde qui « se détachait du peloton » (1:37), ainsi que l'inscription fléchée qui explique la signification d'une bouche pincée (3:39). Et Collignon qui, en crachant son cognac salé (1:25:17–1:25:23)... *éclabousse l'objectif de la caméra!*

1.2.5. Les regards-caméra*, métalepses par excellence, méritent dans *Amélie* une catégorie à part. Nous y reviendrons dans MATIÈRE À RÉFLEXION.

Résumons-nous. D'un classicisme presque intégral pour ce qui est des personnages et du montage, *Amélie* prend quelques libertés avec le récit et la caméra motivée du cinéma classique. Le film combine la perfection formelle du cinéma « de la Qualité »[51] avec des éléments du dessin animé, voire de la BD, se faisant par moments ouvertement métaleptique. Il suit les règles et les transgresse allégrement; il innove, imite et emprunte.

Amélie, film postmoderne? Oui, sans doute — si le mot a un sens. Mais peu importe en fin de compte l'étiquette, l'essentiel étant de voir l'étoffe et la trame du film lui-même. Notre question de départ n'était à vrai dire qu'un prétexte pour y regarder de plus près. Postmoderne ou non, *Amélie* est à coup sûr un film complexe, riche de nombreuses influences dont le mélange fait un tout harmonieux.

2. La polémique

Sorti en France le 25 avril 2001, *Amélie* devient du jour au lendemain un événement médiatique. Le succès est immédiat, immense, inouï: plus de trois millions d'entrées en trois semaines d'exploitation. La critique, pour une fois d'accord avec le public, est presque unanime à louer le film: « Deux heures pile de bonheur... Entre ciel et terre, une éblouissante démonstration de la maestria technique de Jeunet... Un enchantement. Un bijou. Un trésor. Un bonheur. Une merveille. Un film coup de cœur, un film coup de foudre, comme on en croise trop rarement sur les routes très encombrées de notre cinéma... En un mot comme en cent, un film de rêve, un film parfait. Vive la France! » Le 30 mai Jacques Chirac se fait projeter le film à l'Élysée, en compagnie de Jeunet, Tautou, Isabelle Nanty (Georgette), Dominique Pinon (Joseph) et Rufus (le père d'Amélie).

Un tel succès ne pouvait manquer de provoquer une réaction, comme Jeunet lui-même devait raconter plus tard: « Je m'attendais depuis un certain temps à voir le retour de manivelle. Je me disais: "On est en France. Le carburant de la France est le cynisme. Forcément ça ne va pas durer". [...] J'en parle autour de moi, et tout le monde me dit: "Mais non, ça se passe bien, ça ne va pas avoir lieu". Finalement c'est arrivé »[52]. En effet, le 31 mai, au lendemain de la projection privée à l'Élysée, paraît dans *Libération* un article signé Serge Kaganski: « *Amélie* pas jolie ».

L'accroche donne le ton et résume l'argumentaire: « Il est temps de dire tout le mal que l'on pense de ce film à l'esthétisme figé et qui, surtout, présente une France rétrograde, ethniquement nettoyée, nauséabonde. »

« L'esthétisme[53] figé »: *Amélie* est pour Kaganski « une pyrotechnie visuelle » où domine à tel point le souci de la perfection formelle que rien ne respire: « Son monde paraît être filmé sous cloche. » Les personnages sont des « figurines sans épaisseur », des « silhouettes caricaturales », des « marionnettes, toutes réductibles à un seul trait de caractère bien souligné, toutes résumables en une seule phrase-slogan ». L'héroïne, par exemple, est « La Fille Introvertie qui Découvre l'Amour ».

« Une France rétrograde »: Alors que la majeure partie de l'action d'*Amélie* se déroule en 1997, on y voit un Paris des années 30 ou 50. Jeunet « met en scène un fantasme démagogique et superficiel de population prolétaire, il filme un populo de carte postale qui n'a jamais existé sauf dans l'imagerie et l'inconscient collectif forgés par messieurs Carné, Prévert et Doisneau »[54] ▶▶ .

« Une France ethniquement nettoyée »: À cette vision passéiste s'ajoute une géographie étriquée. La ville de Paris semble réduite aux dimensions d'un village où s'abritent les membres de la tribu, repliés sur eux-mêmes, réfractaires aux mutations du monde et au brassage des populations. Kaganski habite lui-même dans le quartier où se déroule l'action du film, mais il ne reconnaît pas la version que lui en présente Jeunet: « Que vois-je tous les jours en sortant dans la rue? Des Parisiens, certains sans doute français "de souche", d'autres d'origine antillaise, maghrébine, africaine, indienne, kurde, turque, juive, russe, asiatique. [...] Que vois-je dans le Montmartre de Jeunet? Des Français aux patronymes qui fleurent bon le terroir. Je vois aussi un beur désarabisé qui s'appelle Lucien. Mais où sont les Antillais, les Maghrébins, les Turcs, les Chinois, les Pakis, etc.? Où sont ceux qui vivent une sexualité différente? »

« Une France nauséabonde »: À quoi répugne Kaganski au point d'employer cet adjectif? C'est qu'il trouve sous les dehors en apparence anodins d'*Amélie* « une vision de Paris, de la France et du monde (sans même parler du cinéma) particulièrement réactionnaire et droitière, pour rester poli »[55]. Il termine son article en avançant une hypothèse « dérangeante »: si Jean-Marie Le Pen[56] cherchait un film publicitaire pour illustrer son idée de la France, *Amélie* serait « le candidat idéal ».

3. Analyse d'une séquence: le générique (1:50–3:33)

On le dit souvent: « Le générique [anglais: *credits*] d'un film, c'est la signature de l'équipe qui l'a créé. » Métaphore facile, évidente — et un peu hâtive, ce nous semble, pour peu que l'on y réfléchisse. Apposée au bas d'un contrat, une signature en atteste la validité; sur un tableau elle constitue une preuve d'authenticité. Dans un film, par contre, la « signature » nous rappelle l'*irréalité du spectacle,* tout ce qu'il y a de factice et de fabriqué dans la suite d'images qui défilent à l'écran. Au début d'un film le générique nous retient malgré nous dans le monde de la salle et du pop-corn, des monteurs et des producteurs; à la fin du film il nous sort brutalement de notre bain diégétique pour nous poser, encore mouillés de rêve, sur le tapis du réel. Dans le générique, ennemi juré du quatrième mur*, le film s'affiche comme produit filmé.

Pour réduire au minimum la réflexivité* du générique, pour en augmenter autant que possible la transparence*, plusieurs solutions ont été mises à l'essai et privilégiées plus ou moins selon l'époque et le genre. On peut opter, par exemple, pour une séparation totale du monde *où* l'on raconte et de celui *que* l'on raconte: quelques cartons neutres au début, un déroulant à la fin, et entre les deux, le *film*. On peut camoufler le générique en dispersant ses éléments en surimpression sur plusieurs plans d'action, ou bien lui faire un sort au seuil du film, l'étaler au grand jour et même en *exagérer* la réflexivité, comme le faisait Sacha Guitry en présentant lui-même, en personne et à l'écran, tous ses collaborateurs.

Le générique d'*Amélie* est une séquence nettement délimitée. On peut en indiquer le début (1:50) et la fin (3:33), en mesurer la durée (1 min 33 s), en compter les plans (trente-quatre). La bande-son apporte un élément de plus à cette démarcation. Le narrateur se tait, et à l'instant précis où commence le générique nous entendons la première note d'un piano solo jouant une version de « la valse d'Amélie »; à la fin les notes s'espacent et s'arrêtent, seule la dernière, comme un pont sonore, empiétant sur la séquence suivante.

Malgré cette apparence de quasi-autonomie, le générique d'*Amélie* n'a rien d'un hors-d'œuvre. Parmi les multiples rôles qu'il joue dans l'économie du film (outre, bien entendu, son rôle informatif), distinguons les suivants:

- Une fonction narrative: Dans la séquence pré-générique nous assistons à la conception d'Amélie ainsi qu'à sa naissance. Le générique fait avancer l'histoire en nous montrant l'enfant à l'âge de six ans.
- Une fonction d'annonce: Le générique annonce les couleurs qui vont dominer par la suite. Le rouge pâle, le vieux vert et le jaune saffron contribuent grandement à cette « poétisation du réel » qui fait le charme de l'univers amélien. C'est ici, mais en teintes plus saturées, qu'ils font leur apparition[57]. C'est également ici que le film « annonce la couleur » au sens figuré de l'expression[58]. Dans ces jeux d'une fillette surgit déjà à l'état pur la *tonalité ludique* du film. Telle Amélie est déjà devenue à six ans, telle nous la retrouverons encore à Montmartre: inventive, imaginative, encline à se réfugier dans un monde rêvé.

Il est clair que cette séquence joue bien d'autres rôles dans *Amélie* que celui, obligé, de fiche d'identité. Nous restons ici, en plein générique, éminemment « liées au centre », selon l'expression de Mourlet.

Cependant, pour ce qui est de la technique, il n'aura échappé à personne que la séquence diffère radicalement du reste du film. Ailleurs chaque image semble parachevée jusqu'au moindre détail, alors qu'ici l'impression qui domine est celle d'un travail d'amateur. *Le générique a toutes les apparences d'une séquence bâclée.*

- La séquence se compose de trente-quatre plans, dont trois (les deux premiers et le dernier) sont des cartons[59]. Dans tous les autres, le cadre tremblé, secoué ou franchement *chaviré* atteste la main mal assurée de l'opérateur.
- Les mauvais cadrages sont nombreux. Après l'ébauche d'un pano bas* inutile (3:26–3:27), la caméra tente de retrouver le sujet disparu du champ, ne trouvant en fin de plan qu'un mur et le plancher (3:28–3:31).
- Toute la séquence est ponctuée de flashs et d'éclairs. La couleur est souvent fausse, le contraste, excessif, et le film, surexposé, strié, piqueté.
- L'image est tour à tour nette et floue. Au plan 2:30–2:37 la mise au point se fait et se défait plusieurs fois en pleine prise de vue.
- Le montage, qui semble avoir été fait dans la caméra, n'est guère plus réussi. Sur trente-trois changements de plan, douze sont des sautes d'image (à 2:00 [× 2], 2:11, 2:12, 2:39, 2:42, 2:46 [× 2], 2:47, 2:51, 3:07 et 3:11). Certains plans sont complètement « perdus », trop brefs et flous pour être lisibles: à 2:56, par exemple (quatorze photogrammes), et à 3:00 (treize photogrammes).

Tel est en effet le bâclage de ce mini-film que l'on y devine une autre main, celle d'un « réalisateur invité ». D'où notre hypothèse: *le générique est un film de famille,* réalisé par Raphaël et Amandine Poulain. Ainsi s'expliqueraient les nombreux regards-caméra d'Amélie: elle pose et joue pour la caméra. Ainsi s'expliquerait également le choix des activités filmées, dont toutes relèvent de ces « moments Kodak » si chers aux parents et dignes selon eux d'une survie pelliculaire. Ainsi s'expliquerait enfin — puisqu'il est question de Kodak — l'aspect éminemment « Super 8 » de la séquence. Commercialisé par Kodak en 1965, le Super 8[60] sera le format préféré des cinéastes amateurs jusqu'à l'invention du caméscope au début des années 1980. C'est en Super 8 que les parents d'Amélie l'auraient filmée, et l'on voit dans « leur » film tous les défauts associés au format.

Il s'agirait donc d'un film dans le film, mais d'*un film pleinement diégétisé* et qui diégétise de ce fait les mentions écrites, rattachées moins au film encadrant (*Amélie*) qu'au film encadré (*Amélie jouant à six ans*). Dans cette hypothèse, les mains masculines que nous voyons poser les lettres *d-a-n-s* (1:52) et rectifier l'alignement du *P* (1:58) seraient celles du père. Il ne faudrait pas pousser trop loin cette logique: Tautou et Kassovitz sont après tout les vedettes *du film* et non du mini-film qui les nomme. Mais la diégétisation n'est-elle pas toujours une question de degrés? Et les informations du générique ne sont-elles pas moins envahissantes quand le spectateur, en pleine immersion diégétique et donc oublieux du *film,* peut les imputer à un film *second,* emboîté dans le premier et dont il « croit » regarder la projection?

Mais la séquence n'est pas encore à bout de ressources. Elle dispose d'une dernière astuce pour embobiner le spectateur consentant, un ultime recours pour transmettre à la diégèse ses éléments extradiégétiques. Il s'agit d'une sorte de *gimmick* qui ne se remarque peut-être pas tout de suite mais qui se révèle en se répétant. À l'exception du titre et des noms du réalisateur et des vedettes, chaque mention écrite est illustrée par le jeu que l'on voit en même temps à l'écran.

C'est ainsi qu'en remuant les doigts Amélie imite le bruit de la machine à écrire des scénaristes[61] (1:59–2:05); qu'en feignant de parler elle simule les paroles feintes inventées par le dialoguiste (2:05–2:11); et qu'en faisant des grimaces elle crée pour le casting les divers personnages que l'on voit par la suite à travers la « vitre » de l'écran (2:11–2:15). Les cerises qu'elle porte à l'oreille représentent évidemment le travail de la costumière (2:15–2:21). Le décor d'un film, qu'il soit construit ou naturel mais réaménagé, dure le temps du tournage et ressemble ainsi, par son existence éphémère, au train de dominos qu'un rien peut faire tomber (2:21–2:26). Les gros verres des lunettes rappellent les lentilles d'une caméra (2:26–2:30), comme le maquillage de la main rappelle celui des visages (2:30–2:37). Amélie fait de la musique ou un bruit selon qu'elle passe son doigt sur le bord d'un verre (2:37–2:43) ou le vide avec sa paille (2:43–2:47). Les figures reliées de la guirlande en papier symbolisent les plans raccordés du film, évoquant ainsi l'activité du monteur (2:46–2:51). Si l'illustration du montage son et des effets sonores est tout à fait claire (2:51–2:57), celle du mixage[62] l'est bien moins. Peut-être Amélie, en soufflant contre une feuille plaquée aux lèvres, produit-elle, tout comme le mixeur, un bruit filtré, assourdi, artificiel (2:57–3:00). Le premier assistant s'occupe de la logistique du tournage; le scripte veille à la continuité des plans. Grâce à eux, chaque élément « colle » aux autres, comme la colle au doigt d'Amélie (3:01–3:06). Quand Amélie souffle sur le serpentin de fête (que d'habitude on lance), le résultat est lui-même un trucage numérique (3:06–3:10). Le directeur de production, assisté par le régisseur, gère les fonds réunis pour financer le film, symbolisés par la pièce de cinq francs qu'Amélie fait tourner comme une toupie (3:14–3:18). Et comme pour la toupie, ici tout est question d'équilibre (entre impératifs pécuniaires et artistiques). Les fonds sont réunis par le producteur, principal bénéficiaire en cas de réussite commerciale — cette *cerise sur le gâteau,* selon l'expression consacrée, muée ici en *framboises sur les doigts* (3:19–3:26). Quant au rôle du réalisateur, aucune image n'aurait pu l'illustrer: il réunit les autres rôles, comme le blanc du carton combine les couleurs (3:32–3:42).

Soumis comme tous les films à son « obligation générique », reconnaissons qu'*Amélie* s'en acquitte plutôt bien. Dans cette séquence qui s'efface en s'affichant, qui cache sa fonction primordiale en se présentant sous le couvert d'un film de famille, *Amélie* inscrit peut-être une première dans l'histoire du cinéma. Ce n'est pas la moindre nouveauté de ce film original, ni le moindre paradoxe. Mais un film « postmoderne » — classique et moderne à la fois — se doit d'être paradoxal, ouvert aux tendances les plus contradictoires en apparence. *Amélie* a le mérite d'avoir concilié l'inconciliable; de là sans doute, du moins en partie, son *fabuleux destin.*

Matière à réflexion

Amélie, film postmoderne?

1. Transparence et réflexivité → Jeunet commente ainsi le plan 46:21–46:34: « Et dans le plan large, un petit détail, un tout petit détail. Vous voyez, il y a une table au milieu de la pièce, et dans l'axe du pied de table il y a un fil de micro qui court pour pouvoir placer un micro en plein milieu de la pièce. Ça, c'est du Jean Umansky [technicien du son] tout craché, qui est un fou furieux, il faut le savoir... » Le fil est, en effet, bien caché: même quand on sait qu'il est là, on a du mal à le trouver. Ici comme toujours, Jeunet, hyper-exigeant en la matière, a veillé à ce qu'aucune trace du *filmage* n'apparaisse dans le *film.* Mais à ce propos deux questions se posent:

- À quoi sert-il de cacher les fils et les câbles, les micros et la caméra, les reflets de l'opérateur dans une vitre, les ombres jetées par une grue, etc.?
- Quand vous aurez formulé votre réponse, expliquez pourquoi elle ne s'applique pas à Collignon qui crache son cognac sur l'objectif de la ca-

méra, aux panos filés et bruités, aux « plans-radios », aux accélérés loufoques, au mickeymousing, aux regards-caméra — bref: à tout ce que Jeunet ne s'est pas soucié de cacher mais qui renvoie, tout aussi clairement que les fils et les câbles, au monde de la fabrication.

2. Transparence et réflexivité (suite) ➔ « Dévoiler les ficelles du spectacle », dit Jean Mitry (INTERMÈDE), c'est « nier ou détruire le simulacre qu'il s'efforce de créer ». Autrement dit, et moins succinctement: la participation affective du spectateur — son adhésion à la fiction — tient à son immersion diégétique, ce qui suppose cette fameuse « suspension consentie et provisoire de l'incrédulité », laquelle dépend à son tour d'un style transparent. Mais on se heurte ici à ce que l'on pourrait appeler *l'énigme d'Amélie.* Car il s'agit, d'après notre analyse, d'un film à « indice de réflexivité » élevé, au quatrième mur* croulant (ou presque). Si, comme nous le croyons, Mitry a raison, comment expliquer notre « participation affective » au film? Comment se fait-il que les spectateurs soient très nombreux à s'identifier à l'héroïne, à « croire » au monde qu'elle habite et aux personnages qu'elle cotoie? Faut-il réviser le principe de Mitry? Nier l'expérience des spectateurs? Reconsidérer notre analyse? Commençons par reconnaître qu'il y a plusieurs sortes de réflexivité:

- Comparez la *mise à nu des procédés** dans *Amélie* et dans *Tout va bien,* où le quatrième mur est enlevé, *au propre comme au figuré* (voir au CHAPITRE 3 le GROS PLAN sur *Tout va bien*). De quels procédés s'agit-il? Comment sont-ils « mis à nu »?
- Tex Avery, à qui Jeunet a beaucoup emprunté, cultivait la métalepse dans ses films d'animation. Au début de *Dumb-hounded* (1943), premier film de la série « Droopy », le chien éponyme dit à la caméra: « Hello. Are you happy, people? You know what? I'm the hero. » Ayant déjoué les ruses du méchant loup, Droopy nous prévient: « I surprise him like this all through the picture. » De telles annonces sont fréquentes chez Avery. Dans *The Shooting of Dan McGoo* (1944) un travelling latéral gauche révèle un comptoir et un barman dont la tête cache le milieu d'un tableau accroché au mur derrière lui. Le travelling se poursuit, puis revient en arrière « pour voir » le reste du tableau (il s'agit d'un nu). Le barman dit alors: « You might as well move on, Doc. I don't move from here all through the picture. » *Northwest Hounded Police* (1946) présente une réflexivité au deuxième (troisième?) degré: le loup, poursuivi par Droopy, court si vite qu'*il sort de la pellicule* (dont nous voyons les perforations), se réfugie dans un cinéma et voit à l'écran son poursuivant. Et dans tous les films il y a de l'auto-critique: « Yes, it *is* grue-

some… What corny dialogue… Exciting, isn't it? » Quelle(s) différence(s) voyez-vous entre la réflexivité d'Avery et celle que nous avons analysée dans *Amélie?*

- «Un personnage qui regarde la caméra, avons-nous écrit dans l'INTERMÈDE, c'est l'acteur qui s'invite dans la salle, qui vient s'asseoir avec nous.» Est-ce le cas des regards-caméra, très nombreux, d'*Amélie?* Après les avoir répertoriés, essayez de les classer selon la fonction qu'ils servent. En quoi se distinguent-ils de ceux d'Avery et de Godard?

La polémique

3. Comprenez-vous ce que Kaganski reproche au film? Essayez de paraphraser ses points principaux. Lui donnez-vous raison? Entièrement? En partie? Pas du tout? *Nota bene:* Il vaut toujours mieux, quand on le peut, *juger sur pièces.* Lisez donc en entier les articles de Kaganski[63], ainsi que des avis contraires[64], avant de formuler votre opinion.

4. L'esthétisme reproché au film s'associe traditionnellement au mouvement de l'*art pour l'art.* Selon cette conception l'œuvre se doit d'être belle, rien de plus; son créateur n'a aucune obligation de la rendre utile, de la mettre au service d'une cause, de s'y *engager* sur les questions de société. L'art pour l'art ou l'art engagé? Sans jamais employer le mot d'*engagement,* Kaganski penche visiblement pour la seconde de ces deux conceptions. On le devine déjà lorsqu'il écrit: «Alors qu'une œuvre d'art se doit d'affronter le présent voire le proche futur, Jeunet dirige son regard en arrière toute.» C'est encore plus clair quand il ajoute: «Le peuple (ou plutôt une imagerie clichetoneuse et vieillotte du peuple), Jeunet le regarde sans doute avec empathie, mais sans jamais poser l'ombre d'un début de question sur les raisons qui provoquent son aliénation, sans jamais effleurer les conditions de son éventuelle émancipation.» À votre avis, l'œuvre doit-elle «affronter le présent voire le proche futur»? Jeunet aurait-il dû s'interroger sur les raisons de l'«aliénation» du peuple et aborder «les conditions de son éventuelle émancipation»?

5. La critique de François Gorin, dont toutes les phrases commencent par un *oh* ou un *ah* «admiratif», se termine ainsi: «Ah, ce trop-plein de sirop qui réveille les méchantes humeurs contre l'objet gentil, au point que la vidange emporte même l'héroïne bibelotisée. […] Oh, pardon Audrey, désolé Amélie, mais une envie d'air, soudain.» Après avoir lu la critique[65], répondez aux questions suivantes:

- Qu'est-ce *précisément* que Gorin reproche au film?
- Qu'est-ce qu'un « trop-plein de sirop »? La métaphore est-elle juste?
- Que signifie *bibelotisée*? En quoi l'adjectif (inventé) pourrait-il s'appliquer à l'héroïne?

6. On s'est beaucoup interrogé sur les raisons du succès d'*Amélie* (un peu comme s'il s'agissait d'un problème à résoudre...). Dans les nombreuses explications proposées — psychanalytiques, sociologiques, idéologiques — le spectateur a souvent du mal à se reconnaître. Et si l'on consultait le public, *celui-là même qui a fait le succès du film?* Heureusement, ce public s'est longuement exprimé sur la question, et l'on peut sonder son opinion en ligne[66]. Parmi ces milliers d'avis de spectateurs se dégage-t-il des lignes directrices? En quoi cette critique d'amateur diffère-t-elle de la critique journalistique? Les critères de jugement sont-ils les mêmes? À vous maintenant de proposer une explication: Qu'est-ce qui explique l'immense succès d'*Amélie?*

Analyse de séquence

7. Maintenant, à vous! Analysez une séquence d'*Amélie* ou d'*ABDS*. Voici quelques conseils qui vous faciliteront la tâche:

- L'*introduction* est à la fois une invitation à la lecture et une entrée en matière. À la fin de cette partie votre lecteur saura (a) pourquoi vous avez choisi la séquence et (b) ce que vous vous proposez d'affirmer à son sujet (votre *thèse*).
- Dans la *conclusion* se retrouvera la thèse formulée à la fin de l'introduction, mais dans une formulation enrichie de tout ce qui la précède, et suivie éventuellement d'une brève ouverture vers d'autres perspectives.
- Entre l'introduction et la conclusion se situera le *développement*. Ici vous soutiendrez votre thèse (a) en présentant systématiquement les raisons qui la justifient et (b) en mobilisant à leur appui des exemples bien choisis.

Nota bene: Il s'agit d'une *analyse* de séquence et non d'une *description*. (Sur les discours analytique et descriptif, voir l'ENTRÉE EN MATIÈRE.) Dans votre analyse vous aurez évidemment recours à la description, mais uniquement pour appuyer les raisons qui justifient votre thèse. *La thèse elle-même n'est pas descriptive.* Sont exclues donc les affirmations telles que celle-ci: « Amélie s'amuse en jouant pendant la présentation des principaux collaborateurs du film. » C'est vrai, c'est évident, personne ne songerait à le nier. Mais à quoi bon l'affirmer si ce n'est dans le cadre d'une argumentation, comme preuve à l'appui d'une affirmation plus... intéressante? On ne *soutient* pas ce qu'il est facile de *constater*.

Chapitre 5

Problématique de l'adaptation

La grande majorité des films produits depuis 1910, en France comme ailleurs, sont des adaptations d'œuvres littéraires ou théâtrales. Pourquoi? Certes les arts ont toujours emprunté les uns aux autres — le roman au théâtre, la poésie à la peinture, l'architecture à la sculpture — mais c'est *l'ampleur* de l'adaptation cinématographique qui appelle une explication. D'où vient ce pillage permanent des romanciers, ce recours réitéré aux dramaturges?

Entre 1908 et 1914, à l'époque des « films d'art » (voir le CHAPITRE 3, §3), il s'agissait d'attirer un public plus cultivé. On estimait qu'en adaptant à l'écran des opéras, des pièces et des romans, le cinéma pouvait s'approprier un peu du prestige dont ces arts jouissaient déjà — et de ce fait *devenir lui-même un art*. Un demi-siècle plus tard, si le cinéma recherchait toujours le cachet culturel d'un pedigree littéraire (voir le CHAPITRE 3, §7.2), « la Qualité » des années 50 visait moins à légitimer les films français qu'à rivaliser avec les films américains. Quant aux adaptations des années 1985–1995, superproductions historico-culturelles soutenues par le ministère de la Culture (voir le CHAPITRE 3, §11), il s'agissait d'exploiter le patrimoine littéraire pour faire face à la concurrence de la télévision ainsi qu'à celle, bien entendu, des cinéastes américains (toujours eux).

Il n'aura échappé à personne que l'explication est souvent d'ordre économique. Qu'il s'agisse au fond de vendre des billets devient encore plus évident dans le cas d'une adaptation à l'écran d'un roman à succès. Ici, nul alibi culturel: un livre qui s'est bien vendu sera la meilleure publicité du film que l'on en tire. Il en a été ainsi, par exemple, de *The Da Vinci Code* aux États-Unis (livre, 2003; film, 2006) et de *L'Élégance du hérisson* en France (2006, 2009).

Les considérations évoquées jusqu'ici ne valent cependant que pour les films adaptés d'œuvres prestigieuses ou à succès. Qu'en est-il des autres, ceux qui sont tirés de pièces ratées ou de romans obscurs, inconnus du public dont dépend le box-office? De ces adaptations, certainement majoritaires, il n'est pas besoin de chercher d'autre explication que celle-ci: depuis qu'il s'est mis à raconter, *le cinéma a besoin d'histoires.* Déjà en 1895, *Le Jardinier et le petit espiègle,* premier film de fiction de l'histoire du cinéma (voir le CHAPIRE 3, §1), fut adapté des dessins humoristiques de Hermann Vogel.

1. « La bonne adaptation »

Depuis les années 1900–1910 et aujourd'hui encore, c'est principalement par rapport à l'œuvre inspiratrice que se mesure le film qui s'en inspire. Le critère d'évaluation auquel recourent implicitement ou explicitement le public et la critique pourrait se formuler ainsi: *Une adaptation est bonne ou mauvaise selon qu'elle est fidèle ou infidèle à l'œuvre adaptée.* N'est-ce pas, dira-t-on, dans la logique même de l'adaptation? Si l'on transpose un énoncé à un contexte d'énonciation différent, l'opération ne sera-t-elle pas plus ou moins réussie selon que plus ou moins d'éléments passent d'un contexte à l'autre? Et puisque l'énoncé en question est d'abord et surtout *une histoire,* le film sera évalué selon qu'il reproduit intacte ou modifie celle de l'œuvre d'origine.

De là, bien entendu, l'exercice scolaire classique: « Comparez le film au livre. Quels épisodes, quels personnages ont été supprimés? ajoutés? modifiés? Le film trahit-il le roman ou lui reste-t-il fidèle? S'agit-il d'une adaptation libre ou littérale? », etc. De là aussi les innombrables jugements critiques du genre: « Quand Esmeralda épouse Quasimodo et que tout finit par des chansons, on se demande ce qu'il reste de Hugo. Le film n'a du roman que le titre; son tort est de s'intituler *Notre Dame de Paris.* »

Entre l'adaptation la plus littérale (fidélité maximale) et l'adaptation la plus libre (trahison maximale) il existe évidemment de nombreux degrés. Il est d'usage de distinguer à ce propos la *lettre* et l'*esprit.* Ainsi, pour respecter autant que possible l'esprit de l'œuvre d'origine (son thème, sa tonalité, etc.), accepte-t-on souvent d'en trahir la lettre (l'histoire). Cette précision sert à nuancer, sans pour autant le remettre en question, le paradigme *fidélité-trahison.*

Comme le montre notre exemple de *Notre Dame de Paris* — inventé, heureusement — la question de fidélité n'est pas entièrement dénuée de pertinence. Il peut être intéressant de comparer l'œuvre adaptée et son adaptation, de répertorier les suppressions, les ajouts, les modifications. Ce n'est là pourtant qu'un travail préliminaire, un exercice de *description* dont l'utilité consiste à préparer l'*analyse.* Une fois relevées ressemblances et différences, il est plus intéressant, et surtout plus utile, d'en étudier la *fonction.*

Au risque de frôler le truisme, rappelons cette évidence: Une adaptation modifie toujours, et forcément, certains éléments de l'œuvre adaptée. Comment en serait-il autrement? Un roman est fait de mots écrits; une pièce, de paroles et de gestes d'acteurs physiquement présents sur la scène; un film, d'images et de sons. Il s'agit de systèmes de représentation radicalement différents: le passage de l'un à l'autre nécessitera donc d'autres moyens d'expression. Cette « infidélité »-là, inhérente à l'adaptation, n'est pas un choix. Dans d'autres cas une modification, sans être imposée, se présente comme le moindre mal parmi plusieurs, une solution de compromis plus ou moins justifiée où se concilient l'esprit et la lettre du modèle. Dans d'autres cas encore la modification provient du choix pur et simple d'un adaptateur — réalisateur, producteur ou scénariste — qui n'aime pas tel ou tel aspect de l'œuvre qu'il adapte.

Dès lors se pose la question, à propos de chaque « infidélité » dûment relevée: Qu'est-ce qui l'impose? la justifie? l'explique? C'est à ces questions que nous passons maintenant, en nous référant à des exemples précis.

2. De la page à l'écran: quelques difficultés

Vous êtes réalisateur et vous avez accepté d'adapter à l'écran *Cœurs et mains* d'O. Henry (traduit et reproduit intégralement en annexe au chapitre). Votre film sera un *très court métrage* dont la durée ne dépassera pas quatre minutes. C'est à vous, en tant que réalisateur, qu'il appartient de rédiger le découpage technique. Comment vous y prendrez-vous?

Fort heureusement, le texte que vous adaptez tient en une page: vous évitez ainsi un problème classique. L'adaptateur d'un roman de cinq cents pages se trouve souvent devant une fâcheuse alternative: soit, par souci de fidélité, tout garder, épisodes, personnages et thèmes; soit, face aux contraintes de durée, faire le tri parmi tous les éléments pour n'en retenir que l'essentiel. En d'autres termes il doit choisir entre deux traitements, l'un superficiel et l'autre incomplet, et dans les deux cas il « trahit » le roman. La brièveté de *Cœurs et mains* vous épargnera ce choix forcé.

Vous avez un autre avantage sur bien des adaptateurs. Ce que nous savons des personnages d'un roman provient de ce qu'ils disent et font, mais aussi, et parfois en grande partie, de ce que le narrateur nous en dit. Souvent il nous les présente en nous renseignant sur leur passé avant de leur donner la parole et de les engager dans l'action. Il en va de même de la situation initiale du roman et du concours de circonstances par lequel les personnages s'y trouvent au début de l'histoire. Ces deux sortes de renseignements constituent ce qu'il est convenu d'appeler l'*exposition*. Pour le romancier cette « préhistoire » ne pose aucun problème particulier: il n'a qu'à fournir, par l'intermédiaire de son narrateur, l'information dont nous avons besoin. Pour l'adaptateur, comme nous le verrons, la situation est bien plus compliquée, du moins dans la plupart des cas. Heureusement, il s'agit d'un problème que vous n'aurez pas à résoudre car il n'y a aucune exposition dans *Cœurs et mains:* tout ce que nous savons du passé des personnages provient de leurs actes, de leurs paroles et de ce que nous en inférons.

Une autre difficulté à laquelle se bute souvent l'adaptateur est celle du *sommaire*[1] ▶▶|. Comment résumer une période plus ou moins longue? Comment en présenter l'essentiel, faute de pouvoir raconter en détail? Pour le romancier, ici non plus, il n'y a rien de particulièrement problématique. Voici comment Flaubert résume quinze années de la vie de son protagoniste, Frédéric Moreau:

> Il voyagea. Il connut la mélancolie des paquebots, les froids réveils sous la tente, l'étourdissement des paysages et des ruines, l'amertume des sympathies interrompues. Il revint. Il fréquenta le monde, et il eut d'autres amours encore. Mais le souvenir continuel du premier les lui rendait insipides; et puis la véhémence du désir, la fleur même de la sensation était perdue. Ses ambitions d'esprit avaient également diminué. Des années passèrent; et il supportait le désœuvrement de son intelligence et l'inertie de son cœur. Vers la fin de mars 1867, à la nuit tombante... » (*L'Éducation sentimentale, III, 6*)

Le moyen de transposer à l'écran ces quinze années d'une existence? Ce que les mots nous permettent de faire sans difficulté devient un problème à résoudre dans un récit fait d'images et de sons: tout dépend des « matériaux ».

L'adaptateur de *L'Éducation sentimentale* ne serait certes pas entièrement dépourvu de ressources, mais les options sont limitées et aucune n'est satisfaisante. Il pourrait: 1° charger un narrateur de résumer la période en voix *off;* 2° résumer la période à l'aide d'un intertitre (l'équivalent écrit d'un narrateur); 3° aligner une série de plans brefs montrant les étapes clés de la période à résumer; ou 4° charger Frédéric lui-même de raconter la période à un autre personnage (« Mais dis-nous tout, Frédéric! Qu'est-ce que tu deviens depuis quinze ans? — Eh bien, j'ai voyagé... »). Les options 1 et 2 seraient des pis-aller relevant essentiellement de la technique du récit écrit. L'option 3 vaudrait mieux, bien que le passage et la période en question se prêtent mal à la présentation en raccourci d'une *séquence par épisodes*[2] ▶▶|. Quant à l'option 4, l'inconvénient principal en est l'impossibilité d'attribuer au personnage les idées du narrateur. Frédéric Moreau, qu'à ce point du récit nous connaissons bien, ne saurait jamais s'exprimer ainsi, avec une telle pénétration, sur ses propres expériences (« J'ai eu d'autres amours, mais le souvenir du premier me les rendait insipides... »). Et si son récit s'en tenait aux *événements* de la période en question, l'essentiel du passage se perdrait[3].

Il importe de ne pas confondre à ce propos le *sommaire* et l'*ellipse* (voir au CHAPITRE 1 ▶ *UNE NOTION CLÉ:* L'ELLIPSE). L'ellipse traduit un *saut* du récit, alors que le sommaire en indique l'*accélération*. Dans le premier cas il s'agit de *signaler le passage du temps* et dans le second, de *résumer le temps qui passe*. Dans *Cœurs et mains* le temps diégétique ne dépasse pas une quinzaine de minutes, et il n'y a évidemment aucun sommaire. En dehors de quelques ellipses servant à abréger la montée dans le train et la recherche de places assises, l'action de votre film pourra se dérouler en temps réel.

Jusqu'ici votre tâche s'annonce plutôt facile, O. Henry vous ayant épargné plusieurs écueils classiques. Il nous reste pourtant à considérer l'obstacle principal à l'adaptation d'un récit écrit: *l'expression de la subjectivité*. Relisons notre extrait de *L'Éducation sentimentale*. Il s'agit d'un passage à focalisation zéro où un narrateur omniscient nous donne accès aux pensées et aux sentiments du personnage (voir au CHAPITRE 1 ▶ *POINTS DE VUE ET FOCALISATIONS*) — pensées et sentiments qu'il est strictement impossible de *montrer* à l'écran. Il en va de même des récits à focalisation interne écrits à la première personne. Dans *René* de Chateaubriand, par exemple, l'histoire du héros débute ainsi: « Je ne puis, en commençant mon récit, me défendre d'un mouvement de honte. » Et plus loin: « "Levez-vous vite, orages désirés qui devez emporter René dans les espaces d'une autre vie." Ainsi disant, je marchais à grands pas, le visage enflammé, le vent sifflant dans ma chevelure, ne sentant ni pluie ni frimas, enchanté, tourmenté, et comme possédé par le démon de mon cœur. » Comment traduire à l'écran cette honte, cet enchantement, cette insensibilité au froid?

La solution préférée et presque toujours préférable consiste à faire agir ou à faire parler le personnage de façon à *suggérer* ses pensées et ses sentiments. Ainsi le spectateur en est-il réduit — *comme nous le sommes dans la vie* — à inférer des causes de leurs effets, à imaginer l'invisible à partir de ses manifestations. Bien entendu, ce n'est pas toujours possible: les états psychiques peuvent se déguiser, se manifester diversement ou ne pas se manifester du tout. Imaginons par exemple la scène de *René* transposée à l'écran: nous voyons le héros marchant à grand pas; nous entendons le vent et la pluie, peut-être aussi la fameuse apostrophe aux «orages désirés», à supposer qu'elle soit prononcée à haute voix («ainsi disant»). Non seulement la scène serait d'un effet pitoyable, mais l'exaltation du héros y perdrait sûrement quelque chose...

Une autre solution consiste à emprunter au récit d'origine son narrateur pour le charger de la communication des renseignements subjectifs. Un narrateur *diégétique* reprendra normalement le rôle du narrateur-personnage d'un récit à focalisation interne écrit à la première personne; c'est le cas, par exemple, dans *The Road to Perdition* de Sam Mendes (2002), adapté d'une BD-roman de Collins et Rayner. Un narrateur *extradiégétique* remplira typiquement la fonction du narrateur omniscient d'un récit à focalisation zéro; tel est le cas dans *Jules et Jim* de François Truffaut (1962), d'après le roman de Henri-Pierre Roché. Ce procédé essentiellement littéraire comporte, on s'en doute, d'éventuels inconvénients: en surchargeant le narrateur on risquerait de réduire le film soit à un texte illustré, soit à une série d'images commentées.

Une dernière solution — de désespoir ou de bon sens — consiste à renoncer tout simplement à rendre les pensées et les sentiments du personnage. Ici tout dépend de l'ouvrage adapté et du passage. Si «l'action» est en grande ou en majeure partie *intérieure,* l'adaptation qui en reste aux «dehors» (paroles, gestes, déplacements) sera vide de sens et d'intérêt.

Mais revenons à *Cœurs et mains* et à l'adaptation que vous en faites. Qu'en est-il de la subjectivité des personnages et de l'accès que nous y avons? Leurs pensées et leurs sentiments vous poseront-ils problème? Nullement, car il n'y en a dans la nouvelle aucune indication — ou plus précisément: aucune indication qui ne se traduise directement en images ou en sons. Il s'agit d'un récit à focalisation externe: le narrateur présente du dehors les personnages, rapportant ce qu'enregistreraient une caméra et un micro, rien de plus. Tout se passe comme si O. Henry avait pensé au cinéma en écrivant sa nouvelle. Vous n'avez qu'à commencer votre travail d'adaptation pour vous apercevoir que le scénario est déjà en bonne voie: le texte, tel que l'a écrit l'auteur, est presque l'équivalent d'une continuité dialoguée. Pour faire le découpage technique il suffira de préciser les détails dont aura besoin l'équipe de tournage. Ainsi:

Plan 1: 12 s. PG d'un quai de gare, cadré en long. Une foule qui attend. Grand encombrement de bagages et chariots. Sur la façade de la gare un panneau: « Denver ». Léger pano DG découvrant un train à l'arrêt, la locomotive à l'arrière-plan. En haut à gauche se succèdent 3 éléments du générique: « *Cœurs et mains* / Un film de J.-L. Dogard / d'après la nouvelle d'O. Henry ». Ambiance bruyante et confuse: cris, grincements d'essieux, sifflements de vapeur. Une voix *off* se fait à peine entendre: « L'express en partance pour Chicago et Washington! En Voiture! »

   Plan 2: 5 s. Portière ouverte vue de l'intérieur du train, où monte une femme cadrée en PA. En haut à gauche, un 4ᵉ élément du générique: « Une coproduction Films Fauchés-Ciné Sans-le-sou, avec la participation du professeur G. Néreu. »

À vous de continuer...[4]

3. Deux versions filmiques de *Madame Bovary*[5]

Porter à l'écran une nouvelle ultra-courte d'O. Henry, c'est une chose; adapter un roman de quatre cents pages, c'en est une autre, surtout lorsqu'il s'agit de *Madame Bovary*. Le chef-d'œuvre de Flaubert avait été longtemps tenu pour inadaptable, ce qui n'a pas empêché une douzaine de réalisateurs d'en relever le défi depuis 1933, avec des résultats mitigés.

En 1990 s'élève cependant une voix discordante: « Quand il faut passer à la dimension visuelle, on ne peut plus tricher: il faut pouvoir voir les choses, les reconstruire visuellement et les donner à voir. Et avec ces exigences, il y a des pans entiers de la littérature qui ne peuvent pas passer directement à l'écran: ce n'est pas faisable. [...] Chez Flaubert c'est un problème qui ne se pose pratiquement jamais. [...] C'est absolument fabuleux: il n'y a plus aucun problème pour adapter, les conditions de la mise en scène sont déjà intégrées à l'écriture. » Qui parle ainsi? Quelqu'un, à coup sûr, qui ne s'est jamais heurté aux formidables difficultés que présente la mise en images du texte de Flaubert. Eh bien, non, c'est Claude Chabrol, réalisateur chevronné, dans un entretien accordé pendant le montage de son cinquante-cinquième film: une nouvelle adaptation de... *Madame Bovary*[6]. Au moment de nier ainsi les difficultés d'adaptation, Chabrol se colletait avec elles depuis déjà un an.

De toutes les adaptations du roman produites pour le grand écran, celle de Chabrol est sans conteste la plus proche de sa source. En matière de fidélité elle semble représenter la limite indépassable dans un seul

long métrage[7]. Chabrol l'avait voulu ainsi, comme il l'affirme dans le même entretien: « L'idée qui a présidé à cette adaptation [...] est l'absolue fidélité. [...] Il s'agit donc de *Madame Bovary* de Gustave Flaubert, rien de plus, rien d'autre. [...] Mon parti-pris a été de respecter au maximum les données. » Chabrol estime avoir évité toute « interprétation particulière » du roman (23, 38).

Quarante ans plus tôt, Vincente Minnelli avait frôlé la limite opposée, celle de *l'infidélité,* dans sa version hollywoodienne de 1949. À en croire un critique (français) de l'époque, Minnelli avait en fait *dépassé* la limite: « Minnelli n'est pas, il s'en faut, le premier à réssuciter Emma. Le malheur veut que ce genre de survie-là soit pire que la mort. On n'y reconnaît plus les traits d'un être que l'on a aimé. Rien ne reste qu'un titre, qu'il nous semble parfaitement indigne d'usurper »[8].

Il nous semble que Magnan exagère et que Chabrol se leurre, les deux ayant oublié que toute adaptation suppose « une interprétation particulière ». Cela dit, il ne s'agit pas, du moins pour nous, d'évaluer les adaptations à l'aune du roman, ni de leur intenter un procès en trahison: cette cause-là est déjà entendue et le jugement est sans appel. Il nous paraît plus intéressant d'aborder les films du quadruple point de vue des difficultés d'adaptation évoquées plus haut. Quels problèmes le roman pose-t-il au cinéaste? Comment Minnelli et Chabrol les ont-ils résolus?

3.1. Les suppressions

Pour son adaptation de 1933 Jean Renoir n'avait pas voulu faire le tri dans les richesses du roman. Résultat: un film de trois heures et demie que les distributeurs refusèrent de distribuer. Un élagage draconien s'imposa, auquel Renoir se résigna à contre-cœur. Réduit de moitié, le film tel qu'il nous est parvenu n'est pas brillant. En 1948 Minnelli sait qu'une partie seulement du roman pourra être portée à l'écran: celle qui concerne directement l'héroïne éponyme. De nombreux personnages secondaires seront donc supprimés — Héloïse et les parents de Charles, entre autres —

alors que Homais se verra relégué à un rôle mineur. Le vicomte disparaîtra complètement, son rôle de cavalier et de tentateur passant à Rodolphe qui fournira obligeamment à Emma l'occasion d'abord de danser la valse, ensuite de tromper son mari.

De certaines suppressions résulte un appauvrissement thématique. C'est le cas notamment du mendiant aveugle, personnage clé malgré ses apparitions épisodiques. Certes, les commentateurs sont loin de s'accorder sur sa signification: pour les uns il représente la mort, pour d'autres la culpabilité ou la damnation, pour d'autres encore l'absurdité de l'existence. Quelle que soit la charge symbolique du personnage, sa présence soulève des questions d'ordre existentiel que ne se pose pas le spectateur du film. Il en va ainsi de Binet, ce personnage énigmatique qui semble incarner d'abord la mauvaise conscience d'Emma (II, 10), ensuite la conscience collective (III, 7), et qui est sacrifié lors du passage à l'écran.

Certaines suppressions sont dictées moins par des considérations de durée que par les bienséances en vigueur à l'époque et formulées dans le Production Code (le « Hays Code »)[9]. Le Code stipule qu'« aucune religion ne peut être tournée en ridicule » et que « jamais un personnage représentant un ministre du culte ne doit être comique ou méchant ». Rien d'étonnant donc à ce que l'abbé Bournisien soit absent du film. De l'anticléricalisme du roman nulle trace n'apparaît à l'écran.

Le Code prescrit en outre « le respect du lien sacré du mariage et de l'institution de la famille ». Est donc interdite « toute représentation explicite de l'adultère, lequel ne doit jamais être montré avec complaisance ou sous un aspect séduisant ». Interdits également: « les caresses, les postures, les baisers lascifs », etc. De telles contraintes ne peuvent que gêner l'adaptateur d'un roman dont le ressort narratif est justement *l'adultère*, décrit par endroits dans un langage proche de l'explicite. Rien ne se verra dans le film des scènes d'intimité à l'Hôtel de Boulogne (III, 5 et 6), de la « vraie lune de miel » (III, 3), et même de la fameuse scène du fiacre (III, 1) où déjà Flaubert baisse les rideaux pour tout nous cacher. Le Code présente une liste de « sujets répugnants » à traiter « dans les limites du bon goût » parmi lesquels figurent... les interventions chirugicales! Serait-ce donc « le bon goût » qui explique qu'à la dernière minute Charles renonce à opérer Hippolyte?

Chabrol connaissait bien les adaptations de ses prédécesseurs et s'y référait comme à deux anti-modèles. À la différence de Minnelli, il entendait rester, comme nous l'avons vu, aussi fidèle que possible au roman. Et contrairement à Renoir, il s'était résigné *avant le tournage* à des suppressions importantes: « Tout garder, ça fait six heures de film environ: ce n'est pas possible. [...] Dès le début [...] j'ai recherché ce que j'allais couper radicalement » (29, 32). Comment concilier la fidélité recherchée avec les raccourcis imposés? En reconnaissant que « *Madame Bovary,* c'est avant tout l'histoire d'Emma » (32) et en supprimant par conséquent tout ce qui ne se rapporte pas directement à elle. Ainsi Binet est-il toujours banni du film, alors que l'aveugle, le vicomte et l'abbé y retrouvent leur place. Homais garde son rôle de premier plan et sa faconde intarissable. Rien ne subsiste cependant de son débat permanent avec Bournisien: Chabrol estimait que les questions remuées par ces deux antagonistes, d'une brûlante actualité en 1857, seraient inintéressantes ou incomprises en 1991.

Dans une adaptation de 136 minutes comme celle de Chabrol les suppressions seront évidemment moins nombreuses que dans les 114 minutes dont disposait Minnelli. De plus, les bienséances dont Chabrol doit tenir compte — celles-là mêmes qui s'imposaient à Flaubert en 1857 — sont moins contraignantes que le Hays Code. Ainsi, à l'exception des chapitres d'exposition (I, 1 et I, 6; voir la section suivante), Chabrol peut-il suivre d'assez près le récit de Flaubert, transposant fidèlement la plupart des épisodes, reproduisant textuellement les dialogues du livre — jusqu'à la mort d'Emma. Le film saute alors les trois chapitres du dénouement pour passer directement à la dernière page du roman, lue, avec des modifications, en voix *off*. Supprimées donc: la découverte par Charles des lettres d'amour, sa dernière rencontre avec Rodolphe, sa mort dans le jardin. Chabrol y voit sa « plus grosse trahison », regrettable mais justifiée: l'histoire étant celle d'Emma, « après sa disparition de l'écran, il devient très difficile de soutenir l'attention du spectateur sur autre chose. [...] Quand le héros disparaît définitivement d'un film, il faut conclure très vite: des développements narratifs après cela deviennent carrément insupportables même s'ils sont parfaits; l'émotion n'y est plus, c'est comme cela » (39, 55).

En refusant de s'attarder une fois partie son héroïne, Chabrol se conforme à cette règle d'or de l'adaptateur: *Arrivez tard et partez tôt.* À force cependant d'élaguer tout élément superflu, on risque de tailler dans l'essentiel. Chabrol arrive-t-il trop tard?

3.2. L'exposition

« Arriver tard », c'est refuser de commencer *avant* le commencement. Or l'histoire d'Emma commence quand Charles arrive aux Bertaux pour soigner le père Rouault, et c'est ce moment-là que les deux films prennent comme point de départ. Tout ce qui précède ce moment clé relève d'une « préhistoire » dont il vaut mieux, estime Chabrol, faire l'économie. (Pour nombre de lecteurs du roman, Flaubert aurait dû en faire autant.)

La longue exposition de Flaubert a pourtant son importance. Le premier chapitre nous présente Charles: enfance, adolescence, études, premier mariage. Au moment donc où commence l'histoire proprement dite, nous connaissons déjà l'un des principaux acteurs: sa médiocrité, son inintelligence, les mobiles de ses actions — ou plutôt, de ses *réactions* —, ce qui nous permet de comprendre par la suite la déception d'Emma. L'héroïne elle-même demeure plutôt énigmatique jusqu'au retour en arrière du sixième chapitre. Grâce à cette exposition « en différé » nous comprenons pourquoi la jeune fille « eût désiré se marier à minuit, aux flambeaux »; nous savons de quel passé lui sont venues les notions de *passion,* de *félicité* et d'*ivresse* par rapport auxquelles sera mesurée sa vie conjugale.

L'adaptateur du roman peut-il éliminer toute cette exposition? Passer sous silence les renseignements qui nous livrent la clé des protagonistes? *Oui*, estime Robert Ardrey, scénariste de Minnelli, *mais seulement pour ce qui est de Charles.* Tout ce qu'il nous faut savoir de ce personnage devra et *pourra* se communiquer dans ses gestes et paroles. Et au cas où son insignifiance nous aurait échappé, Charles est là pour nous la signaler luimême: « If I work hard, it's because I know I have little talent... I wish I were clever... I'm a blunderer, alright... »[10]▶▶|. (Le procédé est un peu appuyé, et très hollywoodien.)

Il n'en est pas ainsi d'Emma, dont le passé explique tout. Si nous ignorions de quelles illusions naît sa désillusion, de quelles aspirations, sa conduite, le personnage serait strictement incompréhensible. La solution d'Ardrey est celle de Flaubert: une exposition différée (10:06–14:40) et composée en majeure partie d'un retour en arrière (11:11–14:00). Une fois le récit entamé, une voix hors champ — celle de Flaubert lors de son procès — répond aux questions que nous nous sommes peut-être déjà posées: « How had she grown here? What are dreams made of? Where do they come from? » Ici sont résumées, comme au sixième chapitre du roman, les années passées au couvent; ici nous voyons, punaisées au mur de sa chambre, quelques-unes de ces « images of beauty that never existed »; ici un fondu éloquent nous ramène de l'idéal au réel (« One kind of dream, and another kind of life »)[11] ▶▶|. Une voix *off* prolongée pendant presque cinq minutes était en 1949 une audace. La gageure est gagnée dans ce cas, grâce à l'appropriation parfaite du commentaire aux images. Et quel que soit le jugement porté sur la protagoniste, le spectateur est sûr au moins de l'avoir comprise.

Chabrol, comme Minnelli, supprime toute exposition relative au passé de Charles, mais il va bien plus loin que son prédécesseur en se permettant d'éliminer également tous renseignements ayant trait au passé d'Emma. Cette « solution » radicale, on s'en doute, ne va pas sans inconvénients. Au deuxième chapitre du roman Emma est aussi inconnue au lecteur qu'à Charles qui la voit pour la première fois. Pour son époux elle sera toujours cette inconnue, mais au lecteur Flaubert *explique* sa protagoniste, par bribes d'abord, et bien plus longuement par la suite. À la fin du roman nous croyons la comprendre. Pouvons-nous en dire autant de l'Emma de Chabrol?

En réponse à une question sur la séquence du bal Chabrol fait un aveu curieux:

> C'est en tournant cette scène que j'ai compris d'où venait le coucher de soleil de la première rencontre d'Emma avec Léon [...]. Ils parlent des "couchers de soleil sur la mer", et on se dit qu'elle a lu ça quelque part, qu'il s'agit d'un de ces clichés qui meublent son esprit. Et il s'agit bien d'un stéréotype, mais il me semble qu'il est une variante d'un autre cliché, qu'Emma entend pendant le bal à la Vaubyessard: elle entend des gens chics qui parlent à une table, une femme qui dit notamment: « Oh, les clairs de lune sur le Colisée, ma chère, c'est une beauté, c'est absolument magnifique... », quelque chose comme ça. Je crois qu'Emma, avec ses couchers de soleil, ne fait qu'imiter l'idée chic qu'elle a entendue à la Vaubyessard. (63)

Mais non. À l'auberge (II, 2) Emma et Léon font le tour des lieux communs romantiques: élévation de l'âme, idées d'infini et d'idéal; prière, extase, désenchantement; paysages montagneux, poésie des lacs, charme des cascades; musique allemande (« celle qui porte à rêver »), etc. Il est difficile d'y voir une « variante » des poncifs hippiques et touristiques dont il est question dans les bribes de conversation surprises à la Vaubyessard.

Ce n'est pas du bal que proviennent les « soleils couchants au bord de la mer » dont s'entretiennent les futurs amants; il fallait remonter plus loin dans la vie de la protagoniste. Le premier réflexe de Chabrol était le bon: Emma, en effet, « a lu ça quelque part ». Il s'agit bien « d'un de ces clichés qui meublent son esprit » — *et c'est au sixième chapitre que Flaubert raconte « l'ameublement »*. Ces pages d'exposition résument les années qu'Emma a passées au couvent et les lectures qu'elle y a faites. C'est là, dans les romans et les *keepsakes* décrits par Flaubert, qu'elle a trouvé ces « *messieurs* braves comme des lions, doux comme des agneaux, vertueux comme on ne l'est pas, toujours bien mis, et qui pleurent comme des urnes »; là qu'elle a entrevu ces « ladies anglaises étalées dans des voitures, glissant au milieu des parcs ». À cette vie brillante, à ces messieurs Emma compare la grisaille de ses jours et son balourd de mari, et de la comparaison naît son *bovarysme,* cette conscience pénible de la distance qui sépare ses rêves et sa réalité. Chabrol passe sous silence cet énorme stock de références livresques; nulle trace ne s'en retrouve dans son film. De là, bien entendu, le mystère du personnage, mystère que ne dissipe en rien le jeu d'Isabelle Huppert, mélange d'impassibilité glaciale et de colère rentrée.

3.3. Les sommaires

Le film de Minnelli présente deux sommaires de durée très inégale. Le premier, de loin le plus long (11:11–14:00), qui fait partie de la séquence d'exposition évoquée plus haut, résume sous forme de retour en arrière l'« éducation sentimentale » d'Emma au couvent. Les adaptateurs recourent ici à un procédé proche de la *séquence par épisodes,* mais qui en diffère 1° par la durée moyenne de ses plans (onze secondes), bien plus longue que dans la séquence par épisodes classique, et 2° la voix hors champ entendue à la place d'un accompagnement musical. Mais ici le critique s'insurge: « Ce mini-film, ce film-dans-le-film n'est guère plus qu'un *morceau illustré du roman.* Et cette solution de facilité qu'est le commentaire en voix *off* dont usent et abusent tant d'adaptateurs... » Le critique n'a pas tout à fait tort. Convenons cependant, à la décharge des adaptateurs, qu'ici au moins ils en usent avec adresse et finesse. S'il y a un « film-dans-le-film », il ne se remarque pas en tant que tel.

Remarquons d'abord l'art avec lequel la séquence s'insère dans la trame du récit. Le surcadrage[12] du plan précédent annonce et prépare la séquence à venir: Emma à la fenêtre, regardant vers un *ailleurs* qui va se préciser. Aux questions du narrateur sur l'origine des rêves un lent pano gauche-droite suivi d'un travelling complexe proposent aussitôt un début de réponse (les images au mur). Le travelling nous ayant ramenés à Emma, un raccord sonore anticipe notre retour vers le passé en devançant la bande-images: aux mots « Emma Rouault, motherless... » succède un fondu enchaîné au cours duquel nous entendons la suite de la phrase: « ...had attended a convent... ». Juste après ces mots le fondu s'achève et le couvent apparaît en clair. Ainsi, par une transition insensible, le présent se rattache-t-il intimement au passé. Nous suivons le mouvement sans nous poser de questions — *dans l'attente d'une réponse à celles du narrateur.* À la fin de la séquence les mêmes procédés opèrent, tout en l'effaçant, la transition inverse. Un dernier fondu nous ramène dans la chambre d'Emma et au présent diégétique. Un pano droite-gauche renverse celui d'avant le retour en arrière, montrant d'abord les images au mur, puis Emma accoudée à sa table: « And now, here this morning, Charles Bovary... »[13].

Un second sommaire résume en trois plans et en vingt-trois secondes (1:16:26–1:16:49) plusieurs mois de temps diégétique (« The summer fled. Autumn pursued it... »). Le procédé resservira dans les cinq sommaires de Chabrol dont aucun ne dépasse une quarantaine de secondes:

1. 23:55–24:40: « Quand vint l'époque, elle espéra... »
2. 32:18–32:48: « Pendant sa convalescence... »
3. 1:27:22–1:27:36: « Une fièvre cérébrale se déclara... »
4. 1:50:31–1:50:41: « À force d'acheter, de ne pas payer... »
5. 2:14:17–2:14:53: « Un soir la petite Berthe... »

C'est dans tous les cas un narrateur qui se charge de résumer en voix *off* la période en question. Ses paroles correspondent plus ou moins au texte du roman: il s'agit soit d'un passage lu avec des coupures (quatrième sommaire), soit d'une réécriture de Flaubert (tous les autres). Pour ce qui est du rapport entre paroles et images, la technique ne varie pas. Le narrateur commence par raconter des événements que l'on ne voit pas à l'écran, et finit par commenter l'image, tout en préparant les plans suivants. Le sommaire de 32:18–32:48, par exemple, se compose de trois plans. Le premier montre Emma languissant dans un fauteuil pendant que le narrateur raconte le choix du prénom de sa fille. Au deuxième plan (que l'on suppose subjectif, malgré la disparition des arabesques qui ornaient les carreaux au plan précédent), rien ne lie la scène de rue au récit qui se poursuit: « L'enfant fut mise en nourrice chez la femme du menuisier. » Puis, au troisième plan, l'image et le récit se rencontrent: « Un jour Emma fut prise tout d'un coup du besoin de la voir. Elle s'achemina vers la demeure de la nourrice... », et voilà justement Emma sortant de chez elle, marchant péniblement.

3.4. Pensées et sentiments

Nous en venons à l'écueil classique de l'adaptation: l'expression de la subjectivité *affective* et *cognitive.* Soulignons les deux adjectifs: la subjectivité dont il s'agit ici est celle des *sentiments* et des *pensées,* et non celle des *images* et des *sons.* Le cinéaste dispose d'amples moyens éprouvés et efficaces pour indiquer que nous voyons ou entendons ce que voit ou entend tel personnage (voir le Chapitre 1, §5.1 et ▶ La subjectivité auditive). Mais comment traduire ce qu'un personnage *pense* ou *ressent* — voilà la difficulté majeure. En quoi consistent les solutions de Minnelli et de Chabrol?

À plusieurs reprises dans la longue séquence d'exposition (10:06–14:40), Minnelli se contente de nous *informer,* par l'intermédiaire du narrateur, des pensées et des sentiments de sa protagoniste: « Images of beauty that never existed: these things she loved », etc. Par la suite Minnelli recourt encore quatre fois au procédé, et à l'exception du dernier exemple, l'omniscience du narrateur se limite à Emma.

- 23:50: « New dreams for old. »
- 29:59–30:07: « New dreams for old. The dark hours of a woman's life, when old dreams perish and new dreams are born. »
- 30:37: « The dark hours when new dreams perish. »
- 1:16:45–1:16:49: « But while Emma had given up all hope, Charles had not. »

En dehors de ces exemples, c'est par la voie conventionnelle — et moins livresque — des gestes et des paroles que s'expriment les pensées et les sentiments des personnages.

Dans le film de Chabrol le narrateur sert la même fonction, et comme on s'en serait douté, il y intervient bien plus souvent pour l'exercer. À la vérité, cette voix *off* s'imposait à Chabrol, étant donné son parti pris de « respecter au maximum les données » du roman. Car parmi ces données figuraient de belles pages d'analyse psychologique que Chabrol jugeait indispensables au film et qu'il n'a pu y placer autrement qu'en les *faisant lire.* « J'ai utilisé une voix *off* à cinq ou six reprises » (50), dit-il — chiffre qu'il faut relever quelque peu puisque le narrateur intervient *dix-neuf fois,* dont *onze* pour rapporter ce que pense ou ressent un personnage. Il s'agit le plus souvent d'Emma, mais parfois aussi de Rodolphe (deux fois), de Léon (deux fois) et de Charles (une fois). Voici la liste de ces « bulletins psychologiques » :

- 14:29: « À mesure que se serrait... » (Emma)
- 23:41: « Au fond de son âme... » (Emma)
- 32:18: « Pendant sa convalescence... » (Emma)
- 40:46: « Ce qu'il proposait... » (Emma et Charles)
- 59:54: « Plusieurs semaines s'écoulèrent... » (Rodolphe)
- 1:07:21: « Au bout de six mois... » (Emma)
- 1:07:57: « Elle se demanda même... » (Emma)
- 1:24:21: « Il relut sa lettre... » (Rodolphe)
- 1:49:20: « Il ne discutait pas ses idées... » (Emma, Léon)
- 1:55:18: « Une hardiesse infernale... » (Léon)
- 2:10:21: « Elle en avait fini, songeait-elle... » (Emma)

Un autre procédé consiste à transformer le psychique en paroles : un personnage *se parle à haute voix,* sans autre auditeur que lui-même — et nous, bien entendu, qui accédons ainsi à son for intérieur (comme dans les feuilletons diffusés l'après-midi). Citons en exemple les plans 50:43–51:24 où Rodolphe (nous) *dit* ce que, dans le roman, il *se* dit à part soi : « Elle est gentille, cette petite femme du médecin. Belles dents, pied coquet... » Dans le texte de Flaubert il s'agit d'un monologue intérieur, comme l'indiquent les incises (« se disait-il... pensa-t-il ») et le verbe *rêver* (II, 7)[14]. Ailleurs c'est Léon (« Que je m'ennuie », 35:03) ou Emma (« Je l'aime pourtant »,1:49:54) qui extériorisent les ruminations du roman (« se disait-il », II, 3 ; « se disait-elle », III, 6).

Une troisième technique consiste à reformuler le discours indirect du roman en discours direct. Ainsi, après la reprise de sa liaison avec Rodolphe (II, 12), souvent « Emma lui écrivait tout à coup. [...] Rodolphe arrivait ; c'était pour lui dire [*lisez :* elle lui avait écrit pour lui dire] qu'elle s'ennuyait, que son mari était odieux et l'existence affreuse ! » Dans le film de Chabrol Emma dit à son amant : « Si tu savais comme je m'ennuie. Mon mari est odieux. [...] Mon existence est affreuse » (1:17:48). Ici le procédé semble rejoindre ce que nous avons appelé « la voie conventionnelle des gestes et des paroles » : rien de plus ordinaire, en effet, que l'expression *orale* des sentiments. Si nous la mentionnons à part, c'est qu'il s'agit d'un cas assez particulier où le passage de l'écrit à l'écran d'un même contenu paraît s'opérer au moyen d'une transformation grammaticale[15] ▶▶.

4. Conclusions

Nous voilà ramenés, au terme de cet inventaire, à notre première citation de Chabrol: *Madame Bovary,* disait-il, est un roman éminemment adaptable. Nous étions sceptiques, et nous le sommes encore davantage à présent. Peut-être avions-nous mal compris. Nous relisons donc ses propos, ainsi que la question à laquelle ils répondent.

L'intervieweur lui avait demandé: «Qu'est-ce qui, selon vous, rend possible la démarche que vous avez adoptée pour l'écriture de ce scénario, cette fidélité au texte suivi presque mot à mot? [...] Y aurait-il selon vous quelque chose chez Flaubert qui permette de passer presque directement du texte au scénario?» Dans sa réponse Chabrol insiste sur *l'exception* qu'est à ce propos le cas de *Madame Bovary.* Le grand écrivain est «une sorte de magicien» qui sait «faire illusion» grâce à des «tours de passe-passe» dont ne saurait user le cinéaste. Nous avons déjà cité (§3) la suite de sa réponse; relisons-la à présent sous l'éclairage de notre analyse: «Quand il faut passer à la dimension visuelle, on ne peut plus tricher: il faut pouvoir voir les choses, les reconstruire visuellement et les donner à voir», ce qui explique les «pans entiers de la littérature qui ne peuvent pas passer directement à l'écran». Chez Flaubert, par contre, «c'est un problème qui ne se pose pratiquement jamais. [...] Il n'y a plus aucun problème pour adapter, les conditions de la mise en scène sont déjà intégrées à l'écriture» (73–74).

Nous venons de passer en revue quelques raisons de ne pas accepter ce jugement, et même de nous en étonner. Si, comme le veut Chabrol, Flaubert fait exception, c'est sûrement en raison des *difficultés* et non des *facilités* qu'il présente à l'adaptateur. *Madame Bovary* semble relever en effet de ces «pans entiers de la littérature qui ne peuvent pas passer directement à l'écran». Nous en voulons pour preuve (a) l'adaptation de Chabrol et (b) ce qu'il en dit. Nous ne pensons pas ici aux suppressions (il en faut dans presque toutes les adaptations), ni aux sommaires (pourtant importants), ni même à l'exposition si nécessaire à l'histoire et qui manque au film. Nous pensons plutôt aux sentiments de l'héroïne et à leur passage problématique à l'écran.

En écrivant *Madame Bovary* Flaubert avait ambitionné de faire «un livre sur rien, un livre qui n'aurait presque pas de sujet». Il ne réalise pas son idéal, mais il s'en approche. Entre la fracture du père Rouault et la mort de sa fille s'écoulent environ neuf ans (1837–1846) — neuf ans au cours desquels on doit reconnaître qu'il ne se passe pas grand-chose. Et cependant, dans cette mince intrigue il y a l'amour et le spleen, des drames intimes, des vies qui se défont et chavirent: tant de choses qui se cachent aux yeux — *et qui font l'essence du roman.*

Considérez par exemple la célèbre métaphore marine, indispensable à une compréhension du personnage: « Au fond de son âme, cependant, elle attendait un événement... » (I, 9). De ce passage clé le film nous propose *une lecture à haute voix* (23:41). Ici comme ailleurs Chabrol se croit obligé de recourir au narrateur « parce qu'il y avait des choses qui en soi étaient sublimes [...] par la langue et le pouvoir d'évocation, et il n'y avait vraiment pas d'autre façon de les dire » (50). Nous avouons ne plus suivre ici la logique du réalisateur. Si nous avions l'occasion de l'interroger à notre tour, nous lui poserions en particulier les questions suivantes:

- « Les nombreuses interventions du narrateur représentent plus de 5% de votre film. S'il n'y avait vraiment pas d'autre moyen de dire ces "choses sublimes", comment pouvez-vous affirmer que chez Flaubert le passage "à la dimension visuelle" soit "un problème qui ne se pose pratiquement jamais" et qu'"il n'y a plus aucun problème pour adapter"»?
- « Admettons qu'il n'y eût pas d'autre moyen de les *dire.* Mais il ne s'agissait pas de les *dire.* Il s'agissait de "les reconstruire visuellement et [de] les donner à voir", faute de quoi, comme vous le dites vous-même, il y aurait "tricherie". Pourquoi donc vous fallait-il "tricher" si souvent dans un film adapté d'un roman où "les conditions de la mise en scène sont déjà intégrées à l'écriture"»?

L'intervieweur s'était-il, lui aussi, aperçu des contradictions? P.-M. de Biasi semble bien avoir quelques arrière-pensées en interrogeant Chabrol sur le délire d'Emma (« Elle resta perdue de stupeur. [...] tout disparut », III, 8). Pour de Biasi, spécialiste de Flaubert, il s'agit là d'un passage capital, d'où sa question (qu'il pose, notons-le, *après* avoir étudié le scénario de Chabrol): « Cette expérience hallucinatoire est la cause directe du suicide. Comment avez-vous fait pour transposer ce passage terrible? » Réponse de Chabrol: « Eh oui! c'est un moment formidable, mais malheureusement, je ne pouvais pas le transposer tel quel, hélas! On atteint ici le point où littérature et cinéma travaillent dans des dimensions incommensurables. On ne peut pas faire passer à l'image ce genre de fiction littéraire... » *Trois fois* de Biasi revient à la charge, et chaque fois Chabrol allègue l'inadaptabilité du passage en question: « Il aurait fallu pouvoir le faire, mais, je vous assure, c'est complètement impossible. [...] Des murs qui se referment, des globules de feu qui éclatent [...], etc., sont [...] des fictions littéraires. Je veux dire par là: c'est une chose quand on le lit, et c'est tout autre chose quand on les montre. [...] J'ai brusqué les choses. [...] C'était impossible à rendre en images. Il n'y a pas de solution... » (91–93)[16] ▶▶|.

Ainsi s'allonge la liste des difficultés. Aux nombreux passages *lus* dans le film, et transposables par ce seul moyen, s'ajoute une scène clé que l'on ne peut transposer d'*aucune façon*. S'il existait un « indice d'adaptabilité », celui de *Madame Bovary* serait coté *faible*: supérieur sans doute à celui d'*À la recherche du temps perdu,* par exemple, mais bien plus proche de Proust que d'Alexandre Dumas.

Mais ici on nous rappelera le film de Minnelli: « Si vous en teniez compte, ne seriez-vous pas obligé de réviser à la hausse l'*indice d'adaptabilité* du roman? » À première vue, oui, car cette version est sans doute un meilleur *film,* si manquée soit-elle comme adaptation (sur cette distinction voir ci-dessous MATIÈRE À RÉFLEXION 5). À y mieux regarder, son film conduit au même résultat et au même indice. *Minnelli n'a pu réussir qu'en s'affranchissant de sa source; Chabrol a échoué en la suivant de trop près.*

Nous avançons en guise de conclusion les hypothèses suivantes:

- L'*indice d'adaptabilité* d'un roman est faible si et dans la mesure où son adaptation doit le trahir pour atteindre la qualité.
- Son *indice d'adaptabilité* est élevé si et dans la mesure où son adaptation peut atteindre la qualité sans le trahir.

Épilogue: En 1996, sur le pont-promenade d'un transbordeur Calais-Douvres, l'écrivain Julian Barnes rencontre la réalisatrice Marion Vernoux. Elle vient de terminer le tournage de *Love, etc.,* adapté d'un roman de Barnes. « J'espère voir que vous m'avez trahi, dit-il à son adaptatrice. — Bien entendu, » répond-elle avec un sourire de complicité[17].

Matière à réflexion

1. Votre adaptation de *Cœurs et mains* a plu au producteur qui vous demande un deuxième très court métrage. Cette fois il s'agit d'adapter *Tragicomédie dans une salle d'attente,* reproduite intégralement en annexe au chapitre. (Nous intitulons ainsi, d'après l'incipit, ce texte sans titre dans l'ouvrage où il a paru.) Vous acceptez volontiers; puis, après avoir *lu* le texte: « Pas question! C'est parfaitement inadaptable. » Mais votre producteur insiste: « D'ailleurs, ajoute-t-il, rien n'est inadaptable. Coppola n'a-t-elle pas adapté *The Virgin Suicides*? Et Ridley Scott, *Hannibal*? Et

David Lynch, *Dune?* Allez, au travail! D'ici en huit j'aurai besoin d'une continuité dialoguée. » Certes, la longueur du texte convient à la durée d'un très court métrage, et il n'y a ni exposition ni sommaire. La difficulté, c'est que l'essentiel de l'« action » se passe dans la tête du narrateur et de la fillette: vous voilà donc aux prises avec le grand écueil de l'adaptateur. Y a-t-il moyen de tourner l'obstacle?

2. Problème: Comment transposer à l'écran la routine, les habitudes, la répétition des mêmes événements (ou non-événements)? Le problème se pose avec une acuité accrue à l'adaptateur de *Madame Bovary* où l'imparfait tient une place si importante. Considérons le passage suivant:

> Tous les jours, à la même heure, le maître d'école, en bonnet de soie noire, ouvrait les auvents de sa maison, et le garde-champêtre passait, portant son sabre sur sa blouse. Soir et matin, les chevaux de la poste, trois par trois, traversaient la rue pour aller boire à la mare. De temps à autre, la porte d'un cabaret faisait tinter sa sonnette, et, quand il y avait du vent, l'on entendait grincer sur leurs deux tringles les petites cuvettes en cuivre du perruquier, qui servaient d'enseigne à sa boutique. (I, 9)

Il serait facile de montrer le maître d'école ouvrant ses auvents, etc., mais il ne s'agit pas dans ce passage d'un geste unique ou d'une seule journée. Le cinéaste doit traduire en images et en sons *le poids de la routine* dans la vie d'Emma, l'écrasante monotonie de ses jours. Étudiez la solution du tandem Minnelli-Ardrey dans les plans 30:42–32:47. Comparez leur solution à celle de Chabrol dans les plans 35:08–36:15 (« Lorsque Leon, le soir, allait de son étude... ») et 40:10–41:00 (« Quand il venait des visites... »). Laquelle vous semble préférable?

3. Le film de Minnelli commence et se termine au tribunal où Flaubert est accusé d'« outrage against public morals and established customs ». Cet encadrement juridique, diversement apprécié par la critique (« bourde... idée géniale »), sert plusieurs fonctions dans le film. Lesquelles, à votre avis?

- Stephen Harvey y voit une ruse de scénariste ayant pour objet d'épargner au film les foudres de la Production Code Administration, qui appliquait rigoureusement le Hays Code (voir §3.1)[18]. Quelle pouvait être l'utilité d'encadrer l'histoire d'une femme adultère entre deux moments du procès d'un auteur?
- S'agirait-il, comme le pensent certains critiques, d'un procédé *brechtien* (voir l'INTERMÈDE) ayant pour effet de *distancier* le spectateur? La déposition de Flaubert, estiment-ils, mine dès le début notre immersion

diégétique en nous détournant du récit encadré vers le récit encadrant. Chaque intrusion du narrateur nous ramène par la suite au tribunal et au procès de Flaubert, comme pour nous rappeler que le drame d'Emma n'est qu'une histoire racontée par l'accusé. Si pourtant on consulte les spectateurs, nombre d'entre eux rapportent qu'ils oublient vite le procès, ne pensent plus à Flaubert en entendant la voix du narrateur et remarquent à peine ses "intrusions". Qu'en pensez-vous?

4. Chabrol: « Ce que je ne veux surtout pas [dans *Madame Bovary*], c'est faire redire l'image par le son. [...] Mon contre-exemple serait ce que j'ai vu, récemment, dans les films d'Yves Robert sur Pagnol. Le narrateur nous dit d'une voix profonde: "Le ciel était bleu", et vlan, on nous sert à l'écran un grand ciel bleu avec la musique appropriée. Non, ça, je n'en veux pas » (60, 62). Commentez son film à la lumière de ses remarques. Que dire, en particulier, des interventions suivantes du narrateur? Y a-t-il redondance?

- 51:26: « Ils arrivèrent, en effet, ces fameux Comices. »
- 1:24:18: « Il relut sa lettre. Elle lui parut bonne. »
- 1:55:18–1:55:34: « Une hardiesse infernale... »

Traduisons en règle les remarques de Chabrol: *Il ne faut pas que le son soit une doublure inutile de l'image.* « Mais c'est une règle, dira-t-on, dont Minnelli, lui non plus, ne tient pas toujours compte. Considérez par exemple les plans 19:02–19:18 où les paroles du narrateur ("A country wedding. The cruelty, the ugliness, the drunkenness, the lechery, the vulgarity, the sheer noise") décrivent *exactement* ce que nous voyons à l'écran. — Non, pas "exactement", répliquera-t-on, car il s'agit là moins d'une description que d'un *commentaire*. » Continuez le dialogue.

5. Deux critiques, M. et C., qui ne s'accordent jamais sur rien, débattent des mérites de nos deux films:

C: Des deux adaptations, vous conviendrez, je l'espère, que la meilleure, et de loin, est celle de Chabrol. Quelles que soient les faiblesses de son film, du moins Chabrol suit-il d'assez près le roman. On reconnaît les personnages, on retrouve l'ironie, on revit les épisodes du livre. C'est Flaubert porté à l'écran, ou peu s'en faut. Tandis que Minnelli...

M: Minnelli, je vous l'accorde volontiers, « trahit » Flaubert — complètement, radicalement et sans vergogne. Cependant...

C: Alors, la cause est entendue et pour une fois nous sommes d'accord!

M: Pas si vite. Je veux bien qu'une adaptation soit évaluée par référence à l'œuvre adaptée. Et d'après ce critère, pas de doute, l'adaptation de

Chabrol vaut mieux que celle de Minnelli, laquelle n'est fidèle ni à la lettre ni même à l'esprit du roman dont elle semble en effet, comme le dit Magnan, avoir « usurpé » le titre.

C: Tout à fait. Prenons, par exemple, la séquence du bal. Chez Minnelli Emma devient la reine de la soirée, objet de tous les regards et de toutes les convoîtises. Disparue, toute l'ironie, toute la dérision du roman où Emma au bal n'est qu'une femme parmi d'autres, jeune et jolie, certes, mais qui sera vite oubliée par ceux qu'elle n'oubliera jamais, une femme hors de son élément qui croit avoir enfin trouvé le monde auquel elle aspire.

M: Là-dessus, nous sommes d'accord. Mais si Chabrol a fait la meilleure *adaptation,* c'est à Minnelli que nous devons le meilleur *film* — je veux dire: le plus réussi *cinématographiquement* — et cela, pour plusieurs raisons. D'abord il y a le narrateur dont les interventions sont mieux motivées et mieux intégrées chez Minnelli: pour l'avoir vu et entendu au début du film nous savons qui nous parle et « d'où » il parle. Chez Chabrol, par contre, rien qu'une voix désincarnée dont les intrusions — trop nombreuses, d'ailleurs: dix-neuf, contre neuf chez Minnelli — doivent commenter ou compléter une image défaillante. Citons ensuite le personnage d'Emma. Si sa motivation chez Minnelli est un peu simpliste, elle a le mérite d'être claire. Rien de tel chez Chabrol qui, en supprimant toute exposition, compte apparemment sur notre connaissance du roman pour suppléer les lacunes psychologiques du portrait. Puis il y a le problème des imparfaits et de leur transposition à l'écran. Chabrol ne trouve mieux que de nous montrer une action en nous *disant* par l'intermédiaire du narrateur qu'elle se répète. Comparez sa « solution » à celle, si originale, de Minnelli [voir ci-dessus MATIÈRE À RÉFLEXION 2]. Enfin, reparlons du bal. Il s'agit chez Minnelli d'un morceau de bravoure étudié encore aujourd'hui dans les écoles de cinéma. Qu'importe après cela si la scène n'a presque rien à voir avec celle du roman? Quant au bal si authentiquement flaubertien de Chabrol, qu'en dire, sinon que l'on s'y ennuie? Mais on n'en finirait pas d'énumérer les raisons de la supériorité du film de Minnelli, *en tant que film,* sur celui de Chabrol...

C: Mais justement, je ne vois pas ce qui justifie votre distinguo entre *meilleur film* et *meilleure adaptation.* Comment voulez-vous que l'on juge un film autrement que comme une adaptation... *s'il en est une?*

M: Auriez-vous oublié que la plupart des films ont été adaptés de romans ou de nouvelles qu'on n'a pas lus et dont on n'a jamais entendu parler? Vous n'avez qu'à regarder les deux *Bovary* comme on regarde ces films-là: *comme si vous n'aviez jamais lu le roman.* Oubliez ce que vous savez d'Emma et du bal: c'est d'une autre Emma qu'il s'agit à l'écran, et d'un autre bal. Considérez l'adaptation non pas comme un calque mais comme une œuvre nouvelle, une création à part entière qui doit être jugée sur ses propres mérites et non pas sur ceux d'un roman qu'elle traduit plus ou moins bien.

Continuez le dialogue. À qui donnez-vous raison?

Annexe A

Cœurs et mains

À Denver l'express B. & M. en partance pour la côte est embarqua de nombreux passagers. Parmi les premiers à s'asseoir fut une très jolie jeune femme habillée avec élégance. Quelques minutes plus tard deux hommes montèrent dans le même wagon: l'un se distinguait par une belle prestance qui attirait les regards; l'autre, plus âgé, avait une mine lugubre, le corps épais et le vêtement fripé. Ils étaient menottés l'un à l'autre.

Comme la seule banquette libre se trouvait en face de la jeune femme, c'est là qu'ils s'assirent. Elle jeta sur eux un coup d'œil distrait, puis soudain son visage s'alluma et elle tendit en souriant une petite main gantée. Lorsqu'elle parla ce fut avec assurance, d'une voix à la fois suave et ferme:

« Puisque vous m'obligez à parler la première, Monsieur Easton, eh bien, soit. Vous ne reconnaissez donc pas vos vieux amis quand vous les rencontrez dans l'Ouest? »

À ces mots le plus jeune des deux hommes eut un sursaut. Il semblait mal à l'aise en lui tendant la main gauche.

« Ah, Mademoiselle Fairchild, dit-il, je vous demande pardon, l'autre main est... euh, occupée en ce moment. »

Il leva un peu la main droite, attachée par le « bracelet » étincelant à la main gauche de son compagnon. Sur le visage de la jeune femme le plaisir fit place à l'incompréhension effarouchée. Easton, l'air gêné, était sur le point de parler lorsqu'intervint l'autre, l'homme à la mine lugubre à qui rien n'avait échappé de la conversation.

« Veuillez m'excuser de parler, mademoiselle, mais je vois que vous connaissez le shérif fédéral. Si vous lui demandiez de dire un mot en ma faveur, il le ferait, et j'aurais moins d'ennuis au bagne. Il m'emmène au pénitencier de Leavenworth: sept ans pour faux-monnayage.

— Ah! s'exclama-t-elle, retrouvant son souffle et sa couleur, c'est donc cela que vous faites ici? Shérif!

— Chère mademoiselle, dit posément Easton, il fallait bien que je fasse quelque chose. L'argent file toujours et il en faut beaucoup pour entretenir le train de vie de nos amis à Washington. Alors j'ai eu connaissance de ce poste dans l'Ouest et... oh, je sais qu'un poste de shérif ne vaut pas le rang d'un ambassadeur, mais...

— L'ambassadeur, dit-elle sur le ton de la confidence, ne vient plus chez nous. C'était d'ailleurs de la peine perdue. Vous auriez dû le savoir... Et vous voilà maintenant, un de ces chevaleresques héros de l'Ouest qui

238   **Problématique de l'adaptation**

montent à cheval et tirent aux malfaiteurs et courent toutes sortes de dangers. Quelle différence entre votre vie et celle que nous menons à Washington! Vous nous avez manqué. »

Son regard fasciné retourna aux menottes étincelantes.

« Ne vous en faites pas, mademoiselle, dit l'autre homme. Tous les shérifs fédéraux se menottent à leurs prisonniers pour les empêcher de s'évader. Monsieur Easton sait ce qu'il fait.

— Est-ce qu'on vous verra bientôt à Washington? demanda-t-elle.

— Non, je ne crois pas, dit Easton. C'en est fini, je le crains, de ma vie papillonne.

— J'adore l'Ouest, » dit la jeune femme, apparemment hors de propos, ses yeux brillant d'un doux éclat. Et son regard détourné vers la fenêtre, elle se mit à parler sans feinte ni manières: « Maman et moi, nous avons passé l'été à Denver. Elle est rentrée la semaine dernière parce que mon père ne se sentait pas bien. Moi, je pourrais vivre heureuse ici. Je crois que l'air me convient. L'argent n'est pas tout. Mais on persiste toujours à comprendre de travers...

— Dites donc, Monsieur le Shérif, grogna l'homme à la mine lugubre, ce n'est pas juste. J'ai besoin de boire un coup et je n'ai pas fumé de toute la journée. Vous avez assez parlé, non? Allons au wagon fumeur, je crève d'envie de griller une bonne pipe. »

Les deux hommes se levèrent, Easton affichant un sourire résigné. « Je ne peux pas refuser une demande de tabac, dit-il, c'est l'unique consolation des malheureux. Au revoir, mademoiselle. Le devoir m'appelle.

Dommage que vous n'alliez pas jusqu'à la côte, dit-elle en reprenant sa politesse distante. Mais vous êtes obligé d'aller à Leavenworth, sans doute...

— Oui, dit Easton, je suis obligé d'y aller. »

Et les deux hommes s'éloignèrent en direction du wagon fumeur.

Deux passagers assis à proximité avaient entendu la plupart de la conversation.

« Ce shérif est vraiment quelqu'un de bien, opina l'un.

— Un peu jeune pour être shérif fédéral, non? observa l'autre.

— Jeune? Mais... ah! vous n'aviez pas compris? Avez-vous jamais vu un policier, pour transférer un prisonnier, se passer les menottes à la main *droite?* »

—O. Henry (W. S. Porter), Hearts and Hands (1902),
traduction de R.-J. Berg

Tragicomédie dans une salle d'attente.

La fillette avait neuf ou dix ans, l'air éveillé et le visage radieux. Tout en elle disait la promesse du bonheur. En regardant la mère, harpie aux yeux rentrés, je me rappelai un vers de Hugo, que j'altère pour la circonstance: *Comment se pourrait-il que de ceci cela vînt?* Insondable mystère de l'engendrement.

Elles lisaient ensemble un livre illustré, du genre « Choisis ton métier ». Aucun des avenirs proposés ne convenait à l'enfant, ce dont la mère paraissait contente.

« Alors tu seras maman, comme moi.

— Je ne sais pas... Quand je serai grande, je ferai... des grandes choses! »

Et la mère, soudain sévère: « Ah, ma petite, ne te monte pas trop la tête. Ce sont les cimes que frappe la foudre de Zeus. »

Mon saisissement fut tel que je n'aurais pas été mécontent de voir cette femme mourir sur le coup. *Enlever la fille, la soustraire à la contagion de cette pesteuse...*

Aussitôt je me rassérénai en me disant que le mal n'était peut-être pas grand. Ne pourrait-on voir dans cette menace maternelle une sorte d'épreuve éliminatoire? Qui s'effarouche, en effet, de la jalousie d'autrui n'est sûrement pas fait pour les hauteurs et ne devrait pas y aspirer.

Du reste, la fillette n'avait rien compris au proverbe, et l'explication embarrassée de l'autre ne fit qu'ajouter à son trouble: « Maman, c'est qui, Zeus?... Un dieu! » Et elle s'arrêta sur cette *foudre divine* dont l'idée la captivait. En être l'objet, là-haut, parmi les éclairs, cela lui semblait le plus enviable des sorts. Elle prit un air rêveur, le regard au loin; sans doute se voyait-elle déjà sur les cimes.

Le poison n'avait pas pris. Cette fille irait loin.

—R.-J. Berg, *D'en haut: proses* (Éditions Triptyque, 2002), pp. 23–24.

Appendice A

Les métiers du cinéma

Nous présentons ici les principaux métiers dans l'ordre de leur entrée en jeu dans la fabrication du film. Nous évitons la terminologie calquée de l'anglais, et pour le moins illogique, qui qualifie de *préproduction* tout ce qui précède le tournage, et de *postproduction* tout ce qui le suit — *les deux étant évidemment des étapes de la production.* Les termes suivis d'un astérisque figurent au LEXIQUE FRANÇAIS-ANGLAIS. C'est là que sont indiquées également les formes féminines.

Avant le tournage

Selon le Code de la propriété intellectuelle, le **producteur*** est « la personne physique ou morale[1] qui prend l'initiative et la responsabilité de la réalisation de l'œuvre ». Cette définition officielle appelle deux amendements. Premièrement, pour éviter toute ambiguïté, nous parlerons plutôt de la *fabrication* de l'œuvre, le terme de *réalisation* désignant dans ce contexte le travail du réalisateur. Deuxièmement, si l'initiative vient souvent du producteur, elle peut venir aussi bien du réalisateur, du scénariste ou même de l'une des vedettes. D'où que viennent l'idée et l'initiative du film, le producteur doit réunir les capitaux nécessaires à sa fabrication, et c'est là sa première tâche. Ensuite il engage le réalisateur et — souvent avec la collaboration de celui-ci — le reste de l'équipe. Le producteur peut être indépendant, c'est-à-dire chef de sa propre entreprise, ou agir pour le compte d'une société de production. Il peut apporter lui-même une partie des capitaux ou obtenir d'investisseurs toute la somme. Quelle que soit l'origine de l'argent, le producteur est le responsable financier du film: c'est lui qui emprunte les capitaux destinés à son financement et qui doit en répondre aux créanciers en cas d'échec. Il a donc intérêt à surveiller de près, soit personnellement soit par l'intermédiaire de son délégué, le **directeur de production***, toutes les étapes de la fabrication, depuis les préparatifs jusqu'à la sortie du film en salle.

Pour convaincre les investisseurs le producteur doit leur fournir une raison de croire aux possibilités commerciales du film. Cette raison, c'est le *scénario* [anglais: *screenplay, script*], rédigé par le **scénariste***. Le scénario est un document qui permet d'imaginer le film. L'imprécision de cette définition correspond à celle de la notion elle-même, le terme pouvant désigner chacune des étapes par où passe ce « document »: d'abord le *synopsis,* qui résume l'action en quelques pages; ensuite le *traitement,* long d'une trentaine de pages, qui présente tous les personnages et toutes les articulations de l'histoire, y compris les intrigues secondaires; enfin la *continuité dialoguée,* où apparaissent toutes les séquences ainsi qu'une transcription des dialogues. (Souvent on réserve le terme de *scénario* à cette troisième étape.) Le *découpage technique* [anglais: *shooting script*], rédigé par le réalisateur et destiné à l'équipe de tournage, va bien plus loin, car y sont décrits les principaux éléments visuels et sonores de *chaque plan:* durée, mouvements d'appareil, angles de prises de vues, échelle, déplacements et gestes des acteurs, dialogues, bruits et musique.

Sur le plan juridique, les **interprètes** (acteurs) travaillent pour la production qui les engage, normalement en consultation avec le réalisateur. Il n'est pas rare, surtout dans les productions à moyen et à gros budget, que le producteur choisisse les **premiers rôles** (sur qui il compte pour rentabiliser son film) *avant* d'engager un metteur en scène. Si les **seconds rôles** et les **figurants*** (ou **acteurs de complément***) sont nombreux, on recourt aux services d'un **directeur de casting**. Les films d'action font appel en outre à des **cascadeurs***. Dans les cascades et dans certaines scènes de nudité l'acteur est remplacé par une **doublure***.

Pour les plans tournés en studio, le **chef décorateur*** conçoit les décors et supervise leur construction; en décors naturels il les réaménage selon les indications du réalisateur. Une fois les décors construits l'**ensemblier*** les meuble. Le **costumier*** conçoit les costumes et supervise leur fabrication.

Pendant le tournage

Les capitaux sont réunis et les contrats signés; le découpage technique est à point. Le moment est venu de commencer le *tournage.* Jusqu'ici le producteur et ses délégués ont dirigé les opérations; maintenant, sur le plateau[2], c'est le **réalisateur*** qui mène le jeu. Pendant plusieurs semaines (huit en moyenne) il dirige les prises de vues et tout ce qui s'y rattache: jeu des acteurs, modalités d'enregistrement des images et du son. C'est lui qui décide de l'ordre, du nombre et de la durée des prises. C'est lui qui crie « Moteur! » pour démarrer la caméra, « Partez! » (ou « Allez-y! ») pour faire commencer le jeu, et « Coupez! » pour arrêter la prise. Bref, c'est lui qui, ayant rédigé le découpage tech-

Trois mots pour le dire: *réalisateur, metteur en scène, cinéaste* ▶ Depuis les années 1920 trois termes se font concurrence pour nommer la fonction désignée en anglais par le mot *director*. Aujourd'hui *réalisateur* prévaut largement sur les autres, ce qui était le cas de *metteur en scène* il y a une trentaine d'années. *Cinéaste,* créé en 1921 par Louis Delluc (voir le Chapitre 3, §4.2.), désignait à l'origine tous les travailleurs du cinéma, surtout les principaux (réalisateur, producteur, scénariste, directeur de la photo, etc.), et à l'exception, semble-t-il, des acteurs. Le sens du terme s'est circonscrit au fil des ans pour désigner aujourd'hui le seul réalisateur.

Ces trois synonymes n'ont pourtant pas la même connotation. *Réalisateur* est le terme neutre, objectif, quasi officiel: il figure dans les contrats, dans les palmarès et dans les documents du CNC (Centre national de la cinématographie). *Metteur en scène,* expression d'origine théâtrale, évoque surtout la direction des acteurs et de la photo, l'agencement des décors, etc. — le tournage à l'exclusion du reste. Certains dictionnaires la donne pour « synonyme vieilli » de *réalisateur.* Quant au troisième terme, il s'agit de ce que les linguistes appellent un *mélioratif:* il valorise ce qu'il désigne. Le réalisateur qui se dit *cinéaste* souligne par là les aspects artistiques de son activité. Ainsi Mathieu Amalric, à la question: « Vous vous sentez plutôt metteur en scène, cinéaste ou réalisateur? », répond-il: « Quand on se sent fabricant [...] je dirais réalisateur. [...] Quand quelque chose se passe avec les acteurs ou qu'ils vous surprennent, peut-être qu'on est un tout petit peu cinéaste, par magie »[3]. Mentionnons en outre cette particularité sémantico-syntaxique: on dit qu'Un Tel est le réalisateur (ou le metteur en scène) de *Tel Film,* mais non qu'il en est le cinéaste.

« La fonction désignée en anglais par le mot *director* », avons-nous écrit, mais rappelons qu'il ne s'agit pas exactement de la même en France et aux États-Unis. Le pouvoir de décision du *réalisateur* est en général plus étendu, sa contribution au film plus importante que ne le sont ceux de son homologue américain (voir plus loin, *Nota bene*).

nique, se charge d'en faire un film. Voilà pourquoi il est considéré comme le *responsable artistique et technique du film.*

Cette responsabilité pèserait lourd sur les épaules d'une seule personne si une partie n'en était déléguée à l'**assistant réalisateur*** dont le rôle consiste à s'occuper des nombreuses tâches logistiques liées au tournage. Il planifie le calendrier du tournage, prépare les prises du jour et organise la répétition des acteurs, dirigeant lui-même les seconds rôles ainsi que les figurants.

Pour assurer la qualité de l'image, le réalisateur doit s'en remettre largement à l'expertise du **directeur de la photographie***, ou DP. En fonction des indications du réalisateur et des besoins du plan, le DP choisit la pellicule et la focale (dont dépendent la largeur et la profondeur du champ). Il conçoit et réalise l'éclairage qui détermine en grande partie le style et l'ambiance du film. Sous son autorité directe, le **cadreur*** (ainsi nommé parce qu'il compose l'image dans le cadre), assis derrière la caméra ou la portant à l'épaule, effectue les prises de vues. En France le DP et le cadreur sont assez souvent une seule et même personne.

Au DP et au cadreur correspondent, pour ce qui est des éléments sonores, le **chef opérateur du son*** et son assistant, le **perchiste***. Le premier, appelé parfois encore *ingénieur du son,* supervise l'enregistrement du son — les dialogues, principalement — lors des prises de vues, alors que le second se charge du placement des micros et du maniement de la perche (cette longue tige au bout de laquelle il fixe un micro pour l'approcher des acteurs tout en le maintenant hors cadre).

Le **scripte*** est le secrétaire de plateau[4]. Il note le détail de chaque prise de vue, ce qui lui permet non seulement de rédiger les nombreux rapports destinés au producteur, mais aussi et surtout d'assurer la continuité du film en veillant à la correction des raccords. Les plans étant rarement tournés dans l'ordre de leur apparition, il se passe parfois des semaines entre deux prises qui se suivent dans le film, d'où d'éventuelles inadvertances telles que le classique verre à moitié vide devenu plein au plan suivant. (Au Chapitre 1, ▸ Décryptage: les faux raccords, nous en indiquons quelques exemples dans *Amélie.*) Le scripte, ayant tout noté dans son journal de bord, peut vérifier que rien n'ait changé entre les deux prises: l'héroïne porte-t-elle toujours la même Rolex et non une Movado? le héros a-t-il toujours sa barbe de trois jours? Comme on le dit souvent, le scripte représente « la mémoire du film »[5].

Après le tournage

Une fois terminées les prises de vues, on passe à la troisième phase de la production: le *montage.* Monter un film, c'est l'assembler à partir de ses différentes parties. Le travail du **monteur*** consiste d'abord à sélectionner les plans, ensuite à fixer leur durée, enfin à les mettre bout à bout dans un certain ordre et avec les transitions qui conviennent.

La version du film à laquelle aboutit le travail du monteur comporte le son direct (enregistré lors du tournage); il y manque encore la plupart des bruits, une bonne partie du dialogue et, bien entendu, la musique. Ces éléments seront ajoutés en postsynchronisation sous la coordination du **monteur son*** qui fera appel pour certaines tâches à des spécialistes. Le

bruiteur*, par exemple, reproduit les bruits qui n'ont pas été enregistrés lors du tournage et crée au besoin des effets sonores spéciaux. Quand toutes les pistes sonores sont fin prêtes — dialogues, bruits, musique — le **mixeur*** se charge de les mélanger et de les doser afin d'en obtenir une seule bande équilibrée. Pour ce faire il amplifie ou assourdit les sons, modifie leur timbre et les nettoie des bruits parasites.

Nota bene: Après le tournage la participation du réalisateur varie considérablement. Dans certains cas il tient à diriger le montage ou même à y participer au point d'être « co-monteur » (et en France, le plus souvent, son contrat l'y autorise). Dans d'autres cas il suit de loin le montage sans s'y impliquer. Quoi qu'il en soit, le réalisateur détient en France ce qu'on appelle (en France aussi) le *final cut,* c'est-à-dire le droit de décider du montage définitif. Aux États-Unis ce droit appartient, sauf exception rarissime, au producteur.

Après le mixage la production est achevée pour l'essentiel. Il ne reste que les travaux de laboratoire qui aboutissent au tirage des copies de série. Le film est prêt à être distribué et exploité en salle et en vidéo.

Appendice B

La réalisation d'un film en cours de cinéma

Le cinéaste vexé par une critique féroce s'indigne, fulmine, apostrophe l'auteur: « Vous qui n'avez jamais tenu une caméra, lu un scénario, dirigé un acteur, de quel droit me jugez-vous? Essayez vous-même... » Le critique, imperturbable: « On n'a pas besoin d'être chef-cuisinier pour savoir qu'un plat est réussi ou raté. » Et le cinéaste, revenant à la charge en reprenant l'image culinaire:

> « Moi, pour avoir souvent mis la main à la pâte...
> — Ce n'est pas de la recette qu'il s'agit, mais du résultat.
> — Il s'agit des deux, pour qui veut apprécier en connaissance de cause. Produit et processus vont toujours de pair. »

Le critique a raison, bien entendu, mais le cinéaste n'a pas tout à fait tort. La pratique apprend la règle, éclaire la théorie, informe le jugement. Ce qui nous amène à votre projet...

Vous avez étudié jusqu'ici les éléments d'un ensemble, la place qu'ils y tiennent, le rôle qu'ils y jouent. La perspective du cinéaste est tout autre: il assemble les parties pour en faire un tout, il voit la fin et cherche les moyens. Devant tel problème il doit trouver parmi ses options celle qui lui permettra de le résoudre au mieux. En d'autres termes, sa démarche est *prospective* — et pour nous le moment est venu de l'adopter.

Passons à présent du livre au plateau et du savoir au savoir-faire.

1. Généralités

Pour des raisons évidentes ayant trait au temps et au budget qui pourront lui être consacrés[1], votre film sera un *très court métrage* de fiction, d'une durée inférieure à quatre minutes. Vous y travaillez sur l'initiative du professeur qui réunira les fonds nécessaires et qui coordonnera le travail des différentes équipes. C'est dire qu'en lui ou en elle se cumuleront les rôles de producteur et de directeur de production.

Les équipes seront au nombre de trois: une première se chargera du scénario, une deuxième du tournage et une troisième du montage. À titre purement indicatif — car tout dépend de l'effectif — le travail pourra se répartir ainsi par exemple qu'il suit:

Scénario . . . . deux étudiants

Tournage . . . . trois étudiants

    réalisateur(-trice)

    premier(-ière) assistant(e) réalisateur(-trice)

    directeur(-trice) de la photographie (DP)/cadreur(-euse)

Premiers rôles . . . . trois étudiants

Montage (images et son) . . . . deux étudiants

Les seconds rôles se répartiront entre tous, à l'exception du réalisateur et du DP qui seront occupés, le premier, à diriger le jeu des acteurs et le second, à le filmer.

Avant le tournage → La question primordiale est celle de l'histoire. Laquelle porterez-vous à l'écran? S'agira-il d'une histoire originale ou d'une adaptation[2]? Il vaudrait mieux que cette décision soit prise collectivement lors de remue-méninges auxquels tout le monde participe. Ces réunions aboutiront à un *synopsis* d'une demi-page où seront racontés — *au présent* — les linéaments de l'action. À ce niveau de généralité, rien n'empêche que la rédaction du synopsis soit, comme le choix de l'histoire, un travail de groupe. Les scénaristes se mettront alors au travail pour rédiger la *continuité dialoguée* (expression employée le plus souvent comme synonyme de *scénario*). Ce sera ensuite le tour du réalisateur et de son premier assistant qui rédigeront à partir du scénario le *découpage technique* [anglais: *shooting script*].

Pendant le tournage → Sur le plateau le réalisateur et son premier assistant suivront de près le découpage technique qu'ils auront eux-mêmes rédigé. Quant aux prises de vues, une personne remplira la double fonction de DP et de cadreur; elle devra posséder une caméra numérique et savoir s'en servir.

Après le tournage → Grâce aux logiciels de montage, ce qui relevait naguère du domaine réservé des professionnels est aujourd'hui à la portée de tout le monde[3]. Le travail des monteurs consistera d'abord à faire le tri parmi les prises de vues, ensuite à les assembler conformément aux indications du découpage technique, enfin à y ajouter, le cas échéant, effets optiques et sons (narration, bruits, musique).

2. La continuité dialoguée (le scénario): définition et normes de présentation

La continuité dialoguée comprend (a) une description de chaque séquence et (b) une transcription intégrale des dialogues. Le numéro de la séquence est suivi d'une indication approximative du lieu et de l'heure: l'abréviation Ext (*extérieur*) ou INT (*intérieur*), puis JOUR, SOIR ou NUIT. S'ensuit une indication plus précise du lieu: *une rue de village, une chambre d'hôtel miteuse, une salle de classe*, etc.

Le récit de l'action doit être sommaire. Les dialogues se divisent en répliques précédées chacune du nom du personnage et au besoin, entre parenthèses, des indications sur la façon de jouer (les *didascalies*).

La longueur dépendra du rapport des dialogues au récit. Si vous adoptez la présentation, assez économe d'espace, de notre exemple (ci-dessous), une page correspondra à deux minutes à l'écran, au minimum. Le scénario d'un très court métrage ne devrait donc pas dépasser deux pages.

Nous proposons à titre illustratif une scénarisation possible de *Cœurs et mains* d'O. Henry, reproduit intégralement en annexe au CHAPITRE 5. Imaginons une première « pré-séquence » très brève composée de deux plans de situation (décrits au CHAPITRE 5, §2) montrant la cohue du quai, le train à l'arrêt et Mademoiselle Fairchild qui monte dans le wagon. La suite du scénario pourrait se présenter ainsi qu'il suit:

Séquence 2 Int-Jour Un wagon de train Le wagon se remplit. Deux hommes y montent, menottés l'un à l'autre. Le plus jeune (Monsieur Easton) se distingue par une belle prestance qui attire les regards; l'autre, la cinquantaine, le corps épais et le vêtement fripé, affiche une mine lugubre. Comme la seule banquette libre se trouve en face de Mademoiselle Fairchild, c'est là qu'ils prennent place. Elle jette sur eux un coup d'œil distrait, puis soudain son visage s'allume.

MADEMOISELLE FAIRCHILD (avec assurance, d'une voix à la fois suave et ferme): Puisque vous m'obligez à parler la première, Monsieur Easton, eh bien, soit. Vous ne reconnaissez donc pas vos vieux amis quand vous les rencontrez dans l'Ouest?

Au jeune homme étonné elle tend en souriant une petite main gantée.

EASTON (mal à l'aise en lui tendant la main gauche): Ah, Mademoiselle Fairchild, je vous demande pardon, l'autre main est... euh, occupée en ce moment.

Il lève un peu la main droite, attachée par une menotte étincelante à la main gauche de son compagnon. Sur le visage de la jeune femme le plaisir fait place à l'incompréhension effarouchée. Easton, l'air gêné, est sur le point de parler lorsqu'intervient l'autre homme à qui rien n'a échappé de la conversation.

L'HOMME PLUS ÂGÉ (avec déférence): *Veuillez m'excuser de parler, mademoi-selle, mais je vois que vous connaissez le shérif fédéral. Si vous lui de-mandiez de dire un mot en ma faveur, il le ferait, et j'aurais moins d'ennuis au bagne. Il m'emmène au pénitencier de Leavenworth: sept ans pour faux-monnayage.*

MADEMOISELLE FAIRCHILD (retrouvant son souffle et sa couleur, à Easton): *Ah! c'est donc cela que vous faites ici? Shérif!*

EASTON (posément): *Chère mademoiselle, il fallait bien que je fasse quelque chose. L'argent file toujours et il en faut beaucoup pour entretenir le train de vie de nos amis à Washington. Alors j'ai eu connaissance de ce poste dans l'Ouest et... oh, je sais qu'un poste de shérif ne vaut pas le rang d'un ambassadeur, mais...*

MADEMOISELLE FAIRCHILD (sur le ton de la confidence): *L'ambassadeur ne vient plus chez nous. C'était d'ailleurs de la peine perdue. Vous auriez dû le savoir... Et vous voilà maintenant, un de ces chevaleresques héros de l'Ouest qui montent à cheval et tirent aux malfaiteurs et courent toutes sortes de dangers. Quelle différence entre votre vie et celle que nous menons à Washington! Vous nous avez manqué.*

Son regard fasciné retourne aux menottes étincelantes.

L'homme plus âgé (sur un ton qui se veut rassurant): *Ne vous en faites pas, mademoiselle. Tous les shérifs fédéraux se menottent à leurs prisonniers pour les empêcher de s'évader. Monsieur Easton sait ce qu'il fait.*

MADEMOISELLE FAIRCHILD (à Easton): *Est-ce qu'on vous verra bientôt à Washing-ton?*

EASTON: *Non, je ne crois pas. C'en est fini, je le crains, de ma vie papillonne.*

MADEMOISELLE FAIRCHILD (ses yeux brillant d'un doux éclat): *J'adore l'Ouest.*

Elle détourne son regard vers la fenêtre et se met à parler sans feinte ni manières.

MADEMOISELLE FAIRCHILD: *Maman et moi, nous avons passé l'été à Denver. Elle est rentrée la semaine dernière parce que mon père ne se sentait pas bien. Moi, je pourrais vivre heureuse ici. Je crois que l'air me convient. L'argent n'est pas tout. Mais on persiste toujours à comprendre de travers...*

L'HOMME PLUS ÂGÉ (d'un ton brusque): *Dites donc, Monsieur le Shérif, ce n'est pas juste. J'ai besoin de boire un coup et je n'ai pas fumé de toute la journée. Vous avez assez parlé, non? Allons au wagon fumeur, je crève d'envie de griller une bonne pipe.*

Les deux hommes se lèvent, Easton affichant un sourire résigné.

EASTON: *Je ne peux pas refuser une demande de tabac: c'est l'unique consola-tion des malheureux. Au revoir, mademoiselle. Le devoir m'appelle.*

MADEMOISELLE FAIRCHILD (reprenant sa politesse distante): *Dommage que vous n'alliez pas jusqu'à la côte. Mais vous êtes obligé d'aller à Leavenworth, sans doute...*
EASTON: *Oui, je suis obligé d'y aller.*

Deux passagers assis à proximité, ayant entendu la plupart de la conversation, regardent s'éloigner en direction de la sortie le shérif et son prisonnier.

PASSAGER 1: *Ce shérif est vraiment quelqu'un de bien.*
PASSAGER 2: *Un peu jeune pour être shérif fédéral, non?*
PASSAGER 1 (l'air étonné): *Jeune? Mais... ah! vous n'aviez pas compris? Avez-vous jamais vu un policier, pour transférer un prisonnier, se passer les menottes à la main* droite?

Nous avons déjà eu l'occasion d'admirer le caractère éminemment cinématographique de la nouvelle d'O. Henry (voir le CHAPITRE 5, §2), et notre scénarisation en est la preuve. Les dialogues sont reproduits textuellement, ainsi qu'une partie du récit; pour le reste, un minimum d'« adaptation » s'imposait.

On ne saurait trop insister sur la nécessité de bannir du scénario tout ce qui ne sera ni vu ni entendu dans le film. Interdite donc, toute révélation sur les pensées, les sentiments ou les souvenirs d'un personnage, à moins qu'elle ne se traduise à l'écran en images ou en sons. Imaginons les réécritures suivantes (mots ajoutés en italique):

- L'HOMME PLUS ÂGÉ (avec déférence, *et voulant dépêtrer son prisonnier d'une situation gênante*): « Veuillez m'excuser de parler, mademoiselle, mais... »
- Elle détourne son regard vers la fenêtre. *Se souvenant alors des assiduités d'Easton et du malentendu qui l'avait amené à renoncer en faveur d'un rival qui n'en était pas un,* elle se met à parler sans feinte ni manières...

À quoi se verrait, *dans le film,* cette motivation du shérif (qu'à ce moment du film nous prenons encore pour le prisonnier)? D'où viendrait cet accès privilégié aux souvenirs de Fairchild, si un long retour en arrière ou un narrateur ne nous en informait? Fort heureusement, il n'y a rien de tel dans la nouvelle; rien de tel donc à supprimer en passant de l'écrit à l'écran. Notre scénario présente les personnages comme O. Henry les avait présentés: *du dehors,* en rapportant ce qu'enregistreraient une caméra et un micro, rien de plus.

Ici on nous objectera utilement: « Au contraire, il y a dans votre scénario, transposées intactes de la nouvelle, toutes sortes de révélations sur la vie intérieure des personnages. Il y est question, par exemple, de la *distraction* de

Fairchild, de son *assurance*, de son *plaisir*, de son *incompréhension;* de la *gêne* aussi qu'éprouve Easton, qui "semble mal à l'aise", etc. C'est du dehors que nous voyons agir et que nous entendons parler les personnages, mais par moments dans votre scénario nous accédons à ce que ne pourrait capter ni caméra ni micro. »

La caméra et le micro captent le jeu des acteurs, lequel, s'ils jouent bien, nous révèle leur vie intérieure, ou plutôt: leur jeu nous fait « croire » à leur vie intérieure. *Le dedans se fait connaître en se manifestant au dehors.* Ainsi, la distraction de Fairchild se voit dans son « coup d'œil distrait »; son assurance s'entend dans sa façon de parler. Si nous savons qu'Easton est mal à l'aise, c'est il a « l'air gêné », et il a l'air gêné parce que l'acteur sait jouer la gêne.

« Bon, d'accord, concède l'objecteur, mais votre explication ne justifie pas d'autres détails du scénario. Easton est sur le point de parler, par exemple, lorsqu'intervient l'autre homme "à qui rien n'a échappé de la conversation"; ou encore, "deux passagers assis à proximité, ayant entendu la plupart de la conversation..." Dans les deux cas O. Henry nous le dit parce qu'il nous importe de le savoir, et sans doute est-ce pour la même raison que vous le répétez dans votre scénario. Mais dans le film à quoi verra-t-on que l'homme plus âgé a tout entendu, ou que les deux passagers ont pu suivre une conversation ayant lieu de l'autre côté du couloir? »

Ces renseignements sont importants, en effet: le second justifie la conversation des Passagers 1 et 2, et le premier motive l'intervention de « l'homme à la mine lugubre » (motivation comprise rétrospectivement, puisqu'à ce moment de l'histoire le spectateur prend cet homme pour le prisonnier). Quant à leur traduction en images et en sons, c'est au réalisateur de trouver la solution dans son découpage technique. Dans les deux cas le problème est facile à résoudre. Pour traduire à l'écran « ayant entendu la plupart de la conversation », on pourrait envisager, par exemple, d'encadrer *ensemble* les cinq personnages en montrant Fairchild, Easton et le shérif du point de vue mais surtout du « point d'écoute » des deux passagers anonymes. Il suffirait alors d'y ajouter quelques jeux de physionomie (des « regards obliques », un « sourire discret » dans notre découpage ci-dessous), et le tour est joué: le spectateur y croit sans y penser.

3. Le découpage technique: définition et normes de présentation

Le découpage technique décrit les principaux éléments visuels et sonores de *chaque plan,* répartis en deux colonnes: à gauche, la bande-image; à droite, la bande-son. Comme il sert de référence tout au long du tournage et jusqu'au montage, ce document doit allier la précision et la concision, sans viser aux effets littéraires.

Dans la numérotation des plans, le premier chiffre est le numéro de la séquence; le second indique la place du plan *dans le film* (et non dans la séquence). Le plan 2–30, par exemple, le trentième du film entier, fait partie de la deuxième séquence. Après une indication de la durée du plan (x′ y″ [minutes, secondes]), on en résume, toujours dans la colonne de gauche, le contenu visuel — action, déplacements et gestes des acteurs, etc. — sans omettre les précisions techniques nécessaires: l'échelle, angle de prise de vue (en cas de plongée ou de contre-plongée), tout éclairage spécial, mouvements de caméra, raccords et effets optiques (s'il y en a). En face dans la colonne de droite figurent la transcription des dialogues ainsi, le cas échéant, qu'une indication des bruits et de la musique.

Une page correspond en moyenne à trente secondes de temps à l'écran; le découpage d'un film de trois minutes sera donc long d'environ six pages.

Pour faire court ▶ Abréviations couramment employées dans les découpages techniques (voir le Chapitre 1 pour une définition des termes)

Échelle du plan		*Mouvements de caméra*	
PG	plan général	PANO	panoramique
PE	plan d'ensemble	GD	de gauche à droite
PM	plan moyen	DG	de droite à gauche
PA	plan américain	BH	de bas en haut
PR	plan rapproché	HB	de haut en bas
GP	gros plan	TRAV	travelling
TGP	très gros plan	AV	avant
		ARR	arrière

Divers	
lég	légère (plongée, par exemple ≠ forte)
off	hors champ
PV	point de vue[4]
PDC	profondeur de champ

Voici, à titre d'exemple, le découpage technique des six derniers plans de notre adaptation de *Cœurs et mains*.

Bande-image	Bande-son
Plan 2–38 6″ GP de Mademoiselle Fairchild. Raccord de regard	MADEMOISELLE FAIRCHILD (reprenant sa politesse distante): *Dommage que vous n'alliez pas jusqu'à la côte. Mais vous êtes obligé d'aller à Leavenworth, sans doute...*
Plan 2–39 3″ GP d'Easton qui, l'air pensif, se détourne d'elle.	
Plan 2–40 15″ PA en PDC accrue des trois personnages cadrés de 3/4 face[5] de l'autre côté du couloir où sont assis, en avant-plan, les Passagers 1 et 2. Aux regards obliques de ceux-ci on devine qu'ils suivent la conversation. Le shérif et son prisonnier se lèvent. Easton se retourne vers Mademoiselle Fairchild pour dire son dernier mot.	
	EASTON (tristement): *Oui, je suis obligé d'y aller.*
À ces mots d'Easton, le Passager 1 ébauche un sourire discret. Les deux hommes menottés s'en vont vers la sortie, suivis d'abord du regard des Passagers 1 et 2, puis en PANO GD. La porte se referme derrière eux.	Au dernier mot d'Easton commence tout bas une musique: les premières mesures de *Storms in Africa* d'Enya.
Plan 2–41 17″ PR taille des Passagers 1 et 2 assis l'un à côté de l'autre sur la banquette, en conversation.	
	PASSAGER 1 (pensif, regardant toujours la sortie): *Ce shérif est vraiment quelqu'un de bien.* PASSAGER 2: *Un peu jeune pour être shérif fédéral, non?* PASSAGER 1 (étonné, se retournant vers l'autre): *Jeune? Mais... ah! vous n'aviez pas compris? Avez-vous jamais vu un policier, pour transférer un prisonnier, se passer les menottes à la main droite?* Au cours de cet échange le volume de la musique monte peu à peu.
Plan 2–42 5″ GP du Passager 2. Se détournant de son compagnon, il fronce les sourcils, aux prises, un peu comiquement, avec l'énigme qu'on vient de lui poser. Puis tout d'un coup son visage s'allume. Il lève la tête comme pour regarder la sortie, et l'instant après: ARRÊT SUR IMAGE.	Le volume de la musique monte d'un cran à l'instant précis où commence, comme pour se moquer, le chœur des voix féminines: « Na na, na na ».
Plan 2–43 9″ GÉNÉRIQUE de fin déroulant à gauche sur fond du plan arrêté du Passager 2. Fermeture à l'iris centrée sur sa bouche béante.	La musique continue jusqu'à la fin où un decrescendo rapide accompagne la fermeture à l'iris.

Lexique français-anglais

accéléré fast-motion shot

acteur(-trice) de complément (syn: figurant[-e]) extra

bande sonore (ou bande-son) sound track

bande-annonce preview, trailer

bout-à-bout rough cut

bruiteur(-euse) sound effects engineer

cadrage framing

cadre frame

cadrer to frame

cadreur(-euse) (syn: opérateur[-trice]) camera operator

carton title card

cascadeur(-euse) stuntman (woman)

champ field

champ-contrechamp shot/reverse-shot

chef décorateur(-trice) art director

chef opérateur(-trice) du son production (sound) recordist

chevauchement (de dialogue) dialogue overlap

chute cut-out, trim

cinéaste filmmaker

collure splice

comédie dramatique comedy-drama or « dramedy »

comédie loufoque screwball comedie

contre-plongée low-angle shot

costumier(-ière) costume designer

coupe (coupe franche, coupe sèche) cut, straight cut

court métrage short subject, short film, short

découpage technique shooting script

directeur(-trice) de la photographie (abr: DP) cinematographer

directeur(-trice) de production production manager

docu-fiction docudrama

documenteur mockumentary

double outtake

doublure stand-in, body-double

écran divisé split screen

effet optique (syn: ponctuation) transitional effect

ensemblier set decorator

faux raccord continuity error

fermeture à l'iris iris out

fermeture en fondu fade-out

figurant(e) (syn: acteur[-trice] de complément) extra

film à sketches anthology or omnibus film

film de cambriolage (de casse, de braquage) heist or caper movie

film de cape et d'épée swashbuckler

film pour adolescents teenpic

fondu enchaîné dissolve, lap dissolve

générique credits

gros plan close-up

grue crane

hors champ (adv., adj. et n. m. [avec trait d'union]) off screen

ingénieur du son (syn vieilli de chef opérateur du son) production recordist (formerly: sound engineer)

intertitre insert title

long métrage feature, feature(-length) film

metteur(-euse) en scène (syn: réalisateur[-trice]) director

mettre au point to focus

mise au point focus

mixeur(-euse) (rerecording) mixer

montage editing

montage alterné intercutting, crosscutting

monter to edit

monteur(-euse) editor

monteur(-euse) son sound editor

objectif à focale variable zoom lens

opérateur(-trice) camera operator

ouverture à l'iris iris in

pano-travelling tracking pan

panoramique (abr: pano) pan

pano bruité swish pan

pano filé whip pan

panoramiquer to pan

panoter to pan

péplum sword-and-sandal epic

perchiste boom operator

photogramme frame

plan shot

plan américain medium close shot

plan arrêté freeze (stop) frame

plan d'ensemble long shot

plan d'exposition (ou de situation) establishing shot

plan demi-ensemble medium long shot

plan général very long shot

plan long long take

plan moyen medium shot

plan penché (ou cassé) tilted (canted) shot

plan rapproché medium close-up

plan subjectif point-of-view shot

très gros plan extreme close-up

plongée high-angle shot

ponctuation (syn: effet optique) transitional effect

premier(-ière) assistant(e) réalisateur(-trice) first assistant director

prise de vues take

producteur(-trice) producer

profondeur de champ depth of field

raccord match, match cut, continuity cut

raccord de regard eyeline match

raccord plastique (ou formel) graphic match

raccord sur le mouvement (ou raccord de mouvement) match on action

ralenti slow-motion shot

réalisateur(-trice) (syn: metteur[-euse] en scène) director

retour en arrière flashback

saut en avant flash-forward

saute d'image jump cut

scénario screenplay

scénariste screenwriter

scripte script supervisor

séquence par épisodes montage sequence

travelling tracking shot

volet wipe

Notes

Entrée en matière

1. Sa dernière interview, accordée à Georges Sadoul le 6 janvier 1948. Dans Sadoul, *Louis Lumière,* Seghers, coll. « Cinéma d'aujourd'hui », 1964, p. 100.

2. Les linguistes appellent *apocope* cette suppression d'une syllabe finale. Autres exemples: *métropolitain* ➜ *métro, dactylographe* ➜ *dactylo, microphone* ➜ *micro.*

3. Et parfois, l'ensemble des *activités* relevant du cinéma, surtout du cinéma d'un pays. C'est le sens du mot dans la dénomination du Centre national de la cinématographie (CNC), créé en 1946, qui encadre la production française. À noter que *cinématographie* et l'anglais *cinematography* sont de faux amis.

4. « Procédé de langage par lequel on exprime un concept au moyen d'un terme désignant un autre concept qui lui est uni par une relation nécessaire (la cause pour l'effet, le contenant pour le contenu, le signe pour la chose signifiée) » (Le *Robert*). Autre exemple analogue au nôtre: en argot journalistique, un *papier* est un article de journal.

5. Par allusion, aux débuts du cinéma, à l'opérateur qui *tournait* la manivelle de la caméra. Le verbe a survécu au remplacement de la manivelle par un moteur (lequel tourne aussi...).

6. Les limites de l'expérimental sont encore plus floues que celles des autres catégories, d'autant que les cinéastes de cette tendance se rebiffent devant les tentatives de définition. Il s'agit grosso modo d'un cinéma qui se veut *différent,* qui se pose en s'opposant au cinéma « traditionnel » ou « dominant », considéré comme narratif, figuratif, industriel et commercial. Le film expérimental serait donc le refus systématique de ces quatre catégories.

7. *Documenteur,* titre d'un film d'Agnès Varda (1980), est le terme le plus usité pour traduire *mockumentary,* mais bien d'autres ont été proposés: *faux documentaire, docu-moqueur, mocumentaire...*

8. Un style *académique* suit trop étroitement les règles. *Pompier* ajoute une nuance d'enflure et de prétention.

9. *Le Point* du 18 janvier 2007, p. 130. Nous citons sans coupures, les points de suspension étant de De Bruyn.

10. Selon le *Dictionnaire Robert,* un nanar est tout simplement un « mauvais film ». Il s'agirait donc d'un quasi-synonyme de *navet*: « très mauvais film », selon le même dictionnaire. Définition insuffisante, car elle omet une nuance importante. Selon *Nanarland: le site des mauvais films sympathiques* (www.nanarland.com), « le terme *nanar* est employé par les cinéphiles pour désigner des films particulière-

ment mauvais qu'on se pique d'aller voir pour les railler, au contraire du navet qui est, lui, sans aucun intérêt (en référence au goût fade du légume du même nom) ». C'est ainsi que le terme est couramment employé, comme en témoignent ces deux titres de François Forestier: *101 Nanars: une anthologie du cinéma affligeant, mais hilarant* (1996) et *Le Retour des 101 nanars: une nouvelle anthologie du cinéma navrant, mais désopilant* (1997). À *Nanarland* un seul film français figure au « Top 10 de la rédac' »: *Le Führer en folie* de Philippe Clair (1974), « le roi des nanars ».

11. *Péplum* (mot latin signifiant *tunique*): film dont l'action est située dans l'Antiquité gréco-latine (*Spartacus, Gladiator, Troy*...). En anglais: *sword-and-sandal epic*.

12. *Riefenstahliennes:* typiques des films de Leni Riefenstahl, réalisatrice allemande nommée plus loin dans la citation. Son *Triomphe de la volonté* (1935), mentionné dans la citation, est un film de propagande nazie.

13. *Übermenschen:* « surhommes », mot mis à la mode par Nietzsche, notamment dans son *Ainsi parlait Zarathoustra*.

Chapitre 1. Éléments

1. « Le dispositif: approches métapsychologiques de l'impression de réalité » (1975), dans Jean-Louis Baudry, *L'Effet cinéma*, Éditions Albatros, coll. « Ça-Cinéma », Paris, 1978, p. 44.

2. Christian Metz, *Essais sur la signification au cinéma*, t. I, Klincksieck, Paris, 1971, p. 14.

3. Dans les deux derniers cas, on l'aura remarqué, l'expression s'écrit sans trait d'union.

4. Marcel Martin, *Le Langage cinématographique*, Éditeurs Français Réunis, Paris, 1977, p. 196.

5. Jacques Aumont, Alain Bergala, Michel Marie et Marc Vernet, *Esthétique du film*, 3e éd., Nathan, coll. « Nathan Cinéma », Paris, 2002, p. 30.

6. Louis Delluc, *Écrits cinématographiques I: Le Cinéma et les cinéastes*, Cinémathèque française, Paris, 1985, p. 50.

7. Précision terminologique: L'échelle *d'un plan*, c'est le rapport proportionnel entre son sujet et le cadre. Le mot *échelle* prend ici le sens qu'il a sur une carte: « rapport existant entre les dimensions d'un objet et celles de sa représentation dans l'espace ou en plan » (*Trésor de la langue française*, en ligne à *www.cnrtl.fr/lexicogra phie> [TLF]*). Classé selon son échelle, un plan se situe dans une *série* que l'on désigne souvent, elle aussi, sous le nom d'*échelle*. Dans cet usage (« l'échelle *des plans* ») il s'agit d'un autre sens du mot: « série, suite continue ou progressive de degrés, de niveaux » (*TLF*), par extension analogique du sens premier (dispositif servant d'escalier). En raison de ce double sens, nous appelons *gamme* cette série, afin d'éviter toute équivoque.

8. Debout, de la tête aux pieds.

9. La Nouvelle Édition, Paris, 1946, pp. 38–39. Berthomieu fut l'un des réalisateurs les plus prolifiques de l'histoire du cinéma français: soixante-six films entre 1927 et 1959. Il incarne pour la postérité un certain professionnalisme prosaïque, ce qui explique que Jean-Luc Godard l'appelât « Berthopire ».

10. *Avec amorce:* avec personnage *en amorce,* c'est-à-dire vu de dos au tout premier plan, au bord du champ et partiellement caché par le cadre [anglais: *over-the-shoulder shot*].

11. Robert Bataille, *Grammaire cinégraphique,* Taffin-Lefort, Lille, s.d. [1947], p. 10.

12. David Bordwell et Kristin Thompson, *Film Art: An Introduction,* 8ᵉ éd., McGraw-Hill, New York, 2008, p. 192; c'est nous qui traduisons.

13. C'est le plan subjectif, où se confondent le point de vue de la caméra et celui d'un personnage. Voir à ce sujet §5.1 du présent chapitre.

14. *Épreuve de tournage* est l'expression officiellement recommandée (*Journal officiel* du 10.10.1985) pour remplacer le franglais *rushes* (pl. m.).

15. L'expression *final cut,* largement employée en français, désigne aussi *le droit de décider* du montage définitif. Voir à ce sujet l'Appendice A.

16. Martin, *op. cit.,* p. 151.

17. André Bazin (1918–1958) est l'un des théoriciens les plus importants — de l'avis de certains, *le plus important* — de l'histoire du cinéma. Ses articles furent recueillis en quatre volumes parus entre 1958 et 1962 sous le titre *Qu'est-ce que le cinéma?* Nous citons le recueil paru en 1985 aux Éditions du Cerf sous le même titre mais abrégé en un seul volume.

18. André Bazin, article intitulé « Orson Welles », dans Jean Cocteau et André Bazin, *Orson Welles,* Chavane, Paris, 1950, pp. 51–52.

19. L'expression est de Samuel Coleridge (*Biographia Literaria,* 1817, in *Samuel Taylor Coleridge,* ed. H. J. Jackson, Oxford University Press, 1985, p. 314), qui parle de « that willing suspension of disbelief for the moment ». Il ajoute: « ... which constitutes poetic faith », ce qui devient pour nous: la « foi », la « croyance » du spectateur.

20. Bazin, « Orson Welles », p. 52.

21. Étienne Souriau, *L'Univers filmique,* Flammarion, Paris, 1953, p. 7. En 1990 Anne Souriau, créatrice du mot *diégèse,* a proposé une définition élargie qui s'applique à tous les arts représentatifs: « La diégèse est l'univers de l'œuvre, le monde posé par une œuvre d'art qui en représente une partie » (*Vocabulaire d'esthétique,* sous la direction d'A. Souriau, Presses Universitaires de France, Paris, 1990, p. 581). De nombreux narratologues, à la suite de G. Genette, ont repris le mot mais en lui associant plusieurs sens différents, ce qui prête souvent à équivoque. Nous limiterons notre emploi du terme au sens que lui ont donné les Souriau. En anglais les termes *diegesis* et *diegetic* sont parfois employés (l'adjectif plus souvent que le substantif), mais on leur préfère *story world, in the story world.*

22. Bazin, *Qu'est-ce que le cinéma?,* p. 74.

23. *Ibid.,* p. 55.

24. Bazin, « Orson Welles », p. 60.

25. *Long take* et non *long shot,* pour éviter l'équivoque, car *long shot* désigne un *cadrage* (celui qu'en français on appelle *plan d'ensemble*).

26. Vincent Pinel, *Vocabulaire technique du cinéma,* Nathan, Paris, 1996, p. 310.

27. C'est *mettre au point sur,* et non *focaliser sur,* qui traduit l'anglais *to focus on.* Il en va de même du substantif: l'anglais *focus* se traduit par *mise au point* et non *focalisation.*

28. Bazin, *Qu'est-ce que le cinéma?,* p. 75. ▶▶ La notion de PDC étant parfois mal comprise, deux précisions en particulier s'imposent, ne serait-ce que dans une note: 1°

La PDC dépend de la caméra, en particulier de la distance focale de son objectif [anglais: *lens focal length*] et de la fermeture du diaphragme. À ne pas confondre avec la profondeur *du* champ, c'est-à-dire la distance (apparente) entre la caméra et le plan le plus éloigné, *en dehors de toute considération de netteté ou de mise au point.* Une grande profondeur *du* champ — autrement dit: un champ très profond — peut être filmé avec une faible PDC, auquel cas seuls seront nets les objets situés près du plan de mise au point. Exemple: un personnage dont l'image nette au second plan se découpe sur des montagnes noyées au loin dans le flou. La confusion est assez courante, critiques et analystes même n'étant pas toujours épargnés. Lorsqu'Émile Baron écrit par exemple que « le mouvement de la caméra [...] dévoile la profondeur de champ », c'est de la profondeur *du* champ qu'il doit s'agir. Et quand il affirme que « Christine se déplace ensuite vers la profondeur de champ », sans doute veut-il dire que le personnage... s'éloigne (« Bazin, Renoir et la caméra réaliste: mouvements de caméra et profondeur de champ dans *La Règle du jeu* », *Cadrage* [www.cadrage.net], février-mars 2003). 2° Souvent on parle de la PDC comme d'un paramètre binaire (*présente* ou *absente*), alors qu'il faudrait parler plutôt de *degrés.* La PDC est *plus* ou *moins grande;* il y en a toujours *plus* ou *moins.* Quand un découpage technique [anglais: *shooting script*] indique seulement « PDC » ou « absence de PDC », il s'agit d'une indication elliptique de *grande PDC* ou de *PDC réduite* (la valeur exacte étant déterminée lors de la prise de vues).

29. Bazin, *Qu'est-ce que le cinéma?*, p. 59.

30. *Ibid.*, p. 78.

31. *Collure* et sa traduction *splice* remontent à l'époque pré-virtuelle où le monteur coupait la bande de pellicule au début et à la fin des plans, puis joignait les fragments à l'aide de colle ou de ruban adhésif. Le terme de *collure* désigne soit l'opération soit le point de soudure sur la pellicule.

32. *Plastique:* ici, « qui évoque, suggère les formes de façon esthétique », ou bien « qui est fait de formes et de volumes » (*TLF*). L'expression *raccord plastique,* retenue par Marie-Thérèse Journot dans son *Vocabulaire du cinéma* (Armand Colin, 2004, p. 101), est plus répandue que *raccord formel.* Les deux ont l'inconvénient d'exclure les couleurs, ce qui n'est pas le cas de l'anglais *graphic match.* On voit parfois dans ce sens l'expression *raccord par analogie.* Il faut de toute façon éviter le calque *raccord graphique* (*graphic* et *graphique* étant de faux amis).

33. Dans le cadre de sa louable chasse aux anglicismes, Guy Bertrand, conseiller linguistique de Radio-Canada, écrit que « dans la langue technique du cinéma et de la télévision, le terme anglais *jump cut* se traduit par *raccord syncopé* » (<www .radio-canada.ca/radio/francaismicro>, lien « Lire les capsules »). L'ennui, c'est qu'il ne s'agit d'aucune espèce de raccord, syncopé ou autre, mais d'un *anti-raccord.* Le raccord sert à *cacher* le changement de plan alors que la saute d'image l'*affiche.*

34. Jean-Luc Godard, par exemple, dont le film-manifeste *À bout de souffle* (1960), bourré de sautes d'image, se présente comme une déclaration d'indépendance par rapport au montage en continuité. Voir à ce sujet le CHAPITRE 4.

35. Voir à ce sujet notre étude d'*Amélie* au CHAPITRE 4 (§3. Analyse d'une séquence: le générique).

36. On dit aussi *effets de liaison,* expression à laquelle nous préférons *effets optiques* pour éviter toute confusion avec les raccords, lesquels sont, eux aussi et même davantage, des « effets de liaison ». (Parfois l'usage et la logique font mauvais ménage...)

37. *Lap:* forme tronquée de *overlap,* ce qui indique bien ce dont il s'agit.

38. Une catégorie d'exceptions: certains raccords plastiques qui s'accompagnent d'un fondu enchaîné au cours duquel les éléments formels du plan A se transforment par *morphose* ou *morphage* en éléments du plan B. (Pour traduire *morphing* la Commission générale de terminologie et de néologie [France] recommande *morphose,* alors que l'Office québécois de la langue française préfère *morphage.*)

39. Nous nous sommes basés, tout en la modifiant, sur la traduction d'Armand Panigel (S. M. Eisenstein, *Le Film: sa forme, son sens,* Christian Bourgois, Paris, 1976, p. 40), laquelle nous semble infidèle sur un détail («embryon») et boîteuse dans l'ensemble. La voici: «Par quoi, alors, le plan est-il caractérisé, et, en conséquence, son embryon, le plan? Par le choc. Par le conflit de deux fragments s'opposant l'un à l'autre. Par le choc. Par le conflit.» Panigel semble lui-même avoir traduit (et calqué), non pas le russe, mais une traduction américaine ("By what, then, is montage characterized... ») qui était pendant longtemps la seule version consultable.

40. *Intertitre:* au temps du cinéma muet, texte projeté en plan arrêté pour fournir un renseignement ou transcrire un dialogue. «Inter» parce qu'il était monté *entre* deux plans ordinaires. On dit aussi *carton.*

41. Ici nous traduisons de l'américain: *Film Form: Essays in Film Theory, and The Film Sense,* World Publishing, New York, 1957, p. 57. Il n'existe, à notre connaissance, aucune traduction française de ce passage (bien que l'article dont il fait partie ait été reproduit partiellement dans le volume de Panigel référencé note 39).

42. Dans un article paru en 1925 et traduit sous le titre «Le Montage des attractions au cinéma», Eisenstein publia lui-même le découpage d'une version antérieure de cette séquence. Il diffère considérablement du nôtre, basé sur la version définitive du film. Eisenstein décrit ainsi l'un des plans de la version antérieure: «On ligote avec une corde la tête du taureau à l'établi», ce qui explique la corde. Rien de tel dans le film, où la corde du plan 11 (notre numérotation) reste énigmatique. L'article est reproduit dans Eisenstein, *Au-delà des étoiles: œuvres,* t. I, Union Générale d'Éditions, 1974, trad. Jacques Aumont *et al.,* p. 134 pour la citation.

43. *Ibid.,* p. 26.

44. ⏭ Il ne saurait évidemment y avoir d'échec que par rapport à un but (que l'on s'est) donné. Or Bazin, nous l'avons vu, est catégorique: «Quel que soit le film, son but est de nous donner l'illusion d'assister à des événements réels se déroulant devant nous comme dans la réalité quotidienne.» *Quel que soit le film?* Il serait facile de lui répondre que tous les films n'ont pas le même but et que celui d'Eisenstein n'était certainement pas de «nous donner l'illusion d'assister à des événements réels... ». (Il y aurait beaucoup à dire ici sur la notion de *but* appliquée au film plutôt qu'au cinéaste. Le but d'un film est-il toujours celui du cinéaste? Si non, en quoi pourrait consister la distinction? Mais passons...) N'oublions pas cependant que cette «illusion» n'est pour Bazin qu'un moyen, la fin étant l'immersion diégétique du spectateur, son «adhésion... participation... absorption», etc. Quant à Eisenstein, son but constant, comme il le dit à maintes reprises, est d'«agir sur le spectateur», voire de le «façonner» idéologiquement, et parfois il semble penser que le moyen d'y parvenir est de favoriser chez le spectateur une *participation affective.* C'est par rapport à un tel objectif, si tant est qu'Eisenstein se le soit proposé, que nous parlons d'«échec» à son égard. Nous reviendrons sur ces questions dans l'INTERMÈDE.

45. Gérard Genette, *Figures III,* Éditions du Seuil, Paris, 1972, p. 82.

46. Marcel Carné et Jacques Prévert, « *Le Jour se lève:* découpage après montage définitif, et dialogues in extenso », *L'Avant-Scène Cinéma*, n° 53, 1965, p. 7.

47. Jacques Brunius, « Un des jalons majeurs de l'histoire du cinéma », *ibid.*, p. 6.

48. À la différence de *retour en arrière,* qui fait jeu égal, ou presque, avec le franglais *flashback,* l'antonyme symétrique *saut en avant* est, hélas, peu répandu. A. Gaudreault et F. Jost l'emploient (*Le Récit cinématographique*), et à leur suite quelques autres, mais leur exemple semble jusqu'ici peu suivi. Conformément à la règle selon laquelle il ne faut jamais rater une occasion d'importer en français un mot d'anglais et de le placer là où il pourra faire de l'effet, c'est *flash-forward* que l'on rencontre le plus souvent.

49. Genette, *op. cit.,* p. 82.

50. *Aguiche* fut proposé à l'origine pour traduire l'anglais *teaser* qui se répandait en français: « phase initiale d'une campagne publicitaire se présentant sous forme d'énigme destinée à inciter et à maintenir l'attention du public » (*Journal officiel* du 18.02.1983). Le mot peut servir à désigner plus généralement tout procédé qui attire l'attention et suscite l'intérêt d'un spectateur, d'un lecteur ou d'un acheteur éventuel.

51. À ne pas confondre: le *montage alterné* et le *montage parallèle.* Les deux présentent en alternance deux ou plusieurs actions. Dans le premier cas, il s'agit d'actions simultanées, et dans le second, d'actions entre lesquelles il existe des rapports purement *thématiques* (cas-type: la séquence finale de *La Grève* que nous avons examinée). Le montage parallèle juxtapose pour comparer ou contraster, ce qui n'est pas forcément le cas du montage alterné.

52. C'est à l'Institut de Filmologie que nous devons le terme *écranique* (voir Souriau, *L'Univers filmique,* p. 8). Clair et commode, le néologisme nous semble particulièrement bien conçu (une fois n'est pas coutume): 1° il s'emploie utilement en opposition à *diégétique;* 2° il est plus précis que son concurrent *filmique,* qui comprend bien d'autres choses que *ce qui apparaît à l'écran;* et 3° il permet d'éviter les lourdeurs de l'expression synonyme *de la projection.* Passé de mode en même temps que les travaux de l'Institut, le terme semble connaître aujourd'hui un petit retour auquel nous espérons contribuer en l'employant.

53. Cette phrase du narrateur (« Cinq ans plus tard, Amélie est serveuse dans un café-restaurant de Montmartre, Les Deux Moulins »), mal comprise, a été qualifiée de *gaffe* et inscrite au « bêtisier » du film: « Comment voulez-vous qu'elle soit serveuse aux Deux Moulins cinq ans après avoir été une fillette de sept ou huit ans? » Réponse: Le plan 9:37–9:53 montre Amélie quittant la maison du père. Elle est alors adolescente; le narrateur n'indique pas son âge, disant seulement qu'elle a « l'âge de partir ». C'est cinq ans après *cet événement* que nous la retrouvons serveuse aux Deux Moulins.

54. Nous voulons dire: composés *en apparence* d'un seul plan. Il n'en existe, à notre connaissance, que deux exemples: *The Rope* de Hitchcock (1948) et *Running Time* de Josh Becker (1997). Tous les deux furent tournés en plusieurs plans — nécessairement, vu les limites d'une bobine [anglais: *reel*] — et montés *de façon à donner l'impression d'un seul plan.* Cependant un seul plan, ou l'apparence d'un seul plan, ne garantit pas l'égalité des durées écranique et diégétique. La preuve en est *L'Arche russe* (2002) d'Aleksandr Sokurov, le premier long métrage à avoir été *tourné* en un seul plan (il avait fallu attendre la mise au point des caméras numériques) et dont l'action englobe... trois siècles d'histoire!

55. ►► Nous pensons ici tout particulièrement aux notions de *narrateur* et de *focalisation*. (Celle-ci présuppose celle-là, la *focalisation* étant définie comme un rapport entre ce que dit le narrateur et ce que sait tel personnage.) La question du narrateur filmique est controversée et le restera sans doute: pour y répondre il faudrait d'abord la poser plus clairement. En cela le débat ressemble à bien d'autres qui perdurent grâce au flou terminologique: « Ce qui se conçoit bien... ». Il y a grosso modo deux camps en présence, qui s'opposent sur la nécessité d'assigner à tout film un « narrateur ». Nous guillemetons pour souligner le sens particulier: le « narrateur » en question est distinct du narrateur dont la voix se fait entendre dans certains films (le narrateur au sens courant du terme); distinct également du cinéaste en chair et en os qui a réalisé le film. Il s'agit d'une entité « abstraite, désincarnée, invisible, fondamentale », d'un « méga-narrateur », d'un « Grand Imagier », d'un « montreur d'images », et nous en passons. Le terme d'*instance* revient très souvent ici: le « narrateur », nous explique-t-on, est une « instance narrative » (ou « énonciatrice ») qui prend en charge la narration (ou l'énonciation) du film. Il s'agissait au départ d'une métaphore juridique (*instance:* degré de juridiction, par exemple *tribunal de première instance; perdre un procès en première instance,* et par extension, organisme ayant pouvoir de décision, par exemple *les plus hautes instances internationales*). Malheureusement, en narratologie *instance* est rarement défini, et jamais avec précision, ce qui nous oblige à en deviner le sens à l'aide de synonymes approximatifs qui varient selon l'auteur et le contexte: *autorité*, ou *source*, ou *voix*, ou *foyer*, ou *fonction*, ou... (Conséquence particulièrement saugrenue: presque sans exception on voit le mot traduit en anglais par... *instance!)* Bien que l'on nous mette en garde contre toute personnification de cette abstraction, l'instance narrative est décrite comme « responsable » de la narration du film et peut même « déléguer » sa responsabilité à un « sous-narrateur » (lisez: un narrateur sans guillemets). En effet, la notion semble avoir été conçue d'après le modèle de la fiction juridique appelée *personne morale,* titulaire de droits et d'obligations. Dans le camp (minoritaire) de ceux qui ne marchent pas, David Bordwell qualifie la notion d'« anthropomorphic fiction » et préfère parler tout simplement de *narration,* définie comme un *processus* (« process ») (*Narration in the Fiction Film,* University of Wisconsin Press, Madison, 1985, p. 62). La narration, estime-t-il, explique autant et aussi bien, sans engendrer un être superflu. Il invoque à ce propos, sans le nommer, le « rasoir d'Occam » selon lequel *il ne faut pas multiplier les entités au-delà du nécessaire.* Mais comme d'autres l'avaient fait pour le *narrateur,* il arrive à Bordwell (pp. 57–61) d'anthropomorphiser la *narration,* laquelle, mine de rien, *sait* ou *ignore* bien des choses, peut *avoir des opinions, juger* et même présenter plus ou moins de *conscience de soi* (« self-consciousness »). À quoi servait-il de chasser par la porte un narrateur qui rentre aussitôt par la fenêtre, déguisé en narration? Edward Branigan semble avoir bien compris le véritable enjeu de la question — quel *mot* choisir? — quand il écrit: « For convenience [...] I shall continue to use the terms *narrator* and *activity of narration* interchangeably, provided that it is understood that *narrator* is a metaphor, an anthropomorphism » (*Point of View in the Cinema,* Mouton Publishers, Berlin, 1984, p. 40). Et Seymour Chatman, pour qui tout film suppose un « narrateur », nous laisse rêveurs lorsqu'il résume son désaccord avec Bordwell: « It comes down, as I say, to the difference between *-tion* et *-er* » (*Coming to Terms,* Cornell University Press, Ithaca, 1990, p. 130). Bordwell revisite la controverse en 2008 dans un « Afterword: Narrators, Implied Authors and Other Superfluities » (*Poetics of Cinema*, Routledge, New York),

mais comme rien de nouveau ne semble avoir été versé au dossier dans l'intervalle, il se contente d'en appeler encore au rasoir d'Occam: « By the principle of parsimony, we don't need to build a cinematic narrator into our general theory of narrative » (p. 131). À ceux qui lui reprochent le même anthropomorphisme qu'il avait reproché aux autres — et nous sommes du nombre — , Bordwell répond qu'il s'agit seulement de raccourcis métaphoriques, d'une « façon de parler » (en français dans le texte, p. 131). Étant donné le propos du présent ouvrage, et au stade où en est (et restera sans doute) la discussion chez les spécialistes, il nous semble préférable de n'employer *narrateur* qu'au sens courant du terme.

56. L'usage veut que l'on range parmi les plans subjectifs ceux où la caméra est placée un peu en retrait et à côté du personnage, lequel apparaît *en amorce* (voir la note 10). Dans ce cas ce que nous voyons ne correspond pas *exactement* au champ visuel du personnage, mais la différence est minime. Exemple: *Amélie* 13:14–13:16.

57. Ici une précision s'impose. Le plan subjectif est normalement introduit, comme nous l'avons dit, par un raccord de regard, mais un raccord de regard n'amène pas forcément — et souvent il n'amène pas — un plan subjectif. Les plans d'un champ-contrechamp, par exemple, reliés par des raccords de regard, ne sont pas subjectifs: les interlocuteurs se voient *de face,* mais nous voyons chacun tour à tour *de trois-quarts face.* Les exceptions confirment la règle: le champ-contrechamp à 180° (où chaque interlocuteur regarde la caméra) est rare... et plutôt déroutant. Jean-Luc Godard y recourt de temps en temps (pour dérouter, justement), comme le fait plus souvent (et sans doute pour d'autres raisons) le cinéaste japonais Jasujiro Ozu.

58. ▶▶| On a souvent relevé l'incohérence qui consiste à qualifier le son de *in* ou de *off,* alors que les deux mots s'appliquent à la *source* du son. Laurent Jullier: « On se méfiera des termes usuels: dire qu'un son est "in" est bizarre, puisque c'est sa source fictive qui est "dedans", pas lui. Dire qu'un son est "off" est tout aussi étrange [...]. Mais enfin cet usage est dominant. À éviter, tout de même: le "son hors-champ", non-sens luminocentriste (c'est sa source fictive qui l'est éventuellement, pas lui) » (*L'Analyse de séquences,* Armand Colin, 2004, p. 90). « Luminocentriste » parce que la terminologie privilégie la lumière par rapport au son, en définissant celui-ci en termes de celle-là. Mais pourquoi Jullier conseille-t-il d'éviter *son hors-champ,* illogique certes, comme l'est *son off,* mais enraciné, lui aussi, dans l'usage? *Hors-champ* a en plus le mérite d'être français. Notons à ce propos que le franglais *in* semble être venu de *in the frame,* alors qu'en anglais on dit *onscreen.*

59. « A complete failure, but an educational one », <www.chicagoreader.com>, liens « movies », puis « brief reviews »; saisir « lady lake ».

60. Metz, *Essais sur la signification au cinéma,* t. II, pp. 45–46. ▶▶| Citons également, à la lumière du commentaire de Metz, ces remarques intéressantes de Keith Brown, de l'Edinburgh University Film Society: « In a conventional film the audience typically occupies a privileged, continually shifting point of view: we move back and forth between the characters from action to reaction, with no one on screen ever acknowledging our implicit presence. In *The Lady in the Lake* we see everything through Philip Marlowe's eyes; the only time we see the detective on screen is when he looks in a mirror. It might be thought that this increased subjectivity would increase the spectator's identification with the character [...]. Ironically the device seems to have the opposite effect, increasing distance and emphasising the difference between spectator and character. After all, you can't choose where Mar-

lowe looks, or how he responds to events — this is cinema rather than virtual reality » (<www.eufs.org.uk>, lien « reviews »). Voir à ce sujet « What Makes Film Subjective?: A Case Study of *Lady in the Lake* » dans Edward Branigan, *Narrative Comprehension and Film,* Routledge, London, 1992, pp. 142–146.

61. Les films sont: *Une Femme en Afrique* de Raymond Depardon (1986), *La Femme défendue* de Philippe Harel (1997) et *Thomas est amoureux* de Pierre-Paul Renders (2001). À la décharge de ces trois films, notons que « l'identification intégrale » ne semble pas du tout avoir été le but des réalisateurs. Dans son compte rendu de *La Femme défendue* paru dans *Cinopsis,* Olivier Guéret écrit que « les hommes pourront facilement s'identifier au protagoniste masculin de l'affaire » (www.cinopsis.be), ce qui nous semble douteux (le protagoniste est antipathique) et sans rapport avec la visée de Harel. La caméra subjective ne sert pas toujours à produire une identification du spectateur au personnage. Pour s'en convaincre on n'a qu'à se rappeler le plan de *Silence of the Lambs* où le tueur regarde Clarissa Starling à travers des lunettes de vision nocturne: loin de nous inviter à nous identifier à « Buffalo Bill », le plan renforce notre empathie avec l'héroïne.

62. Voir la note 40 du présent chapitre.

63. ▶▶ *Suspense:* anglicisme critiqué par les puristes mais largement répandu dans l'usage — à la suite, justement, du succès en France des « films à suspense » de Fritz Lang et de Hitchcock — et attesté dans les dictionnaires au sens de « sentiment d'attente angoissée que peut éprouver un lecteur, un spectateur ou un auditeur parvenu à un moment décisif de l'action et tenu en haleine sur le dénouement de celle-ci » (*TLF*). L'on a proposé de le remplacer par *suspens,* ce qui prêterait à confusion puisque ce mot s'emploie le plus souvent dans l'expression *en suspens* où il signifie autre chose (« momentanément interrompu, en attente, en arrêt, dans l'incertitude », etc.). Francis Vanoye *et al.* font une distinction: « Le suspens entretient le désir d'en savoir plus, l'envie que l'histoire se poursuive: "Que va-t-il arriver? Que vont devenir les héros?" [...] Le suspense intensifie l'effet d'attente et le prolonge. Il place généralement le spectateur face à une alternative angoissante: "Le personnage sera-t-il vu ou non, pris ou pas pris, tué ou sauvé?" » (*Le Cinéma,* Nathan, Paris, 2006, p. 154). Nous n'avons pas trouvé d'écho ailleurs de cette distinction.

64. François Truffaut, *Hitchcock,* Simon and Schuster, New York, 1967, p. 52; c'est nous qui traduisons.

65. François Jost, *L'Œil-Caméra: entre film et roman,* 2ᵉ éd., Presses Universitaires de Lyon, 1989, p. 12.

66. « Discours du récit » de Gérard Genette est une étude publiée dans *Figures III,* Éditions du Seuil, Paris, 1972. Pour toutes nos citations ici, p. 206.

67. ▶▶ Quant à sa terminologie, Jost baptise *ocularisation* le point de vue visuel, et *auricularisation* le « point de vue » sonore. « Pour ne pas multiplier les néologismes » (*op. cit.,* p. 22), il retient le terme de *focalisation* pour désigner le point de vue cognitif. Il distingue trois focalisations filmiques, auxquelles correspondent nos trois points de vue cognitifs, mais — chose curieuse — il ne retient pas le qualificatif *zéro* « qui décidément prête trop à confusion » (p. 79). La *focalisation zéro* devient donc *focalisation spectatorielle* (*spectatoriel:* relatif au spectateur, qui appartient au spectateur). La substitution n'est pas très heureuse, pour deux raisons. Primo, étant donné la définition genettienne de *focalisation* (restriction de l'information), le sens de *focalisation zéro* était clair (aucune restriction, donc in-

formation complète, « omniscience »). Secundo, Jost ne semble pas entendre le terme de *focalisation* autrement que Genette; du moins ne dit-il nulle part avoir prêté au mot un sens autre que *restriction de l'information*. Sa formule *focalisation spectatorielle* signifie donc: *restriction de l'information relative (fournie?) au spectateur*, alors qu'il s'agit du type de focalisation *le moins restrictif* de l'information narrative. Voilà qui « décidément prête trop à confusion ». Louable souci que celui d'éviter la prolifération de néologismes au-delà du nécessaire. Ceux de Jost (*ocularisation, auricularisation*) sont, à notre avis, justifiés et bien conçus. Il lui en aurait fallu un troisième...

68. Sources: (a) <www.cinefeuille.org/academisme.htm>, (b) <www.cinefeuille.org/insert.htm>, (c) <www.objectif-cinema.com/analyses/143. php>, (d) <www.cadrage .net/films/rocky.htm>, (e) <www.cadrage.net/dossier/adaptationtv/adaptationtv .html>, (f) <fr.youtube.com/t/studio_ article_03>.

69. *Le cinéma argentique:* filmé par une caméra traditionnelle (sur pellicule), par opposition au numérique. « Argentique » en raison des composés d'argent photosensibles contenus dans l'émulsion étendue sur la pellicule.

70. *200 Mots-clés de la théorie du cinéma*, 2ᵉ éd., Éditions du Cerf, Paris, 1998, p. 119.

71. David Bordwell, *Figures Traced in Light: On Cinematic Staging*, University of California Press, Berkeley, 2005, pp. 33–35.

72. À <www.loupetiart.org/moukoko/le-fabuleux-destin-d-amelie-poulain>.

73. Le film est divisé en chapitres dont le dernier, qui dure quinze minutes, s'intitule « Cléo et Antoine de 18h15 à 18h30 ». Il n'y a donc presque aucune condensation du temps diégétique, les quelques petites ellipses totalisant peut-être une minute. Des trente minutes « manquantes » (par rapport au titre) plusieurs explications ont été proposées, certaines d'un alambiquage invraisemblable, et dont la meilleure est sans doute que *Cléo de 5 à 6h30* eût laissé à désirer comme titre...

74. Marcel Martin, *Le Langage cinématographique*, Éditeurs Français Réunis, Paris, 1977, p. 255.

75. Jean Mitry, *Esthétique et psychologie du cinéma*, t. II, Éditions Universitaires, Paris, 1965, p. 33.

Intermède sous forme de dialogue

1. Leon Battista Alberti, *De Pictura*, Livre I, sections 19 et 13 respectivement: « Principio in superficie pingenda [...] quadrangulum rectorum angulorum inscribo, quod quidem mihi pro aperta finestra est ex qua historia contueatur » et « non secus ac si superficies haec [...] esset admodum vitrea et perlucida ».

2. ▸▸ *L'esthétique de la transparence:* Si *l'idée* est associée à son nom, Bazin lui-même n'employa jamais l'expression, ni même, à ce propos, le mot *transparence*. C'est le critique Michel Mourlet, dans un article retentissant paru en août 1959 aux *Cahiers du cinéma* (« Sur un art ignoré ») qui semble avoir le premier affecté le mot à cet usage. Pour lui comme pour Bazin, « l'art du montage [...] consiste [...] à rendre les coupes effectuées dans la masse informe du réel le plus invisibles qu'on peut. » Cette citation est tirée d'une section de l'article intitulée justement *Le montage transparent* où, élargissant la discussion pour comprendre la technique en général (il y est aussi question par exemple des mouvements d'appareil), Mourlet compare

le mode d'appréhension cinématographique à un regard « classique à l'extrême, c'est-à-dire exact, motivé, équilibré, une *transparence parfaite* à travers quoi l'expression nue trouve sa plus efficace intensité » (*Sur un art ignoré: La mise en scène comme langage*, 3ᵉ éd., Ramsay, coll. « Poche Cinéma », 2008, pp. 48–49); je souligne). C'est dans ce sens que *transparence* s'emploie couramment aujourd'hui en théorie du cinéma. Typiques à cet égard, Jacques Aumont et Michel Marie définissent ainsi la notion, à l'article « transparence » de leur *Dictionnaire théorique et critique du cinéma:* « Une tendance esthétique générale du cinéma, sa tendance réaliste: un cinéma "transparent" au monde représenté, c'est-à-dire un cinéma où le travail signifiant, cadrage, montage, jeu de l'acteur, soit le moins possible perceptible comme tel, et se laisse en quelque sorte oublier au profit d'une illusion de réalité accrue » (Armand Colin, coll. « Cinéma », 2005, p. 210).

3. ►► J'insiste sur la reformulation pour épargner à l'esthétique de la transparence les objections qui ne tarderaient pas à pleuvoir — et qui ont plu — sur une version « naïve » ou « illusionniste ». Je préfère mettre sur le compte d'un *lapsus claviaturæ* la formulation de Jacques Aumont et de Michel Marie qui parlent d'« un cinéma de la "transparence" [...] censé faire oublier le film au profit de la diégèse et de l'histoire » (*Dictionnaire théorique et critique du cinéma*, p. 134). N'oublions pas que la diégèse et l'histoire font partie du film. Il ne s'agit donc pas de faire oublier le film au profit d'autre chose, mais d'en faire oublier certains éléments au profit d'autres. L'encombrante hégémonie du « cinéma de la "transparence" » (ne jamais oublier les guillemets-pincettes) le désigne au feu croisé des théoriciens depuis les années 20. Si l'on tient à l'abattre, que l'on en conteste la version la plus défendable et non un « straw man ».

4. André Berthomieu, *Essai de grammaire cinématographique,* La Nouvelle Édition, Paris, 1946, pp. 55.

5. C'est nous qui traduisons Roeper, en gardant sa tautologie finale. Voici ce que Roeper a dit: « I think sometimes, with some of these films, they make the music a little bit too much of a character so it's like, it's almost like it's cut to the beat of the music so you become too aware of it. And I guess if you are too aware of the music, then maybe it's intruding too much » (*Ebert and Roeper at the Movies,* émission diffusée le 20.04.2007). L'invité fut John (Cougar) Mellencamp, chanteur, musicien, compositeur, acteur et réalisateur (*Falling from Grace,* 1992), qui continua ainsi le dialogue: « I think anytime I know there's music in a movie, then I think it shouldn't be there. It's too much. » Roeper: « Good point. »

6. ►► La notion de *motivation* nous vient des *formalistes russes* (1915–1930). Depuis les années 60, quand leurs écrits furent traduits en français, et le russe *motivacija* rendu par *motivation,* le mot tend à remplacer *justification* (textuelle). Il y eut au sein du groupe, et même dans les écrits de chaque membre, bien du flottement autour de la notion, mais en général ils l'entendaient au sens que nous avons défini. Malgré les connotations anthropomorphisantes du terme, il s'agit le plus souvent, non pas des raisons pour lesquelles *l'auteur* emploie tel procédé à tel endroit d'un texte (film), mais du « prétexte » textuel de tel procédé employé à tel endroit, et « proposé » par le texte (film) lui-même pour éviter la mise à nu du procédé en tant que tel. Boris Tomachevski, considéré comme le théoricien de la motivation, la définit ainsi: « Le système de procédés qui justifie l'introduction de motifs particuliers ou de leurs ensembles s'appelle *motivation* » (« Thématique », dans *Théorie de la littérature,* textes des formalistes russes traduits par Tzvetan Todorov, Édi-

tions du Seuil, coll. « Tel Quel », Paris, 1965, p. 282). C'est encore plus clair dans « La théorie de la "méthode formelle" » de Boris Eikhenbaum, qui parle d'« un art qui n'est pas entièrement motivé ou qui détruit consciemment la motivation *et met la construction à nu...* » (c'est moi qui souligne; *ibid.,* p. 53). On pourrait dire que *la motivation d'un élément sert à en cacher la fonction. N.B.:* Étant donné le thème de cet INTERMÈDE, j'ai mis l'accent sur la *diégétisation* comme outil de motivation: « Q: *Mais comment est-ce qu'on "invisibilise" les [...] techniques?* R: En les diégétisant, principalement... » Principalement mais non exclusivement, car la motivation d'un élément ne consiste pas toujours à le diégétiser. Ce que les formalistes russes appelaient la *motivation réaliste,* par exemple, fait appel à des *normes de vraisemblance.* Ici, l'introduction d'un élément nous semble plausible et crédible parce qu'il se conforme à nos idées sur « le monde comme il va ». N'oublions pas la motivation que Kristin Thompson qualifie de *transtextuelle* et qui fait appel aux conventions héritées d'autres œuvres. Cette motivation peut prendre la relève quand les autres font défaut: « In effect, the work introduces a device that is not motivated within its own terms, but that depends on our recognition of the device from past experience. In film, types of transtextuel motivation most commonly depend on our knowledge of usage within the same genre, our knowledge of the star, or our knowledge of similar conventions in other art forms » (*Breaking the Glass Armor: Neoformalist Film Analysis,* Princeton University Press, Princeton, 1988, p. 18). Pourquoi « accepte »-t-on l'obstacle, souvent si arbitraire, si peu réaliste, qui, dans les comédies sentimentales, s'interpose toujours entre le héros et l'héroïne? Parce que telle est la convention du genre: dans l'univers des comédies sentimentales les jeunes amoureux se comportent d'une certaine façon et leur amour doit être contrecarré. Cette motivation générique d'un élément sert à en cacher la fonction (séparation des protagonistes pour les besoins du récit).

7. Jean Mitry, *Esthétique et psychologie du cinéma,* t. II, Éditions Universitaires, 1965, pp. 32–33.

8. ▶▶ *Illusion...* Nous abordons ici un chapitre invraisemblable — à dire le vrai, *cocasse* — de la théorie du cinéma: l'objection selon laquelle la représentation réaliste en général et la transparence stylistique en particulier sont *illusionnistes* (terme employé souvent par Brecht), *trompent* le spectateur, font de lui une *dupe,* etc. De cette « évidence » sont tirées des conclusions sur les effets néfastes — le plus souvent, *idéologiquement* néfastes — de la transparence, laquelle doit donc être rejetée. Nous sommes ici en présence d'un bel exemple de *pseudo-truisme.* C'est ainsi que je traduis le néologisme *untruism* de Jonathan Barnes et Richard Robinson. Il s'agit d'une phrase ambiguë (appelons-la PA) où se confondent deux propositions distinctes dont l'une (TI) est un truisme, inintéressant parce qu'incontestable, et dont l'autre (HD, pour *hypothèse douteuse*) est plus intéressante parce que moins banale, mais fausse ou douteuse (« an ambiguous sentence which taken in one sense states a dull truism — an analytical or a platitudinous truth — and taken in another sense makes a statement that is interesting but either certainly or probably false » [« Untruisms », *Metaphilosophy,* vol. 3, n° 6, juillet 1972, p. 189]). Or, de deux choses l'une: ou bien l'objecteur en question prétend que le spectateur croit à la réalité des images vues à l'écran, lesquelles l'induisent donc en *erreur* (HD); ou bien l'objecteur emploie ses mots dans un autre sens (figuré, atténué, élargi, etc.), pour dire, par exemple, que les images sont réalistes, donnent une forte impression de réalité, etc. (TI). La proposition HD est en effet très intéressante: si elle était vraie, les répercussions seraient énormes. L'ennui, c'est que

personne ne la croit. (Une légende tenace veut qu'en 1896 la projection d'un des premiers films, *L'Arrivée d'un train en gare de La Ciotat,* ait semé la panique dans la salle. À la vue du train fonçant sur eux, quelques spectateurs se seraient même enfuis à toutes jambes. La vérité est sans doute en deçà de la légende. De toute façon, aujourd'hui, un siècle plus tard — à vrai dire, depuis quelque temps déjà — nous savons ce que c'est qu'un film.) La proposition TI — dans la plupart de ses versions, et s'agissant d'un film au style transparent, de ceux, justement, auxquels on reproche leur « réalisme » — est certainement vraie, si évidemment vraie en effet que personne ne songerait à la nier. L'ennui, cette fois, c'est qu'elle est dépourvue d'intérêt, et rien d'intéressant ne peut en être tiré. L'*utilité* du pseudo-truisme réside précisément dans son ambiguïté. On énonce PA, mais sans excès de précision; c'est alors à TI que l'on apporte des preuves (rien de plus facile) et de HD que l'on tire des conclusions (fracassantes). Dans cette optique, on lira avec profit les analyses de l'objection brechtienne menées avec une rigueur imparable par Noël Carrol, *Mystifying Movies: Fads and Fallacies in Contemporary Film Theory,* Columbia University Press, New York, 1988, pp. 90–106 (section intitulée « Illusionism »), et par Gregory Currie, « Film, Reality and Illusion » dans *Post-Theory: Reconstructing Film Studies,* sous la direction de David Bordwell et Noël Carrol, University of Wisconsin Press, Madison, 1996, pp. 325–344. Les arguments de Carrol et de Currie ont en commun une *reductio ad absurdum* qui consiste à *prendre au mot* ceux qui reprochent au film classique son « illusionnisme » et à en tirer les conséquences. (Il fallait d'abord feindre de croire que le reproche puisse être avancé sérieusement, ce qu'ils font avec un sérieux qui force l'admiration). Currie: « Now film watchers do not behave like people who really believe, or even suspect, that they are in the presence of ax murderers, world-destroying monsters or nuclear explosions, which is what the films they see frequently represent » (p. 331). Carrol: « No one thinks that downtown Tokyo is in the screening room during *Mothra*-let alone Mothra in person. How could they be? » (p. 96). Que l'on réponde alors: « Mais il ne fallait pas prendre cela au pied de la lettre! », et nous revoilà devant la proposition TI, dans l'une de ses versions anodines. Le livre de Carrol et l'article de Currie illustrent un genre relativement nouveau, où se rencontrent la philosophie analytique et la théorie du cinéma, au grand dam — et en même temps au profit — de la théorie.

9. Roland Barthes, *L'Obvie et l'obtus: essais critiques III,* Éditions du Seuil, coll. « Tel Quel », Paris, 1982, p. 282.

10. *Amélie* sera l'un de nos « deux films à l'épreuve » au CHAPITRE 4.

11. On pourrait y ajouter le dessin animé, dont les stars n'hésitent pas à nous parler (« That's all folks! »).

12. Noël Burch, *La Lucarne de l'infini: naissance du langage cinématographique,* Nathan, coll. « Cinéma et image », Paris, 1991, pp. 207–208.

13. ▶▶ Gérard Genette, *Figures III,* Éditions du Seuil, coll. « Poétique », Paris, 1972, pp. 243–245; c'est moi qui souligne. Voir aussi Genette, *Métalepse: de la figure à la fiction,* Éditions du Seuil, coll. « Poétique », Paris, 2004. L'acception genettienne du terme dérive de « la figure narrative que les classiques appelaient la *métalepse de l'auteur,* et qui consiste à feindre que le poète "opère lui-même les effets qu'il chante" [Fontanier, *Commentaire des tropes*], comme [...] lorsque Diderot [...] écrit dans *Jacques le fataliste:* "Qu'est-ce qui m'empêcherait de marier le Maître et de le faire cocu?", ou bien, s'adressant au lecteur, "Si cela vous fait plaisir, remettons la paysanne en croupe derrière son conducteur, laissons-les aller et revenons à nos

deux voyageurs" » (p. 244). Qu'il s'agisse d'une métalepse au sens genettien du teme, aucun doute: il y a bien intrusion de l'extradiégétique (l'auteur) dans l'univers diégétique (l'histoire). Mais contrairement à ce qu'affirme Genette, Diderot ne feint pas ici d'opérer les effets qu'il raconte. *Il cesse de feindre qu'il ne les opère pas.* Il refuse (ici) de jouer le jeu qui consiste à feindre de croire en la séparation des deux univers. De là, précisément, la métalepse.

14. Laurent Jullier, *L'Analyse de séquences,* Armand Colin, 2004, p. 41.

15. C'est encore plus vrai du « postmoderne », qui n'accède même pas au statut de courant. Disons: une *tendance* difficilement cernable qui combine des éléments du classique et du moderne.

16. ▶▶ Le style classique, écrit Robert Kolker, « was and is the dominant style the world over. [...] For better or for worse, the classical style has survived, and absorbed, all of the responses to it. Everything else stands, finally, in dialectical relationship to it ». Pour Kolker, comme pour moi, « the classical Hollywood style [...] asks that form be rendered invisible; that the viewer see only the presence of actors in an unfolding story » (« The Film Text and Film Form », dans *The Oxford Guide to Film Studies,* sous la direction de John Hill et Pamela Church Gibson, Oxford University Press, Oxford, 1998, pp. 11–23; pp. 21, 22 et 18 pour nos citations). Loin de moi cependant de laisser entendre que la transparence soit l'*alpha* et l'*omega* du style classique. Elle en constitue l'un des piliers, mais il en faut au moins trois autres pour soutenir l'édifice: (1) une structure qui subordonne le style à la narration, l'impératif fondamental étant de *raconter une histoire;* (2) un récit linéaire à causalité rigoureuse, sans vides narratifs et dont la trame événementielle présente complétude et clôture; (3) des protagonistes à caractère bien défini, à motivation claire. Dans le système classique, ces trois principes entretiennent d'étroits rapports entre eux et avec la transparence.

17. Marc Cerisuelo, *Hollywood à l'écran,* Presses de la Sorbonne Nouvelle, coll. « L'Œil vivant », Paris, 2000, p. 83.

18. Même prolifération terminologique en anglais: *reflexive, self-reflexive, self-reflective, self-referential, auto-referential, self-conscious...,* et même cortège de flottements sémantiques.

19. ▶▶ L'expression *mise à nu du procédé* est associée aux formalistes russes (voir la note 6) et en particulier au nom de Victor Chklovski, qui l'employa pour la première fois en 1921 dans son étude sur « Le Roman parodique: *Tristram Shandy* de Sterne », traduite du russe et reproduite dans Chklovski, *Sur la théorie de la prose,* Édition L'Âge d'Homme, Lausanne, 1973. Le roman de Sterne se caractérise, écrit Chklovski, « par la mise à nu du procédé », définie ainsi: « Aucun prétexte n'est donné à la forme littéraire, qui apparaît franchement en tant que telle » (p. 211). Par *prétexte* Chklovski entend *motivation,* au sens expliqué plus haut.

20. ▶▶ *Distanciation:* Le *Dictionnaire Robert* situe en 1959 la première attestation du mot en français, « pour trad. l'all. *Verfremdungs* de Brecht ». En 1960, peu avant l'apogée de la mode brechtienne en France, le mot était considéré comme un néologisme. Dans un numéro des *Cahiers du cinéma* consacré à Brecht en décembre 1960, Bernard Dort écrit: « Brecht est à la mode. Brecht et le brechtisme. [...] Il n'est pas jusqu'au néologisme de *distanciation,* si moqué et si combattu autrefois, qui n'ait droit de cité [...]. L'expression de *Verfremdung* n'a guère de traduction française satisfaisante: les mots de *distanciation, distancement, éloignement* ou *estrangement* n'en rendent qu'imparfaitement le sens » (« Pour une critique brech-

tienne du cinéma », vol. 19, n° 114, pp. 33–34). Et dans le même numéro Louis Marcorelles écrit : « Ce barbarisme, qu'on aurait pu plus judicieusement traduire par *distancement,* ou mieux, *effet d'éloignement,* est supposé restituer dans notre langue le sens de l'allemand *Verfremdung.* Il n'est pas besoin d'être diplômé en philologie pour reconnaître dans ce mot un dérivé de *Fremd,* "étranger", étranger au sens camusien de personne étrangère à une communauté, à une forme de pensée, à une attitude morale. Le composé en *-ung,* avec le préfixe négatif *Ver-,* définit l'acte par lequel on se rend radicalement "étranger" à un être ou un objet donnés" » (« D'un art moderne », p. 46). Selon le *TLF,* « le mot ne semble pas encore entré dans la langue courante, les auteurs le mettant presque toujours entre guillemets ». Certes, mais le registre de la « langue courante » n'est évidemment pas ici le nôtre. Le *Robert* le définit ainsi : « THÉÂTRE Attitude du spectateur prenant ses distances avec l'action dramatique. FIG. Recul pris par rapport à qqn, qqch ». À noter aussi : le verbe *(se) distancier* (à ne pas confondre avec *distancer*). Brecht veut amener le spectateur à *se distancier* des personnages.

21. Brecht, *Écrits sur le théâtre,* t. I, L'Arche, Paris, 1972, p. 330.

22. *Ibid.,* p. 331.

23. ▸▎ L'*idée* du quatrième mur fut formulée par Diderot en 1758 dans son conseil aux acteurs : « Imaginez, sur le bord du théâtre, un grand mur qui vous sépare du parterre ; jouez comme si la toile ne se levait pas » (*De la poésie dramatique*). Le quatrième mur comme *protocole théâtral* date du théâtre réaliste de la fin du XIXe siècle. L'expression, dont l'origine n'est pas connue avec certitude, s'emploie souvent dans un sens plus large pour désigner la frontière entre les univers diégétique et extradiégétique, qu'il s'agisse de théâtre, de cinéma, de télévision, de récits, de jeux vidéo ou de catch. Dans ce sens élargi le quatrième mur est vulnérable à toute la gamme des métalepses, et plus ou moins atteint selon la nature de la « transgression ». Un simple clin d'œil à la caméra pourrait provoquer une petite fissure dans le mur, alors qu'un personnage nous adressant la parole y ferait un trou. Lorsqu'un personnage parle du film dans lequel il est en train de jouer (comme il arrive souvent dans les films de Monty Python, par exemple), le mur est démoli. Il faudrait réserver une place à part pour *Blazing Saddles* (Mel Brooks, 1974), un film qui s'acharne à pulvériser une quatrième murette qu'il a oublié d'ériger.

24. Allusion au mythe grec d'Iphigénie, dont se sont inspirées plusieurs pièces et opéras. Mais peu importe ici l'allusion à cette ville portuaire : l'Aulide représente n'importe quel lieu mythique ou féerique — à vrai dire, n'importe quel lieu autre que celui où se joue la pièce.

25. Brecht, *Écrits sur le théâtre,* t. I, p. 82.

26. *Ibid.,* t. II, p. 415.

27. *Ibid.,* t. I, p. 437.

28. *Ibid.,* pp. 333, 335, 339.

29. *Tout va bien* fera l'objet d'un GROS PLAN au CHAPITRE 3.

30. *Clap* (synonyme un peu vieilli : *claquette;* anglais : *clapboard, clapper*) : « Planchette en bois munie d'un bras articulé présentée à la caméra avant le tournage d'un plan [...] pour faciliter son identification » (Vincent Pinel, *Vocabulaire technique du cinéma,* Nathan, coll. « réf. », Paris, 1996, p. 75.) Les annonces orales comprennent le titre du film, le numéro du plan et de la prise : « *Tout va bien,* vingt-et-un, cinquième ».

31. ▸▸▎ Dans *Tout va bien* Jacques (Yves Montand) dit : « Je commence à comprendre

seulement maintenant certains trucs que Brecht avait mis en évidence il y a plus de quarante ans. Vous avez lu la préface qu'il a écrite pour *Mahagonny?* C'est fantastique, non? » Dans la préface en question Brecht prône pour l'opéra « une séparation radicale des éléments » (musique, paroles et décor, *Écrits sur le théâtre,* t. II, p. 329) en vue de fracturer l'unité de l'œuvre et de distancier le spectateur. (En 1930, quand parut la préface, Brecht n'avait pas encore créé le terme traduit par *distanciation* [voir la note 20], mais il s'agit bien de cela.) Ici Godard, par l'entremise d'un porte-parole, nous fournit obligeamment une clé du film: à plusieurs reprises, ce que nous voyons à l'écran ne correspond pas à ce que nous entendons. Séparation des éléments...

Chapitre 2. Films de genre, films d'auteur

1. On comparera avec profit la liste d'AlloCiné à celles, par exemple, de Télérama (tel erama.fr) et de Cinéfil (cinefil.com). Ces deux sites, comme celui d'AlloCiné, permettent des recherches par genres.

2. *Film d'animation* désigne tout film fabriqué sans prises de vue en temps réel. La catégorie comprend le dessin animé, le film en volume animé (poupées, marionnettes, pâte à modeler) et le film en images de synthèse.

3. « Le film de cape et d'épée » dans Michel Serceau (dir.), *Panorama des genres au cinéma, CinémAction,* n° 68, juillet-septembre 1993, p. 155.

4. Nous reprenons ici pour l'essentiel la définition proposée par Vincent Pinel: « La structure du genre repose sur trois éléments: un protagoniste auquel on s'identifie (le héros), un dépaysement géographique ou historique (l'évasion), un trajet parsemé d'embûches qui relève parfois du parcours initiatique (l'action) » (*Genres et mouvements au cinéma,* Larousse, Paris, 2006, p. 34).

5. C'est par *comédie loufoque* que se traduit le plus souvent *screwball comedy.* Voir à ce sujet (*DE LA* ROMANTIC COMEDY *À LA « COMÉDIE ROMANTIQUE »: HISTOIRE D'UN CALQUE.* Pinel préfère *comédie excentrique (ibid.,* p. 55).

6. C'est par *film routard* que l'Office québécois de la langue française propose de traduire *road movie.* Jusqu'ici la recommandation a été, hélas, peu suivie.

7. Barry Keith Grant, *Film Genre: From Iconography to Ideology,* Wallflower Press, London, 2007, p. 14; c'est nous qui traduisons.

8. C'est à John Hospers que nous empruntons cet usage du terme, qui a le même sens en français qu'en anglais: « Among a definite set of characteristics, *no one* characteristic has to be present as long as all or even some of the others are present. This might well be called the *quorum feature of language.* A quorum of senators must be present before the senate is officially in session, but no particular senator has to be there; there isn't one senator that cannot be dispensed with, as long as a minimum number of other senators is there. This is the quorum requirement. » Hélas, le « quorum » générique est plus compliqué que celui du Sénat car, comme nous le fait remarquer Hospers, « what constitutes a quorum varies from one group to another, *and from one word to another* » (*Introduction to Philosophical Analysis,* 4e éd., Prentice-Hall, Englewood Cliffs, 1996, p. 71; c'est nous qui soulignons les derniers mots cités). À titre d'information, « *quorum:* (droit) nombre minimum de

membres qui doivent être présents pour qu'une assemblée puisse valablement prendre une décision. Ex. *le quorum n'a pas été atteint* » (fr.encarta.msn.com).

9. Ludwig Wittgenstein, *Investigations philosophiques*, §66–71, dans *Tractatus logico-philosophicus, suivi de Investigations philosophiques*, traduction de Pierre Klossowski, Gallimard, 1961, pp. 147–151.

10. *Meet cute* (substantif et verbe, écrit parfois avec trait d'union): expression employée par les scénaristes pour désigner la rencontre fortuite des deux futurs amoureux de laquelle doit jaillir l'étincelle d'une attraction mutuelle (souvent dissimulée sous une hostilité feinte). Les circonstances, lit-on à <tvtropes.org>, « are none of the typical ways couples meet. There's something cutesy about it. [...] There is no clear-cut definition of what constitutes meeting cute. One criterion is that it's not any way you or anyone you've ever known has met a significant other. A crucial indicator is that it makes you roll your eyes and wonder if there's a viewer alive who doesn't see where this is going. Meeting Cute is the #1 dead giveaway [...] that these two will be a couple ».

11. Soulignons l'adverbe *ici*. Les deux mots ne sont évidemment pas de faux amis lorsqu'il s'agit de qualifier les mouvements artistiques, littéraires et musicaux en Europe aux XVIIIe et XIXe siècles.

12. ❥ *Romance* (mot français) désignait autrefois (XVIIIe et XIXe siècles) un petit poème simple, d'inspiration populaire, sur un sujet attendrissant, ou bien l'air sur lequel un tel poème était chanté. Aujourd'hui le mot signifie *chanson sentimentale*, souvent avec une nuance péjorative. L'anglais *romance* se traduira, selon le contexte, par *idylle* ou *amourette* (« just a summer romance »), *charme, magie* ou *mystère* (« the romance of the night »), *à l'eau de rose* (« a romance novel »), *liaison amoureuse* (« their friendship blossomed into romance »), *amour* (« in search of romance »), et dans notre domaine, *drame sentimental* (« a romance [movie] »). Écoutons à ce propos — et imitons — Vincent Pinel: « Le *drame sentimental,* que les Américains appellent *romance,* combine les éléments de l'amour impossible ou entravé et le sens du destin propres à émouvoir le spectateur » (*op. cit.,* p. 88). Sachons gré à Pinel d'avoir employé l'expression française (il écrivait en français...). Bien d'autres, sous l'ahurissant prétexte qu'« une langue doit évoluer », cèdent pour faire chic à la facilité du calque, ce qui est de mauvais augure pour *romance* et *romantique,* en plein glissement sémantique sous l'influence de l'anglais. (Suivront-ils en cela *opportunité, ignorer, alternative, réaliser, supporter...?*) En témoignent ces deux bribes cueillies au hasard de la lecture et de l'écoute (il s'agit du nouveau couple Nicolas Sarkozy-Carla Bruni): « Moi, j'avais entendu parler d'un voyage à Rome. Je pensais que c'était un voyage romantique. Il est possible que ce soit un voyage plus public et politique » (Colombe Pringle, directrice de la rédaction de *Point de vue,* sur France Inter, journal de 13h00 du 17.12.07); « Signe que cette romance est sérieuse, Nicolas Sarkozy retire finalement son alliance mardi dernier » (« Sarkozy ne se cache pas mais ne s'affiche pas », article signé Charles Jaigu et Bruno Jeudy, paru dans *Le Figaro* du 18.12.07).

13. *L'Express* du 20.11.2007, à propos de *Ce soir je dors chez toi,* une « comédie romantique » française ratée, selon Carrière: « On reste à quai jusqu'à la fin ».

14. Jean-Luc Douin, « *Ma vie n'est pas une comédie romantique:* jeu de clichés amoureux », *Le Monde* du 18.12.2007. Quelques mois plus tard la marée n'a cessé de déferler: « Nouvelle tocade du cinéma français, la comédie romantique américaine a exporté ses codes dans une véritable moisson de films au cours des quatre

derniers mois. [...] Dernier en date, *Modern Love...*» (Isabelle Regnier, «*Modern Love:* une nouvelle comédie romantique française», *Le Monde* du 11.03.2008).

15. Remarquons au passage un phénomène analogue dans le domaine télévisuel où les appellations américaines s'enracinent en même temps que les genres importés: *sitcom, talk-show, reality show...*

16. ▶▶ *Cult film... film culte:* Le sens de l'expression s'est quelque peu... «occulté» lors du passage de l'anglais au franglais. L'anglais *cult film* désigne un film autour duquel s'est créé un noyau de fanatiques. Soulignons deux choses dans cette définition: 1° les fanatiques forment un *noyau*, c'est-à-dire un petit groupe, et 2° il ne s'agit pas forcément d'*admirateurs. Fanatique* est à prendre ici au sens suivant: «[par hyperbole] personne qui éprouve à l'égard de quelqu'un ou de quelque chose un goût, un intérêt ou une admiration passionnée, parfois excessive» (*TLF*). Les membres du noyau éprouvent *toujours* un goût, un intérêt à l'égard du film, et *parfois* en outre de l'admiration, lorsqu'il s'agit d'un film de qualité. Mais souvent le film est un «gros nanar» reconnu comme tel par ses fanatiques qui s'amusent à s'en moquer. À ces deux conditions clés s'ajoutent deux autres, souvent remplies sans pourtant être indispensables: 3° le film a rencontré peu de succès lors de sa sortie, et 4° il est, d'une façon ou d'une autre, «décalé» par rapport à la production courante. Formée par analogie avec le fanatisme des membres, toujours peu nombreux, d'un *cult* religieux (en français: *une secte*), l'expression *cult film* circulait déjà aux États-Unis dans les années 70; c'est le livre *Cult Movies* de Danny Peary qui en fit la fortune en 1981. L'expression ne tarda pas à traverser l'Atlantique, mais le contrôle à l'entrée étant un peu relâché, on se contenta, comme d'habitude, du calque pur et simple: les mots furent intervertis et *cult* fut «francisé» en *culte*. L'ennui, c'est que l'un ne traduit pas l'autre, *culte* signifiant dans ce contexte: «vénération ou admiration vouée à quelque chose ou à quelqu'un» (*TLF*). Par conséquent, quand le «film culte» fit son apparition en France comme sujet de discussion, il y eut tout de suite maldonne. Comme s'était perdue la notion de *public restreint* («noyau»), il ne s'agissait plus d'un *film d'initiés* mais plutôt d'un *film admiré, préféré, aimé,* soit généralement, soit par nous, vous, moi. De là, aujourd'hui, ces innombrables palmarès des sites cinéphiles: «Nos films cultes» (au sens de: *Nos films préférés*), ces enquêtes: «Quels sont vos films cultes?» (c'est-à-dire: *Quels films préférez-vous?*), ces tentatives de définition dont voici quelques-unes trouvées au hasard d'une cueillette en ligne: «Pour moi, un film culte est un film qui a marqué toute une génération, comme *Les Bronzés* ou *Le Grand Bleu*... qui a révolutionné un genre, y a apporté du nouveau, comme *2001, odyssée de l'espace*... qui traverse les années sans perdre sa force, comme les films de Chaplin... qui nous émeut, nous touche par son histoire, sa mise en scène, ses couleurs, ses musiques». Et ceci, d'un universitaire: «Il s'agit tout simplement de spectacles cinématographiques qui ont été considérés comme des événements dans l'histoire du cinéma» (Gilles Visy, *Films cultes, culte du film*, Éditions Publibook, 2004, p. 12; en ligne à <*www.publibook.com/boutique2006/detailu-2271–42–25–1-PB.html*>). L'expression s'emploie, on le voit, parfois comme synonyme de *film classique, majeur, important,* etc., et parfois au sens de: *aimé*. «Bon, d'accord, dira-t-on, *film culte* n'est pas l'équivalent de l'anglais *cult film*. Et alors? Pourvu qu'on le sache et que l'on se comprenne, le mal n'est pas grand.» C'est bien là le hic! Pour se faire une idée de la confusion qui règne en la matière, on n'a qu'à googler «qu'est-ce qu'un film culte». D'où vient le brouillamini? C'est que les *exemples* furent importés en même temps que l'expression. Dans ce corpus des *cult films* constitué largement

par Peary figuraient, par exemple, *Plan 9 from Outer Space* (1959), *The Conqueror Worm* (1968) et *Eraserhead* (1977). Dès lors se posait le problème de concilier la (nouvelle) définition avec les films auxquels elle était censée s'appliquer. Il paraît difficile en effet de faire passer *The Rocky Horror Picture Show* (1975) pour un classique, un film marquant, « un événement dans l'histoire du cinéma ». Intéressantes à ce propos, et d'une cocasserie involontaire: les « critiques spectateurs » de ce dernier film au site d'AlloCiné: « Pffff... Que dire? Un film culte... Qu'est ce qu'un film culte? Un film inoubliable, atemporel, pouvant toucher tous les publics? Navré pour les inconditionnels des comédies musicales mais on est loin de ma vision du culte avec *Rocky Horror*. [...] Arrêtons d'essayer de chercher l'intérêt d'un film qui n'en a pas vraiment et arrêtons d'encenser tous ces films qu'on dit "cultes". [...] Désastre cinématographique! Si quelqu'un vous propose d'aller voir ce film, prétextant un film culte, n'y allez surtout pas! C'est que lui-même c'est *[sic]* déjà fait piégé *[sic]* par quelqu'un d'autre ». Mais non, c'est par les mots qu'il s'est fait piéger.

17. Voici la définition de Grant: « Put simply, genre movies are those commercial feature films which, through repetition and variation, tell familiar stories with familiar characters in familiar situations », *op. cit.*, p. 1. La mention des « familiar situations », omise dans notre traduction, n'ajoute rien à la définition, les notions de *cadre* (temps et lieu) et de *scène conventionnelle* étant comprises dans celle d'*histoire*.

18. H.-R. Jauss, *Pour une esthétique de la réception*, traduit de l'allemand par Claude Maillard, Gallimard, coll. « Tel », Paris, 2001; voir surtout pp. 49–80.

19. *Film d'art* désigne d'abord les films de la société Le Film d'Art créée en 1908, et par extension, les films du même genre produits par les sociétés concurrentes et imitatrices jusqu'à l'arrivée du cinéma parlant. Ces « films d'art », appelés aussi *films littéraires* et *films esthétiques*, connurent une mini-vogue jusqu'en 1914; ils se distinguaient de la production courante en ciblant un public plus cultivé (voir le Chapitre 3, §3). Aujourd'hui le terme s'emploie de temps en temps au sens de l'anglais *art film*, ainsi qu'au sens de *film sur l'art*.

20. ▶▶ Pour faire court (et un peu schématique), en anglais le *genre film* s'oppose à l'*art film*, et en français, le *film de genre* au *film d'auteur*. Cela dit, ce qu'en anglais on appelle *art film* ne correspond pas exactement au *film d'auteur*. Selon David Bordwell, l'*art film*, se situant essentiellement par opposition au récit classique (défini dans l'Intermède, note 16), se caractérise en particulier par: 1° le réalisme psychologique (complexité des personnages); 2° l'expressivité du réalisateur-auteur (motifs récurrents, procédés diégétiquement immotivés); 3° l'ambiguïté narrative et thématique. (« The Art Cinema as a Mode of Film Practice », dans Bordwell, *Poetics of Cinema*, Routledge, New York, 2008, pp. 151–158). Aux trois traits cités par Bordwell ajoutons: 4° une tonalité globalement grave ou sombre; 5° l'absence (ou peu) de musique extradiégétique; 6° une DMP (durée moyenne des plans) très supérieure à celle de la production courante. Exemples-types: *Hiroshima mon amour* et *Muriel* de Resnais (1959 et 1963), *L'Avventura* et *Le Désert rouge* d'Antonioni (1960 et 1964), *Le Septième Seau* et *Les Fraises sauvages* de Bergman (1957). Ces films présentent un « air de famille » tout comme les genres auxquels on les oppose communément. S'agirait-il d'un genre parmi d'autres? Sans aller jusque là, Bordwell parle à leur propos d'*un mode filmique distinct*. Andrew Tudor estime qu'en vertu des conventions qu'ils ont en commun ces films constituent un genre

à part entière, de même, par exemple, que les westerns, et au même sens du mot *genre* («Genre», dans B. K. Grant [dir.], *Film Genre Reader III*, University of Texas Press, Austin, 2003, pp. 3–11). Quoi qu'il en soit, cette... catégorie, telle que Bordwell la théorise et telle qu'on la conçoit ordinairement, est une *sous-catégorie* du film d'auteur.

21. Sur les termes *réalisateur* et *metteur en scène* voir (*TROIS MOTS POUR LE DIRE:* RÉA-LISATEUR, METTEUR EN SCÈNE, CINÉASTE dans L'APPENDICE A: *LES MÉTIERS DU CINÉMA*.

22. Sur le scénario, le découpage technique et le mixage voir L'APPENDICE A: *LES MÉTIERS DU CINÉMA*.

23. Entretien de 1962, reproduit dans Anne Gillain (dir.), *Le Cinéma selon François Truffaut*, Flammarion, Paris, 1988, pp. 71–72.

24. «Où est la crise? Table ronde sur le cinéma français», *Cahiers du cinéma*, novembre 1979, reproduit dans Antoine de Baecque (dir.), *Vive le cinéma français!*, Cahiers du cinéma, coll. «Petite anthologie des *Cahiers du cinéma*», 2001, p. 131.

25. Entretien avec Xavier Beauvois dans Michel Marie (dir.), *Le Jeune Cinéma français*, Nathan, Paris, 1998, pp. 91, 93. ▶▶ Cette position remonte bien plus loin que 1979 (Daney) et 1998 (Beauvois), dates de nos deux citations ici. Sans que la notion d'auteur soit au centre du débat, ce point de vue faisait déjà l'objet d'un consensus parmi nombre des impressionnistes des années 1920 (voir LE CHAPITRE 3, §4.2). À la question: «Êtes-vous de ceux qui préconisent la nécessité pour un metteur en scène d'être scénariste?» Germaine Dulac répond en 1923: «Je crois que l'œuvre cinégraphique doit éclore [...] de la vision d'un seul être qui ne peut s'exprimer qu'en cinéma. Le metteur en scène doit être scénariste ou le scénariste metteur en scène. Le cinéma, comme toute œuvre d'art, vient d'une émotion sensible. Cette émotion, pour valoir quelque chose et "porter", ne doit venir que d'une seule source» («Entretien de Germaine Dulac avec Paul Desclaux», reproduit dans Dulac, *Écrits sur le cinéma [1919–1937]*, Éditions Paris Expérimental, coll. «Classiques de l'Avant-Garde», Paris, 1994, p. 28).

26. ▶▶ «L'idée du réalisateur comme auteur (principal) s'est enracinée tout en se diluant, et aujourd'hui elle fait partie intégrante du paysage cinématographique français»: À quoi il faudrait ajouter: ... *sans y exercer un monopole*. Sur les rôles respectifs du réalisateur et du scénariste la discussion — et la polémique — se poursuivent, dans la profession comme dans les revues. Dans les journaux aussi, comme en témoigne un petit échange récent. Dans sa critique de *Charlie Wilson's War* (Mike Nichols, 2007), parue dans *Le Figaro* du 11.01.2008, Marie-Noëlle Tranchant qualifie le film de «brillant et subtil», réussite qu'elle semble mettre au compte de Nichols à qui elle attribue les dialogues, lesquels sont, comme le scénario, d'Aaron Sorkin (qu'elle ne mentionne pas). Dans les réactions des lecteurs «Paul Austère» écrit: «Pouvez-vous simplement préciser que le scénario de ce film est signé Aaron Sorkin, génie télévisuel auteur de *The West Wing*, et donc, que si ce film est aussi bon, c'est peut-être parce que le scénario est bien ciselé et que les dialogues fusent, tout ceci n'étant pas à mettre au crédit de Mike Nichols (ou simplement en partie)». Et «iwo» de lui faire écho: «Bravo pour la précision. Tout à fait d'accord avec Paul Austère! [...] La malédiction du cinéma français, c'est la notion d'auteur. Le moindre étudiant en cinéma se prend pour Fellini...»

27. David Ansen, «Mel's Jungle Boogie», *Newsweek* du 11.12.2006, p. 99.

28. ▶▶ La Politique des Auteurs (PDA) ne fit jamais l'objet d'une présentation systématique, ni même d'une présentation d'aucune sorte par ceux qui la pratiquaient

dans les années 50 et 60. De là, depuis lors, les nombreuses tentatives d'explication ou de clarification dont les résultats sont aussi contradictoires que l'était la pratique des auteuristes eux-mêmes. Hasarder une définition de la PDA — même approximative, comme l'est certainement la nôtre — c'est risquer de la fausser en y apportant une cohérence et une rigueur qu'elle n'eut jamais.

29. ▸▸ *Mise en scène:* Au sens large du terme, *mise en scène* désigne le travail du réalisateur (ou metteur en scène) pendant le tournage, ou le résultat de son travail. Synonyme (partiel): *réalisation.* La notion comprend tout ce qui se passe « derrière la caméra », autrement dit la photographie (cadrages, angles de prises de vues, mouvements d'appareil), ainsi que tout ce qui se trouve devant la caméra (jeu des acteurs, costumes, décors, éclairage, etc.). Pour les auteuristes des *Cahiers,* la mise en scène représente la traduction en images et en sons des mots du scénario, traduction qui porte la signature du « traducteur ». *N.B.:* Le mot est passé dans la langue anglaise où il se limite parfois, conformément à ses origines théâtrales, à ce qui se passe « sur scène », c'est-à-dire *devant* la caméra.

30. Cité dans Gillain, *op. cit.,* pp. 72, 74. La seconde phrase citée n'est pas de Truffaut mais elle résume sa pensée. Il s'agit d'une question posée par un intervieweur: « D'après ce que vous venez de dire, la base essentielle de la Politique des Auteurs est la personnalité du metteur en scène telle qu'elle est reflétée par son travail », à quoi Truffaut répond en un mot: « Exactement ».

31. « Notes on the *Auteur* Theory in 1962 », *Film Culture,* vol. 27, hiver 1962–1963, reproduit dans de nombreuses anthologies. Ici et dans la suite nous citons Gerald Mast et Marshall Cohen (dir.), *Film Theory and Criticism: Introductory Readings,* 3e éd., Oxford University Press, Oxford, 1985, pp. 527–540 (dans les éditions ultérieures l'article n'est pas reproduit intégralement). ▸▸ Parenthèse bibliographique: En 2005 Sarris répète encore ce qu'il dit, avec bien d'autres, depuis quarante ans: « In 1963 I wrote an article, "Notes on the *Auteur* Theory," for *Film Culture* magazine. François Truffaut had written an article in 1954 called "Une certaine tendance du cinéma français" in *Cahiers du Cinéma,* in which he used the term *la politique des auteurs.* The article, which I hadn't actually read at the time... » (« Scenes from a Marriage: Molly Haskell + Andrew Sarris », interrogés par Annie Nocenti, *Stop Smiling,* n° 23 [« the auteur issue »], 07.12.2005; à <stopsmilingonline.com> saisir « sarris »). À titre d'information, l'expression fit son apparition dans l'article de Truffaut intitulé « *Ali Baba* et la Politique des Auteurs », paru dans les *Cahiers* en février 1955 (que nous citons plus loin), et non pas dans « Une certaine tendance... », paru en janvier 1954. Ce qui est curieux, c'est que non seulement l'expression n'y apparaît pas, mais la Politique elle-même n'y est évoquée qu'indirectement. Il est vrai que Sarris ne l'avait pas encore lu...

32. « Over a group of films, a director must exhibit certain recurring characteristics of style, which serve as his signature » (Sarris dans Mast et Cohen, *op. cit.,* pp. 537–538). Si le mot *must* peut prêter à équivoque, le sens s'éclaire dans le contexte, voire dès la phrase suivante: « The way a film looks and moves should have some relationship to the way a director thinks and feels. » Il est vrai que Truffaut dit à plusieurs reprises la même chose. En l'opposant ici à Sarris, nous avons dû choisir: quel Truffaut citer? Voir à ce propos la note 28.

33. ▸▸ « ... sans jamais réussir pourtant à se faire prendre tout à fait au sérieux dans les milieux universitaires »: D'autres ne seraient peut-être pas d'accord avec ce jugement (voir notamment David Bordwell, *Making Meaning,* Harvard University

Press, Cambridge, 1989, pp. 48–53). Je persiste néanmoins et signe, tout en insistant sur la distinction entre les travaux universitaires, d'une part, et la presse cinéphile de l'autre. Sans entreprendre ici une explication en règle de cet échec, disons pour faire court que la Politique des Auteurs a mal choisi son moment et son milieu. L'air du temps ne favorisait pas une méthode d'approche qui supprimait l'œuvre en faveur de l'auteur (« Il n'y a pas d'œuvres, il n'y a que des auteurs »). Le structuralisme des années 60 voyait dans le texte (la ci-devant *œuvre*) un système de parties liées où l'auteur n'avait pas sa place. En 1968 fut annoncée « la mort de l'auteur » en littérature (Barthes), et sa résurrection n'était pas une priorité pour la déconstruction post-structuraliste des années suivantes. Aux États-Unis la situation n'était guère plus propice. C'est là en effet que l'auteur avait péri, fusillé dans les années 50 par les New Critics après un procès d'intention (« the intentional fallacy »); l'exhumation s'avéra impossible tant que les vagues théoriques continuaient d'affluer d'outre-Atlantique. Quand vint enfin l'accalmie, c'était déjà trop tard. Victime du feu croisé de ses adversaires, ouvert en 1963 par Pauline Kael (voir plus loin la note 53), l'auteur (de film) n'était plus vraiment dans la course. Il continue aujourd'hui encore à servir de prétexte aux éditeurs de monographies comme aux universitaires en mal de sujet de cours, mais sans atteindre, et pour cause, les hautes régions du Théoriquement Sérieux.

34. « Quatre réalisateurs disent les défis et les difficultés du cinéma d'auteur », *Le Monde* du 09.02.2007.

35. « Benoît Jacquot: le voyage d'une femme », *Le Figaro* du 06.12.2006. À <www.lefigaro.com/culture> saisir « benoit jacquot ».

36. Critique de Deborah Young, édition du 09.08.2006. À <variety.com> saisir « untouchable young ».

37. « Le cru et le cuit » dans de Baecque (dir.), *op. cit.,* pp. 141–142.

38. « Le cinéma français et les genres » dans Serceau (dir.), *op. cit.,* p. 54.

39. À <*www.diplomatie.gouv.fr/fr*> saisir « 100 ans ». L'article d'Arnaud s'intitule « Une certaine idée du cinéma ».

40. « Où est la crise? Table ronde sur le cinéma français » dans de Baecque (dir.), *op. cit.,* p. 131; c'est nous qui soulignons.

41. Thomas Sotinel, « Les bons résultats de certains films français commerciaux cachent la crise des œuvres de création et de la cinéphilie », *Le Monde* du 07.01.2007.

42. Angelique Chrisafis, « It's oui to rom-coms and non to art house as cinéphiles die out », *Guardian Unlimited* du 29.01.2007, à <film.guardian.co. uk> saisir « chrisafis rom-coms ».

43. ⏭ « ... dans la mesure où le scénario est respecté »: précision importante. Certains scénarios subissent des modifications — plus ou moins importantes, selon le cas — lors du passage au découpage technique [anglais: *shooting script*], rédigé normalement par le réalisateur (voir à ce propos l'APPENDICE A: *LES MÉTIERS DU CINÉMA*). Aujourd'hui et depuis longtemps, Resnais refuse le titre d'auteur et « respecte le scénario à la virgule près » (« Vous n'en avez pas marre, Alain Resnais? », propos recueillis par Christophe Carrière, *L'Express* du 21.11.2006, en ligne à <www.lexpress.fr/mag/arts>, rubrique « L'entretien du cinéma », menu déroulant « cinéastes »). Déjà en 1963 il disait: « Je n'ai pas le désir d'écrire mes scénarios. Je me considère comme un "metteur en scène", au sens précis du terme, et c'est

tout » (*Cinéma*, vol. 63, n° 80, novembre 1963, cité dans *Fiche film: Hiroshima mon amour*, Le France [Salle Art et Essai, classée recherche], Sainte-Étienne, p. 4, à <www.abc-lefrance.com/fiches/hiroshim.pdf>). Il a pris cependant quelques libertés avec le scénario de Duras, dont certaines concernent la portée thématique du film. Duras avait prévu, par exemple, une ouverture sur l'image d'une explosion atomique; ce sera plutôt l'image célèbre des corps entrelacés, ce qui a pour effet de situer différemment par rapport à l'ensemble — en effet, de *recentrer* — l'histoire d'amour entre la Française et le Japonais.

44. Jean-Luc Douin, « *La nuit nous appartient:* liens de sang contre liens d'argent », *Le Monde* du 27.11.2007. Il s'agit de *We Own the Night*.

45. « Bon chic, bon genre? » dans Serceau (dir.), *op.cit.*, p. 198.

46. « There is no necessary connection between expressivity and quality. A director in total control of production may still express trivial views with a high degree of incompetence », *The Classic French Cinema: 1930–1960*, Indiana University Press, Bloomington, 1997, p. 317; c'est nous qui traduisons.

47. Golden Turkey Award, Worst Film of All Time. Mais d'autres critiques trouvent bien pire *Glen ou Glenda* (1953), également de Wood (Golden Turkey Award, Worst Director of All Time). Le débat fait rage dans les forums...

48. Gillain, *op. cit.*, p. 75. Notons au passage que l'idée de mesurer la valeur d'un film d'après la présence de son réalisateur n'avait pas attendu les années 50 pour trouver des défenseurs. Lucien Wahl, par exemple, qui dès les années 20 employait *auteur* au sens de *réalisateur*, écrivit en décembre 1935: « Il nous faudrait plus d'auteurs — des auteurs de films. [...] Parmi les films des dernières années, les meilleurs, ceux qui portent le plus la marque personnelle de leurs auteurs... » (*Encyclopédie française*, t. XVII: *Arts et littérature dans la société contemporaine II*, Larousse, Paris, 1936, §17.34, p. 3.).

49. « *Ali Baba* et la "Politique des Auteurs" », *Cahiers du cinéma*, vol. 8, n° 44, février 1955, pp. 45, 47.

50. « Six personnages en quête d'auteurs: Débat sur le cinéma français » dans de Baecque (dir.), *op. cit.*, p. 53.

51. Jean-François Rauger, *Le Monde* du 03.01.2008.

52. « The distinguishable personality of the director as a criterion of value », écrit Sarris dans Mast et Cohen, *op. cit.*, p. 537.

53. « The smell of a skunk is more distinguishable than the perfume of a rose. Does that make it better? » (conférence prononcée en 1963 au San Fernando Valley State College, en ligne à <tsutpen.blogspot.com> saisir « kael », sous le titre « Kael in Concert: Circles and Squares »). ▶▶ À lire avant d'écouter: la présentation de Tom Sutpen, dont voici un extrait: « The great epochal dispute that single-handedly transformed movie reviewing into a spectator sport for intellectuals was over a specific critical construct, popularly known then and now as the *Auteur* Theory. For the non-cinephile contingent visiting us today, it was a mode of criticism where movie reviewers would mine even the most compromised productions for the signature or the voice or the presence or the shadow or the whatever of their (what else) *auteurs*, who always tended to sit in the Director's Chair. The rationale behind this has always been elusive; in fact, no one back then or even today has really advanced a coherent explanation as to why *this* specific system of evaluation should rise above all others. Like Topsy, it just growed. » À lire aussi: l'article de Kael intitulé « Circles

and Squares » (*Film Quarterly,* vol. 16, n° 3, 1963, pp. 12–26, reproduit dans Kael, *I Lost It at the Movies,* Little, Brown, Boston, 1965, pp. 292–319), où elle reprend les mêmes arguments, mais sur un ton (un peu) moins agressif.

54. Jean-Pierre Chartier, *La Revue du cinéma,* n° 2, 1946, pp. 67–70.

55. Raymond Borde et Etienne Chaumeton, *Panorama du film noir,* Éditions de Minuit, 1955. Le livre fut réédité en 1975 et traduit en anglais en 2002.

56. « Le film noir » dans Serceau (dir.), *op. cit.,* pp. 34–45.

57. ▶ *Clair-obscur:* effet de contraste accentué entre zones de lumière et zones d'ombre. L'éclairage artificiel nécessite normalement au moins deux sources lumineuses: 1° la lumière principale, qui, à moins d'illuminer frontalement le sujet, crée des zones d'ombre, et 2° la lumière d'appoint, plus diffuse et moins intense, qui, comme l'indique sa traduction anglaise (*fill light*), sert à « remplir » partiellement les zones d'ombre. Le rapport des intensités (lumière principale/lumière d'appoint) est ordinairement de l'ordre de 3 à 1. C'est en baissant la lumière d'appoint (rapport de 4:1, 5:1 ou 6:1) ou bien en l'éliminant complètement que l'on obtient l'effet de clair-obscur caractéristique des films noirs.

58. « La *noirceur* est certes nécessaire... un film noir gai est inconcevable »: S'agirait-il donc d'une condition *nécessaire,* dont nous avions pourtant nié la possibilité (§1)? On ne manquera pas d'opposer le contre-exemple de *Dead Men Don't Wear Plaid* (Carl Reiner, 1982). Dans cette comédie qui se donne pour telle (accroche publicitaire: « Laugh or I'll blow your lips off! »), Reiner raille affectueusement toutes les conventions du film noir. S'agit-il pour autant d'un film noir? La parodie est-elle un genre à part ou une sous-catégorie tributaire du genre parodié?

59. C'est l'opinion d'Elizabeth Cowie, « *Film Noir* and Women » dans Joan Copjec (dir.), *Shades of Noir: a Reader,* Verso, London, 1993, p. 121. Ayant noté l'imprécision du terme et l'indétermination de la catégorie, elle ajoute: « Yet this is matched by a tenacity of critical use, a devotion among *aficionados* that suggest a desire for the very category as such, a wish that it exist in order to "have" a certain set of films all together. *Film noir* is in a certain sense a fantasy. »

60. Pinel, *op. cit.,* p. 152.

61. *Polar* (de *policier* et -*ard,* suffixe argotique): mot familier signifiant *film* (ou *roman) policier.*

62. Boris Tomachevski dans *Théorie de la littérature,* textes des formalistes russes traduits par Tzvetan Todorov, Éditions du Seuil, coll. « Tel Quel », Paris, 1965, pp. 303, 306. ▶ Projet de recherche, piste à suivre: Sa discussion de l'évolution des genres (pp. 302–307) semble anticiper l'analyse wittgensteinienne (que nous avons résumée). « Le roman de chevalerie du Moyen Âge et le roman contemporain [...] peuvent n'avoir aucun trait commun », écrit Tomachevski (p. 303), mais il s'agit dans les deux cas de romans — ou pour mieux dire, on peut employer le mot *roman* dans les deux cas — en raison d'un « lien génétique ». De même, pour Wittgenstein, bien qu'aucun trait ne soit commun à tous les jeux, il y a entre eux un « air de famille », un réseau d'affinités (réseau analogue aux « maillons intermédiaires » de Tomachevski) qui nous permet de comprendre la notion et d'employer le mot. Malgré la différence de perspective (diachronique chez le Russe, synchronique chez l'Autrichien), les deux analyses se recoupent en plusieurs points.

63. « L'action et le verbe », critique de *Changement d'adresse, L'Express* du 15.06.2006, et « Tarantino l'archéologue », critique de *Death Proof, L'Express* du 07.06.2007.

64. À ce sujet on consultera avec profit l'excellent ouvrage de Laurent Jullier, *Qu'est-ce qu'un bon film?*, La Dispute/ SNÉDIT, Paris, 2002.

Chapitre 3. Points de repère historiques

1. La meilleure sélection des films de Lumière (réalisateur et producteur) en DVD (zone 1) est *The Lumière Brothers' First Films* (Kino on Video, K106DVD, 1998), auquel renvoient nos références ici et dans les questions en fin de chapitre. On peut visionner plusieurs des films les plus connus à <fr.youtube.com> et à <video.google.com>.

2. Jean-Pierre Jeancolas, *Histoire du cinéma français*, 2ᵉ éd., Armand Colin, coll. « Cinéma », 2005, p. 12.

3. À notre connaissance, trois films de fiction sont attribuables avec certitude à Louis Lumière: les deux que nous avons nommés et une histoire de tricherie intitulée *Partie de tric-trac* (1896).

4. ▶▶ «... et nous les montre tous avec une égale netteté »... grâce à l'énorme *profondeur de champ* (PDC) [anglais: *depth of focus*] avec laquelle il tournait. Sur la PDC voir le CHAPITRE 1, §3.2. Sur la distinction entre la profondeur *de* champ (PDC) et la profondeur *du* champ, c'est-à-dire de l'espace représenté (net ou flou), voir le CHAPITRE 1, note 28. On confond souvent sous un même éloge la PDC dans certains films de Lumière et leur composition en profondeur. Ici, cependant, une précision. Pour Lumière et ses contemporains, la PDC n'était pas une option esthétique parmi d'autres: elle était un attribut de leurs caméras (à courte focale) et surtout de leur pellicule ultra-sensible qui nécessitait une faible ouverture du diaphragme (pour laisser entrer moins de lumière). Or, toutes choses égales ailleurs, plus le diaphragme est fermé, plus la PDC est grande. Si donc Lumière n'a pas choisi la PDC, il sut en tirer parti dans ses admirables *compositions en profondeur*.

5. Ce témoignage est tiré des mémoires inédits de Georges Méliès (voir plus loin). Cité par Jean Mitry, *Histoire du cinéma*, t. I: 1895–1914, Éditions Universitaires, Paris, 1967, p. 74.

6. Jean Mitry et Jacques Rittaud-Hutinet (*Les Frères Lumière: l'invention du cinéma*, Flammarion, Paris, 1995, pp. 247–259) citent de nombreux témoignages des premières projections. Nos citations dans ce paragraphe sont tirées de ces deux ouvrages.

7. ▶▶ En réalité il ne suffisait pas d'arrêter puis de reprendre la prise de vue, comme l'a montré Jacques Malthête en examinant de près les films de Méliès (« Méliès, technicien du collage » dans Madeleine Malthête-Méliès [dir.], *Méliès et la naissance du spectacle cinématographique*, Klincksieck, Paris, 1984, pp. 169–184). Le mécanisme de la caméra était tel qu'une fois mis en mouvement son élan faisait impressionner quelques photogrammes de plus *après l'arrêt de la manivelle*. Il fallait donc, une fois le film tiré, couper la bande de pellicule au dernier photogramme de la première prise de vue, enlever les photogrammes superflus, puis recoller les deux fragments. On évitait ainsi toute saute d'image qui eût trahi le trucage.

8. *La Magie Méliès*, téléfilm de Jacques Meny (1997) en DVD (zone 1), ARTE Vidéo (EDV 236), 2001. Ce DVD présente intégralement quinze films de Méliès, dont *Le*

Voyage dans la lune. On peut visionner plusieurs de ses films les plus connus à <fr. youtube.com> et à <video.google. com>.

9. ▶▶I Nous énumérons ici les dix-sept plans de la version du film qui nous est parvenue. Méliès lui-même parle dans ses mémoires de trente « tableaux ». Bien qu'à l'époque *tableau* signifiât ordinairement *prise de vue* (que l'on n'appelait pas encore *plan*), il est clair, d'après la description des « tableaux » proposée dans son catalogue, que Méliès n'employait pas le mot dans ce sens. Dans certains cas un de ses « tableaux » correspond à un plan, mais parfois un seul plan comprend deux ou plusieurs « tableaux ». Ses « tableaux » 10–14, par exemple (éruption volcanique, rêve, tempête de neige, etc.), composent *ensemble* le plan 7. Pourquoi cet usage idiosyncratique de *tableau?* Il suffit sans doute de considérer la source: un *catalogue* de produits dont la description doit en vanter les mérites. (À en juger par les « photos de plateau » dont deux ou trois sont insérées à la fin dans certaines versions, le film original semble s'être composé de dix-huit ou de dix-neuf plans.)

10. On pourrait tout aussi légitimement qualifier ce plan de mobile en raison justement de cette *apparence* de mouvement. Qu'importe qu'il y ait eu ou non un travelling? (Mais ces nuages immobiles au bord du cadre...?) De toute façon, aujourd'hui que se sont banalisées au cinéma les images numériques, il faut repenser les notions de *plans mobile* et *fixe,* les définir autrement qu'en termes de *mobilité* et de *fixité* de la caméra, le propre de la synthèse d'images 3D étant de créer l'illusion d'un travelling lorsqu'il y a ni mouvement de caméra... ni caméra.

11. *La Magie Méliès* (référencée ci-dessus note 8) ainsi que d'autres DVD proposent la version du film narrée par Madeleine Malthête-Méliès, qui ne lit qu'une partie du commentaire écrit par son grand-père. Pour entendre le texte intégral (traduction anglaise), visionner la version narrée (et plaisamment bruitée) par Matthew Hawes pour « The Happy Show » à <fr.youtube.com> saisir « mathew hawes ».

12. *Intertitre:* texte projeté en plan arrêté pour fournir un renseignement ou transcrire un dialogue. « Inter » parce qu'il était monté *entre* deux plans ordinaires. (On dit aussi *carton.*) Le premier film à faire usage d'intertitres fut *Les Victimes de l'alcoolisme* (1902). La pratique devait vite se généraliser, sans pour autant réduire au chomage le bonimenteur, bien des spectateurs étant analphabètes.

13. Pour un traitement de la subjectivité onirique antérieur (d'une année) et supérieur à celui de Méliès dans *Voyage,* voir *Histoire d'un crime* (Ferdinand Zecca, 1901): à <fr.youtube.com> saisir « histoire d'un crime ».

14. En perte de vitesse: les *actualités reconstituées,* à distinguer des *actualités filmées* [anglais: *newsreel*s], nées en 1908 avec l'apparition de Pathé Journal, concurrencé à partir de 1910 par Gaumont-Actualités. L'hebdomadaire d'actualités filmées est en 1910 un genre promis à un bel avenir.

15. Si le personnage de Max existait dès 1908, c'est en 1910 que son nom commence à paraître dans les titres. À notre connaissance, *Max devrait porter des bretelles* (1917), qui marque son retour en France après une brève carrière aux États-Unis, est le dernier film de la série des *Max*. Plusieurs de ses films sont disponibles en DVD, zone 1 (*Laugh with Max Linder,* Image Entertainment, ID0508DSDVD, 2003). On peut visionner à <youtube.fr> ce qui semble être l'une des premières apparitions du personnage (bien qu'il n'y soit pas nommé) dans *Vive la vie de garçon* (1908; souvent confondu avec le remake de 1912, *Max reprend sa liberté*), et à <video.google.com> un classique de 1912, *Max lance la mode.*

16. La notion de *film d'art,* historiquement circonscrite, ne correspond donc pas à ce que l'on appelle en anglais *art film.* Voir à ce sujet le CHAPITRE 2, note 20.

17. *Serial:* à ne pas confondre avec la *série,* dont chaque épisode raconte une histoire complète. Le serial raconte en principe une seule histoire fragmentée en épisodes dont chacun se termine sur un « cliffhanger » (le héros accroché au bord d'une falaise, l'héroïne attachée à une voie ferrée, etc.). *The Perils of Pauline* (1914) et *The Exploits of Elaine* (1914–1915) sont d'authentiques serials. Le mot, comme il arrive souvent, fut importé en France en même temps que la chose.

18. *Les Vampires* de Louis Feuillade, en DVD (zone 1), Image Entertainment (ID5960 WBDVD), 2000.

19. Il s'agit de vampires au sens métaphorique du terme. Comme les morts qui sortent nuitamment pour sucer le sang des vivants, les Vampires de Feuillade vivent et s'enrichissent aux dépens de leurs victimes dont ils s'approprient le bien.

20. L'insert n'est pas forcément — mais dans *Les Vampires* il est sans exception — un plan subjectif qui présente un objet ou un écrit tel qu'un personnage le voit ou peut le lire. L'insert subjectif est précédé d'un raccord de regard.

21. ▶▶ « ... son choix du tableau et du montage minimal... »: Aux États-Unis en 1915 le tableau-scène avait déjà fait largement place au découpage spatio-temporel — ce que l'on appellerait bien plus tard le *style classique hollywoodien.* Puisqu'à l'époque la France importait massivement des films américains, il s'agissait d'une option esthétique et technique dont Feuillade était pleinement conscient. Pourquoi donc son choix du tableau et du montage minimal? David Bordwell suggère une motivation pécuniaire (le contexte est ici une comparaison des styles américain et européen à l'époque): « Economic factors may also have played a role. A cinema dominated by editing required fairly careful planning, if not full-blown shooting scripts. [...] By contrast, staging-based production can get by with less blueprinting. [...] Perhaps directors in Europe [...] relied on master scenes [*tableaux*] for so long partly because they had no incentives to embrace the pre- and postproduction control afforded by editing or the constraining routine of shooting many setups » (« Feuillade, or storytelling » dans Bordwell, *Figures Traced in Light: On Cinematic Staging,* University of California Press, Berkeley, 2005, p. 82).

22. ▶▶ Explication: Au théâtre, deux interlocuteurs se faisant face sur scène, le côté tourné vers le public, ne seraient perçus de côté que par les spectateurs assis au milieu de la salle. Les spectateurs les plus éloignés du milieu verraient *de dos* l'un des interlocuteurs. De là, bien entendu, la convention théâtrale du jeu frontal. Or chez Feuillade cette conversation à deux est parfois filmée « théâtralement » de trois-quarts face, ce qui paraît peu naturel: dans ces deux personnages qui se parlent sans se faire face nous voyons deux acteurs prenant une pose pour la caméra. Voilà pourquoi il vaut mieux positionner les deux interlocuteurs l'un (plus ou moins) en face de l'autre pour les filmer de côté, ce que Feuillade fait assez souvent. (Aujourd'hui, ou en 1915 par un cinéaste américain, la conversation serait filmée en champ-contrechamp.) De même, un acteur qui se déplace en profondeur sur scène (perpendiculairement au bord) sera inégalement visible selon la place du spectateur; de là une préférence au théâtre pour la mise en scène latérale dans une « aire de jeu » rectangulaire, et plus large que profonde. Au rectangle de la scène le cinéma substitue un triangle isocèle dont la pointe touche la caméra.

23. ▶▶ Le terme d'*impressionnisme* ne fut pas choisi par référence à l'impressionnisme en peinture (l'analogie entre les deux est faible), ni pour distinguer le mouvement

de l'expressionnisme allemand. Germaine Dulac fut la première à désigner ainsi le mouvement qu'elle avait contribué à fonder. Dans une esquisse des étapes majeures de l'évolution cinématographique (« Les esthétiques, les entraves, la cinégraphie intégrale »), elle écrivit en 1927, lorsqu'elle avait déjà pris ses distances par rapport au mouvement: « L'ère de l'impressionnisme commençait [en 1920]. La suggestion allait prolonger l'action, créant ainsi un domaine d'émotion plus vaste puisque non plus renfermé dans la barrière de faits précis » (reproduit dans Dulac, *Écrits sur le cinéma [1919–1937]*, Éditions Paris Expérimental, coll. « Classiques de l'Avant-Garde », Paris, 1994, p. 27).

24. Nous citons ici, pour chaque réalisateur, celui de ses films qui, à notre avis, illustre le mieux les techniques impressionnistes énumérées plus loin.

25. Nous en proposons une définition dans l'INTERMÈDE, note 16.

26. Dulac dans un entretien avec Paul Desclaux (1923), reproduit dans Dulac, *op. cit.,* p. 27.

27. « Les procédés expressifs du cinématographe » (1924), reproduit dans Dulac, *op. cit.,* p. 37.

28. Il se distingue en cela du *cinéma pur* (non-narratif) de la « deuxième avant-garde » d'inspiration dadaïste ou surréaliste qui fait son apparition vers 1924.

29. « Le Sens 1bis » (1921), dans Epstein, *Écrits sur le cinéma*, Seghers, Paris, 1974, p. 87.

30. Dulac dans un entretien avec Paul Desclaux (1923), reproduit dans Dulac, *op. cit.,* p. 30.

31. Dans son étude sur le mouvement impressionniste, David Bordwell en dénombre trente-cinq (*French Impressionist Cinema: Film Culture, Film Theory and Film Style*, Arno Press, New York, 1980, p. 268).

32. *Crainquebille* de Jacques Feyder, en DVD (zone 1), Lobster Films, 2005.

33. Ce plan (46:30–46:34) est de fait un jeu de mots et d'images. Les bras qui en s'agitant se multiplient en surimpression illustrent littéralement l'expression *effets de manche* (au figuré et par allusion à la robe de l'avocat, les gestes et les attitudes exagérés par lesquels il cherche à convaincre, faute d'argument solide).

34. « Les procédés expressifs du cinématographe » (1924), reproduite dans Dulac, *op. cit.,* p. 41.

35. « Le comique troupier » dans Philippe de Comes et Michel Marmin (dir.), *Le Cinéma français 1930–1960*, Éditions Atlas, Paris, 1984, p. 35.

36. Voir à ce propos l'excellente discussion de Colin Crisp, *The Classic French Cinema: 1930–1960*, Indiana University Press, Bloomington, 1997, pp. 320, 367–376.

37. Ce sondage est réalisé tous les dix ans depuis 1952 auprès d'un échantillon des critiques les plus réputés du monde entier. *La Règle du jeu* occupa *la deuxième place* en 1972, 1982 et 1992, après *Citizen Kane*.

38. *La Règle du jeu* de Jean Renoir, en DVD (zone 1), The Criterion Collection (RUL020), 2004.

39. *Choral* par extension du sens propre de l'adjectif: « qui a trait au chant vocal d'un groupe de personnes (chœur) » (*TLF*). De création récente (nous n'en avons pas trouvé d'exemples antérieurs à 2007), l'expression désigne aussi le film où s'entrecroisent les destinées de plusieurs personnages entre lesquelles le rapport n'est peut-être pas évident mais qui s'avèrent liées par un thème commun. Deux exemples-types, l'un américain et l'autre français: *Magnolia* de Paul Thomas Anderson (1999) et *Paris* de Cédric Klapisch (2008).

40. « La Règle et l'exception », émission diffusée le 8 février 1967 (deuxième des trois volets de « Jean Renoir, le patron ») et reproduite intégralement sur le disc 2. À la question de Jacques Rivette: « La grande question qu'on se pose [...] quand on voit *La Règle du jeu* — et c'est peut-être une des choses qui ont gêné les spectateurs à l'origine — on se demande quel est le personnage principal. [...] Évidemment, je pense qu'il n'y en a pas, mais... », la réponse de Renoir (« Mais, non, je suis d'accord avec vous: il n'y en a pas... ») commence à 8:39.

41. « Jean Renoir vous présente *La Règle du jeu* », disc 1 (2:12).

42. Voir à ce sujet au CHAPITRE 4 la ▶ *PARENTHÈSE MÉTHODOLOGIQUE*.

43. « *La Règle du jeu* de Jean Renoir », dans Jean-Luc Douin et Daniel Couty (dir.), *Histoire(s) de films français,* Bordas, Paris, 2005, p. 180.

44. Typique à cet égard: « S'il y a là-dessous une intention ironique ou satirique [...] elle nous échappe totalement » (Jean Fayard); « Qu'a voulu faire M. Jean Renoir? C'est une question que je me suis longuement posée en sortant de cet étrange spectacle » (James de Coquet); « Renoir a son secret et son film a son mystère. Attendons avec patience que l'on nous révèle le mot de cette énigme » (Émile Vuilermoz). Cités dans Claude Gauteur, « *La Règle du jeu* et la critique en 1939 », *Image et son, Revue de cinéma,* n° 282, mars 1974, pp. 58, 60, 72.

45. La plupart des commentateurs parlent ici de *profondeur de champ* (PDC), mais il y a là une confusion que nous éviterons en insistant sur la distinction entre la profondeur *de* champ et la profondeur *du* champ, c'est-à-dire la profondeur de l'espace filmé, net ou flou. (Sur la PDC en général voir le CHAPITRE 1, §3.2. Sur la distinction voir le CHAPITRE 1, note 28.) Chez Renoir la plupart des plans composés en profondeur sont tournés *sans grande PDC.* C'est en mettant au point successivement sur chacune des multiples actions que Renoir attire où il veut notre attention.

46. ⏭ Il paraît que Renoir avait d'abord envisagé de traiter autrement cette scène. Il reconnaît la nécessité de faire ressortir les personnages importants, mais, dit-il, « lorsque j'avais écrit un premier découpage, tout ceci était avec des plans séparés et trop précis. [...] J'ai énormément de gens que je montre à l'arrière-plan, et ce qu'ils font à l'arrière-plan compte aussi. Alors le public attrape ce qu'il peut, mais je crois que cela donne assez bien cette impression de désordre que nous cherchions: cette impression de foule, de gens qui se retrouvent, qui vont, qui viennent, et n'ont pas une position déterminée par rapport à la caméra » (disc 2, « La Règle et l'exception », 4:58–5:25).

47. André Bazin, *Qu'est-ce que le cinéma?,* Éditions du Cerf, Paris, 1990, p. 78.

48. Jacques Siclier, *La France de Pétain et son cinéma,* Éditions Henri Veyrier, 1981, p. 21.

49. Renseignements recueillis par Siclier d'après les souvenirs du réalisateur, *ibid.,* pp. 79–80. ⏭ L'expression *s'en ficher* (ou plus souvent: *s'en moquer*) *comme de l'an quarante* signifie: s'en ficher complètement; n'accorder aucune importance à la chose dont il est question. L'origine de l'expression est inconnue, plusieurs explications ayant été avancées (googler « s'en moquer comme de l'an quarante » pour s'en faire une idée). Pour Littré, « dicton employé par les royalistes pour exprimer qu'on ne verrait jamais l'an quarante de la république ». Quoi qu'il en soit, dans l'échange de la fin du film, la femme, en proposant une référence nouvelle à « l'an quarante », semble y voir non pas une catastrophe absolue mais plutôt l'occasion d'un renouveau (du pays comme de leur couple).

50. *Documents français,* cités par Raymond Chirat, *Le Cinéma français des années de guerre,* Hatier, coll. « Bibliothèque du cinéma », 1983, p. 112.

51. ▶▶ Dans son film sur le cinéma de l'Occupation (*Laissez-passer,* 2002), Bertrand Tavernier prête cette idée au personnage de Jean Aurenche (que nous retrouverons dans les années 50 et 60): « Et puis les films d'époque [...] encore une excellente manière de faire passer les idées. Aujourd'hui vous faites la moindre allusion un tant soit peu critique ou simplement lucide sur le sabre [l'Armée], le goupillon [l'Église], la famille, la police... censuré! En complet-veston vous êtes des ennemis de l'ordre national. La même chose dans le costume d'un autre siècle... » (52:30), *Safe Conduct,* Koch Lorber Films (KLF-DV-308), 2004.

52. Siclier, *op. cit.,* p. 144.

53. Evelyn Ehrlich, *Cinema of Paradox: French Filmmaking Under the German Occupation,* Columbia University Press, New York, 1985, p. 215, note 16. Sur la lecture allégorique des films de l'époque, voir aussi pp. 102–105 et 215, note 17.

54. Voir à ce sujet *ibid.,* pp. 109–112.

55. Pour la critique résistante, voir l'article paru clandestinement en 1944 et reproduit intégralement dans Chirat, *op. cit,* pp. 112–115. Pour la critique vichyssoise, voir les extraits d'un article paru la même année dans *Le Film,* organe officiel de l'industrie cinématographique, reproduits dans Siclier, *op. cit.,* p. 203.

56. ▶▶ Quelques précisions sur la Continental-Films: Une tradition qui se perpétue d'un auteur à l'autre qualifie la Continental de « société allemande ». Curieusement, ces mêmes auteurs n'hésitent pas à ranger ses films sous la production *française* de l'Occupation. Or à l'époque, comme aujourd'hui — bien que la jurisprudence ait évolué depuis l'avènement des « multinationales » — la nationalité d'une société dépendait du pays de son siège. La Continental, siégée 104, avenue des Champs-Élysées à Paris et soumise au droit français, ayant du reste un statut juridique français (S.A.R.L.), fut donc une société *française,* ce qui explique que les trente films produits par elle entre 1940 et 1944 soient classés parmi les 220 films *français* de l'Occupation (la « nationalité » d'un film étant celle de la société qui l'a produit). Cela dit, le directeur ainsi que les associés furent des Allemands aux ordres de Goebbels. Allemand aussi, *à 100%,* le capital social. Une partie des bénéfices (considérables) allait donc tout droit dans les coffres du Reich. Ainsi s'explique qu'à la Libération une présomption de culpabilité pesât contre les Français qui avaient travaillé pour la Continental... « pour les Allemands ».

57. ▶▶ Dans la plupart de ces cas, d'autres méfaits furent reprochés aux condamnés, en plus de celui d'avoir tourné *Le Corbeau* pour la Continental; à Leclerc surtout, qui passa neuf mois en prison. La peine de Clouzot et de Chavanche fut plus précisément: suspension de deux ans, *tacitement reconductible.* Deux ans plus tard tous les deux avaient repris leur travail. Les circonstances demeurent un peu mystérieuses car il n'y eut ni commutation ni sollicitation de remise de peine de la part des condamnés. À la suite d'une campagne menée par d'autres en leur faveur, ils rentrèrent sans fracas dans la vie professionnelle, et personne ne semble s'y être opposé officiellement. Peut-être — et c'est l'explication que nous préférons croire — la bêtise, se sentant enfin honteuse, et la rancune, se voyant moins redoutée, avaient-elles tout simplement pris le parti de se taire.

58. *Le Corbeau* de Henri-Georges Clouzot, en DVD (zone 1), The Criterion Collection (RAV040), 2004.

59. « A frontal assault on Vichy bastions », Erhlich, *op. cit.,* p. 179.

60. ▸▸ C'est sous le régime de Vichy que fut créée la Fête des Mères et que l'avortement fut proclamé « crime contre la sûreté de l'État », passible de la peine de mort. Sur l'obsession démographique vichyssoise, voir Éric Jennings, « Discours corporatiste, propagande nataliste et contrôle social sous Vichy ». Jennings étudie le genre spécifiquement vichyssois du *pamphlet natalo-familial,* édité par le Commissariat d'État à la famille (création du régime) et destiné aux professions: « Ainsi une brochure destinée aux pharmaciens prescrivait six scénarios pour une intervention peu feutrée — et même carrément musclée — dans le domaine privé. Il en résulte une série de sketches frisant aujourd'hui le comique. [...] À de jeunes mariés cherchant une pommade après-soleil, le pharmacien devait lancer la formule suivante, décidément peu adaptée aux circonstances: "Et l'an prochain, vous m'inviterez au baptême!" À une jeune fille souhaitant camoufler un bouton, le pharmacien était supposé proposer cette même panacée: "Tous ces petits ennuis passeront quand vous vous marierez et que vous aurez des enfants » (*Revue d'Histoire Moderne et Contemporaine*, n° 49–4, 2002, pp. 101–131, en ligne à <www.cairn.info/revue-d-histoire-moderne-et-contemporaine.htm>).

61. ▸▸ Il s'agit d'une version du célèbre « pari de Pascal ». L'argument pourrait se résumer ainsi: *Dieu existe ou il n'existe pas, et la raison ne peut prouver ni l'une ni l'autre proposition. Pesez donc les possibilités de gain et de perte. Si vous pariez qu'il existe, vous n'aurez perdu qu'un peu de temps s'il n'existe pas. Si par contre vous pariez qu'il n'existe pas, vous aurez tout perdu (le paradis) s'il existe. Pariez donc qu'il existe; croyez en Dieu.* Voir les *Pensées*, fragment 233 dans l'édition de Brunschvicg.

62. Pour Ehrlich (*op. cit.,* pp. 185–187), nul doute: Vorzet parle ici pour Clouzot, qui se serait attiré la haine de la presse résistante pour avoir refusé le manichéisme de Germain.

63. Cité par René Chateau, *Le Cinéma français sous l'Occupation: 1940–1944,* Éditions René Chateau et la Mémoire du cinéma, Courbevoie, 1995, p. 486.

64. ▸▸ *Contingenter* une marchandise, c'est en limiter la quantité importée. Substantif: *contingentement.* Il s'agit des fameux accords Blum-Byrnes, signés en mai 1946. En contrepartie d'un prêt américain de 500 millions de dollars et de l'annulation d'une partie importante de sa dette envers les États-Unis (1,8 milliard de dollars), la France accepta la libre importation des films américains. À la dernière minute des négociations les Français obtinrent une concession obligeant toute salle française à réserver 30% de l'année — plus précisément quatre semaines sur les treize de chaque trimestre — aux films français, le reste du trimestre étant livré à la libre concurrence, c'est-à-dire aux films américains. Cette mesure de protection — un « quota à l'écran », à ne pas confondre avec un contingentement — , considérée par les producteurs français comme insuffisante, devait néanmoins s'avérer capitale, quatre semaines étant préférables aux trois ou aux deux (par exemple) qu'auraient imposées les lois du marché.

65. ▸▸ Le fonds était financé par une « taxe spéciale additionnelle » (TSA) perçue sur le prix du billet — *tous les billets,* y compris ceux des films américains. Le fonds ne subventionnait cependant que la production française. Le Centre national de la cinématographie (CNC), créé en 1946, croyait avoir trouvé ainsi le moyen de se venger des accords Blum-Brynes en obligeant les producteurs américains à reverser au cinéma français sous forme d'une taxe une partie de ce qu'ils avaient pris sous forme d'entrées. Le CNC se trompait, évidemment: ce n'étaient pas les producteurs américains mais plutôt les spectateurs français, devenus contribuables

malgré eux, qui subventionnaient par la TSA la production française, la proté-
geant ainsi de la concurrence. Épilogue: L'aide « temporaire » instituée en 1948
avait une durée de cinq ans pendant lesquels le cinéma français devait se rétablir
et devenir compétitif. Et 1953 l'aide fut renouvelée et augmentée. Idem en 1959...

66. ▶▶ *A-movie* (ou *A-picture*): film à gros budget, par opposition au B-movie (à petit
budget). Les deux constituaient le double programme (*double feature*) des salles
américaines jusqu'aux années 50. En français on dit *un film de série B* ou *une série
B*. Si le terme *série A* se rencontre rarement, la cinéphilie française a en revanche
inventé la notion de *série Z*: « Parent pauvre de la série B, qui est elle-même le parent pauvre du grand cinéma. Si le budget d'une série B est plus ou moins modeste,
celui d'une série Z est indigent; ce type de cinéma est également synonyme de
grande pauvreté artistique » (<www.nanarland.com>, glossaire).

67. *Jeux interdits* de René Clément, en DVD (zone 1), The Criterion Collection (FOR
230), 2005.

68. « Jeux interdits », *Image et son*, n° 114, juillet 1958, p. 21, cité dans *Fiche film: Jeux
interdits*, Le France (Salle Art et Essai, classée recherche), Sainte-Étienne, p. 3, à
<www.abc-lefrance.com/fiches/Jeuxinterdits.pdf>.

69. *Y* pour *lui. Crever la paillasse* (le ventre) *à quelqu'un*, c'est le tuer.

70. « Alternate opening » (0:20), DVD de The Criterion Collection.

71. « Death and the Maiden », article accompagnant le DVD, en ligne à <www
.criterion.com> saisir « forbidden games », p. 3; c'est nous qui traduisons.

72. DVD, « Interviews: Brigitte Fossey » (8:45).

73. Déjà en 1952 Jacques Doniol-Valcroze semble avoir deviné le clin d'œil clémentien
lorsqu'il écrit que « la petite Brigitte Fossey, sorte de Veronica Lake en bas âge,
charme plus sûrement que n'importe quelle jeune première » (cité dans « *Jeux interdits*: Découpage, montage définitif et dialogues in extenso », *L'Avant-Scène Cinéma*, n° 15, 1962, p. 44). Lake était connue pour ses rôles de femme fatale dans les
années 40.

74. « Alternative opening and ending », DVD de The Criterion Collection.

75. *L'exode:* L'épisode montré dans cette séquence n'est pas, hélas, une invention de
scénariste. Pendant les premières semaines de juin 1940 les routes furent encombrées par les civils fuyant vers le Sud devant l'avance éclair de l'armée allemande.
Les bombardements en piqué de la Luftwaffe firent de nombreuses victimes.

76. En regardant gigoter le chien à l'agonie (7:33–8:00), on voudrait croire qu'il s'agit
d'un trucage. Question vedette de la FAQ de ce film: « Est-ce sûr? »

77. « En dix-huit secondes », c'est-à-dire entre 6:37 et 6:55, car il n'y a aucune ellipse
entre les plans 6:33–6:38, 6:38–6:39, 6:39–6:41 et 6:41–7:03.

78. ▶▶ Passant en revue les éléments du film qui ont pu choquer « notre vertueuse
presse », Jean Dutourd cite « le début, sans doute, qui est d'une violence et d'un
réalisme dans lesquels on reconnaît tout de suite le style de Clément » (cité dans
« *Jeux interdits*: Découpage, montage définitif et dialogues in extenso », *L'Avant-
Scène Cinéma*, n° 15, 1962, p. 43). Cette remarque de Dutourd nous rappelle utilement que Clément en 1952 est surtout le réalisateur de trois films sur la Résistance
dont le premier et le plus connu, *La Bataille du rail* (1945), est une sorte de docu-
fiction célébrée à sa sortie pour son « réalisme ». Il s'agissait d'un « réalisme » tout
relatif que l'on doit apprécier aujourd'hui par rapport à cette mini-vogue des films
sur la Résistance sortis la même année (*Peloton d'exécution, Un Ami viendra ce soir,*

Les Clandestins, Le Jugement dernier...), à côté desquels *La Bataille du rail* est un modèle de vérité historique. Ainsi s'explique peut-être, du moins en partie, qu'en 1952 la critique soit prête à reconnaître dans la première séquence de *Jeux interdits* « le style [typiquement "réaliste"] de Clément ».

79. Donné pour « anonyme » sur la bande originale et souvent attribué à Narciso Yepes (par l'Internet Movie Database, par exemple), le morceau fut composé par Fernando Sor (mort en 1839). Yepes n'en est que l'arrangeur et l'interprète (génial).

80. « Une tradition de la qualité » est la contribution de J.-P. Barrot à *Sept Ans de cinéma français* (pp. 26–37), ouvrage collectif paru en 1953 aux Éditions du Cerf.

81. *Cahiers du cinéma*, janvier 1954, reproduit dans Antoine de Baecque (dir.), *Vive le cinéma français!, Cahiers du cinéma*, coll. « Petite anthologie des *Cahiers du cinéma* », 2001, pp. 17–36. L'article est facilement accessible en ligne; il suffit d'en googler le titre.

82. « Six personnages en quête d'auteurs: Débat sur le cinéma français », *Cahiers du cinéma*, mai 1957, reproduit dans de Baecque (dir.), *op. cit.*, p. 50.

83. *Académisme:* « attachement excessif à l'enseignement conventionnel reçu dans une Académie » (*TLF*), et par extension: conformisme, esprit routinier.

84. *Ratisser large:* chercher à atteindre ou à toucher le plus grand nombre possible de personnes ou de choses (familier).

85. « Six personnages en quête d'auteurs », dans de Baecque (dir.), *op. cit.*, pp. 49 et 67 pour les citations.

86. La somme équivalait à environ 43 000 dollars. Il s'agit d'anciens francs, remplacés en 1960 par les « francs lourds » dont chacun valait 100 anciens. Le budget moyen était d'environ 150 millions de francs, presque le quadruple de celui du *Beau Serge*.

87. « Un ton... une idée... une signature »: La disparate de nos exemples est voulue. Sur la façon dont l'auteur « s'exprime » ou doit « s'exprimer » dans son film, il n'y a, comme nous l'avons vu, aucun consensus parmi les auteuristes. Pour les uns, les traces de l'auteur sont ou doivent être surtout d'ordre stylistique; pour les autres, c'est en véhiculant une idéologie ou en défendant une cause qu'un film devient « personnel ». Entre ces deux extrêmes se situent les « préoccupations », les « hantises », les « *Weltanschauung* »...Voir à ce sujet le CHAPITRE 2.

88. Entretien avec Truffaut, 1961, reproduit dans Anne Gillain (dir.), *Le Cinéma selon François Truffaut*, Flammarion, Paris, 1988, p. 49.

89. *Faire de nécessité vertu:* Se résigner à faire à contrecœur et avec courage, *ou feindre de faire de bon cœur et avec plaisir,* une chose désagréable mais que l'on est obligé de faire. (On dit en anglais: *to make a virtue of necessity.*) « Le principe, dira Godard à propos d'*À bout de souffle,* c'est de faire ce qu'on peut. Quand on a quatre francs dans la poche, eh bien, on fait avec quatre francs » (Godard, *Introduction à une véritable histoire du cinéma*, t. I, Éditions Albatros, Paris, 1980, p. 30). La nécessité dont il s'agit est celle qu'impose la réalité économique. La production cinématographique n'est pas une activité caritative: il s'agit de rentabiliser un investissement. Les films *personnels* n'étant pas de ceux qui font affluer les foules, il n'était évidemment pas question d'y investir une fortune. Le succès commercial d'un film ne se mesure pas selon le montant des recettes ou le nombre des entrées (lesquels étaient pour la Nouvelle Vague très inférieurs en moyenne à ceux du cinéma commercial), mais selon les *bénéfices* dégagés une fois le coût amorti. Ainsi, les pro-

ducteurs du « jeune cinéma » pariaient-ils avec une confiance que justifiait la modicité des sommes déboursées.

90. Cité dans Michel Frodon, *L'Âge moderne du cinéma français: de la Nouvelle Vague à nos jours,* Flammarion, Paris, 1995, p. 23.

91. *Jeunes Turcs:* L'expression désigne une (jeune) personne avide de réformes dans un parti, une institution ou la société; plus généralement, tout jeune révolté (par allusion à la Jeune Turquie, mouvement réformateur des dernières années de l'Empire ottoman).

92. Ainsi appelés parce qu'ils habitaient la rive gauche, par opposition aux jeunes Turcs, tous issus des *Cahiers* qui siégeaient sur les Champs-Élysées (rive droite). Mais les connotations politiques (gauche/droite) jouent également ici, la critique de l'époque étant politisée à un degré qu'il nous est difficile d'imaginer aujourd'hui.

93. Entretien avec Truffaut, 1960, reproduit dans Gillain, *op. cit.,* p. 45.

94. Déjà en octobre 1961 un journaliste demande à François Truffaut: « Dans tous les journaux on dit actuellement que la Nouvelle Vague est terminée. Le pensez-vous? » (entretien de 1961, *ibid.,* p. 49).

95. Entretien, *ibid.,* pp. 39–40.

96. Nous avons traduit l'échange qui eut lieu en anglais. Le voici en version originale: « I actually had a similar question concerning the French New Wave, because there are obviously a lot of references to the style... — Forget the French New Wave! It was *fifty years ago!* A wave, you know, it just [unintelligible] not fifty years. At the end, at the end, we are going to lose and forget the New Wave. — No, my question... — I hate New Wave! Because now we have a new generation of directors, and we try to make movies for the audience, not only for self, you know, like Nouvelle Vague » (disc 2, « Q & A with Director Jean-Pierre Jeunet at the American Cinematheque in Los Angeles », 16:58).

97. Frodon, *op. cit.,* p. 44. Frodon est de ceux, minoritaires, qui réservent l'expression *Nouvelle Vague* aux réalisateurs issus des *Cahiers du cinéma* (ce que nous avons appelé, suivant l'usage, la « rive droite » de la NV). Il distingue en outre le Nouveau Cinéma qui correspond grosso modo à la « rive gauche » de la NV. Pour lui la Nouvelle Vague et le Nouveau Cinéma constituent ensemble le « cinéma moderne ».

98. Adapté de *The Talented Mr. Ripley* de Patricia Highsmith (comme le remake d'A. Minghella de 1999, avec Matt Damon dans le rôle qu'avait joué Alain Delon), *Plein Soleil* est aujourd'hui disponible en DVD (région 1) grâce aux efforts de Martin Scorsese. Avec un scénario de Paul Gégauff et des images de Henri Decaë, associés tous les deux à la Nouvelle Vague, *Plein Soleil* illustre en même temps l'influence immédiate de la Nouvelle Vague et la perméabilité d'une Tradition prétendûment sclérosée.

99. En avril 2008 le record de *La Grande Vadrouille* fut battu par *Bienvenue chez les Ch'tis* (Danny Boon). *Bienvenue* a fini sa carrière en 2008 à 20,3 millions d'entrées, soit 500 000 de moins que le record absolu du box-office français (toutes nationalités confondues) détenu par *Titanic* (James Cameron, 1997).

100. Les États généraux furent réunis en mai 1789. En juin le Tiers État se proclama Assemblée nationale, ce qui représente le premier acte ouvertement révolutionnaire. Un mois plus tard, la prise de la Bastille...

101. Extrait de l'ordre de grève voté par les États généraux, reproduit (p. 25) dans le dossier « Les États généraux du cinéma » des *Cahiers du cinéma*, n° 203, août 1968, pp. 22–46, auquel renvoient toutes nos citations.

102. ▸▸ Relevons au passage ces piquants paradoxes. À peine convoqués, les États généraux s'accordent pour cracher dans la soupe, puis, pendant trois semaines, divergent sur le reste. Ils souhaitent « faire du cinéma un service public » afin de le soustraire à « la puissance corruptrice de l'argent », à « la loi du profit », etc. Et l'une de leurs premières décisions est d'abolir le CNC (Centre national de la cinématographie; voir la note 65 du présent chapitre) qui, à coup de subventions massives, a fait du cinéma français une sorte de « secteur mixte » protégé de la concurrence et des lois du marché auxquelles n'ont pas pu faire face les autres cinémas européens non-subventionnés. *Ne mords pas la main qui te nourrit*, nous avertit un dicton populaire que l'on chercherait en vain parmi les slogans de Mai 68.

103. ▸▸ Nous prévenons ainsi l'objection: « Mais *tout* film est politique, » ou même (version radicale): « *Tout* est politique. » Certes, il y a un sens auquel le mot *politique* peut qualifier tout film. (On pourrait en dire autant des expressions *personnel, d'auteur, reflet, témoignage, expression de son époque, bon, mauvais...*) Sans doute en fouillant suffisamment « l'inconscient » d'un film, fût-il des plus frivoles, pourra-on toujours y trouver les traces de quelque refoulé idéologique. À force de scruter les signes inscrits dans le « texte » filmique on finit toujours par déceler le sous-texte recherché, riche en arrière-pensées politiques, lourd d'engagements à droite et à gauche. Tout cela admis, et même en admettant *l'utilité* d'une telle manœuvre sémantique, il faudra toujours un terme pour marquer l'ancienne distinction, au sein de la production cinématographique (désormais « politique » en totalité), entre les films qui sont *explicitement* politiques et ceux qui ne le sont pas. Or c'est à cela précisément que sert le mot *politique* dans l'usage courant, y compris celui des critiques. C'est donc ce mot que nous employons pour désigner le genre auquel appartient par exemple *L'Ivresse du pouvoir* de Claude Chabrol (2006), et que nous éviterions d'employer pour qualifier *Les Bronzés 3*. C'est également ce mot, soit dit en passant, et ce mot *employé comme nous l'employons*, auquel recourent presque invariablement les partisans du tout-film-est-politique lorsqu'ils oublient leur re-définition. On fait observer à Jean-François Richet: « Ton premier film *État des lieux* est très politique. » Sa réponse: « Oui, mais tous les films sont politiques. Même une comédie. Ne pas remettre en cause le système, c'est déjà l'accepter. Donc c'est politique. » Puis, parlant du tournage de son deuxième film *Ma 6-T va crack-er:* « Faire un film politique pose des tas de problèmes d'éthique. » Des tas de problèmes que ne pose pas la réalisation de films apolitiques — *dont il vient de nier l'existence?* Un peu plus loin: « J'ai conscience que le cinéma est un art bourgeois, donc il faut aussi que je fasse de la distraction. Mon prochain film sera donc un film de genre. [...] Après, je reviendrai à des films politiques » (« Entretien avec Jean-François Richet, réalisateur », dans Michel Marie (dir.), *Le Jeune Cinéma français*, Nathan, Paris, 1998, pp. 112, 115). Il reviendra donc à ce que, selon lui, il n'aura jamais quitté, ni n'aurait pu quitter, tout film étant politique.

104. *Pour les nuls* est le nom d'une collection d'ouvrages d'initiation et de vulgarisation inspirés (et souvent traduits) de ceux de la collection américaine *For Dummies*.

105. *Tout va bien* de Jean-Luc Godard et Jean-Pierre Gorin, en DVD (zone 1), The Criterion Collection (TOU040), 2005.

106. Les notions clés de ce GROS PLAN (*transparence, réflexivité, mise à nu des procédés*) sont définies dans l'INTERMÈDE. C'est là également que nous résumons les idées de Brecht dont nous ne répétons pas ici les références bibliographiques.

107. *Les coulisses du film:* L'expression s'emploie parfois en France à la place du franglais *making of.* Il s'agit d'un film documentaire sur la production du film principal en DVD. Dans son *Grand Dictionnaire terminologique* l'Office québécois de la langue française propose *revue de tournage,* expression qui, à la différence de *coulisses du film,* a le mérite de bien remplir ses devoirs syntaxiques (nous pensons en particulier à l'article indéfini). Par exemple: « Parmi les suppléments il y a un commentaire audio du réalisateur, *une revue de tournage,* des bouts d'essai tordants... » L'article de l'Office indique plusieurs synonymes et quasi-synonymes; puis cette conclusion à laquelle on ne peut qu'applaudir: « Les termes français étant nombreux, on tâchera d'éviter la forme anglaise *making of.* »

108. *Décrochage:* soulignement des contours d'une figure par un éclairage en contre-jour afin de la détacher (« décrocher ») du fond. Anglais: *edge lighting.*

109. *Les jeunes pilleurs:* Ils représentent sans doute la Gauche prolétarienne, l'un des nombreux groupuscules d'extrême-gauche issus de Mai 68. Elle avait organisé en 1970 un pillage de l'épicerie Fauchon.

110. Frodon, *op. cit.,* p. 437.

111. La vogue des cafés-théâtres date des années 1960. L'anglophone pourra s'en faire une idée en imaginant la fusion d'un *improv theater* et d'un *comedy club.*

112. *Franchouillard:* « caractéristique du Français moyen avec ses défauts », nous dit le *Robert,* qui ajoute: « péjoratif ». Les défauts dont il s'agit sont le plus souvent: l'étroitesse d'esprit, une certaine frilosité morale, un conservatisme foncier. Il est vrai qu'ainsi défini le mot décrit la plupart des personnages de comédie à toute époque, y compris ceux des films de la « génération du café-théâtre ». La différence réside surtout dans *l'attitude* du film envers ses personnages et dans la tonalité générale: accommodante et souriante chez les « anciens », critique et caustique chez les « nouveaux ».

113. « Les années noires et les années grises », dans Claude Beylie (dir.), *Une Histoire du cinéma français,* Larousse, Paris, 2005, p. 195.

114. Voici les films dans l'ordre chronologique: *Le Gendarme en ballade* (1970), *Les Bidasses en folie* (1971), *La Folie des grandeurs* (1972), *Les Aventures de Rabbi Jacob* (1973), *L'Aile ou la cuisse* (1976), *L'Animal* (1977), *La Cage aux folles* (1978), *Le Gendarme et les extraterrestres* (1979), *La Chèvre* (1981), *L'As des as* (1982), *Marche à l'ombre* (1984). Les quatre exceptions: *Emmanuelle* (1974), film érotique; *Peur sur la ville* (1975), film policier; *La Boum* (1980), comédie sentimentale; *L'Été meurtrier* (1983), drame.

115. Jean-Pierre Jeancolas, *Histoire du cinéma français,* 2ᵉ éd., Armand Colin, coll. « Cinéma », 2005, p. 100.

116. Claude Beylie, *Une Histoire du cinéma français,* Larousse, Paris, 2005, p. 451.

117. « La déferlante », dans Michel Marie (dir.), *op. cit.* p. 13. Cependant, deux ans plus tôt, à propos de la carrière post-Mai 68 d'Agnès Varda, Prédal s'interroge: « Enfin un cinéma au féminin? » (*50 Ans de cinéma français,* Nathan, 1996, p. 616). En

quoi pourrait consister ce « cinéma au féminin » sinon en « films de femmes » desquels il nie la spécificité?

118. Issermann et Kurys sont citées par Susan Hayward, *French National Cinema,* 2ᵉ éd., Routledge, London, 2005, p. 255. Hayward attribue ce point de vue aux « women filmmakers of the 1970s and 1980s (and through to today) ». Point de vue qu'elle ne semble pas partager puisqu'elle n'hésite pas à généraliser sur « the traits their cinema have *[sic]* in common » en matière de style et de sujets (« diegetic predilection »), p. 255.

119. *Sans toit ni loi* d'Agnès Varda, en DVD (zone 1), The Criterion Collection (CC 1734D), 2007.

120. Livret (sans pagination) accompagnant le coffret « 4 by Agnès Varda » (dont *Sans toit ni loi*), The Criterion Collection (CC1730D), 2005.

121. Sur *mise en abyme* voir le GROS PLAN du *Corbeau.*

122. Agnès Varda et Jean Decock, « Entretien avec Varda sur *Sans toit ni loi* », *The French Review,* vol. 61, n° 3, février 1988, p. 380; c'est nous qui soulignons.

123. Nous avons suivi ici l'analyse de David Bordwell, *Poetics of Cinema,* Routledge, New York, 2008, pp. 166–169.

124. *Film de patrimoine:* C'est ainsi que certains se sont avisés de traduire *heritage film,* expression forgée dans les années 80 pour désigner l'avalanche d'adaptations à costumes, de Shakespeare, d'Austen et de Forster, en particulier.

125. Ici nous reprenons partiellement la typologie établie par Frank Garbarz dans « Le renouveau social du cinéma français », *Positif,* n° 442, décembre 1997, pp. 74–75. Il distingue le *film du constat,* le *film signal d'alarme* et le *film de la solidarité.*

126. *La Haine* de Mathieu Kassovitz, en DVD (zone 1), The Criterion Collection (CC 1688D), 2007.

127. *Téci: cité* en verlan. Le verlan est un argot qui consiste à inverser les syllabes de certains mots dissyllabiques (*verlan* pour *envers, béton* pour *tomber* [cf. *Laisse béton* de Serge Le Péron, 1984], *chébran* pour *branché, ripou* pour *pourri*) ou à inverser les consonnes initiale et finale d'un mot monosyllabique, avec modification de la voyelle (*keuf* pour *flic, keum* pour *mec, guedin* pour *dingue*).

128. « Prose combat », *Cahiers du cinéma,* n° 492, juin 1995, p. 35.

129. « Cours de cinéma: *La Haine* » (*Le Forum des images*), à partir de 19:00. En ligne à <www.forumdesimages.net> (lien « cours de cinéma ») et à <video.google.fr> (saisir « cours de cinema »). Parmi les nombreuses invraisemblances, outre le trio, citons en vrac: un vernissage qui semble avoir lieu vers une heure du matin (et tout ce qui se passe pendant cette séquence); le personnage d'Astérix, décidémment déplacé dans ce film; le côté « high school musical » de la séquence du breakdance et de celle du DJ...

130. La dernière citation est de Thomas Bourguignon et Yann Tobin, « Entretien avec Mathieu Kassovitz: les cinq dernières secondes », *Positif,* n° 412, juin 1995, p. 11. Toutes les autres citations de Kassovitz sont de « Le clash: Mathieu Kassovitz », *Les Inrockuptibles,* n° 35, 31 mai 1995, en ligne à <www.lesinrocks.com> saisir « kassovitz ».

131. Les deux documents sont à <www.mathieukassovitz.com/blog/2005/11/la-france-den-bas.html>.

132. Elle en a parlé à nombreuses reprises. Voir par exemple Varda et Jean Decock, *op.cit.*, pp. 381–382, et le supplément du DVD intitulé « Music and Dolley Shots ».

133. Frodon, *op. cit.*, p. 730.

134. « *Sans toit ni loi* de Agnès Varda », dans Douin et Couty (dir.), *op. cit.*, p. 645.

135. Pour cette citation et celle du paragraphe suivant, « Le clash: Mathieu Kassovitz », *Les Inrockuptibles*, n° 35, 31 mai 1995, en ligne à <www.lesinrocks.com> saisir « kassovitz ».

136. *Perche:* longue tige au bout de laquelle on fixe un micro. Elle permet d'approcher le micro des acteurs tout en le maintenant hors cadre.

Chapitre 4. Deux filmes à l'épreuve

1. Les références chronométriques renvoient à la version du film éditée par The Criterion Collection (CC1716D), 2007.

2. Nos « méga-séquences » réunissent deux ou plusieurs *séquences,* au sens défini au CHAPITRE 1. Il s'agit essentiellement d'un découpage en « chapitres » auxquels il manque, dans certains cas, les unités de lieu et de temps.

3. Le bénéficiaire d'un *chèque barré* (traversé de deux traits obliques) ne peut pas l'échanger directement contre des espèces. Pour se faire payer, il doit d'abord endosser le chèque au profit de sa banque. La somme est portée alors au crédit de son compte, après quoi il peut, s'il le veut, effectuer un retrait d'espèces. Or Michel n'a pas de compte; de là ses efforts pour trouver Berruti, qui pourra encaisser le chèque.

4. Roger Ebert, *The Great Movies II,* Broadway Books, New York, 2005, p. 77.

5. « What is most revolutionary about the movie is its headlong pacing, its cool detachment, its dismissal of authority, and the way its narcissistic young heroes are obsessed with themselves and oblivious to the larger society » (*ibid.*).

6. Interviewé bien plus tard, Chabrol dira de son rôle de conseiller: « C'était complètement bidon. » Il se souviendra de n'avoir vu Godard qu'une ou deux fois pendant le tournage. *Chambre 12, Hôtel de Suède,* documentaire de Claude Ventura (1993) reproduit intégralement sur le disc 2 (The Criterion Collection). C'est dans cette chambre qu'a lieu le long tête-à-tête entre Michel et Patricia. L'hôtel fut démoli en 1993.

7. Entretien de 1962 reproduit dans *Jean-Luc Godard par Jean-Luc Godard,* sous la direction d'Alain Bergala, Éditions de l'Étoile, 1985, p. 215.

8. « Those first pieces were so *confused* and badly organized that the very act of translating them is a task of monstrous dimensions, » estime Richard Roud. « This kind of cavalier criticism » était selon lui « as *obscure* as it was *outrageous* » (introduction à *Godard on Godard,* sous la direction de Jean Narboni et Tom Milne, Viking Press, New York, 1972, p. 7; c'est nous qui soulignons).

9. *Jean-Luc Godard par Jean-Luc Godard,* p. 218.

10. Aux plans 1:28:48–1:31:49 de la version du film éditée par The Criterion Collection (2006).

11. *Les Quatre Cents Coups* présentent une saute de ce genre, à 1:00:29.

12. L'expression *jump cut* semble avoir été inventée par Gene Moskowitz; son compte rendu d'*ABDS* parut le 27 janvier 1960 dans *Variety*. Voir à ce sujet David Bordwell, « Jump Cuts and Blind Spots », *Wide Angle*, vol. 6, n° 1, 1984, p. 10.

13. Sur le franglais et la franglomanie voir notre « Avertissement, plaidoyer » dans R.-J. Berg, *Parlons affaires! Initiation au français économique et commercial*, 2ᵉ éd., Thomson Heinle, Boston, 2006, qui se résume ainsi: « Ni laxiste donc, ni puriste. Envers cette langue que nous servons en nous en servant, soyons d'un *réalisme exigeant*. Il ne suffit pas d'aimer le français; il faut aussi le respecter » (p. 28).

14. ▶▶ Typique à cet égard parmi tant d'autres, Douglas Morrey semble cumuler plusieurs des malentendus que nous relevons dans la suite du paragraphe: « The film became famous for its use of jump cuts and it may be difficult for today's viewers, familiar with the ultra-rapid editing of music videos and advertising, to appreciate how disruptive this technique appeared to contemporary spectators. When a sudden cut to a different angle appears within the same scene without being motivated by a movement or a gaze, the image appears to give a little jump, an effect scrupulously avoided in classical continuity editing » (*Jean-Luc Godard*, Manchester University Press, Manchester, 2005, p. 9).

15. Godard, *Introduction à une véritable histoire du cinéma*, t. I, Éditions Albatros, Paris, 1980, p. 30.

16. ▶▶ En 1959 Godard se croyait le premier à avoir écourté de cette façon un film. Quand il lut, bien plus tard, l'autobiographie de Robert Parrish, *J'ai grandi à Hollywood*, il crut avoir trouvé un précurseur. Parrish y raconte la production d'*All the King's Men* (Robert Rossen), qui avait eu en 1949 des avant-premières catastrophiques. Le film, comme *ABDS*, était trop long (140 minutes) et de l'avis de tous, ennuyeux. C'est alors que Parrish fut engagé en dernier recours. Sa tâche: sauver le film en le remontant. Le réalisateur lui dit: « J'ai une idée pour notre film. [...] Je voudrais que tu revoies le film en entier. Tu choisiras ce que tu considères comme le cœur de chaque séquence, ensuite tu passeras le film en synchro et tu rembobineras une trentaine de mètres de film avant et après, et tu me couperas ça, sans t'occuper de ce qui se passe à ce moment-là. Tu coupes aussi bien en plein dans le dialogue, dans la musique, peu importe! Quand tu auras terminé, on projettera le film, et on verra ce que ça donne. » Ce qui fut fait. Dans la nouvelle version, écrit Parrish, « tout s'enchaînait d'une façon qui maintenait l'intérêt en éveil, un peu énigmatique, comme dans un montage haché. » L'avant-première suivante fut un triomphe. Rossen décida donc de laisser le film tel que Parrish l'avait remonté, « avec toutes les imperfections, les coupes mal raccordées et les sauts dans la bande-son. *Les Fous du roi* [*All the King's Men*] remporta cette année-là l'Oscar du meilleur film... » (Parrish, *J'ai grandi à Hollywood*, traduit de l'américain par Michelle Tran Van Khai, Éditions Stock, 1980, pp. 285–286). Godard raconte la découverte de son précurseur dans une interview avec Andrew Sarris (« Jean-Luc Godard Now », *Interview*, vol. 24, n° 7, juillet 1994, p. 89). Mais l'histoire a un épilogue. Quiconque a visionné *All the King's Men* sait que Parrish exagérait, ou qu'il plaçait la barre trop haut (sans doute les deux). Les « imperfections » dont il parle sont à peine perceptibles, et il faut vraiment regarder le film par le petit bout de la lorgnette, et plusieurs fois, pour les déceler. Le film est peut-être un peu elliptique selon les normes hollywoodiennes d'alors, mais comparé à *ABDS* il est un modèle de continuité: aucune saute d'image — cela va de soi, une saute étant inconcevable dans le film hollywoodien « bien fait » de l'époque — ni même la moindre

« coupe mal raccordée ». Godard avait donc eu raison d'abord: dans *ABDS* il avait innové.

17. ▶▶I Les deux premières phrases sont nos traductions (un peu libres) de Brad Darrach (*Time*, 1961) et de Stanley Kaufmann (*The New Republic*, 1961), cités tous les deux par David Bordwell dans « Jump Cuts and Blind Spots », p. 10. Dans la troisième nous traduisons Dwight MacDonald, qui qualifie ainsi le montage d'*ABDS*: « Jerky, discontinuous, staccato, perfectly adapted to render the convulsive style of this kind of life » (*Dwight MacDonald on Movies,* Prentice-Hall, Englewood Cliffs, 1969, p. 373). Nos exemples ont été choisis presque au hasard, les variations sur ce thème étant innombrables. En voici encore une, tirée d'un document destiné aux lycéens: « Cette technique appelée "jump-cut" est désormais célèbre et a été maintes fois réutilisée. Cela s'avère particulièrement adéquat dans le cas d'*À bout de souffle,* car les soubresauts de l'image font écho aux sautes d'humeurs des personnages et aux rebondissements de leur situation » (fiche d'*ABDS* dans la collection « Films à la fiche » publiée par la Médiathèque de la Communauté Française de Belgique, p. 7, téléchargeable à <www.lamediatheque. be>, lien « éducation »). Pour T. Jefferson Kline, « l'hyperactivité » du montage traduit parfaitement la personnalité remuante et... « automotrice » de Michel (*Screening the Text: Intertextuality in New Wave French Cinema,* Johns Hopkins University Press, Baltimore, 1992, p. 194). Et Luc Moullet: « Parce que la conduite des personnages reflète une série de faux raccords moraux, le film sera une suite de faux raccords » (*Cahiers du cinéma,* vol. 18, n° 106, avril 1960, p. 35). Ici nous hésitons: explication du montage par le personnage... ou mauvais jeu de mots? Même hésitation en lisant Dudley Andrew: « Its characters and style are linked. [...] Belmondo provided calculated gestures [...] and impulsive acts, such as shooting the cop or jumping out of a cab so he can win a sexist point by flipping the skirt of an unsuspecting pedestrian. He flips Seberg's skirt too, just to provoke a reaction, enjoying her slap on the face. *To these correspond the nervous jump cuts with which Godard gooses many of the films sequences, startling the audience each time* » (« Breathless Then and Now », livret accompagnant les DVD de The Criterion Collection, 2007, pp. 11–12; c'est nous qui soulignons).

18. *Jean-Luc Godard par Jean-Luc Godard,* p. 218.

19. C'est un exemple de *mickeymousing.* Voir plus loin dans ce chapitre LE FABULEUX DESTIN D'AMÉLIE POULAIN: QUELQUES ANGLES D'APPROCHE, §1.2.3.

20. *Jean-Luc Godard par Jean-Luc Godard,* pp. 218–219.

21. ▶▶I Pendant le tournage du plan-séquence sur les Champs-Élysées (9:34–10:23), Raoul Coutard, le chef-opérateur, fut caché dans un triporteur des postes. Ce subterfuge semble avoir réussi, car ici les passants regardent plutôt les acteurs (pourquoi?). Pour tourner d'autres plans (19:38–21:09, par exemple), Coutard fut assis dans un fauteuil roulant et poussé par Godard lui-même. Dans ces cas, tout le monde, filmants et filmés, attire les regards. Citons à ce propos, puisque nous sommes dans le registre comique, une phrase du petit ouvrage d'hagiographie intitulé *Godard (le cinéma).* François Nemer y parle ainsi du tournage d'*ABDS*: « L'équipe réduite fait merveille, *travaillant dans une totale discrétion dans les rues de Paris,* au milieu de la foule » (Gallimard, coll. « Découvertes Gallimard », Paris, 2006, p. 27; c'est nous qui soulignons).

22. ▶▶I La caméra portée à l'épaule (ou à la main) n'était pas un choix esthétique dans *ABDS,* mais plutôt une nécessité budgétaire. Godard: « Si nous avons pris la ca-

méra à la main, c'était pour aller vite, tout simplement. Je ne pouvais pas me permettre un matériel normal qui aurait allongé le tournage de trois semaines »
(*Jean-Luc Godard par Jean-Luc Godard*, p. 218). D'ailleurs on a l'impression que
Raoul Coutard, le chef-opérateur, avait fait de son mieux pour immobiliser la caméra qu'il portait, sans pourtant y réussir toujours. Depuis 1960 la technique a fait
du chemin, comme nous le rappelle plaisamment Richard Roeper en 2007: « So I
thought I'd talk a little bit today about this mouvement that's threatening to over-
take cinema, this whole [...] jiggly hand-held camera thing which has been driving
me crazy... [*Le cadre tremble, vacille, tangue.*] Stop it! Stop it right now!... [*Le cadre
s'immobilise.*] That's better... if it's actually not jiggled all the time. [...] You know,
this is nothing new. They've been doing this since the French New Wave in the
early sixties, probably before that. But in the last five years especially, it's like every
single "auteur" out there wants to do that hand-held jiggle thing. Sometimes it
works really well [...]. In other movies *it just draws attention to itself* » (vidéo en
ligne à <bventertainment.go.com/tv/buenavista/ebertandroeper/index2.html>,
onglet « online exclusives », puis « Roeper on hand-held camera work »). Il est intéressant de noter que Roeper cite *The Bourne Ultimatum* comme film où « it
works really well ». Roger Ebert a réuni quelques avis contraires (à <rogerebert.
suntimes.com> saisir *The Bourne Ultimatum,* puis suivre le lien « Shake, Rattle and
Bourne » et « The Shaky-Queasy-Ultimatum » dans « Related Articles »). Deux extraits: « The entire movie shake-a-shakes with an incessant Queasy-Cam affecta-
tion... When did they start teaching in film school that the shakier the camera, the
more artistic the film? » Le cadre secoué de *The Bourne Ultimatum* et son montage
extrêmement heurté ont suscité tout un débat en ligne. Jim Emerson: « My prob-
lem with the film was that the "look-at-me!" technique kept whiplashing me right
out of the picture... The exceedingly self-conscious camera work [...] didn't feel or-
ganic or [...] "immersive" to me; it actually felt studied, like a formal strategy that
was simply being pursued to the point where it became counter-effective » (à
<blogs.suntimes.com/scanners> saisir « sudden impact »). Emerson trouve le
style « so abstract and distancing-alienating » qu'il se demande avec ironie s'il
s'agit d'un « Brechtian espionnage thriller ». (Pour une explication de *brechtien,*
voir l'INTERMÈDE.) La référence à Brecht nous ramène à *ABDS,* dont le cadre tremblé et le montage sautillant ont provoqué en 1960 ce qui était essentiellement *le
même débat,* les uns voyant « de l'énergie » là où les autres voyaient de l'ineptie.
Plus ça change...

23. *Jean-Luc Godard par Jean-Luc Godard,* p. 182; c'est nous qui soulignons.

24. Pour la notion de *genre* en général et le film noir en particulier, voir le CHAPITRE 2.

25. Godard, *Introduction à une véritable histoire du cinéma,* p. 23

26. Michel Mourlet, *Sur un art ignoré: la mise en scène comme langage,* Ramsay, coll.
« Poche Cinéma », 2008, p. 209.

27. « Les truands sont fatigués », *Cahiers du cinéma,* vol. 6, n° 34, avril 1954, p. 55; c'est
nous qui soulignons.

28. « His dialogue is always load-bearing, » c'est-à-dire il n'est pas inutile; il sert une
fonction (Roger Ebert, *The Great Movies,* Broadway Books, New York, 2002, p. 382).

29. ▶▶ Comme on l'imagine bien, ce jugement ne fait pas l'unanimité. Intéressant à ce
propos est le revirement de Dwight MacDonald. Dans son livre déjà cité (note 17),
il explique notre séquence — tout comme le fera Ebert pour certains dialogues de
Tarantino — *en termes de son utilité narrative:* « Belmondo's drive from Marseille in

the stolen car [...] is a lyric of freedom, full of exuberance and humor. Its opposite, equally well done, is the long, aimless bedroom scene, in which it becomes evident, through many small touches of dialogue and expression, that each lover is so bound by childish ego as to be unable to make contact with the other, that they are emotionally impotent. *This is the necessary prelude to the catastrophe* » (p. 373; c'est nous qui soulignons). Telle est son opinion en 1961, peu après la sortie du film. Dans une note en bas de la page il ajoute: « When I saw *Breathless* a second time, in 1966, this famous scene still seemed long and pointless but, alas, only that. [...] I was irritated — and bored — by the same artifices that had delighted me when Godard first invented them. »

30. Entretien avec Raoul Coutard, 11 mai 1999, dans *Kinok.com*, « webzine cinéma »; à <www.arkepix.com/kinok> saisir « coutard ». *Choper:* voler (en argot), et par extension, comme ici: attraper, cueillir, saisir de façon inattendue.

31. Godard, *Introduction à une véritable histoire du cinéma*, p. 30.

32. *Ibid.*, p. 23.

33. Dudley Andrew, « Au début du souffle: le culte et la culture d'*À bout de souffle* », *Revue belge du cinéma*, n° 16, été 1986, p. 18.

34. ▸▸ T. Jefferson Kline, par exemple, dans *Screening the Text*. Mais pour Kline *tous* les ouvrages mentionnés — non seulement *Portrait de l'artiste en jeune chien* mais aussi *The Wild Palmes* de Faulkner et le roman de Sachs — présentent avec nos protagonistes des parallèles qu'il essaie d'établir dans le détail (pp. 197–200). *Cherchez, et vous trouverez.* Voici une idée à prendre pour ce qu'elle vaut: Supposons que l'on sache, par des sources extratextuelles, que telle ou telle référence a été choisie pour des raisons plus ou moins arbitraires ou du moins « non signifiantes ». Cette information ne saurait, à l'évidence, nous dicter aucune interprétation particulière, mais ne pourrait-elle pas servir légitimement à orienter nos recherches et surtout à les circonscrire? à infléchir nos conclusions en limitant leur portée?

35. Michel Marie, *À bout de souffle: étude critique*, Nathan, coll. « Synopsis », Paris, 1999, p. 112.

36. Godard, *Introduction à une véritable histoire du cinéma*, p. 24.

37. Il n'est pas difficile de le dire en français (*nouvelle version, version ultérieure, etc.*), mais l'usage a ses raisons que la raison ne connaît point. Ainsi recourt-on le plus souvent au franglais *remake*.

38. Gordon Gow, « Breathless », *Films and Filming*, août 1961, p. 25; c'est nous qui traduisons et soulignons. Voici ce que Gow a écrit: « The first time I saw it *[ABDS]*, a year or so back, I assumed that the erratic editing, the deliberate disjointedness, expressed the central character's state of mind. [...] Being *à bout de souffle*, he is all a-jitter. So I thought. However, just recently I had the salutary experience of interviewing the director, Jean-Luc Godard, and when I asked him exactly what he had in mind his answer was that he doesn't hold with rules and he was out to destroy accepted conventions of film-making. [...] He didn't see this especially as representative of Michel's muddled mentality. »

39. Godard, *Introduction à une véritable histoire du cinéma*, p. 29.

40. Cité par Jean-Luc Douin dans *La Nouvelle Vague 25 ans après*, Éditions du Cerf, Paris, 1983, p. 25. « Monteuse » parce que la profession était presque exclusivement féminine à l'époque.

41. *Chef-opérateur,* ainsi que *scripte* (« script-girl » dans la note 43), sont définis dans l'Appendice B: *Les Métiers du cinéma.*

42. Dans *Kinok.com,* « webzine cinéma », à <www.arkepix.com/kinok/Raoul%20 COUTARD/coutard_interview1.html>.

43. « On *À bout de souffle,* he'd ask the script-girl what kind of shot was required next to fulfill the requirements of traditional continuity. She'd tell him, and then he'd do the exact opposite » (Peter Ettedgui, *Cinematography,* Focal Press, 1998, p. 68). C'est Ettedgui qui traduit. Nous n'avons pas pu obtenir l'enregistrement ou la transcription des paroles de Coutard.

44. Les références chronométriques au film renvoient à *Amélie,* 2-disc set, Miramax Home Entertainment (26075), 2001. Sauf indication contraire, les citations de Jeunet renvoient à son commentaire audio (disc 1).

45. Cette opinion date de 1997, mais Jullier ne s'en dédirait certainement pas aujourd'hui. Voir Jullier, *L'Écran post-moderne: un cinéma de l'allusion et du feu d'artifice,* L'Harmattan, Paris, 1997, p. 8.

46. Voir l'Intermède, note 16.

47. « C'est pas ce qu'on a réussi le plus au niveau des effets spéciaux, » commente-t-il, ajoutant qu'« il doit y avoir des morphings pour passer d'une étape à l'autre » (9:26).

48. « Sans être diégétisés ni même diégétisables » au sens que nous avons défini au Chapitre 1: « *Diégétiser* un élément du film, c'est lui attribuer une cause ou une explication (apparemment) diégétique. » Cependant, à la différence d'autres éléments non diégétisables, ces mouvements ne renvoient pas au monde de la fabrication. C'est qu'il y a plusieurs mondes extradiégétiques. Jeunet et son équipe en habitent un, avec nous; le narrateur, lui, en habite un autre. Hypothèse (et sujet de dissert): Ces mouvements — ainsi que certains autres éléments du film, moins ennemis du quatrième mur qu'en principe ils ne devraient l'être — seraient attribuables au narrateur omniscient qui accepte par moments de partager avec nous son « point de vue de Sirius ».

49. Jullier, *op. cit.,* pp. 71–86 (76 et 74 pour les citations).

50. Inspiration qui n'a rien d'inconscient. Dans son commentaire, à propos justement de la « liquéfaction » d'Amélie, Jeunet avoue son goût pour « les espèces de jeu de mots à la Tex Avery » (1:38:14), cinéaste dont il est un grand admirateur. Jeunet a lui-même débuté comme cinéaste en réalisant des dessins animés: *L'Évasion* en 1978 et *Le Manège* en 1980 (César du meilleur court métrage d'animation). Il a en outre collaboré à plusieurs revues consacrées au film d'animation et réalisé pour France 3 une série de huit émissions sur l'histoire du genre (*Fantasmagories,* 1984).

51. Sur le « cinéma de la Qualité » voir le Chapitre 3, §7.

52. Disc 2, Special Features: « An Intimate Chat with Jean-Pierre Jeunet » (17:28).

53. *Esthétisme:* attitude de l'esthète pour qui seule compte la beauté formelle, ou pour qui elle prime tout autre aspect d'une œuvre.

54. *Populo:* synonyme familier de *peuple* au sens de « l'ensemble des personnes qui n'appartiennent pas aux classes dominantes socialement, économiquement et culturellement de la société » (*TLF*). Carné et Prévert: deux grandes figures du *réalisme poétique,* courant cinématographique né dans les années 30 et caractérisé par une « poétisation » des milieux populaires et des personnages marginaux (voir à ce sujet le Chapitre 3, §5.2.). Robert Doisneau (1912–1994): photographe fran-

çais qui connut sa plus grande popularité dans les années d'après-guerre. ►► Sa photo la plus célèbre est certainement « Le baiser de l'Hôtel de Ville » (1950). (Longtemps on la croyait prise sur le vif, au hasard de la rue. En réalité le couple posait pour Doisneau.) Il dit en 1987: « Nous ne montrons pas le monde tel qu'il existe vraiment. Le monde que j'essayais de montrer était un monde où je me serais senti bien, où les gens seraient aimables, où je trouverais la tendresse que je souhaite recevoir. Mes photos étaient comme une preuve que ce monde peut exister » (entretien avec Frank Horvat publié dans Horvat, *Entre Vues,* Nathan, Paris, 1990, p. 206). On comprend donc que les images de Jeunet puissent rappeler celles de Doisneau: il semble y avoir chez les deux une certaine poétisation du quotidien, un enjolivement du réel. Et comme les photos de Doisneau évoquent le Paris d'alors, un Paris en grande partie disparu, il est facile de leur attribuer la nostalgie que nous éprouvons en les regardant aujourd'hui.

55. *Droitière:* ici, de la droite politique. « Pour rester poli », c'est-à-dire pour ne pas employer le mot juste mais « impoli »: *fascisant.*

56. Le Pen: président du Front National, parti d'extrême-droite.

57. Nous voulons dire: C'est ici qu'ils apparaissent *comme couleurs dominantes.* Le rouge, surtout, reste fort discret jusqu'au générique, ne se manifestant qu'à 1:29–1:32 et à 1:38–1:40.

58. *Annoncer la couleur,* c'est déclarer clairement ses intentions, par allusion au joueur de bridge qui annonce la « couleur » — carreau, cœur, pique ou trèfle — qu'il veut poser comme atout.

59. *Carton:* « Plan arrêté d'un texte écrit. [...] Il doit son nom au support d'origine sur lequel il était peint, dessiné ou imprimé avant d'être filmé. Il sert maintenant très fréquemment à la composition des génériques » (Vincent Pinel, *Vocabulaire technique du cinéma,* Nathan, Paris, 1996, pp. 56–57). La définition ne s'applique pas, à strictement parler, aux deux premiers plans, lesquels ne sont pas arrêtés. Il s'agit ici de « cartons en train de se faire », ce qui tend à accréditer notre thèse du film de famille (voir plus loin).

60. *Super 8:* Ainsi nommé à cause de la largeur de la pellicule (8 mm). « Super » parce que la surface d'exposition était supérieure à celle du 8 mm standard disponible jusqu'alors. Aujourd'hui encore certains cinéastes recourent au Super 8 pour donner à une scène l'aspect d'un film d'amateur ou d'un vieux film d'archive (Oliver Stone, par exemple, dans *JFK,* « director's cut »).

61. Machine à écrire? Née en 1974, Amélie a maintenant six ans. Nous sommes donc en 1980.

62. Le mixage consiste à mélanger et à doser les différentes pistes sonores afin d'en obtenir une seule bande équilibrée. Pour ce faire le mixeur amplifie ou assourdit les sons, modifie leur timbre et les nettoie des bruits parasites. Voir à ce sujet l'APPENDICE A: *LES MÉTIERS DU CINÉMA.*

63. L'article que nous avons résumé, en date du 31 mai 2001, est en ligne sur le site des *Inrockuptibles* (www.lesinrocks.com). Saisir « kaganski » pour y accéder ainsi qu'à ses deux autres critiques d'*Amélie:* 1° « Pourquoi je n'aime pas *Le Fabuleux Destin d'Amélie Poulain* » parue le même jour dans *Les Inrockuptibles,* où il dit essentiellement les mêmes choses mais sur le ton plus décontracté des *Inrocks* (« J'ai vu le film de Jeunet et je l'exècre pour un tas de raisons diverses... »); et 2° « Comment je me suis disputé à propos d'*Amélie Poulain* (ma vie textuelle) » parue le 11 juin 2001

dans *Les Inrockuptibles,* où il regrette le ton acerbe du premier article ainsi que la référence à Le Pen, tout en maintenant ses reproches.

64. Un bon point de départ serait «État critique d'une critique» de Christophe Le Caro et Vincy Thomas, disponible sur le site d'*Écran noir* (ecrannoir.fr): en bas de la page d'accueil du dossier d'*Amélie,* lien «Notre réponse à Serge Kaganski».

65. Parue le 25 avril 2001 dans *Télérama,* en ligne à <www.telerama.fr>. Il s'agit d'un seul long paragraphe ou le «Pour: savoureux...» de J.-C. Loiseau est suivi du «Contre: ... ou étouffant» de Gorin, caché au milieu, à partir de «Ah, la ravissante funny face de cette Audrey-là, parfaite frimousse de BD...»

66. Sur le site d'AlloCiné, par exemple (www.allocine.fr), cliquer sur l'onglet «critiques spectateurs» en page d'accueil du dossier d'*Amélie.* Indispensable: l'*Internet Movie Database* (IMDb), dont une version partiellement en français se trouve à <french. imdb.com>, lien «avis des utilisateurs» sur la page d'*Amélie.* À visiter aussi: Le Radar Films, site cinéphile du portail montréalais GlobeTrotter, à <radar.globe-trotter.net/radar/films>, lien «toutes les critiques des membres» sur la page d'*Amélie.* Le site CinéCritic (www.cinecritic.net), consacré exclusivement aux avis des spectateurs, vaut également le déplacement.

Chapitre 5. Problématique de l'adaptation

1. ▶▶ *Sommaire:* Nous employons le terme au sens courant (*résumé, abrégé*) tout en nous autorisant de l'exemple de Genette, qui désigne ainsi l'une des quatre «formes canoniques du *tempo* romanesque». Il y a *sommaire* pour Genette quand le temps de l'histoire dépasse (de loin) celui du récit (ce dernier équivalant au temps de la lecture, mesuré conventionnellement en lignes et en pages). En littéra-ture le sommaire se présente historiquement sous forme de «narration *en quelques paragraphes ou quelques pages* de plusieurs journées, mois ou années d'existence, sans détails d'actions ou de paroles» (*Figures III,* Seuil, Paris, 1972, pp. 129–130; c'est nous qui soulignons). Aux mots soulignés il suffit de substituer «en quelques secondes» pour définir l'équivalent filmique, lequel se reconnaît à l'énorme dis-proportion des durées écranique et diégétique (voir le Chapitre 1, §4.2).

2. ▶▶ Dans la séquence dite *par épisodes* [anglais: *montage sequence*] une période longue de plusieurs semaines, mois ou années se résume en quelques plans brefs alignés comme des moments d'une évolution (voir au Chapitre 1 ▶ *Une notion clé:* la séquence). Le procédé est particulièrement apte à présenter différents moments d'un seul et même processus: l'ascension d'une vedette (*Maytime,* 1937), le déclin d'un mariage (*Citizen Kane,* 1941), la rédaction d'un roman (*The Adven-tures of Mark Twain,* 1944), l'entraînement d'un athlète (*Chariots of Fire,* 1981; *Cool Runnings,* 1993; tous les films de la série *Rocky,* 1976–2006). Ces exemples ont en commun de présenter des états successifs d'un personnage ou d'un groupe de per-sonnages, ce qui assure l'unité de la séquence malgré les fortes ellipses. À cette unité contribuent invariablement une musique bien choisie et, souvent, des rac-cords *plastiques* (ou *formels*) [anglais: *graphic matches*] (voir le Chapitre 1, §3.3), comme dans la séquence d'entraînement de *Rocky IV,* chef-d'œuvre du «genre», à revoir sur YouTube (saisir «rocky iv», puis «training montage»). Un seul proces-sus, un seul personnage ou groupe de personnages, des éléments visuels com-

muns à tous les plans de la séquence — tel est donc le paradigme, dont on s'éloigne à ses risques et périls. La séquence par épisodes composée de plans dissemblables et d'éléments disparates risquerait de faire figure d'un mini-film dans le film, à la fois désuni et mal intégré. Comment éviter cet écueil dans le cas du passage cité de *L'Éducation sentimentale?*

3. Il s'agit dans cette liste non-exhaustive des principales options *envisageables.* D'autres pourraient évidemment *se concevoir:* « tout » montrer en accéléré, par exemple, comme la grossesse d'Amandine Poulain dans *Amélie.* L'ennui, c'est que *L'Éducation sentimentale* n'est pas une comédie...

4. Les notions de *scénario* (*continuité dialoguée*) et de *découpage technique* sont expliquées en APPENDICE A: LES MÉTIERS DU CINÉMA. Pour la rédaction de ces deux documents (abréviations, mise en page, etc.) voir l'APPENDICE B: LA RÉALISATION D'UN FILM EN COURS DE CINÉMA.

5. *Madame Bovary* de Vincente Minnelli (1949) en DVD (zone 1), Warner Home Video (79506), 2007, et *Madame Bovary* de Claude Chabrol (1991) en DVD (zone 2), MK2 Éditions (EDV1264), 2001.

6. Pierre-Marc de Biasi, « Un scénario sous influence: Entretien avec Claude Chabrol » dans *Autour d'Emma: un film de Claude Chabrol,* Hatier, coll. « Brèves Cinéma », Paris, 1991, p. 74. Toute citation ultérieure de Chabrol est tirée du même entretien et suivie de l'indication de page(s) entre parenthèses.

7. « Limite indépassable dans un seul long métrage... »: Nous parlons ici des longs métrages produits *pour le grand écran,* les nombreuses téléfilms adaptés du roman n'étant pas soumis aux mêmes contraintes. Le feuilleton produit par la BBC en 2000, par exemple, dure trois heures, et celui de 1975 (même producteur), presque quatre heures.

8. Henri Magnan, *Le Monde* du 18 décembre 1950.

9. Adopté par l'industrie cinématographique en 1930, le « Hays Code » fut appliqué à partir de 1934: tout film devait obtenir l'autorisation de la Production Code Administration (PCA) avant sa sortie en salle. Au cours des années 50 producteurs et distributeurs commencèrent à passer outre au Code qui, devenu la risée de l'industrie et du public, fut enfin abandonné en 1966. Sorti en 1949, le film de Minnelli date de la période d'application rigoureuse du Code.

10. ▶▶ À noter cependant: le Charles du film est bien moins nul que celui du roman, chez qui on imagine mal de tels moments de lucidité introspective. Ardrey a pris autant de libertés avec Charles qu'avec Emma, à propos de qui nous avons cité Henri Magnan (note 8): « On n'y reconnaît plus les traits d'un être que l'on a aimé. » On se demande, il est vrai, ce qu'a pu comprendre au roman un critique qui trouve *aimable* le personnage éponyme, mais sur le fond il faut lui donner raison, et ce qu'il dit d'Emma s'applique également à Charles: on ne le reconnaît plus.

11. ▶▶ Les images punaisées au mur sont une trouvaille d'adaptateur qui ne correspond à rien dans le roman (remarque qui s'applique à bien d'autres éléments du film). Cependant, si infidèles que soient Minnelli et Ardrey à la *lettre* de Flaubert dans cette séquence (10:06–14:40), convenons qu'en général ils en captent bien *l'esprit.* Et deux ou trois fois dans la narration en voix *off* ils captent la lettre aussi bien que l'esprit puisqu'il s'agit d'une *traduction:* 1° « She lived in a world of love, lovers, sweethearts, persecuted ladies fainting in lonely pavillions, horses ridden to death on every page, gentlemen brave as lions, gentle as lambs... » (« Ce n'étaient

qu'amours, amants, amantes, dames persécutées s'évanouissant dans des pavillons solitaires, [...] chevaux qu'on crève à toutes les pages, [...] *messieurs* braves comme des lions, doux comme des agneaux... », I, 6); 2° « It seemed to Emma that certain places on earth must bring happiness, as a plant peculiar to the soil cannot thrive elsewhere... » (« Il lui semblait que certains lieux sur la terre devaient produire du bonheur, comme une plante particulière au sol et qui pousse mal tout autre part... », I, 7).

12. *Surcadrage:* cadre dans le cadre. Voir à ce propos le CHAPITRE 1, §3.2.

13. *Le présent diégétique:* Nous nous référons ici à la diégèse qu'est l'histoire et l'univers d'Emma. À strictement parler, c'est le procès de Flaubert qui représente le présent diégétique du film. Voir à ce propos MATIÈRE À RÉFLEXION 3.

14. Le monologue intérieur semble se terminer aux mots « Oh! je l'aurai! », suivis de l'incise « s'écria-t-il ». Mais on pourrait y voir un prolongement du langage intérieur, car il arrive à Flaubert d'employer *s'écrier* dans ce sens: « Toutes deux paraissaient s'écrier intérieurement: "Qu'il est beau!" » (*L'Éducation sentimentale*, II, 4), par exemple.

15. ▶▶ Pourquoi « *paraît* s'opérer »? Tout simplement parce qu'ici, pas plus qu'ailleurs, forme et fond ne sont séparables. Autrement dit, *il ne s'agit pas d'« un même contenu »*. Dans le texte du roman, Flaubert, prenant à son compte les propos d'un personnage, les reformule de façon à en faire ressortir tout le dérisoire. L'intérêt du passage réside moins dans les propos que dans la façon dont ils sont résumés. (Même condensation tendancieuse au chapitre des Comices: « Rodolphe, avec madame Bovary, causait rêves, pressentiments, magnétisme. Remontant au berceau des sociétés, l'orateur nous dépeignait ces temps farouches... », II, 8.) Or Chabrol transpose *littéralement* de l'indirect en direct, ne changeant que la personne de l'adjectif et le temps du verbe (« ... pour lui dire que son mari était odieux » → « "Mon mari est odieux" », etc.) — *comme si Flaubert n'avait fait que l'opération inverse.* Les propos que Chabrol prête ici à Emma sont proches de ceux, d'une invraisemblance psychologique et d'un comique involontaire criants, qu'elle tient dans *Bovary 73,* une adaptation du roman en roman-photo: « Ma vie a un emploi du temps rigoureux. [...] Mon mari [...] personnifie la médiocrité! [...] Je me fane chaque jour qui passe... » (cité par Geneviève Idt, « *Madame Bovary* en romans-photos » dans *Flaubert, la femme, la ville,* Presses Universitaires de France, 1983, p. 172, et par Gérard Gengembre [dir.], *Madame Bovary,* Magnard, coll. « Textes et contextes », 1990, p. 275).

16. ▶▶ Sur la prétendue impossibilité de transposer l'hallucination, trois remarques: 1° Ce « moment formidable », dit Chabrol, « je ne pouvais pas le transposer *tel quel,* hélas! » (91; c'est nous qui soulignons). Les mots en italique pourraient donner à entendre que Chabrol l'ait transposé *autrement,* alors qu'il ne l'a pas transposé du tout (« J'ai remplacé toute cette scène d'hallucination par une simple alternance de courses et de stations immobiles », 92). 2° Admettons qu'il soit « complètement impossible » de « faire passer à l'image » cette scène. Pourquoi dès lors ne pas charger le narrateur de *lire à haute voix* le passage, tout simplement? N'est-ce pas ainsi que Chabrol procède ailleurs, lorsqu'il y a des « choses sublimes par la langue » et que la seule façon de les « dire » est... de les *dire?* (Bien entendu, nous ne proposons pas cette « solution ». Nous nous demandons pourquoi elle n'a pas été retenue par Chabrol, étant donné ses principes.) 3° Cette affirmation catégorique (« je vous assure, c'est complètement impossible... il n'y a

pas de solution... ») a de quoi surprendre. La subjectivité qui pose problème à l'adaptateur concerne les sentiments et les pensées, alors que celle dont il s'agit dans la scène du délire est en majeure partie *perceptive*, et surtout *visuelle*. La transposition à l'écran d'expériences hallucinatoires remonte à l'impressionnisme des années 20 (voir le CHAPITRE 3, §4.2). Pourquoi serait-ce « complètement impossible » pour Chabrol en 1990?

17. Julian Barnes, « Book into Film: Chabrol's *Madame Bovary* » dans Jim Shepard (dir.), *Writers at the Movies: Twenty-Six Contemporary Authors Celebrate Twenty-Six Memorable Movies,* Perennial, New York, 2000, p. 14.

18. Stephen Harvey, *Directed by Vincente Minnelli,* The Museum of Modern Art, New York, 1989, p. 200.

Appendice A

1. *Personne morale:* Il s'agit d'une sorte de fiction juridique selon laquelle une entreprise, sous certaines conditions, est considérée comme une entité collective existant indépendamment des individus qui la composent [anglais: *legal entity, juridical person*]. Le producteur en chair et en os (personne physique) aura toujours soin de produire au nom d'une société de sa création, dotée de la personnalité morale. Ainsi met-il à l'abri son patrimoine personnel en le séparant de celui de la société.

2. *Plateau:* Il s'agissait à l'origine de la partie du studio où s'effectuaient les prises de vues [anglais: *set*]. Aujourd'hui le terme désigne le *lieu de tournage,* qu'il soit en décor construit ou naturel.

3. Michel Marie (dir.), *Le Jeune Cinéma français,* Nathan, Paris, 1998, pp. 94–95.

4. *La/le scripte.* Ici comme ailleurs nous mettons au masculin le nom du métier, et ici *parce qu'*ailleurs. À noter cependant: les nombreux ouvrages consacrés au métiers du cinéma, sans exception, n'emploient le mot qu'au féminin. Longtemps on disait *scripte-girl* (d'après l'américain *script-girl*), la profession ayant été jusqu'aux années 1980 exclusivement féminine. Aujourd'hui elle le reste presque exclusivement en France et à 85% aux États-Unis.

5. Voir à ce propos l'excellent dossier consultable au site de la Bibliothèque du film: *Le Métier de scripte: toute la mémoire du film, Sylvette Baudrot* à <cinema.scripte .bifi.fr>.

Appendice B

1. Grâce au numérique, la somme des dépenses sera modique: il suffira d'acheter deux ou trois cassettes DV ou miniDV et une vingtaine de DVD inscriptibles (dont la moitié pour la « distribution »). Il y a une quinzaine d'années encore le coût d'un tel projet aurait été prohibitif (pellicule, développement, tirage...). Mais ici se posera peut-être une objection terminologique: « Si tout se fait en numérique il ne s'agit pas d'un film mais d'une vidéo, non? » Non. C'est par métonymie, d'après son support pelliculaire, qu'à partir de 1915 on commence d'appeler *film* l'œuvre ciné-

matographique elle-même (voir à ce sujet l'ENTRÉE EN MATIÈRE). Cependant l'avènement du numérique, loin d'imposer l'emploi d'un autre terme, n'est qu'une preuve de plus, s'il en est besoin, de l'indépendance de l'usage par rapport à l'étymologie. Ainsi, comme nous le dit *Écran noir* (ecrannoir.fr) après tant d'autres: « *Vidocq* restera gravé dans l'histoire du cinéma comme le premier *film* entièrement réalisé en numérique » (ce qui est faux d'ailleurs, cet honneur revenant à *Our Lady of the Assassins* [*La Virgen de los sicarios*, 2000] de Barbet Schroeder). « Mais *Vidocq,* dira-t-on, bien que tourné en numérique, a été *diffusé* et *projeté* sur film. » Certes, mais ce n'est pas pour cette raison que *Vidocq* est un *film.* Dans un proche avenir, quand se seront banalisés les films diffusés entièrement en DVD ou en ligne, vierges de tout contact pelliculaire, il s'agira toujours... de *films,* ce qui revient à dire que le mot, affranchi de son étymologie, ne cessera de désigner l'œuvre elle-même, quelles qu'en aient été les modalités de fabrication *et de diffusion.*

2. Adapter une œuvre littéraire dans les limites d'un très court métrage? Certainement, à condition d'adapter une très courte fiction. Pour trouver idées et inspirations par milliers, googler « flash fiction » et « micro-fiction ». Ici une mise en garde s'impose: « adapter une très courte fiction », soit, mais pas n'importe laquelle. Les films historiques coûtent cher. Pour adapter *Cœurs et mains,* par exemple, on pourrait, à l'extrême rigueur, supprimer le premier plan du quai de gare (que nous décrivons au CHAPITRE 5, §2), mais où trouver, comment reconstituer un wagon 1900? Bien entendu, certaines fictions historiques sont transposables au présent. Est-ce le cas de *Cœurs et mains?*

3. En matière de montage virtuel la règle d'or est de *ne pas se compliquer inutilement la tâche* — d'autant plus que les logiciels sont là pour nous la simplifier. *Gladiator* et *The Matrix* furent montés sur Media Composer (Avid), *No Country for Old Men* et *300* sur Final Cut Pro (Apple). Votre très court métrage étant bien moins ambitieux que ces films, vos besoins logiciels seront plus modestes. Que vous travailliez sur Mac ou sur PC, il existe plusieurs logiciels d'une grande simplicité d'utilisation, destinés aux non-professionnels mais munis néanmoins de toutes les fonctionnalités nécessaires. Mentionnons parmi les plus répandus: Premiere Elements (Adobe), Final Cut Express (Apple), Pinnacle Studio et Sony Vegas Movie Studio, sans oublier les deux grands classiques dont sont munis respectivement tous les ordinateurs à système Windows et OS X: Windows Movie Maker (Microsoft) et iMovie (Apple).

4. PV (point de vue): Il s'agit d'un calque récent de l'anglais *POV* (*point of view*). Un *point-of-view shot* n'est rien d'autre qu'un plan subjectif (voir à ce sujet le CHAPITRE 1, §5.1), et l'abréviation française a le même sens dans un découpage technique.

5. *De ¾ face:* point de vue intermédiaire entre face et profil. Les options sont: *¾ face, profil, dos* et *¾ dos.* Sans indication, le personnage est cadré de face (plus ou moins).

Credits

Illustrations in Chapter 1 by Jackie Pierson.

Screen stills in Chapter 1 are from *Le Fabuleux Destin d'Amélie Poulain* (2001), directed by Jean-Pierre Jeunet and released by Miramax.

Film posters for *Les Vampires* and *Tout va bien* used with permission from Musée Gaumont.

Index des noms et des titres

Carrière, Christophe, 86, 280 n. 43

Carrol, Noël, 271 n. 8

Cartouche, 153

Casablanca, 127

Cassavetes, John, 177

Cendrillon, 113

Le Cercle rouge, 161

Cerisuelo, Marc, 272 n. 17

Chabrol, Claude, xv, 48, 55, 95, 146, 149, 152, 167, 182, 221–237, 293 n. 103, 296 n. 6, 304 nn. 5–6, 305 nn. 15–16, 306 n. 17

Chambre 12, Hôtel de Suède, 296 n. 6

Chaplin, Charlie, 73, 81, 118

Chariots of Fire, 303 n. 2

Charles, Larry, 3

Charlie Wilson's War, 278 n. 26

Chateau, René, 289 n. 63

Le Château de ma mère, 167

Chatman, Seymour, 265 n. 55

Chaumeton, Etienne, 282 n. 55

Chéreau, Patrice, 167

Le Chevalier de Pardaillan, 153

La Chèvre, 294 n. 114

Chibane, Malik, 168

La Chienne, 128

Chinatown, 100

Chirat, Raymond, 126, 288 n. 50, 288 n. 55

Chklovski, Victor, 272 n. 19

Choix des armes, 162

Chrisafis, Angelique, 280 n. 42

La Chute de la maison Usher, 120

Le Ciel est à vous, 135

Cieutat, Michel, 100

5×2, 66

Citizen Kane, 20, 96, 286 n. 37, 303 n. 2

Clair, Philippe, 260 n. 10

Les Clandestins, 291 n. 78

Clément, René, 98, 142–145, 146, 152, 175–176, 290 n. 67, 290 n. 78

Cléo de 5 à 7, xvi, 66–67, 268 n. 73

Clouzot, Henri-Georges, xvii, 135–138, 152, 174–175, 288 nn. 57–58, 289 n. 62

Coen, Ethan, 100

Coen, Joel, 100

Le Cœur et l'argent, 114

Coiffeur pour dames, 140

Coleridge, Samuel, 261 n. 19

Le Colonel Chabert, 167

Coluche, 161

Conan le barbare, 8

Un Condé, 155

The Conqueror Worm, 277 n. 16

Cool Runnings, 303 n. 2

Coppola, Francis Ford, 97, 153

Coppola, Sofia, 233

Le Coq du régiment, 126

Le Corbeau, xvii, 135–138 (Gros plan), 174, 288 n. 57–58, 295 n. 121

Corneau, Alain, 101, 161

Le Corniaud, 153

Costa-Gavras, 155

La Coupable, 114

Course en sacs, 107

Coutard, Raoul, 179, 193, 198, 298 n. 21, 299 n. 22, 300 n. 30, 301 nn. 42–43

Couzinet, Émile, 140

Cowie, Elizabeth, 282 n. 59

Crainquebille, 119, 122–124 (Gros plan), 172–173, 286 n. 32

Le Crime de Monsieur Lange, 128

Crisp, Colin, 98, 104, 286 n. 36

Cronenberg, David, 100

Currie, Gregory, 271 n. 8

Cyrano de Bergerac, 90, 167

Cyrano et d'Artagnan, 153

The Da Vinci Code, 215

La Dame aux camélias, 114

La Dame de Montsoreau, 119

Dances With Wolves, 167

Daney, Serge, 90, 94, 95, 101, 278 n. 25

Danse espagnole de la Feria Sevillanos, 108

Dark City, 100

Darrach, Brad, 298 n. 17

Dassin, Jules, 100

Dead Men Don't Wear Plaid, 282 n. 58

Débarquement des congressistes à Neuville-sur-Saône, 108

De Broca, Philippe, 153

De Bruyn, Olivier, 5

Decaë, Henri, 292 n. 98

Decoin, Henri, 153

Défilé de voitures de bébés, 171

Delannoy, Jean, 133

Delbonnel, Bruno, 199

Delluc, Louis, 14, 120, 243

Delon, Alain, 153, 161, 292 n. 98

De Mille, Cecil B., 140

Le Démon du jeu, 114

De Palma, Brian, 47

Depardieu, Gérard, 161

Depardon, Raymond, 267 n. 61

Le Désert rouge, 277 n. 20

Le Destin des mères, 114

Les Deux Gamines, 118

2001, odyssée de l'espace, 276 n. 16

Les Deux Orphelines, 126

Le Deuxième Souffle, 101, 153, 162